중세 순례자들이 들려주는 삶의 파노라마
캔터베리 이야기

중세 순례자들이 들려주는 삶의 파노라마
캔터베리 이야기

초판 1쇄 인쇄 2007년 3월 20일
초판 1쇄 발행 2007년 3월 30일

지은이　　　제프리 초서
엮어옮긴이　송병선

펴낸곳　　　서해문집
펴낸이　　　이영선

기획위원　　김혜경
편집주간　　고혜숙
편집장　　　강영선
편집　　　　김정민 김문정 우정은 최수연 김정현
디자인　　　이우정 전윤정 김민정
마케팅부　　김일신 박성욱 임경훈
관리부　　　홍일남 이규정

출판등록 1989년 3월 16일(제406−2005−000047호)
주소　　　경기도 파주시 교하읍 문발리 파주출판도시 498−7
전화　　　(031)955−7470
팩스　　　(031)955−7469
홈페이지　www.booksea.co.kr
이메일　　shmj21@hanmail.net

ⓒ 2007, 서해문집
ISBN 978-89-7483-311-4 03840
값은 뒤표지에 있습니다.

서해클래식 013

중세 순례자들이 들려주는 삶의 파노라마
캔터베리 이야기

제프리 초서 지음 | 송병선 엮어옮김

서해문집

제프리 초서의 생애와 작품

중세의 끝자락에 서다

영국의 작가이며 철학가이자 외교관이었던 제프리 초서Geoffrey Chaucer 는 1343년경 런던에서 태어났다. 초서의 성 'Chaucer'는 프랑스어 'chaussier'에 기원을 두는데, 이는 '제화공'이라는 의미다. 초서의 아버지 존 초서는 런던의 포도주 상인으로 궁정 내의 주류를 취급하고 관리하는 일을 하여 재력을 쌓았고, 어머니 아그네스 드 콥튼은 왕실과 관련이 있었던 덕분에, 초서는 풍족한 환경에서 궁정과 깊은 연관을 맺고 살아간다. 초서가 어린 시절 어떤 교육을 받았는지는 알려져 있지 않지만, 아마도 성 바울로 대성당에서 라틴 문법을 배웠을 것이라고 추정되고, 훗날 작품 활동으로 보아 프랑스어에도 능숙했음을 알 수 있다.

초서의 삶은 주로 에드워드 3세와 리처드 2세의 궁정 관리로 일할 때 기록된 서류를 통해 알려져 있다. 초서가 처음으로 기록에 등장하는 것은 1357년, 그의 나이 10대 중반 무렵이다. 이 무렵 그는 에드워드 3세의 둘째 아들인 라이오넬 왕자의 아내, 얼스터의 백작 부인인 엘리자베스의 시동侍童으로 귀족사회 및 궁정과 인연을 맺게 되는데, 이는 아버지의 영향이 있었기 때문으로 보인다. 2년 후인 1359년, 백년전쟁의 초기 단계에 에드워드 3세는 프랑스를 침략하고, 초서는 엘리자베스의 남편인 앤트워프의 라이오넬과 함께 영국군의 일원으로 참전한다. 하지만 1360년 랭스 포위작전에서 체포되어 포로로 억류되었다가, 왕실의 도움으로 풀려날 수 있었다. 당시 기록에 의하면 에드워드 3세는 초서를 석방시키기 위해 당시로서는 상당한 금액인 16파운드의 몸값을 지불했다고 한다.

초서는 백년전쟁에 참전해 1460년 포로로 잡혔다가 풀려난 적이 있다. 그림은 백년전쟁 당시의 유럽 시대사를 기록한 장 프루아사르의 《연대기》 15세기 필사본에 실린 삽화.

이후 수년간은 기록이 남아 있지 않아, 초서가 어떤 삶을 살았는지 불분명하다. 그러나 왕의 사신으로 프랑스와 스페인 등을 여행한 것으로 보이며, 아마도 스페인의 산티아고 데 콤포스텔라로 순례를 떠나기도 한 것으로 추정된다. 1366년경 초서는 랑카스터 공작의 두 번째 부인인 콘스탄사의 궁녀였던 필리파 로에트Philippa (de) Roet와 결혼한다. 하지만 필리파와 초서의 결혼 생활에 대해서는 알려진 바가 없고 자녀가 몇 명이었는지도 확실하지 않다. 1367년 6월 20일 초서는 수습기사로 에드워드 3세의 궁정의 일원이 되고, 이후 그의 종자로 여러 번 해외로 여행한다. 1368년에는 밀라노에서 거행된 앤트워프의 라이오넬과 비올란타의 결혼식에 참석한다. 이즈음 그는 1369년 창궐한 흑사병으로 세상을 떠난 곤트의 존의 아내인 랭카스터의 블랑쉬 공작 부인을 기리는 《공작 부인의 책The Book of the Duchess》을 쓴다.

외교 사절로 유럽을 여러 차례 방문한 가운데, 1372~1373년, 1378년 등 두 차례에 걸친 이탈리아 여행은 그의 생애와 문학에 큰 영향을 미친다. 당시 초서는 이탈리아의 중세 작가들이자 르네상스 거장들인

초서가 태어나 살았던 14세기는 역사적 사건이 많은 격동기였다. 초서가 태어나기 몇 해 전에는 백년전쟁이 발발하였고, 1349년 흑사병의 창궐을 비롯해 이후 두 차례 더 전염병이 퍼진 바 있으며, 농민 반란도 일어났다.

단테, 페트라르카, 보카치오 등을 접하게 되고, 그 문학의 형식과 내용을 배우게 된다. 1374년에는 런던항의 세관에서 세관 감독원으로 일하게 되어, 처음으로 궁정을 벗어나면서 그의 주요작품을 쓸 수 있는 시간을 갖는다. 12년 동안 세관 감독원으로 일하는 동안 그는 기욤 드 로리스의 《장미 이야기Roman de la Rose》와 라틴 철학자 보에티우스의 《철학의 위안De Consoloation Philosophiae》을 번역하고 2000여 행에 걸친 《명예의 전당The House of Fame》을 쓴다. 1377년에는 수차례 프랑스 지방에 가는데, 여행의 목적은 아직도 분명하게 알려져 있지 않다. 나중에 발견된 자료에 의하면 그것은 당대의 유명한 프랑스 작가인 장 프루아사르와 함께 백년전쟁을 끝내기 위해 리처드 2세와 프랑스 공주의 결혼식을 준비하는 것이었다. 그러나 그 결혼식은 열리지 않기 때문에, 아마도 그들의 여행 목표는 실패로 돌아간 것으로 판단된다.

1378년 리처드 2세는 초서를 영국의 용병으로 밀라노에 살고 있던 존 호크우드에게 밀사로 파견했고, 이 여행에서 초서는 보카치오의 작품을 비롯한 여러 복사본을 구하여 돌아온다. 1380년에 초서는 여전히 역사가들 사이에서 논란이 되는 사건의 일원으로 등장한다. 세실리아 숑페인이라는 여자를 강간한 사건에 연루되었다는 법원 기록이 남아 있기 때문이다. 이 기록에서 말하는 것이 강간인지 납치인지는 분명하지 않지만, 이 사건은 신속하게 해결되고, 초서의 명성에 오점을 남기지는 않는다.

1385년 초서는 세관 감독원 직을 내놓고 켄트로 이주한다. 같은 해 켄트의 평화조정위원으로 임명되고, 이듬해인 1386년에는 켄트 대의원이 된다. 이후 초서의 아내 필리파에 관해서는 그 어떤 기록도 남아 있지 않은데, 아마도 1387년경에 사망했기 때문이라고 추정된다. 1389년 그는 국왕작업의 집사로 임명되는데, 이것은 국왕의 건축 프로젝트를 조직하는 감독과 같은 역할이었다. 그가 이 직책에 재직하는 동안

초서는 사망 후 웨스트민스터 대사원 '시인의 묘역'에 안치되었고, 나중에 세워진 비석에는 초서가 1400년 10월 25일에 세상을 떠났다고 쓰여 있다. 안토니오 카날레토의 1749년 그림.

커다란 공사는 시작되지 않지만, 그는 웨스트민스터 궁궐, 성 조지 교회당, 윈저 성을 수리한다. 1390년 그는 이런 공사를 진행하다가 강도를 만나 상처를 입고, 1391년 면직된다. 그리고 소머셋의 북부 피서톤의 국왕 삼림을 책임지는 부임정관으로 임명된다. 이 직책은 한직이 아니어서 이 시기에 그는 《캔터베리 이야기The Canterbury Tales》의 집필을 자주 중단했다고 알려져 있다. 1399년 리처드 2세가 폐위되자 초서도 역사적 기록에서 사라진다. 그리고 1400년 10월 25일에 알 수 없는 이유로 세상을 떠났다고 하는데, 이에 대한 확실한 기록은 없다.

영시의 아버지

영국의 1600년대 시인이자 비평가였던 J. 드라이든은 일찍이 초서를 일컬어 '영시의 아버지'라고 한 바 있다. 또한 예일대 영문학 교수인 해럴드 블룸은 셰익스피어를 제외하고는 영어권 작가 중 초서가 가장 으뜸간다고 한 바 있다. 초서가 이렇게 추앙받는 데에는 그만한 이유가 있다.

교통과 통신이 발달하지 않았던 중세의 상황상 문화의 중심지인 대륙과 멀리 떨어져 있던 영국은 자국어 문학에 있어 이탈리아나 프랑스 등에 뒤처질 수밖에 없었다. 더군다나 영국은 이전까지 영어와 더불어 두 가지 외국어, 즉 프랑스어·라틴어를 문어와 궁정 언어로 함께 사용하였기에 영문학은 창작 활동 자체가 활발하지 않았다. 그러한 시대에 영어로 시작詩作 활동을 시작한 것은 초서의 선택이었고, 단테가 라틴어를 버리고 이탈리아어로 저술을 한 것과 마찬가지로 문학사의 새로운 기점이 된다.

이는 동시대 작가인 존 가워가 영어가 아닌 라틴어와 프랑스어로 창작 활동을 한 것만 봐도 알 수 있다. 물론 그렇다고 초서가 영어로 창작 활동을 한 유일한 작가는 아니다. 그럼에도 불구하고 '영시의 아버지'라는 호칭을 얻은 것은 그가 영시에 새로운 운율 형식을 도입하고 근대적 이야기 화법을 구사하는 등 영문학사에 있어 획기적인 역할을 했기 때문이다.

초서의 작품을 간단히 살펴보자면, 번역작이나 단시를 제외하고 초서의 첫 작품이라고 할 수 있는 것은 《공작 부인의 책》이다. 이 작품에서 시인은 랭카스터의 블랑쉬 공작 부인을 찬양할 뿐만 아니라 슬픔에 잠겨 있는 남편을 위로한다. 이외에 프랑스 궁정시의 영향을 받은 작품에는 《명예의 전당》, 《새들의 의회 The Parliament of Fowls》 등이 있다.

초서가 이탈리아를 방문한 이후 그 영향이 크게 미친 작품으로는

나는 사랑에 배신당한 남성들에 관한 글을 쓰는 데 이미 넌더리가 났으므로, 그리고 (신이 나에게 은총을 내리시어 끝내도록 명하신) 나의 이야기를 서둘러야 하므로, 이렇게 급히 넘어가지 않을 수 없다. —《선녀열전》 중 〈필리스의 전설〉의 일부. 에드워드 번 존스 그림.

《트로일로스와 크리세이드Troilus and Criseyde》를 들 수 있다. 보카치오의 《일 필로스트라토》를 번안한 《트로일로스와 크리세이드》는 트로이 전쟁을 배경으로 사랑과 정열을 둘러싼 인간의 환희와 고뇌를 비롯하여 사랑의 영원성을 이야기한다. 프랑스 시와 이탈리아 문학의 영향이 동시에 느껴지는 《선녀열전The Legend of Good Women》에서 시인은 클레오파트라 등 사랑을 위하여 자기를 희생한 여인들의 이야기를 노래하지만, 중간에 싫증을 느끼고 포기한다. 마지막 작품이자 중세 이야기 문학의 집대성이라고 할 만한 《캔터베리 이야기》는 말년에 초서가 자신만의 독자적인 문학 세계를 구축했음을 보여 주는 대표작으로 중세 유럽 문학의 기념비라고 일컬어진다.

제프리 초서의 생애와 작품　4

전체 서문 | 이야기만 잘하면 여행비는 공짜 … 14

기사의 이야기 | 두 남자가 한 여자를 사랑하다 … 32

방앗간 주인의 이야기 | 내 엉덩이에 키스를 해 봐 … 71

장원 청지기의 이야기 | 골탕은 누가 먹는지 보자고 … 91

● 《캔터베리 이야기》를 더 재미있게 읽기 위하여 … 104

변호사의 이야기 | 선한 사람은 복을 받는 법 … 108

바스의 여인의 이야기 | 겉으로 보이는 게 다가 아니야 … 137

탁발수사의 이야기 | 소환리는 없는 사람 등이나 쳐먹지 … 152

소환리의 이야기 | 탁발수사는 입만 살아 있는 사기꾼들이라지 … 163

대학생의 이야기 | 당신의 마음을 시험합니다 … 180

상인의 이야기 | 늙은 기사, 오쟁이 진 줄도 모르다 … 207

● 중세와 현대의 경계를 넘나드는 《캔터베리 이야기》 … 228

차례

소지주의 이야기 | 마술의 힘을 빈다면 가능하지 232

의사의 이야기 | 아름답다는 이유만으로…… 250

면죄사의 이야기 | 금화는 누구의 손에 들어갈 것인가? 256

선장의 이야기 | 수사, 밑천 없이 남는 장사하다 266

수녀원장의 이야기 | 목이 잘렸어도 성모님을 찬양합니다 277

수녀원 신부의 이야기 | 꿈에서 본 것을 우습게 여기지 마 284

두 번째 수녀의 이야기 | 믿음이 너희를 강건하게 할지어다 300

참사회원 종자의 이야기 | 연금술사는 어떻게 귀금속을 만들어 내는가? 316

식료품 조달인의 이야기 | 까마귀는 왜 검은색이 되었을까? 341

고별사 | 주님께서 항상 함께하시길 기도합니다 352

제프리 초서 연표　354

옮긴이의 말　357

•• 일러두기
1. 이 책은 The Complete Poetry and Prose of Geoffrey Chaucer(New York, 1977)와 Cuentos de Canterbury(Madrid, Cátedra, 1991)를 원서로 발췌 번역하였다. 원문은 운문의 서사시이나 이 책에서는 산문으로 풀어 서술하였다.
2. 지명, 인명 등 고유명사의 표기는 원칙적으로 '한글맞춤법'과 '외래어표기법'을 따랐다. 사전에 등재되지 않은 경우, 성서의 인명·지명·성서 구절 등은 《공동번역성서》에 준하여, 신화의 인명은 《그리스 로마 신화 사전》(열린책들, 2003)에 준하여 표기하였다. 다만 관용적으로 쓰이는 경우는 관례에 따라 표기하였다.
3. 각 장의 소제목은 편집자가 단 것이다.
4. 이 책에 쓰인 도판의 일부는 The Canterbury Tales with Portraits-in-Miniature by Arthur Szyk(New York, Longmans Green & Company, 1935)에 실린 Arthur Szyk의 작품과 The Complete Poetical Works of Geoffrey Chaucer(New York, The Macmillan Company, 1943)에 실린 Warwick Goble의 작품이다.
5. ●표기한 주는 옮긴이주이다.

캔터베리 이야기

전체 서문

이야기만 잘하면 여행비는 공짜

캔터베리 대성당
토머스 베켓 순교 이후 인기 있는 순례지가 되었다. 597년 최초 축성 후, 여러 차례 재건축·증축되었다. 사진은 1890~1900년 사이에 찍은 모습.

은은하게 내리는 4월의 비가 가물었던 3월의 땅속 깊숙이 파고들었다. 그 비는 꽃을 피우기에 모자람이 없을 정도로 대지의 모든 나뭇가지를 촉촉이 적셨고, 서풍은 감미로운 입김으로 숲과 들판의 연약한 싹에 생기를 불어넣었다. 뜬눈으로 밤을 지새운 작은 새들이 저마다 지저귀기 시작했다. 자연이 그들의 본능을 일깨웠던 것이다.

이 시기가 되면 사람들은 순례를 하고픈 열망을 느끼고, 신앙심이 깊은 여행자들은 낯선 나라와 머나먼 성지聖地를 찾아가고자 한다. 특히 영국에서는 전국 방방곡곡에서 캔터베리로 몰려들어, 그들이 병들어 고생할 때 도와준 거룩하고 복되며 성스러운 순교자 토머스 베켓을 찾아간다.

그런 어느 날이었다. 나는 경건한 마음으로 캔터베리로 순례를 하려고 런던교橋 남쪽의 서덕 구역에 있는 타바드 여관에 묵고 있었다. 그런데 어둠이 깔릴 무렵 스물아홉 명의 무리가 그곳에 도착했다. 그 무리에는 다양한 계층 사람들이 속해 있었는데, 우연히 만나서 무리를 이루어 캔터베리로 향하고 있었다.

방과 마구간은 지내기에 불편함이 없었고, 주인은 우리 모두를 정성스럽게 대접했다. 얼마 지나지 않아 날이 저물었으며, 나는 그들 모두와 인사를 나누었고, 그들은 나를 동행자로 받아들였다. 그리고 우리는 다음 날 일찍 일어나서 여행을 떠날 것을 약속했다.

하지만 이 여행 이야기를 하기 전에 내가 그들 각자의 모습을 어떻게 보았는지, 그들이 누구이고, 어떤 사회계층에 속하며, 어떤 옷을 입고 있었는지 설명하는 것이 좋을 듯하다. 우선 기사騎士부터 시작하기로 하자.

기사는 우리 일행 중에서 가장 뛰어난 사람이었다. 그는 기사 생활을 시작한 이래 줄곧 기사도를 받들었으며, 왕에게 충성을 다했다. 또 명예를 무척 중요시했을 뿐 아니라, 모든 사람에게 너그럽고 훌륭하고 예의바르게 행동하려고 애썼다. 그는 왕을 위해 용감하게 싸웠다. 기독교 땅에 사는 사람들뿐만 아니라 이교도인 중에서도 그보다 더 먼 곳까지 출전한 사람은 없었으며, 가는 곳마다 용감하게 싸워 모든 사람의 칭송을 받았다.

그는 열다섯 번이나 생사를 건 전투에 참가했으며, 트라미센에서는 기독교를 수호하기 위해 마상시합馬上試合에 참가해 매번 경쟁자를 무찔러 죽였다. 이 뛰어난 기사는 팔라티아 왕의 전사로 참여해 터키 이교도들과 싸우기도 했다. 이렇게 그는 뛰어난 무훈武勳으로 대단한 명성을 누리던 기사였다.

그는 용감하기만 한 것이 아니라 남달리 생각이 깊고, 처녀처럼 유

토머스 베켓(1118~1170)
캔터베리 대주교. 교회의 권리에 대해 당시 왕 헨리 2세와 갈등을 빚어 캔터베리 대성당에서 암살당한다. 13세기 필사본에 나타난 그림.

기사
용감하고 훌륭한 기사. 옷차림이 화려하지 않아 갑옷에서 흘러나온 녹으로 얼룩진 웃옷을 걸치고 있다. 아서 쉬크 그림.

하급기사
중키에 곱슬머리를 가진 하급기사. 길이는 짧지만 길고 넓은 소매가 달린 망토를 입고 있다. 아서 쉬크 그림.

● 중세 기사의 계급은 기사, 하급기사, 종자, 종복으로 나뉜다.

● 클레멘스 7세 막강한 권력을 손에 쥐고 있던 중세 교회는 내란과 부패로 얼룩졌고, 교회와 왕권의 세력 다툼 도중 프랑스가 교황청을 프랑스 아비뇽으로 옮기는 사태가 벌어졌다. 1305년부터 1378년까지 프랑스 왕이 로마 교회를 지배한 이 시기를 바빌론 유수라고 하는데, 로마에서 교황이 선출되면서 바빌론 유수는 끝이 났지만, 새 교황의 숙청 작업에 반발한 추기경들이 대립교황 클레멘스 7세를 추대하면서 아비뇽에는 독립된 교황청이 세워진다.

● 중세 때에는 기사가 왕비나 귀족 부인을 자기의 사랑으로 여겼고, 그녀의 총애를 받기 위해 싸움에 참가하기도 했다.

순하고 겸손하게 행동했다. 그는 한 번도 욕을 해 본 적이 없었다. 그는 정말 완벽한 기사였던 것이다. 그의 차림새에 관해 말하자면, 말과 말안장은 아주 훌륭했지만 옷차림은 화려하지 않았다. 거친 면으로 짠 웃옷은 그물 무늬의 갑옷에서 흘러나온 녹으로 얼룩져 있었다. 그는 원정에서 돌아오자마자 순례를 떠났던 것이다.

이 기사는 아들과 함께 여행하고 있었다. 하급기사● 인 아들은 젊고 혈기왕성하여 쉽게 여자와 사랑에 빠질 유형이었으며, 고수머리는 마치 방금 롤을 푼 것처럼 곱슬곱슬했다. 나이는 스무 살가량 되는 것 같았으며, 키는 작지도 크지도 않은 중간이었고, 행동은 매우 민첩했으며 힘은 장사였다.

이 청년은 아비뇽의 클레멘스 7세● 를 옹호하던 프랑스 군과 맞서 플랑드르, 아르트와, 피카르디의 기마공격전에 참가했다. 나이는 어렸지만 훌륭하게 처신했고, 언젠가는 사랑하는 여인의 총애를 받으리라고 생각했다.●

그는 붉은 꽃, 흰 꽃이 만발한 푸른 초원처럼 화려하게 장식된 옷을 입고 있었다. 또 하루 종일 피리를 불거나 노래를 불렀으며, 성격은 마치 5월처럼 명랑했다. 그의 망토는 짧았지만 소매는 길고 넓었다. 청년은 말을 제대로 다룰 줄 알았고, 말을 탄 그의 모습은 더할 나위 없이 늠름했다. 그는 마상시합에서 적을 이기는 방법도 터득하고 있었으며, 춤도 잘 추고 그림도 잘 그리며 글씨도 일품이었다.

기사는 하급기사인 아들 이외에 종자를 한 명 더 데리고 있었다. 하인은 종자가 전부였다. 그렇게 단출하게 여행을 하고자 했던 것이다. 종자는 초록색 조끼에 두건을 둘렀으며, 빛나는 공작깃 화살 한 묶음을 어깨에 비스듬히 메고 있었다. 그가 자기 신분에 걸맞게 무기를 준비하는 태도는 그 누구보다도 훌륭했기 때문에, 깃털이 제대로 달리지 않아서 화살이 과녁에 명중하지 않는 경우는 한 번도 없었다.

종자의 얼굴빛은 까무잡잡했고, 머리칼은 빗처럼 짧았으며, 나무와 관련된 일은 모르는 것이 없었다. 팔에는 멋진 가죽 팔찌를 끼고 있었으며, 한쪽 허리에는 칼과 방패를 차고 다른 한쪽에는 커다란 칼끝처럼 날카롭고 모양 있게 장식된 단검을 차고 있었다.

　또한 수녀원장을 맡고 있는 수녀도 이 일행에 있었는데, 그녀의 미소는 매우 온화했다. 사람들은 그녀를 들장미 부인이라고 불렀는데, 이것은 수녀의 이름이라기보다는 오히려 통속소설의 여주인공 이름 같았다. 그녀는 예배 시간마다 아름답게 노래를 불렀지만, 목소리는 그레고리안 성가*를 부를 때처럼 코맹맹이였다. 또한 프랑스어를 유창하고 우아하게 구사했지만, 그것은 파리에서 쓰는 프랑스어가 아니라 영국식 프랑스어였다.

　식사를 할 때 수녀원장은 입에서 빵부스러기조차 떨어뜨리는 법이 없었고, 게걸스럽게 손가락을 소스에 넣어 적시는 법도 없었다. 그리고 식사 도중에 틈틈이 윗입술을 조심스럽게 닦았기 때문에, 포도주를 마신 후에도 술잔 언저리에 기름기의 흔적을 남기지 않았으며, 식사를 할 때에는 음식물을 아주 조심스럽게 집었다. 이 수녀원장은 쾌활하고 다정했으며 사랑스러웠다. 그녀는 궁정의 관습을 모방하려고 애를 썼으며, 모든 행동을 품위 있게 하려고 했다. 이런 방법으로 타인의 존경을 받고자 했던 것이다. 그녀는 아주 예민하고 세심하며 동정심이 많아서 덫에 걸린 쥐만 보아도 눈물을 흘렸다.

　수녀는 예쁘게 주름진 모자를 쓰고 있었다. 그녀의 코는 아주 근사했고, 눈은 유리처럼 푸르렀으며, 입은 작고, 입술은 부드럽고 빨갰다. 하지만 이마는 넓어서 한 뼘 정도는 되는 것 같았다. 내가 보기에 그녀의 옷은 우아했다. 팔에는 작은 산호로 만든 로사리오*를 걸고 다녔는데, 로사리오 중간 중간에 큰 푸른 알이 박혀 있었다. 이 로사리오에는 번쩍이는 금 브로치가 달려 있었는데, 브로치에는 A자가 멋지게 쓰여

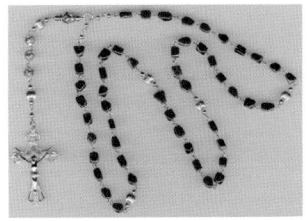

●그레고리안 성가 당시의 성가를 정리하도록 한 교황 그레고리우스 1세의 이름을 따서 붙인 성가 형태. 중세 유럽 수도원에서 시작된 미사성가로, 무반주로 부르는 가톨릭 교회의 전례음악이며 가사가 곡보다 중요하다는 특징이 있다.

●로사리오 묵주의 일종으로 라틴어의 로사리움(성모 마리아에게 영적인 장미꽃다발을 바친다는 뜻)에서 유래한다.

수사
대머리에 땅딸막한 뚱보 수사. 회색 가죽이 둘러진 소맷부리의 망토를 입고 있다. 아서 쉬크 그림.

있었고 그 아래에는 'Amor vincit omnia(사랑은 모든 것을 이긴다)'라는 문구가 새겨져 있었다.

훌륭한 외모를 자랑하는 수사도 우리 일행에 끼어 있었다. 그는 수도원의 재산 관리자였고 사냥 애호가였다. 그가 말을 타고 갈 때면, 말에 달린 조그만 종들이 바람에 흔들리며 소성당의 종소리처럼 영롱한 소리를 냈다. 이 사제는 성 베네딕트나 그의 제자 성 마우로의 규범이 낡고 너무 융통성이 없다고 생각하여 시대에 뒤떨어진 이런 격식을 버리고 세속적인 현대식 규범을 따랐다.

그는 사냥꾼들은 성인이 될 수 없다거나 혹은 수도원을 지키지 않는 사제, 즉 수도원 밖으로 나온 사제는 물 밖으로 나온 물고기와 같다고 하는 성현들의 말 따위에는 전혀 관심을 보이지 않았다. 나는 그것이 옳다고 생각했다. 무엇 때문에 수도원에서 책이나 읽고 공부하면서 그의 재능을 낭비해야 하는가? 그래서 그런지 그는 말에 오르면 그 누구도 따라갈 수 없는 훌륭한 사냥꾼이 되었다.

그의 머리는 유리구슬처럼 반짝이는 대머리였고, 얼굴 역시 기름을 바른 듯이 번들번들했다. 키는 땅딸막했으며 뚱보였다. 또 불안한 듯 쉴 새 없이 움직이는 커다란 눈은 가마솥 밑의 불덩이처럼 불꽃을 튀겼다. 그는 부드러운 질감의 장화를 신고 있었으며, 그가 탄 말은 완벽에 가까웠다. 그래서 수도원에 틀어박혀 사는 비쩍 마른 귀신이라기보다는 오히려 눈부신 풍채를 자랑하는 고위 성직자 같았다.

우리와 함께 가는 사람 중에는 탁발수사도 있었다. 그는 오지奧地의 탁발수사였으며, 외모는 점잖았지만 성격은 명랑하고 쾌활했다. 탁발수도회로 유명한 도미니크, 프란체스코, 갈멜, 아우구스티누스 교단을 모두 뒤져도 그처럼 여자에게 아부 잘하고 말재주 좋은 사람은 없었다. 데리고 살다가 싫증이 나면 돈을 주어서 시집보낸 여자도 수없이 많았다.

그렇지만 그는 자기 교단의 확고한 기둥이었다. 그는 자기 관할 지역의 지주며 유지들을 비롯해 마을의 부잣집 마나님들에게 극진한 대접을 받았으며, 그들과 가족처럼 지냈다. 이런 대접을 받게 된 것은 그가 하찮은 본당 신부보다 더 큰 사죄赦罪의 권한을 지녔기 때문이다. 그는 교단으로부터 그런 특권을 부여받은 것이었다.

그는 다정하고 인자한 표정으로 신도들의 고해를 들으면서, 충분한 대가를 받을 것이 확실하면 기꺼이 죄를 사해 주었다. 그는 죄지은 사람이 탁발 수도회에 재산을 희사하는 것은 깊은 참회의 정을 나타내는 최고의 표시라고 생각했다. 사실 솔직한 사람들은 죄를 지으면, 마음이 쓰리고 아픈 나머지 마음이 굳어질 대로 굳어져 제대로 눈물도 흘리지 못한다. 그래서 기도와 눈물 대신 가난한 탁발 수도승에게 돈을 주는 것으로 대체했던 것이다.

그는 술집이라면 모르는 곳이 없었고, 문둥이나 거지보다 여관집 주인이나 작부들을 더 가까이했다. 자신처럼 높은 지위에 있는 사람이 문둥병 환자나 그 비슷한 가난뱅이들과 사귀는 것은 좋을 것도 없고 득이 될 것도 없는 일이라고 여겼다. 그는 돈을 챙길 만한 곳에서만 겸손하고 다정하게 자기의 임무를 다했다.

그는 가장 효과적으로 돈을 동냥하는 종단 최고의 능력자였다. "천지가 창조되기 전부터 말씀이 계셨다."라고 시작하는 그의 축복의 말은 매우 호소력이 있어서, 신발조차 제대로 신지 못하는 가난뱅이 과부라 하더라도 최소한의 헌금을 내지 않고서는 그에게서 떠날 수가 없었던 것이다.

수도원 내의 싸움을 해결해야 할 날, 즉 결산시기에 그는 큰 역할을 담당했다. 그는 학생처럼 다 해진 제의를 걸친 사제가 아니라, 선생이나 교황처럼 옷을 입었다. 그의 망토는 주물에서 갓 뽑아 낸 종처럼 둥

탁발수사
돈 되는 곳에서만 할 일을 하는 탁발 수사. 둥글고 이중으로 짜인 망토를 입고 있다. 아서 쉬크 그림.

상인
알록달록한 옷을 입고 맵시 있는 장화를 신고 플랑드르산 모자를 쓴 상인. 아서 쉬크 그림.

대학생
낡고 짧은 망토를 두른 마른 몸의 대학생. 아서 쉬크 그림.

글었으며 이중으로 짜여 있었다. 그는 좀 더 멋지게 영어를 하려고 멋을 부리다 못해 말을 더듬기도 했다. 노래를 부른 다음 하프를 뜯을 때면, 두 눈은 마치 차가운 겨울밤의 별처럼 반짝였다. 이 이상한 사제의 성姓은 휴버트였다.

우리 일행 중에는 수염이 두 갈래로 갈라진 상인도 있었다. 그는 알록달록한 옷을 입고 맵시 있게 여민 장화를 신고, 높이 솟은 말안장에 앉아 있었다. 머리에는 플랑드르산産 모자를 쓰고 있었다. 또 자기의 수많은 재산에 관해 새치름하게 말을 했다. 그는 환전換錢의 전문가였다. 이 훌륭한 상인은 돈 모으는 데에만 온갖 머리를 썼다. 그가 겉으로는 그럴듯하게 무역을 하지만, 뒤로는 고리대금업을 하며 돈을 모았다는 사실을 아는 사람은 아무도 없었다. 그는 훌륭한 사람이었지만, 사실 나는 그의 이름이 무엇이었는지 기억이 나질 않는다.

또 우리 일행 중에는 오랫동안 공부하고 있던 옥스퍼드 대학생이 있었다. 그의 말은 갈고리처럼 말라비틀어졌고, 그 역시도 말보다 살쪘다고는 말할 수 없었다. 하지만 그는 항상 점잖았다. 그는 아주 낡고 짧은 망토를 두르고 있었다. 그는 아직 돈을 벌지 못했고, 속된 인간이 아니었기에 세속의 벼슬을 탐낼 정도도 되지 못했.

그는 화려한 옷이나 바이올린 혹은 하프를 갖는 것보다, 침대 머리맡에 검은색이나 붉은색으로 장정한 아리스토텔레스의 책을 스무 권쯤 두는 것을 원했다. 그리고 아는 것은 많았지만, 돈은 거의 없었다. 그는 친구들에게서 받는 돈을 책을 사거나 공부하는 데 모두 써 버렸으며, 돈을 받은 대가로 자신이 공부를 계속할 수 있도록 도와준 사람들의 영혼을 위해 기도했다. 그는 공부하는 데 모든 주의와 정성을 기울였다. 불필요한 말은 한 마디도 하지 않았고, 항상 신중하고 세련된 어휘로 짧고 정확하게 말했다.

우리 일행에 빠질 수 없는 사람이 또 하나 있었다. 그는 신중하며 영리하기 짝이 없는 최고의 변호사였다. 당시에는 세인트 폴 대성당의 문 앞에서 고객을 상대했는데, 대성당을 자기 집 드나들듯이 하였으며, 법조계에서 유명하고 사려 깊으며 뛰어난 사람이었다. 그의 말에는 지혜가 스며들어 있었다. 그는 자신의 지식과 명성으로 수많은 사례금과 의복을 받았다. 또 부동산을 사 모으는 데도 그를 따를 사람은 아무도 없었다. 적은 돈으로 문제가 많은 토지나 대지를 구입한 다음, 그 문제들을 해결하였던 것이다.

그는 이 세상에서 가장 바쁜 사람이었는데, 겉으로 보이는 모습은 실제보다 더 바빠 보였다. 그는 정복자 윌리엄 왕● 이후의 판례를 모두 알고 있었다. 또한 글을 쓰고 서류를 작성하는 데 비범한 재주가 있었다. 그래서 이 사람이 꾸민 서류에 시비를 걸 사람은 이 세상에 아무도 없었다. 이것뿐만 아니라 그는 모든 법조문을 환히 외웠다.

또 우리 일행 중에는 소지주도 있었다. 그는 하얀 수염을 기르고 있었고, 다혈질이었으며, 아침마다 빵을 포도주에 적셔 먹는 미식가였다. 그의 빵과 맥주는 최고급품이었다. 그의 창고는 항상 좋은 술로 가득 찼으며, 찬장은 케이크와 생선과 고기로 넘쳐 났다. 집에는 사람들의 상상을 초월할 정도로 맛있는 음식과 고급술이 떨어지지 않았으며, 계절마다 먹는 음식이 바뀌었다. 요리사가 짜고 매운맛을 적당히 내지 못하거나, 음식에 맞는 그릇을 제대로 챙기지 못할 때면 날벼락이 떨어졌다.

그는 종종 분쟁조정 판사 회의에 참석했으며, 가끔씩 자기 마을의 대표로 선출되기도 했다. 또 세금 감사관으로 일하기도 했다. 간단하게 말하자면, 그는 사람들의 존경을 한 몸에 받는 소지주였다.

우리 일행 중에는 잡화상인, 목수, 직조공, 염색공, 가구상들이 있었는데, 그들은 모두 돈이 많고 유명한 조합의 제복을 입고 있었다. 그들이 부유한 사람임을 증명하듯이, 칼은 놋쇠 따위가 아니라 순은으로

변호사
글 쓰는 일에 비범한 재주를 지닌 변호사. 아서 쉬크 그림.

소지주
흰 수염을 기른 소지주. 다혈질에 미식가다. 아서 쉬크 그림.

● **정복자 윌리엄 왕** 노르만 왕조를 창건하여 집권적 봉건국가의 기초를 다졌다.

정교하게 세공되어 있었다. 그들은 모두 조합에서 높은 자리를 차지하는 부유한 시민임을 과시했다.

그들은 또 시의원 자리도 탐낼 수 있을 정도로 충분한 재산과 수입이 있을 뿐 아니라 훌륭한 능력과 판단력을 겸비했다. 그들은 순례여행을 하면서도 요리사 한 명을 데려왔다. 요리사는 닭 뼈를 우려내어 국을 끓이고, 후추와 다른 양념을 넣어 맛을 내는 일을 했다. 또한 최고급이며 가장 비싼 술인 런던 흑맥주 맛도 잘 알고 있었다. 그는 고기를 굽거나 튀기거나 삶는 법을 잘 알고 있었으며, 수프도 잘 만들었고, 파이도 잘 구웠다.

또 우리 일행 중에는 선장도 있었다. 그는 조그만 말을 타고 최대한 기품 있게 보이려고 애를 썼다. 그리고 거친 서지* 천으로 만든 겉옷을 걸치고 있었는데, 그 옷이 무릎까지 내려왔다. 따가운 여름 햇볕 탓인지 그의 피부는 온통 구릿빛이었다. 장사꾼들이 낮잠을 자는 동안 보르도산産 포도주를 모두 마셔 버린 것으로 보아, 보통 성격이 아님에 틀림없었다. 남을 배려하거나 양심을 지키는 것 따위는 아랑곳하지 않는 사람인 것이었다. 만일 싸움에서 이겼다면, 어느 포로건 가리지 않고 갑판으로 내몰아 바다로 던져 버릴 위인이었다.

하지만 조수潮水와 조류를 측정하고 항해 도중의 위험을 감지하는 데 이 사람만큼 뛰어난 사람은 아무도 없었다. 또한 항구와 항해, 달의 변화에 관해서도 정통했다. 그는 대담하면서도 영리한 모험가였으며, 이런 것을 증명하듯이 그의 수염은 그가 수많은 폭풍으로 고통 받았음을 보여 주었다.

우리 일행 가운데는 의사도 한 명 있었다. 의학과 수술 분야에서 그와 경쟁할 사람은 아무도 없었다. 그도 그럴 것이 이 의사의 의술은 천문학을 기초로 이루어진 것이었기 때문이다. 그는 이런 지식을 이용해 환자를 치료하기에 적당한 시간을 택했다. 또 환자의 부적을 만들기에

선장
구릿빛 피부의 선장. 무릎까지 내려오는 겉옷을 입고 있다. 아서 쉬크 그림.

●서지 모직의 일종.

적당한 순간이 언제인지 예측하는 데에도 일가견이 있었다. 그는 의사의 본보기였다. 질병의 원인을 발견하는 즉시 환자에게 맞는 약을 주었기 때문이다.

이 의사는 고대 의서 저자들에도 정통했다. 또 음식을 먹는 데 매우 절도가 있어서 절대로 과식하는 일이 없었고, 영양가가 많고 소화가 잘 되는 것만 골라 먹었다. 그가 성경을 읽는 일은 거의 없었다. 그가 입은 옷은 핏빛과 같은 붉은색과 하늘색이었으며, 모두 실크와 호박직으로 안감을 댄 것이었다. 그러나 그는 돈을 펑펑 쓰는 사람이 아니라 페스트 덕택에 번 돈을 모두 저금하는 구두쇠였다.

우리 일행 중에는 바스 근교에서 온 대단한 아주머니가 있었는데, 가는귀를 먹은 게 흠이었다. 그녀가 봉헌을 하려고 나갈 때에는 그 어떤 아낙네도 감히 그녀보다 앞서 나가려고 하지 않았다. 만일 그녀보다 앞서 나가면, 그녀는 분노로 이성을 잃기 때문이었다. 그녀의 미사포는 아주 고급 천으로 만든 것이었다. 그녀의 긴 양말은 보기 드물게 아름다운 진홍색이었으며 다리에 착 달라붙었다. 또 신발은 번쩍거리는 새 것이었다. 얼굴은 이목구비가 뚜렷하여 아름다웠으며, 우아한 기품이 서려 있었다.

그녀는 교회에서 결혼한 것만 다섯 번이었는데, 이 숫자는 젊었을 때 사랑한 남자들의 수를 포함하지 않은 것이었다. 그녀는 세 번이나 예루살렘을 방문했으며, 로마와 불로뉴, 산티아고 데 콤포스텔라 대성당과 쾰른으로 여행을 하기도 했다. 그래서 여행에 관해서는 모르는 것이 없었다. 그리고 사실대로 말하자면 그녀의 이빨은 틈새가 정말 많이 벌어졌다.

그녀는 느릿느릿 걸어가는 말을 타고 있었으며, 머리에는 두건을 두르고 그 위에 모자를 썼는데, 그 모자는 방패만큼 컸다. 커다란 엉덩이는 치마에 가려져 있었고, 신발 뒤꿈치에는 끝이 뾰족한 박차를 달고

의사
붉은색과 하늘색 옷을 입은 의사. 아서 쉬크 그림.

바스의 여인
이목구비가 뚜렷하여 아름다운 바스의 여인. 진홍색 양말에 번쩍거리는 새 신을 신었다. 아서 쉬크 그림.

본당 신부
마음씨 착한 신부. 인자하고 상냥하며 인내심이 강하다. 아서 쉬크 그림.

있었다. 남자들과 어울릴 때에는 깔깔거리며 웃었다. 또 상사병을 어떻게 치료하는지 잘 알고 있었다.

우리 일행 중에는 마음씨 착한 신부도 있었다. 그는 가난한 본당 신부였지만, 생각과 행동에서는 그 누구보다도 훌륭했다. 그는 교양인이었으며, 예수 그리스도의 복음을 전하고 온 정성을 다해 교인들을 가르쳤다. 성격은 인자하고 상냥하며 근면했고, 온갖 역경도 꿋꿋이 참을 정도로 인내심이 많았다. 또 그는 십일조를 내지 않는다고 파문에 처하는 것을 증오했다. 사실대로 말하자면, 그는 부자에게 받은 돈이나 자기의 용돈을 가난한 신자들에게 나누어 주면서, 자신은 언제나 적은 돈으로 검소하게 생활하였다.

그는 넓은 교구를 관할했지만, 비가 오나 천둥이 치나 혹은 병에 걸리거나 불행한 일이 닥쳐도, 교구인이 그를 필요로 하면 언제든지 달려갔다. 물론 그 교구인이 사는 집이 얼마나 멀리 떨어져 있는지, 신분이 높고 낮은지는 전혀 가리지 않았다. 그는 신도들에게 자신이 먼저 행한 다음에 그것을 가르치는 아름다운 본보기를 보여 주었다.

그는 런던의 세인트 폴 성당으로 달려가 많은 돈을 희사하고 죽은 영혼들을 위해 찬미 미사를 드리거나, 어떤 단체의 소성당에서 일하면서 편안한 삶을 살고자 하는 사람이 아니었다. 그는 늑대가 양떼에게 해를 끼치지 못하도록 집에 남아서 양을 지키는 사람이었다. 진정한 양치기였지, 미사를 드려 주는 대가로 살아가는 사제가 아니었다.

이렇게 성스럽고 고결하게 살았지만, 그는 죄지은 사람들을 절대로 경멸하지 않았다. 그의 말투는 엄하지도 않았고 쌀쌀맞지도 않았다. 오히려 그는 죄지은 사람들을 따뜻하게 대하면서 그들을 가르치려고 애썼다. 그리고 스스로 모범을 보임으로써 사람들을 천국으로 이끌고자 노력했다. 하지만 뉘우칠 줄 모르는 고집쟁이를 만날 때면, 지위의 고하를 막론하고 엄하게 꾸짖었다.

아마 이 세상에서 이 신부보다 훌륭한 사제는 없을 것이라고 나는 감히 말하고 싶다. 그는 한 번도 고관대작들의 미사를 치러 주기 위해 애쓴 적이 없었고, 그들의 비위를 맞출 생각도 한 적이 없었다. 그는 단지 그리스도와 열두 사도의 복음을 가르치려고 했다. 하지만 항상 자신이 먼저 그런 가르침을 솔선수범했다.

이 착한 본당 신부는 동생인 농부와 함께 있었다. 이 착하고 부지런한 농부는 훌륭한 일꾼이었다. 그는 모든 사람들에게 자비를 베풀며 평화롭게 살아 왔다. 기쁠 때나 슬플 때나 가리지 않고 온 정성을 다해 하느님을 섬겼으며, 이웃을 자기 자신처럼 사랑했다. 그는 탈곡도 하고 도랑도 파고 논밭도 갈았다. 그리고 그리스도의 사랑에 보답하고자 힘이 닿는 대로 가난한 사람들의 일을 아무런 보수도 받지 않고 자기 일처럼 해 주었다. 추수를 하건, 가축이 불어나건 그는 어김없이 그에 맞춰 십일조를 바쳤다. 그는 초라한 행색으로 암말을 타고 있었으며, 헐렁한 작업복을 입고 있었다.

마지막으로 장원 청지기와 방앗간 주인, 종교 재판소 소환리와 면죄사, 식량 조달인이 한 사람씩 있었다. 그리고 마지막으로 내가 있었다.

방앗간 주인은 키가 크고 우람했다. 그는 이 나라에서 벌어진 레슬링 시합에서 수많은 기적을 일으켰으며, 시합에 참가할 때마다 상을 탔다. 문이란 문은 모두 송두리째 뽑아 버릴 정도로 힘센 장사였고, 그의 박치기 공격을 받고 부서지지 않는 문은 없었다. 옆구리에는 칼과 방패를 차고 있었고, 그의 입은 아궁이 입구처럼 넓고 컸다. 그는 음탕하고 심술로 가득 찬 말을 내뱉고, 상스런 농담을 하기 일쑤였다. 한마디로 저속한 수다쟁이였다.

또 그는 자기 일과 관련된 모든 속임수를 잘 알고 있었다. 가령 남의 곡식을 몰래 빼 오는 방법이나 방앗삯을 세 배 이상 받는 방법 같은 것 말이다. 하지만 대부분의 방앗간 주인보다는 훨씬 정직했다. 그는 흰

방앗간 주인
키가 크고 우람한 방앗간 주인. 흰옷을 입고 푸른 두건을 두르고 있다. 아서 쉬크 그림.

식료품 조달인
재기 있는 식료품 조달인. 아서 쉬크 그림.

장원 청지기
비쩍 마르고 성미가 급한 청지기. 수염을 바짝 깎고, 머리카락은 둥글게 가장자리만 남겨 두었다. 아서 쉬크 그림.

옷옷을 입고 푸른 두건을 썼으며, 우리가 환한 햇빛을 받으며 동네를 떠날 때는 뿔 나팔을 불어 우리를 즐겁게 해 주었다.

또 다른 사람은 사법학숙의 식료품 조달인이었다. 그는 식료품을 구입하는 데는 타의 모범이 될 만한 사람이었다. 현금으로든 외상으로든, 항상 당일의 가격 동향을 지켜보다가 제일 먼저 가장 좋은 가격으로 사들였다. 그건 그렇고, 이 사람처럼 아무런 교육도 받지 못한 사람의 재주가 이 학숙에 있는 박식한 사람들의 지혜를 능가한다는 것은 하느님의 은총이 얼마나 중요한지를 보여 주는 훌륭한 예가 아닐까? 이 식료품 조달인은 법률에 해박한 그의 상급자들을 모두 속여 넘긴 것이다.

장원 청지기는 비쩍 마르고 성미가 급한 사람이었다. 그는 가능한 한 수염을 바짝 깎고, 머리카락도 아주 짧게 깎았으며, 정수리는 사제처럼 삭발을 하고 있었다. 그의 다리는 막대기처럼 길고 가늘었으며, 장딴지에도 거의 살이 없었다.

그는 능수능란하게 곳간과 곡물 창고를 간수해서, 어떤 감사관이 들이닥쳐도 아무 흠도 잡을 수 없었다. 그리고 염소나 양, 소, 돼지, 말을 비롯한 주인의 가축과 가금家禽류 전체를 책임지고 관리했다. 그는 집사나 소몰이, 농장 노동자들의 속임수나 잔꾀를 하나도 빠짐없이 알고 있었고, 따라서 그들은 이 갈비씨를 페스트처럼 두려워했다.

그는 힘세고 늠름한 회색 얼룩말을 타고 있었는데, 그 말의 이름은 스콧이었다. 그는 푸른빛이 감도는 긴 외투를 입고, 옆구리에는 녹슨 칼을 차고 있었다. 그는 탁발수사처럼 외투 자락을 여미었고, 우리가 말을 타고 갈 때면 항상 가장 뒤에 자리를 잡았다.

여관에 있는 우리 일행에는 소환리召喚吏도 끼어 있었다. 그의 눈은 가느다랬으며, 얼굴은 새빨갛게 상기되어 여드름으로 뒤덮여 있었다. 그는 제비처럼 음탕한 호색한이었다. 검은 눈썹에는 여드름 딱지가 더

덕더덕 붙어 있고, 수염은 더럽기 짝이 없었다. 그래서 아이들은 그의 얼굴만 보아도 겁을 집어먹고 달아났다.

그는 마늘과 양파와 부추를 대단히 좋아했으며, 선지처럼 붉은 포도주를 즐겨 마셨는데, 이 술만 들어가면 미친놈처럼 고함을 지르며 떠들어 댔다. 더욱 가관인 것은 완전히 취하면 라틴어로만 말을 한다는 것이었다. 그가 아는 라틴어는 법조문에서 한두 마디 주워들은 법률용어뿐이었다. 하지만 그것은 전혀 이상한 일이 아니었다. 그는 하루 종일 라틴어를 들으며 지내기 때문이었다. 그가 아는 것이라고는 앵무새처럼 수차례에 걸쳐 되풀이하는 'questio qui juris(어떤 법률을 적용할까요?)'라는 말뿐이었다.

하지만 그는 여러분이 평생 찾아보기 힘든 인자하고 싹싹한 친구였다. 술 한잔 사 주는 친구라면 이 사람은 그 누구라도 일 년간 자기 첩을 데리고 살게 해 주었을 뿐만 아니라, 그런 것을 모두 용서해 주었다. 한편 여자에게 폭 빠진 친구를 만나게 되면, 그는 사람의 영혼은 돈지갑 안에 있다고 말하는 위인이었다.

그는 런던에 있는 로운시발 수도원 소속의 점잖은 면죄사와 함께 다녔는데, 그들은 서로 친구이자 영혼의 동지였다. 밀랍처럼 노란 면죄사의 머리칼은 반짝이면서 윤기가 흘렀고, 동글동글 뭉쳐 어깨 위에 드리워져 있었다. 그리고 눈은 토끼처럼 반짝였다. 모자 아래쪽에는 성 베로니카의 조그만 손수건*을 달고 다녔다. 무릎에 놓인 바랑에는 로마에서 가져온 면죄부가 가득 들어 있었다.

그의 목소리는 염소처럼 가늘었으며, 얼굴에는 수염의 흔적조차 보이지 않았다. 얼굴은 방금 면도를 한 듯이 부드러웠다. 나는 그가 거세당한 내시거나 동성연애자일 것이라고 생각했다. 하지만 일에 관해서라면 그를 능가할 면죄사는 아무도 없었다. 바랑에는 베갯잇이 하나 있었는데, 그는 그것이 성모 마리아의 베일이라고 말했다. 또 성 베드

소환리
음탕한 소환리. 눈은 가느다랗고, 여드름투성이에 수염이 지저분하다. 아서 쉬크 그림.

면죄사
점잖은 면죄사. 머리카락은 노랗게 굽이치고 눈은 토끼처럼 반짝인다. 아서 쉬크 그림.

●**성 베로니카의 손수건** 예수가 십자가를 지고 갈 때 성 베로니카가 땀을 닦아 주었는데, 그 손수건에 예수의 초상이 새겨졌다는 내용이 전해진다.

로가 물 위를 걸으려고 했을 때 예수께서 손을 내미셨던 배의 돛 한 조각을 갖고 있다고 떠들어 댔다. 그리고 조약돌이 잔뜩 박힌 놋쇠로 만든 십자가와 돼지 뼈가 가득한 유리로 만든 유물함도 갖고 있었다. 그는 이런 것과 더불어 약간의 감언이설과 거짓말로 가난한 백성을 속여 돈을 빼앗았다.

솔직하게 말하자면, 교회에 있을 때 그는 모든 점에서 훌륭한 성직자였다. 그는 성경 구절이나 성경의 비유를 제대로 읽을 줄 알았다. 특히 그는 봉헌성가를 잘 불렀는데, 그것은 그 노래가 끝나면 설교를 해야 한다는 것을 의식하고 있었기 때문이다. 그는 어떤 식으로 달콤하게 말해야 신도들이 돈을 내놓는지 잘 알고 있었다. 그래서 항상 힘차고 명랑하게 봉헌성가를 불렀던 것이다.

지금까지 나는 여러분에게 간단하게 우리 일행이 어떤 계층이며, 무슨 옷을 입고 있고, 몇 명인지 말했으며, 왜 그들이 서덕의 훌륭한 여관인 '타바드'에 모였는지를 설명했다. 이제 우리가 여관에 도착한 날 밤에 어떤 일이 있었는지를 말할 차례다. 그런 다음에 여러분에게 우리의 여행과 나머지 순례 여행에 관해 말하고자 한다.

여관 주인은 팔을 벌려 우리를 맞이하고, 즉시 저녁 식사를 할 수 있도록 우리에게 테이블 좌석을 지정해 주었다. 그는 최고의 진수성찬을 내놓았다. 독한 포도주는 분위기를 한층 돋우었다. 그는 놀라운 재간꾼이었으며, 어떤 모임에서건 사회를 맡기에 적당한 인물이었다. 여관 주인은 뚱뚱했으며 눈은 툭 튀어나왔고, 치프사이드에서 그보다 훌륭하게 생긴 사람은 아무도 없었다. 그는 말도 거침없이 했다. 하지만 현명하고 예의도 지킬 줄 아는 사람이었다. 한 마디로 여러 면에서 모자람이 없었다. 게다가 그는 농담도 잘했다. 그래서 저녁 식사가 끝나고 우리가 각자 돈을 지불하자, 우리의 흥을 돋우기 위해 그는 이렇게 말했다.

"여러분을 모시게 되어 반갑습니다. 저는 금년 들어 제 처마 밑에서 여러분처럼 재미있고 유쾌한 사람들을 본 적이 없습니다. 이건 절대로 거짓말이 아닙니다. 저는 여러분에게 즐거움을 선사하고자 합니다. 방금 전에 여러분의 흥을 돋울 수 있는 멋진 놀이가 하나 떠올랐는데, 돈 한 푼 안 드는 놀이입니다.

여러분은 모두 캔터베리로 가고 있습니다. 멋진 여행이 되길, 그리고 복된 순교자께서 여러분의 소원을 들어주시길 진심으로 기원합니다. 그런데 가는 도중에 각자 이야기를 하면 좀 더 재미있게 보낼 수 있을 것입니다. 목석처럼 아무 말도 없이 말을 타고 간다는 것은 정말 따분한 일입니다.

그래서 여러분에게 재미있는 놀이를 제안하겠습니다. 만일 이런 제 생각이 마음에 든다면 만장일치로 찬성해 주시고, 내일 순례 길을 떠날 때부터 제가 여러분에게 지시하는 대로 따라 주시기 바랍니다. 만일 재미가 없다면 제 목을 잘라도 좋습니다. 자, 군소리는 더 하지 않겠습니다. 찬성하면 손을 들어 주십시오."

결정을 하는 데에는 그리 많은 시간이 필요 없었다. 왈가왈부한다고 하더라도 전혀 이득이 없다는 것을 알았기에 우리는 두말하지 않고 그의 제안을 받아들였고, 그에게 적절한 지시를 내려 달라고 부탁했다. 그러자 여관 주인이 말하기 시작했다.

"여러분, 제가 한 가지 부탁드리겠습니다. 요점만 말하자면, 이게 바로 저의 제안입니다. 그러니까 캔터베리로 가는 순례가 짧게 느껴질 수 있도록 여러분 각자가 여행하는 도중에 이야기를 두 가지씩 하는 것입니다. 다시 말하자면 가는 도중에 두 개, 돌아오는 길에 두 개, 즉 모두 네 가지 이야기를 해야 합니다.

이야기는 '옛날 옛적에……'와 같은 형식이 되어야 합니다. 그리고

여관 주인
재간꾼 여관 주인. 뚱뚱하고 눈이 튀어나왔다. 아서 쉬크 그림.

이야기를 가장 잘하는 분에게, 즉 가장 재미있는 이야기를 하시는 분에게 우리 모두가 돈을 내서 큰 축제를 벌여 주는 겁니다. 캔터베리 순례를 마치고 이 여관의 바로 이 지붕 밑으로 돌아와서 말입니다. 그리고 이 순례를 더욱 재미있게 하기 위해, 저도 여러분과 함께 제 돈을 쓰고 말을 타고 가면서 여러분의 안내자가 되겠습니다. 제 말에 따르지 않는 분은 우리의 여행 비용을 모두 지불하게 하겠습니다. 여러분이 이런 의견에 찬성하신다면, 지체하지 말고 제게 알려 주십시오. 저도 떠날 채비를 해야 하니까요."

우리는 그의 제안을 받아들여 기쁜 마음으로 그 소식을 전했다. 그리고 그가 말한 대로 우리의 안내자가 되어 주고, 우리 이야기를 심사하는 심판이 되어 달라고 부탁했다. 우리는 전적으로 그의 결정에 따르고 그의 판단에 두말하지 않기로 했다. 그러자 주인은 술을 더 가져오라고 시켰고, 우리는 그 술을 마신 후 지체 없이 각자의 침대로 잠을 자러 갔다.

다음 날 아침 여관 주인은 해가 뜨자마자 자리에서 일어나 우리를 깨워 모두 한곳에 모이게 했다. 우리는 걷는 것보다 약간 빠른 속도로 말을 타고 갔다. 우리가 성 토머스의 샘에 이르자, 여관 주인은 말고삐를 풀며 말했다.

"여러분, 제 말을 들어 주십시오. 여러분이 약속한 걸 잊지 않으셨겠죠? 이제 어젯밤에 제안한 것을 실행에 옮기고자 합니다. 자, 누가 먼저 이야기를 시작할까요? 제 말을 거역하는 사람은 캔터베리까지 가는 비용을 모두 지불해야 합니다. 그럼 저도 마음 놓고 술을 실컷 마실 수 있을 겁니다. 자, 길을 계속 가기 전에 제비를 뽑겠습니다."

"기사님, 먼저 제비를 뽑으십시오. 수녀원장님, 가까이 오십시오. 학생도 가까이 오세요. 수줍음은 떨쳐 버리고 어려운 공부 생각도 하지 마세요. 한 분도 빠짐없이 뽑으세요!"

우리 모두는 제비를 뽑았다. 그런데 우연인지 운명인지는 몰라도 기사가 맨 먼저 걸리고 말았다. 우리 모두는 좋아서 환성을 질렀다. 약속한 바에 따라 이제 기사는 이야기를 해야만 했다.

"내가 이 놀이를 시작하게 되었군요. 이렇게 된 바에야 내게 행운이 있기를 바랍니다. 이제 여러분은 말을 타고 가면서 내 이야기에 귀를 기울여 주십시오."

우리는 말을 타고 출발했다. 그러자 그는 즐거운 마음으로 이야기를 하기 시작했다.

순례를 떠나다
《캔터베리 순례자와 서덕의 타바드 여관》, 미러지紙 1833년 9월 21일자 1면 그림.

기사의 이야기

두 남자가 한 여자를 사랑하다

기사
엘즈미어 필사본에 나타난 기사.

● **스키타이** 흑해 북부지역.

● **아마존** 여성만으로 이루어진 민족. 남자아이가 태어나면 이웃나라로 보내거나 죽인 후, 종족 보존을 위해서는 일시적으로 이방인과 결합했다고 한다.

기사의 이야기

1

아주 오랜 옛날에 테세우스라는 왕이 있었습니다. 그는 아테네의 주인이며 통치자였고, 태양 아래에 그보다 힘센 정복자는 아무도 없었습니다. 그는 엄청나게 부유한 왕국들을 지배하고 있었답니다. 또 뛰어난 용병술과 기사 정신으로 당시 스키타이●라고 불리던, 용감한 여자전사들인 아마존●의 나라까지 정복하고, 그들의 여왕인 히폴리테와 결혼을 했습니다. 그가 화려하고 멋진 행렬을 벌이며 히폴리테와 그녀의 동생 에밀리를 자기 나라로 데려오고 있을 때였습니다. 개선장군처럼 요란한 연주를 받으며 무장한 병사들과 함께 말을 타고 아테네로 돌아

테세우스의 귀환
테세우스는 아마존을 정복하고 아테네로 돌아온다. 워윅 고블 그림.

오는 중이었지요.

테세우스 왕이 승리의 기쁨에 도취되어 아테네 근처의 한 마을에 도착할 무렵 옆을 바라보니, 검은 상복을 입은 젊은 여인들이 둘씩 짝을 지어 길가에 무릎을 꿇고 있었습니다. 그들은 커다란 소리로 흐느끼며 외쳤습니다. 아마 이 세상에서 그렇게 처절한 통곡을 들어 본 사람은 없을 것입니다. 그들은 왕의 말고삐를 잡고서야 겨우 울음을 그쳤습니다.

"기쁜 마음으로 고향으로 돌아오는 내 길을 울음으로 망치려는 너희는 도대체 누구냐?"

테세우스가 물었습니다.

"내가 영예를 얻은 것이 싫어서 이렇게 울면서 통곡하는 것이냐? 아니면 누군가가 너희에게 해를 끼치거나 모욕을 주었느냐? 내가 어떻게 해야 너희의 한을 풀어 줄 수 있는지 말해 보아라. 그리고 왜 검은 상복을 입고 있는지도 말하거라."

그러자 금방이라도 쓰러질 것만 같은 가장 나이 많은 여자가 말했습니다. 그녀의 얼굴은 너무 창백해서 죽은 사람 같았습니다.

"운명의 여신이 승리를 선사하시고, 정복자에 걸맞은 모든 영광을 주신 우리의 주인이시여. 저희는 당신의 월계관이나 승리를 시샘하는 것이 아니라, 단지 자비와 도움을 바랄 뿐입니다. 저희의 고통과 불행을 불쌍히 여기소서! 자비롭고 고결한 마음에서 한 조각의 연민을 오려 내시어, 저희 불쌍한 여인들에게 내려 주소서.

여기에 있는 여인들은 모두 예전에 귀족 부인이거나 왕비였지만, 지금은 여인들 중에서도 가장 비참한 여인으로 전락해 있습니다. 저희는 이제 아무런 영화도 누릴 수 없습니다. 보름 내내 자비의 여신이 계신 사원에서 당신이 오기만을 기다렸습니다. 제발 저희를 도와주세요! 모든 것이 당신의 손에 달렸습니다.

지금 슬픔에 젖어 이렇게 울부짖는 소인은 과거에 카파네우스● 왕의 아내였습니다. 그는 테베에서 숨을 거두었습니다. 정말 저주스런 날이었습니다. 검은 상복을 입고 여기에서 흐느끼는 여인들은 모두 테베가 포위되었을 때 남편을 잃었습니다. 지금 이 순간 테베의 통치자인 늙은 크레온은 분노와 사악함으로 가득 찬 나머지 시체마저 욕되게 하고 있습니다. 그는 포학무도한 앙심을 품고 목 잘린 저희 남편들의 시체를 마구 쌓아 놓았습니다. 그리고 시체를 화장하거나 매장해야 한다는 말을 듣지 않고 비웃으면서 개들이 뜯어 먹게 하고 있습니다."

이 말이 끝나자 여자들은 비통한 울음을 터뜨리면서 얼굴이 땅에 닿도록 엎드렸습니다.

●카파네우스 테베를 포위한 일곱 용사 중의 하나.

"불쌍한 여인들에게 동정을 베푸소서. 그리고 저희의 슬픔이 당신의 가슴속으로 스며들게 해 주소서."

테세우스는 이 여인들의 말을 듣자, 말에서 뛰어내렸습니다. 한때 높은 지위에 있던 여인들이 불행하게 몰락한 것을 보자, 그의 마음은 동정심으로 가득 찼습니다. 마음이 찢어지는 것만 같았습니다. 그는 팔을 벌려 여인들을 일일이 안아 주고 용기를 북돋우면서, 기사의 명예를 걸고 모든 힘을 다해 폭군 크레온에게 복수를 하겠다고 맹세했습니다. 그리고 죽어도 마땅할 크레온을 테세우스가 어떻게 처치했는지를 모든 그리스 백성들이 알게 하겠노라고 말했습니다.

테세우스는 지체하지 않고 군사를 소집하여 깃발을 높이 펼쳐 들고 테베를 향해 달려갔습니다. 하지만 히폴리테와 젊고 아름다운 처제 에밀리는 아테네로 보내 그곳에 머물게 했습니다.

이 이야기는 간단히 끝내겠습니다. 테세우스는 테베의 왕인 크레온과 정정당당하게 싸웠고, 용감한 기사답게 그의 목을 베었습니다. 그는 크레온의 병사들도 쳐부순 후, 여인들에게 죽은 남편의 유골을 되돌려 주어 관습대로 장례를 치르게 했습니다.

크레온의 목을 베고 테베를 점령하여 테베 전체를 마음대로 지배할 수 있게 되자 훌륭한 테세우스는 그날 밤을 전쟁터에서 보냈습니다. 전투가 끝나고 테베군이 도주한 뒤라, 그리스 병사들은 시체에서 무기를 빼앗고 옷가지를 챙기는 데 여념이 없었습니다. 그런데 산더미처럼 수북이 쌓인 시체 속에서 젊은 기사 두 명이 발견되었습니다.

그들은 화려하게 장식된 갑옷을 입고 나란히 누워 있었습니다. 하지만 치명적인 공격을 받아 갑옷의 여러 군데에 구멍이 나 있었습니다. 한 기사의 이름은 아르시테였고, 다른 기사의 이름은 팔라몬이었습니다. 반쯤 죽어 있는 상태였지만 테세우스의 병사들은 문장紋章과 장비를 보고 그들이 테베 왕족이며 사촌 간임을 알았습니다.

그리스 병사들은 시체 더미에서 두 기사를 꺼내 조심스럽게 테세우스의 천막 안으로 옮겼습니다. 테세우스는 몸값을 받고 그들을 석방해야 한다는 말에 귀를 기울이지 않고, 아테네로 보내 평생을 감옥에서 보내도록 지시했습니다. 이런 선고를 내린 후, 테세우스와 그의 군사들은 귀향길에 올랐습니다. 말할 필요도 없이 테세우스의 머리에서는 정복자의 월계관이 찬란히 빛났으며, 그는 고국에서 남은 생애를 기쁘고 명예롭게 보냈습니다.

하지만 팔라몬과 그의 사촌 아르시테는 옥탑獄塔에 갇힌 채 평생을 슬픔과 고통 속에서 보내야만 했습니다. 아무리 많은 돈을 준다고 해도 그들은 자유를 누릴 수 없었습니다.

이렇게 날이 가고 해가 갔습니다. 그러던 어느 5월의 아침이었습니다. 푸른 줄기에 핀 백합보다 아름답고, 꽃이 만발한 5월보다도 더 싱싱하고 발랄하며, 장미꽃처럼 발그레한 에밀리가 잠자리에서 일어나 날이 새기도 전에 몸치장을 했습니다. 이 시기가 되면 모든 사람이 가슴 설레며 잠에서 깨어나기 때문입니다.

'자리에서 일어나 봄을 찬양하라.'

에밀리는 가슴속에서 이런 말을 듣자, 5월에 경의를 표해야 한다는 사실을 떠올리며 침대에서 일어났습니다. 그녀는 새 옷을 입고, 석 자나 되는 금발을 어깨까지 흘러내리게 땋았습니다. 날이 밝아 오자, 에밀리는 아름다운 화관을 만들어 자기 머리 위에 올려놓을 생각으로, 정원을 이리저리 돌아다니며 흰 꽃과 붉은 꽃을 꺾으면서 달콤한 목소리로 노래를 불렀습니다. 그 목소리는 마치 천사와 같았습니다.

내 이야기의 주인공인 두 기사들이 갇힌 거대한 탑은 두껍고 견고한 벽으로 에워싸여 있었으며, 아테네 성에서 가장 중요한 감옥이었습니다. 이 탑은 에밀리가 산책을 하던 정원과 잇닿아 있었습니다.

그날 아침 태양은 환하게 빛났습니다. 불쌍한 포로 팔라몬은 평소처럼 잠에서 깬 후 간수의 허락을 얻어, 높이 솟은 탑의 감방 안을 이리저리 오가고 있었습니다. 이 감방에서는 도시의 아름다운 전경을 한눈에 내려다볼 수 있었으며, 화사하고 아름다운 에밀리가 거니는 푸른 정원도 보였습니다. 팔라몬은 슬픈 마음으로 방 안을 서성거리며 자기의 신세를 한탄했습니다.

그런데 우연인지 운명인지, 팔라몬이 굵고 튼튼한 창문 쇠창살 사이로 에밀리를 바라보게 되었습니다. 그녀를 보자, 그는 뒷걸음질을 치며 가슴속 깊은 곳에서 우러나오는 비명을 질렀습니다. 이 소리를 들은 아르시테가 자리에서 일어나 말했습니다.

"무슨 일이야, 팔라몬? 왜 얼굴이 죽은 사람처럼 창백해? 누가 널 해치려고 한 거야? 제발 부탁이니 우리의 운명에 순종해. 다른 방법이 없어. 이런 고통은 행운의 여신이 준 선물이야. 사투르누스 별과 다른 나쁜 별자리의 흉계 때문에 이렇게 되었으니, 우리가 아무리 애를 쓴다 하더라도 헛수고일 뿐이야. 이미 우리는 이런 별자리의 운명을 갖고 태어난 거야. 그러니 운명을 받아들이는 수밖에 다른 방법이 없어."

그러자 팔라몬이 대답했습니다.

"넌 지금 잘못 생각하고 있어. 내가 울부짖은 건 감옥에 갇힌 이런 내 신세가 가련하기 때문이 아니야. 내 눈이 가슴까지 파고들어 온 화살에 상처를 입었고, 그 상처 때문에 죽을지도 모른다는 생각이 들었기 때문이야. 난 정원을 거니는 아름다운 여자를 보았어. 그래서 비명을 지르고 슬퍼한 것이야. 그녀가 과연 사람인지 여신인지 확신할 수는 없지만, 틀림없이 베누스 여신일 거란 생각이 들어."

그러면서 팔라몬은 무릎을 꿇고 말했습니다.

에밀리
5월처럼 싱싱하고 발랄한 에밀리가 노래를 부르며 꽃을 꺾는다. 토머스 스토서드 그림.

베누스 여신
팔라몬은 에밀리가 베누스 여신이 아닐까 한다. 베누스 여신은 사랑의 여신으로 그리스 신화의 아프로디테에 해당한다. 산드로 보티첼리의 1486년 작 〈비너스의 탄생〉.

"베누스 여신이여, 당신은 저처럼 고통받는 불쌍한 사람에게 모습을 보이셨습니다. 제발 이 감옥에서 도망칠 수 있도록 도와주십시오! 하지만 감옥에서 생명을 다해야 하는 것이 거스를 수 없는 제 운명이라면, 폭군에 의해 처참하게 짓밟힌 저희 왕족에게 자비를 베풀어 주소서!"

팔라몬이 이렇게 말하는 동안, 아르시테도 정원을 거니는 여인을 바라보았습니다. 그는 그녀의 아름다움 앞에 할 말을 잊었습니다. 팔라몬이 사랑의 상처를 입은 것처럼, 아르시테도 마찬가지였습니다. 그는 슬픈 목소리로 말했습니다.

"저곳을 거니는 상큼하게 아름다운 여자를 보자, 난 단숨에 치명적인 상처를 입었어. 그녀의 자비와 은총을 얻을 수 없다면, 적어도 날마다 그녀를 볼 수가 없다면, 난 죽은 목숨과 다를 바가 없어. 내가 할 수 있는 말은 이것뿐이야."

이 말을 듣자 팔라몬은 정색을 하며 말했습니다.
"그게 지금 농담이야, 진담이야?"
그러자 아르시테가 대답했습니다.

"내 진심이야. 하느님께 맹세할 수 있어. 지금은 농담할 분위기가 아니잖아."

이 말을 들은 팔라몬은 눈살을 찌푸리며 대답했습니다.

"우리는 사촌일 뿐만 아니라 의형제를 맺었다는 사실을 잊지 마. 신의를 저버리거나 배신하면, 넌 평생 떳떳하지 못할 거야. 죽음이 우리를 떼어 놓을 때까지 우리는 함께 있기로 맹세를 했어. 난 네가 그 맹세를 깨뜨리지 않을 거라고 확신해. 그래서 네게 내 마음을 모두 털어놓았던 거야. 그런데 넌 지금 그 맹세를 깨뜨리고, 내 심장의 고동이 멈출 때까지 사랑하고 섬겨야 할 여자를 사랑하려고 하고 있어.

에밀리를 본 팔라몬과 아르시테
팔라몬과 아르시테는 정원을 거니는 에밀리를 보고 한눈에 반해서 말다툼을 벌인다. 보카치오의 《테세이다 (Teseide)》 15세기 필사본 그림.

아르시테, 난 네가 절대로 그렇게 하지 않을 거라고 확신해. 내가 먼저 그녀를 사랑하기 시작했고, 너에겐 내 모든 비밀을 털어놓을 수 있다고 생각했기에 내 마음을 말했던 거야. 너는 나를 도와주겠다고 맹세했어. 그러니 기사로서 넌 내게 필요한 도움을 주어야만 돼. 그러지 않으면 너는 거짓 맹세를 한 배신자로 낙인찍히고 말 거야."

아르시테는 우습다는 표정을 지으며 대답했습니다.

"맹세를 어길 가능성은 나보다 네가 더 많아. 솔직히 말하자면, 그 약속을 어긴 사람은 바로 너야. 너보다 먼저 내가 그녀를 사랑했어. 이게 무슨 소리냐고? 넌 방금 전까지만 해도 그녀가 사람인지 여신인지도 알지 못했어. 즉 너는 영적인 대상을 사랑한 것이고, 반면에 나는 살아 있는 여자를 사랑한 거야. 그래서 나의 사촌이자 의형제인 너에게 내 감정을 털어놓았던 거야.

백번 양보해서 네가 먼저 사랑했다고 가정하고 이야기를 해 보자. '누가 연인에게 법을 강요하겠는가?'라는 옛 성현의 말씀도 들어 보지 못했니? 맹세코 말하건대 사랑은 인간이 만든 법이나 계율보다 훨씬 강한 법칙이야. 그래서 사랑에 빠진 모든 사람은 인간이 만든 법이나 계율을 사랑이란 이름으로 매일 깨뜨리고 있는 거지. 사람이 사랑할 때에는 이성理性이 소용없는 법이야. 한번 사랑에 빠지면 상대가 과부든 처녀든 유부녀든 목숨이 끊어지는 한이 있어도 피할 도리가 없어.

어쨌거나 우리 둘 중 한 사람이 그녀의 사랑을 얻는 것은 힘든 일이야. 너도 잘 알겠지만, 우리는 영원히 감옥에서 살아야 할 목숨이고, 몸값을 치르고 자유의 몸이 될 가능성도 없으니까.

이봐, 사람들은 모두 자기의 이익을 위해 싸우는 법이야. 이것만이 우리가 할 수 있는 일이야. 네가 원한다면 그녀를 사랑하도록 해. 하지만 나도 그녀를 사랑하고, 또 앞으로도 영원히 사랑할 거야. 사랑하는 형제여, 우리는 이 감옥 생활을 견뎌야 해. 그러니 각자 기회를 찾는 수밖에 없어. 이게 내가 하고 싶은 말이야."

시간이 있다면 두 사람의 길고 격렬한 말싸움에 대해 자세히 이야기하고 싶지만, 여기서는 요점만 간추려 말하겠습니다.

어느 날 페로테우스라는 훌륭한 왕이 아테네에 도착했습니다. 그는 테세우스의 죽마고우竹馬故友였는데, 휴가도 즐기고 옛 친구도 방문할 겸 종종 그렇게 먼 길을 왔습니다. 그가 이 세상에서 테세우스만큼 사랑하는 사람은 아무도 없었고, 테세우스도 이에 상응하는 사랑과 애정으로 그를 맞이했습니다. 그들의 우정은 매우 깊고 진실했습니다.

페로테우스 왕은 오랫동안 잘 알던 아르시테를 몹시 아껴서 테세우스에게 거듭해서 간곡히 애원했습니다. 그 결과, 테세우스 왕은 몸값도 한 푼 받지 않고 아르시테를 석방하면서 가고 싶은 곳으로 자유롭게 갈 수 있게 해 주었습니다. 하지만 다음과 같은 조건이 있었습니다.

테세우스와 아르시테가 맺은 조건을 간략하게 말하자면, 만일 밤이든 낮이든 아르시테가 테세우스의 왕국에 발을 들여놓아 잡히기만 하면, 목을 베어 버리겠다는 것이었습니다. 그는 아테네를 떠나 급히 조국으로 향하는 수밖에 없었습니다.

　아르시테의 고민은 이루 말할 수가 없었습니다. 죽음이 자기 심장을 관통하는 것 같았습니다. 그는 보기에 딱할 정도로 통곡하면서, 아무도 모르게 자살할 기회를 엿보았습니다. 그는 이렇게 울부짖었습니다.

　"난 자유의 몸이 되었지만, 이 생활은 예전보다 더욱 가혹하구나. 아, 가련한 내 신세야! 내가 왜 페로테우스를 알았던가? 그렇지 않으면 감옥에 갇힌 채라도 테세우스의 땅에 남아 이런 절망감이 아니라 행복을 느끼며 살았을 텐데. 내가 사랑하는 여인의 사랑을 받을 수 없을지라도, 그녀를 보는 것만도 더할 수 없는 기쁨이었어. 사랑하는 팔라몬, 이번에는 네가 이겼어. 네 감옥살이는 그 무엇과도 비할 수 없는 행복이야! 감옥이라니? 아니야, 거긴 바로 천국이야!

　나는 감옥에서 도망칠 수만 있다면 행복하고 편안하게 살 수 있을 것이라고 확신했지만, 이제는 내 사랑으로부터 멀리 떨어져 한시도 마음의 평화를 누릴 수 없어. 에밀리, 내가 당신을 보지 못한다면, 나는 살아 있는 시체와 다름이 없소. 이젠 다른 방법이 없소."

　아르시테가 석방되어 떠나자, 팔라몬은 너무나 슬퍼서 울었습니다. 얼마나 큰 소리로 울었던지 거대한 옥탑마저 뒤흔들렸고, 그의 발목을 채워 놓은 커다란 족쇄가 그의 눈물로 촉촉이 젖었습니다.

　"아, 나의 사촌 아르시테여! 하느님은 우리의 싸움에서 그대가 승리했음을 알고 계셔. 이제 자유의 몸이 된 너는 나의 불행은 눈곱만큼도 생각하지 않고 테베를 향해 성큼성큼 걸어가겠지. 너는 지혜롭고 의연한 사람이니, 우리 백성들을 모아 군대를 일으켜 아테네에 전쟁을 선포할 수 있을 거야. 그리고 과감하게 공격을 하거나 조약을 맺어 에밀리를 아내로 맞을 수도 있을 거야.

　하지만 나는 그녀를 위해 여기에서 죽어야 할 몸이야. 가능성을 비교해 본다면, 나는 이곳에 갇혀 죽어 가는 목숨이니 네 상황이 나보다 훨씬 유리해. 너는 이제 감옥에 있는 왕자가 아니라 자유의 몸이 된 왕자야. 하지만 나는 목숨이 다하는 날까지 감옥살이를 해야 한다는 사실에 슬피 울어야 해. 게다가 내 마음속은 이루지 못할 사랑이 주는 고통까지 겹쳐, 고통과 슬픔이 걷잡을 수 없이 커져만 갈 거야."

이제 나는 팔라몬의 이야기를 잠시 멈추어 그를 감옥 안에 있게 해 두고, 아르시테에 관한 이야기를 하고자 합니다.

여름이 지나고 밤이 길어지는 계절이 오자, 사랑에 빠진 아르시테와 포로 팔라몬의 고통은 더해만 갔습니다. 두 사람 중 누가 더 괴로워했는지는 나도 잘 모릅니다. 팔라몬은 죽을 때까지 족쇄와 쇠사슬에 묶인 채 감옥살이를 해야 했습니다. 아르시테는 테세우스의 영토에서 눈에 띄는 날이면 사형을 당할 것이라는 선고를 받고 영원히 그 나라를 떠나야만 했기에 사랑하는 여인을 영원히 만나지 못할 신세였습니다.

사랑하는 연인들이여, 여러분에게 한 가지만 묻겠습니다. 아르시테와 팔라몬 중에 누가 더 고통을 받았겠습니까? 매일 사랑하는 여자를 보지만 영원히 감옥에 갇힌 사람과, 가고 싶은 곳이면 어디든 갈 수 있지만 절대로 사랑하는 여자를 볼 수 없는 사람 중에서 누가 더 괴로워했겠습니까?

2

테베에 도착한 아르시테는 사랑하는 사람을 만날 수 없었기에 하루에도 몇 번씩 정신을 잃거나 소리를 질러 댔습니다. 그의 고통은 이 세상의 그 누구도 겪어 보지 못했고, 이 세상이 존재하는 동안 그 누구도 겪지 못할 정도로 컸습니다. 아르시테는 식음을 전폐하고 잠도 자지 않았습니다. 그러자 몸은 막대기처럼 비쩍 말라 갔으며, 눈은 움푹 패어 시체 같아졌고, 얼굴은 잿빛처럼 창백해졌습니다.

마음이 너무나 쇠약해져서 모습마저 바뀌자 아무도 그의 목소리나 말투를 분간할 수 없었습니다. 그의 행동은 상사병에 걸린 사람처럼 이리저리 방황하는 단순한 것이 아니라, 마치 상상력이 자리 잡은 머리 앞부분에 우울증 체액이 고여● 발광한 사람 같았습니다. 슬픔에 잠긴 아르시테는 행동과 성격이 완전히 변해 다른 사람이 되고 만 것입니다.

아르시테는 자기의 조국인 테베에서 잔인한 고통과 고뇌를 겪으며 한두 해를 보냈습니다. 그러던 어느 날, 잠자리에 들려고 할 때 그의 앞에 날개 달린 메르쿠리우스 신이 나타났습니다. 메르쿠리우스는 아르시테의 기운을 북돋우며 말했습니다.

"아테네로 가거라. 그러면 네 슬픔이 끝날 것이다."

이 말이 끝나자마자 아르시테는 자리에서 일어났습니다.

'아무리 큰 위험이 도사린다 하더라도 즉시 아테네로 가는 거야. 내가 사랑하고 섬기는 여자를 볼 수만 있다면 죽는 한이 있어도 그곳으로 가야지. 그녀 앞에서라면 죽어도 한이 없어.'

이렇게 마음을 굳힌 그는 커다란 거울을 들어서 자신을 바라보았고, 이내 자기 얼굴이 완전히 바뀌었다는 것을 알았습니다. 그러자 머리에 한 가지 묘안이 떠올랐습니다. 그의 얼굴이 상사병 때문에 완전히 일그러져서 아테네에 가더라도 정체를 숨기고 살아갈 수 있을 것이며, 남의 의심만 사지 않도록 행동하면 거의 매일 사랑하는 사람을 볼 수 있으리라는 생각이 든 것입니다.

아르시테는 즉시 허름한 옷으로 갈아입어 가난한 노동자로 변장하고는, 지름길을 택해 아테네로 향했습니다. 마침내 그는 궁궐로 찾아가 아무리 힘든 일이라도 좋으니 일거리를 달라고 애원했습니다. 결국 그

메르쿠리우스가 나타나다
메르쿠리우스가 나타나 아르시테에게 아테네로 가라고 말했다. 메르쿠리우스는 그리스 신화의 헤르메스에 해당하는 신으로 지팡이와 챙 넓은 모자, 날개 달린 샌들을 신고 있다. 헨드릭 홀치우스의 1611년 작.

● 중세 사람들은 뇌가 세 부분으로 나뉜다고 생각했다. 앞부분에는 상상력이, 가운데에는 이성이 그리고 뒷부분에는 기억력이 위치하는데, 우울증은 뇌의 중간에 자리 잡고 있다고 보았다.

는 에밀리의 집에서 일하는 시종장 밑에 있게 되었습니다. 아르시테는 키가 크고 체격이 좋으며 힘 센 젊은이였기에 무슨 일을 시켜도 잘했습니다. 특히 도끼로 장작을 패고 우물에서 물을 길어 오는 일에는 당할 사람이 없었습니다.

그는 필로스트라트라는 이름을 사용하며 아름다운 에밀리를 위해 하인으로 일하면서 한두 해를 보냈습니다. 그의 점잖은 성품이 온 궁전 내에 알려지면서, 테세우스가 그에게 재능을 마음껏 발휘할 수 있는 직책을 맡긴다면 얼마나 고마운 일이겠느냐는 말이 나돌기 시작했습니다.

시간이 흐르자 아르시테가 예의 바르고 일을 잘한다는 평판이 테세우스의 귀에 들어가게 되었습니다. 마침내 테세우스는 그를 불러 자기 방에서 일하는 시종장으로 임명하고, 이 새로운 직책에 걸맞은 보수를 주었습니다. 이것 이외에도 아르시테는 매년 자기 조국에서 비밀리에 송금을 받고 있었습니다. 하지만 매우 조심스럽게 썼기 때문에, 어떻게 그런 돈을 손에 넣게 되었는지 물어보는 사람은 없었습니다. 이런 식으로 그는 훌륭하게 처신하면서 3년을 살았고, 마침내 테세우스 왕의 총애를 독차지하게 되었습니다.

한편 팔라몬은 난공불락의 어두컴컴한 감옥 속에서 7년이란 세월을 보내며 고통과 절망으로 초췌해졌습니다. 고통과 비극이라는 이중의 괴로움에서 팔라몬과 견줄 만한 사람은 아무도 없었습니다. 게다가 그는 이룰 수 없는 사랑으로 미치기 일보 직전이었습니다. 그러나 그는 감옥에 있는 몸이었습니다. 그것도 한두 해가 아니라 평생을 그렇게 보내야 할 신세였습니다. 그가 겪은 수난과 고통을 그 누가 제대로 묘사할 수 있겠습니까?

그런데 감옥에 갇힌 지 7년째 되던 5월의 셋째 날 밤에 사건은 일어났습니다. 그것이 우연인지 운명인지는 나도 모릅니다. 자정이 조금 넘은 시간에 팔라몬은 친구들의 도움을 받아 감옥을 빠져 나와 아테네로 재빨리 도망친 것입니다. 사전에 그는 옥리獄吏에게 향신료와 꿀을 섞은 술을 한 잔 마시게 했는데, 그 술에는 고급 아편과 마약이 섞여 있었습니다. 그 술을 마시자, 옥리는 밤새 깊은 잠으로 빠져 들었고, 팔라몬은 있는 힘을 다해 전속력으로 도망쳤습니다.

5월의 짧은 밤은 눈 깜짝할 사이에 지나갔고, 어느새 날이 밝아 왔습니다. 팔라몬은 몸을 숨기기 위해 근처 숲 속으로 조심스레 숨어 들어갔습니다. 환한 낮에는 숨어 있다가 밤이 되면 발길을 재촉하여 테베로 가고자 한 것입니다. 그리고 테베에 도착하면 친구들에게 도움을 청하여 군사를 일으켜 테세우스와 전쟁을 벌이려고 생각했습니다. 죽든지 아니면 에밀리를 아내로 맞이하든지 결판을 내려고 작정한 것입니다.

이제 다시 아르시테의 이야기로 돌아가겠습니다. 운명의 여신이 그를 함정에 빠뜨릴 찰나였지만, 그는 재앙이 기다리고 있을 줄은 생각하지도 못했습니다.

날이 밝아 오는 것을 알리는 전령傳令인 종달새들이 기쁘게 노래하는 동안 태양이 눈부시게 떠올랐습니다. 테세우스 궁전의 으뜸가는 종자인 아르시테는 자리에서 일어나 창문으로 미소 짓는 하늘을 바라보았습니다. 그는 한시도 쉬지 않고 자기가 원하는 대상을 생각했습니다. 그는 5월의 여신에게 경의를 표하고 잠시 기분을 전환하기 위해 발 빠른 말을 타고 궁전에서 1, 2마일● 떨어진 곳으로 갔습니다. 그리고 화관을 만들기 위해 숲으로 말머리를 돌렸습니다. 하지만 우연의 장난인지, 그곳은 우리가 조금 전에 말한 그 숲이었습니다.

그는 기쁜 마음으로 말에서 내려 재빨리 숲 속으로 들어갔습니다.

운명의 여신의 함정
운명의 여신은 아르시테를 함정에 빠뜨린다. 15세기 초 프랑스판 필사본에 나타난 운명의 여신.

●마일 1마일은 약 1.6킬로미터.

기사의 이야기 45

그리고 덤불 근처에 있는 길을 이리저리 거닐었습니다. 그런데 그 덤불은 목숨이 달아날지도 몰라 두려워하던 팔라몬이 남의 눈을 피하기 위해 숨어 있는 곳이었습니다. 팔라몬은 그 사람이 아르시테인 줄은 꿈에도 생각하지 못했습니다.

이리저리 왔다 갔다하는 것에 지친 아르시테는 기쁨의 노래를 멈추고 잠시 깊은 생각에 빠졌습니다. 이것은 사랑에 빠진 사람들의 이상한 습관입니다. 사랑에 빠진 사람들의 기분은 마치 우물 안의 두레박처럼 오르락내리락합니다. 어떤 때는 금방 나무 꼭대기로 치솟는 듯하다가 이내 잡초 속으로 떨어지기도 합니다. 그래서 맑았다가도 폭우가 퍼붓는 금요일처럼 변덕스런 베누스는 그녀의 신봉자들인 연인들의 마음을 산뜻하게 하다가도 잔뜩 먹구름으로 뒤덮습니다.

아르시테는 한숨을 내쉬며 자리에 앉았습니다.

"내가 세상에 나온 날은 저주스런 날이야! 인정머리 없는 유노® 여신이여, 앞으로도 얼마나 더 테베와 전쟁을 할 생각입니까? 테베를 창건했던 카드모스와 암피온 왕가의 혈통은 이제 파괴되고 말았습니다. 저는 왕가의 직계 후손이었지만 지금은 불쌍하고 가난한 노예이며, 철천지원수를 섬기는 종자입니다.

그러나 유노 여신은 저를 더욱 수치스럽게 합니다. 제 이름은 아르시테인데 지금은 필로스트라트라고 불립니다. 이렇게 본명조차도 떳떳하게 밝힐 수가 없습니다. 오, 잔인한 마르스® 신이여! 오, 유노 여신이여! 당신의 분노는 우리 가문 모두를 이 세상에서 지워 버렸습니다. 저와 테세우스의 감옥에서 박해받는 불쌍한 팔라몬만이 살아남았을 뿐입니다.

이것도 모자라 사랑의 신 큐피드®는 저를 죽이기 위해 뜨겁게 불타는 화살로 제 가슴을 쏘아 저를 불태웠습니다. 에밀리여, 그대의 시선은 내 마음을 흔들었습니다. 나는 당신을 위해 죽습니다. 당신을 기쁘

●유노 그리스 신화의 헤라에 해당한다.

●마르스 전쟁의 신으로, 베누스의 연인이다. 그리스 신화의 아레스에 해당한다.

●큐피드 사랑의 신으로, 그리스 신화의 에로스에 해당한다.

게 할 수 있는 일이라면, 나는 아무리 슬픈 일을 당해도 기꺼이 참을 수 있답니다."

팔라몬은 마치 싸늘한 칼이 심장을 뚫고 지나간 것 같은 느낌을 받았습니다. 그는 분노로 몸을 떨었고, 더는 참을 수가 없었습니다. 아르시테의 말을 끝까지 들은 후, 팔라몬은 창백한 얼굴로 잡초 덤불에서 나와 미친 듯이 소리쳤습니다.

"못된 배신자, 아르시테야! 이제 넌 내 손에 잡혔어. 네가 감히 내 여자를 사랑하다니! 난 그녀 때문에 크나큰 고통과 슬픔을 참고 이겨 내고 있는데 말이야. 너는 나와 같은 피를 나누었고, 내가 수없이 상기시켜 주었던 것처럼 친한 친구가 되기로 맹세했어. 그런데 교활하게도 이름까지 바꾸어 테세우스를 속이다니. 이제 우리 둘 중 하나는 죽어야 돼. 넌 절대로 에밀리를 사랑할 수 없을 거야. 그녀를 사랑할 사람은 나밖에 없어. 나는 이제 너의 원수 팔라몬이란 말이야! 간신히 감옥에서 빠져 나온 몸이라 무기라곤 가진 것이 없으니 겁낼 건 없어. 하지만 목숨을 버릴지, 아니면 에밀리를 포기할지 둘 중 하나를 택해. 어서 선택해. 넌 도망칠 수 없어!"

팔라몬을 알아본 아르시테는 그의 이야기를 듣자, 경멸과 분노가 가슴 가득 차오르는 것을 느꼈습니다. 그는 성난 사자처럼 칼을 빼어 들고 외쳤습니다.

"하늘에 계신 하느님을 두고 말하겠어. 만일 네가 사랑으로 병들고 미치지만 않았더라도, 또 무기만 옆에 갖고 있었더라도, 넌 살아서 이 숲 속을 빠져나가지 못하고 내 손에 죽었을 거야. 넌 우리가 서로 맹세를 했다고 말하는데, 난 그런 것 따위에 연연하고 싶지 않아. 이 바보

팔라몬과 아르시테의 만남
감옥에서 도망친 팔라몬은 우연히 에밀리에 대한 사랑의 노래를 부르는 아르시테와 맞닥뜨린다. 다이애너 뷰클럭 그림.

같은 녀석아! 사랑에는 장벽이 없다는 말을 머릿속 깊이 새겨 둬.

난 네가 어떤 행동을 하더라도 에밀리를 사랑할 거야. 그렇지만 넌 명예를 중시하는 기사니 애인을 차지하기 위해 정정당당하게 싸우길 바라겠지. 내가 명예를 걸고 약속하는데, 내일 아무도 눈치 채지 못하게 무장을 하고 이곳에 나타나겠어. 네게 필요한 무기와 갑옷도 가져올 거야. 그중에서 좋은 것을 골라 네가 갖고, 나쁜 것을 내게 줘. 오늘 밤에는 네가 먹고도 남을 충분한 음식과 마실 것을 가져다주지. 잠을 잘 수 있도록 옷도 가져다주겠어. 내일 네가 이곳에서 나를 죽이면 에밀리는 네 여자가 되는 거야."

그러자 팔라몬이 대답했습니다.

"좋아."

두 사람은 이렇게 약속을 한 후 다음 날 만나기로 하고 헤어졌습니다.

큐피드의 왕국에서는 경쟁자를 허용하지 않습니다. 이런 점에서 그는 정말로 냉혹합니다. '사랑이나 권력은 우정을 허락하지 않는다.'라는 옛말이 있는데 이는 극히 지당한 말입니다. 아르시테와 팔라몬도 이 말을 잘 알고 있었습니다.

아르시테는 곧 궁전으로 달려갔습니다. 다음 날 아침, 날이 밝기도 전에 그는 아무도 모르게 두 사람이 벌일 결투에 적당한 투구 두 벌을 준비했습니다. 그리고 미리 정해 놓은 시간에 정해 놓은 장소에서 아르시테와 팔라몬은 만났습니다.

상대방이 용기 있는 사람이며 싸움 솜씨도 보통이 아니라는 것을 알기에, 두 기사의 얼굴빛은 변했습니다. 인사도 주고받지 않고 아무 말도 건네지 않은 채, 그들은 상대방이 투구로 무장하도록 서로 도와주었습니다. 그런 모습은 마치 친형제처럼 다정했습니다. 그런 다음 날카로운 창을 휘둘러 대며 오랫동안 싸움을 벌였습니다. 그들이 싸우는 모습을 보았다면, 그 누구라도 팔라몬은 성난 사자고, 아르시테는 무서운 호랑이라고 믿었을 것입니다.

그럼 이제 테세우스의 이야기를 하겠습니다.

그는 사냥 애호가였는데, 특히 5월에 사슴 사냥하는 것을 좋아했습니다. 그래서 해가 뜰 무렵에는 벌써 옷을 입고 몰이꾼과 나팔수, 사냥개를 데리고 사냥을 나갈 채비를 끝내고 있었습니다. 그는 사냥 그 자체를 즐겼을 뿐만 아니라, 사슴을 죽이는 것을 최대의 기쁨으로 생각했습니다. 그리고 다른 때에는 전쟁의 신 마르스를 섬겼지만, 이 시기에는 사냥의 여신 디아나를 섬겼습니다.

이미 말했듯이 그날은 아주 맑은 날이었습니다. 테세우스는 아름다운 왕비 히폴리테와 처제 에밀리를 데리고 기쁜 마음으로 사냥을 떠났습니다. 테세우스는 사슴이 산다는 근처 숲을 향해 말을 몰았습니다. 그는 사슴이 숨어 있을 만한 곳으로 시냇물을 건너 계속 앞으로 나아갔습니다. 왕은 손수 고른 사냥개들과 한두 번 정도 사슴을 추격할 수 있기를 바랐습니다.

숲 속의 빈 터에 이르자, 왕은 강하게 내리쬐던 햇빛을 가리며 주위를 살펴보았습니다. 그런데 뜻밖에도 아르시테와 팔라몬이 성난 황소처럼 싸우는 모습이 눈에 들어왔습니다. 그들은 온 힘을 다해 번쩍이는 칼로 허공을 가르고 있었습니다. 그 칼에 스치기만 해도 우람한 참나무가 단숨에 쓰러질 것만 같았습니다.

테세우스 왕은 그들이 누구인지 알 턱이 없었습니다. 왕은 말에 박차를 가해 단숨에 그들 사이로 뛰어들었습니다. 그리고 칼을 빼어 들며 소리쳤습니다.

"멈추어라! 그렇지 않으면 너희들을 사형에 처하겠다! 내 눈앞에서

결투
팔라몬과 아르시테는 다음 날 만나 약속대로 결투를 벌였고, 그 장면을 테세우스가 보게 된다. 존 해밀튼 모티머 그림.

다시 한번 칼을 휘두르는 사람은 이 자리에서 죽여 버리겠다. 그런데 심판도 없이 마치 마상시합장에서처럼 무섭게 싸우는 너희는 누구냐?"

팔라몬이 황급히 대답했습니다.

"폐하, 할 말이 없습니다. 저희는 죽어도 마땅한 놈들입니다. 저희는 가련한 포로이며, 저희의 삶은 수많은 불행으로 점철되어 있습니다. 당신은 정의로운 왕이며 판관이시니, 저희에게 한 치의 자비도 베풀지 마십시오. 우선 저를 죽여 주신 다음에, 제 친구를 죽여 주십시오. 아니면 제 친구를 먼저 죽이셔도 좋습니다.

폐하는 잘 모르시겠지만, 저놈은 당신의 철천지원수인 아르시테입니다. 폐하의 땅에 돌아오면 목숨을 잃을 것이라는 조건으로 이 땅에서 쫓겨난 자지요. 저자는 바로 필로스트라트라는 이름으로 폐하의 문전에 접근했습니다. 여러 해 동안 폐하를 속였는데, 그것도 모른 채 폐하는 시종장으로 임명하셨습니다. 게다가 저놈은 에밀리를 사랑하고 있습니다.

이제 이 몸이 죽을 날이 되었으니 솔직하게 말하겠습니다. 저는 바로 불행한 팔라몬으로, 몰래 당신의 감옥에서 도망쳤습니다. 저 역시 당신의 원수지요. 그리고 아름다운 에밀리를 열렬히 사랑하고 있습니다. 그녀가 지켜보는 앞에서 죽는다면 여한이 없을 것입니다. 그래서 저는 제게 죽음을 내려 달라고 부탁하고 싶습니다. 하지만 동시에 제 친구도 죽여 주십시오. 우리 둘은 모두 죽을죄를 지었으니까요."

이 말을 듣자 훌륭한 테세우스 왕이 말했습니다.

"내 판결은 간단하다. 너는 네 입으로 지은 죄를 고백했으니 네가 원하는 대로 선고하겠다. 전능하신 홍안紅顔의 마르스˙를 걸고 맹세하건대, 너희는 죽을 것이다."

바로 그 순간 여자의 연약한 동정심을 이기지 못해 왕비가 울음을 터뜨렸고, 에밀리와 다른 여자 시종들도 모두 울기 시작했습니다. 그

●홍안의 마르스 홍안은 붉은 얼굴이란 뜻으로 젊어서 혈색이 좋은 얼굴을 이르는 말. 전쟁은 겨울이 끝나면서 시작하고, 젊음의 행동 양상이라, 마르스는 봄과 젊음의 신으로도 불렸다.

녀들은 아르시테와 팔라몬이 왕족이었는데, 사랑 때문에 이런 싸움을 벌였다는 이유로 죽는다는 것은 가혹하며 불쌍하다고 생각했습니다.

여자들은 두 사람이 깊은 상처를 입고 피범벅이 되어 있는 것을 보자 일제히 소리쳤습니다.

"폐하, 저희 여자들을 봐서라도 동정을 베풀어 주십시오."

그러면서 모두 무릎을 꿇고 테세우스의 발에 입을 맞추려고 했습니다. 그러자 테세우스의 분노가 누그러졌습니다. 훌륭한 사람의 마음에서는 인정이 솟아나는 법이니까요. 비록 처음에는 분노로 몸을 떨었지만, 이성을 되찾자 두 사람을 용서해 준 것입니다. 테세우스는 사랑에 빠진 사람이라면 누구나 감옥에서 탈출하려 했을 것이라고 생각했습니다. 그리고 흐느끼는 여자들이 마음속으로 불쌍하게 여겨졌고, 넓은 아량으로 이렇게 생각했습니다.

'죄를 뉘우치고 두려움에 떠는 사람들에게 통치자가 인정을 베풀지 않고, 자기 생각만 고집하는 오만한 자들을 대하듯이 사자처럼 혹독하게 말하고 행동하는 것은 창피한 일이다. 이런 때 경우를 구별할 줄 모르고 오만과 겸손을 똑같이 다룬다면 왕의 자격이 없다.'

분노가 수그러들자 테세우스는 기분 좋은 표정으로 말했습니다.

"사랑의 신은 얼마나 위대하고 힘이 센 분이신가! 그분의 힘을 당해 낼 장애물은 아무것도 없다. 그분이 이루는 기적을 보면 그분이야말로 진정한 신이라 할 만하다. 사랑의 신은 자기 마음대로 사람들의 마음을 주무를 수 있다. 여기에 있는 아르시테와 팔라몬을 보라. 그들은 내 감옥에서 빠져 나왔고, 테베에서 군왕처럼 살 수도 있었다. 그들은 내가 자신들의 원수이며 자신들의 생명이 내 손에 달려 있음을 잘 알고 있다. 그러나 사랑에 이끌려, 죽을지도 모르는 이곳으로 돌아왔다. 잘 생각해 본다면, 이것이야말로 어리석은 일이 아니냐? 사랑에 빠진 사람보다 더 바보 같은 자가 있겠느냐?

하지만 사랑의 신을 섬기는 사람은 무슨 일이 생기더라도 자신들이 합리적으로 생각하고 행동한다고 믿지. 더욱 기막힌 것은 이 엄청난 일의 원인 제공자인 에밀리가 그들에게 고마워해야 할 이유가 하나도 없다는 것이다. 에밀리는 어리석은 철부지 뻐꾹새나 산에서 뛰노는 토끼처럼 그들의 열렬한 사랑을 전혀 모르고 있었으니 말이다.

그러나 사랑의 보답이 있건 없건, 무슨 수를 쓰더라도 사랑을 얻으려고 하는 것이 사랑하는 사람의 마음이다. 내 자신도 이런 사실을 오래전에 깨달았다. 나 역시 한창때에는 큐피드의 노예였지. 그래서 사랑의 상처를 알고, 내가 파 놓은 사랑의 함정에 여러 차례 빠지기도 했다. 그래서 사랑 때문에 인간이 얼마나 큰 고통을 겪어야 하는지 잘 알고 있다.

또 여기 무릎을 꿇고 간절히 애원하는 왕비와 나의 사랑하는 처제 에밀리를 보아, 너희가 지은 죄를 모두 용서해 주겠다. 이 대가로 너희 두 사람은 내 조국을 해치지 않고 전쟁을 벌이지도 않을 것이며, 무슨 일이 있어도 이 나라와 화평하게 지내겠다는 것을 맹세하라. 그러면 너희의 죄를 모두 용서해 주겠다."

아르시테와 팔라몬은 테세우스에게 경의를 표하면서 선처를 부탁했습니다. 그러자 테세우스는 쾌히 승낙하면서 말했습니다.

"너희는 왕가의 혈통이니 적당한 때가 되면 여왕이나 공주를 아내로 삼을 자격이 있다. 그러나 너희가 아무리 싸움을 한다 해도 한 여자가 두 남자를 동시에 남편으로 맞을 수는 없는 법이다. 따라서 좋건 싫건 간에 한 사람은 단념해야 한다. 지금부터 내가 설명하는 것을 잘 들을 거라. 나는 너희의 문제를 해결하고자 이렇게 제안한다. 물론 너희는 이 제안에 대해 자유의사에 따라 결정할 수 있다. 지금 이 자리를 떠나서 가고 싶은 곳으로 가거라. 몸값 따위는 요구하지 않을 테니 신변의 위협은 없을 것이다. 그런 다음 오늘부터 정확히 1년 후에 각자 완전히 무장한 기사 100명을 데려와 마상시합을 벌여라. 시합에 이긴 사람이 에밀리를 차지할 것이다."

팔라몬은 행복한 표정을 지었고 아르시테도 기뻐 어쩔 줄 몰라했습니다. 테세우스의 훌륭한 태도에 모든 사람이 무릎을 꿇고 진심으로 감사했습니다. 아르시테와 팔라몬은 희망에 부풀어 홀가분한 마음으로 작별을 하고 말에 올라 조국 테베로 향했습니다.

3

테세우스가 경기장을 건설하는 데 얼마나 많은 돈을 들였는지 모르지만 이 세상에 그보다 훌륭한 경기장은 없을 것입니다. 동쪽에는 흰 대리석 문이 있었으며, 같은 문이 반대편에도 있었습니다. 솔직하게 말해서, 1년이란 짧은 시간을 감안한다면 세상 그 어느 곳에도 그렇게 훌륭한 건물은 없을 것입니다.

동쪽 문 너머로는 사랑의 여신인 베누스를 기리도록 제단과 사원을 만들어 제사를 드리고 공물을 바치게 했습니다. 마찬가지로 서쪽 문 너머로는 거의 마차 한 대 분량의 금을 들여서 마르스의 사원과 제단을 치장했습니다. 또한 순결의 여신 디아나를 모실 수 있도록 눈이 부시게 휘황찬란한 신전을 만들도록 지시했습니다. 북쪽에 위치한 작은 탑 모양의 그 신전은 흰 석고와 붉은 산호로 만들어졌습니다. 엄청난 비용을 들여 만든 경기장과 신전이 완성되자, 테세우스는 몹시 만족하였습니다. 하지만 잠시 테세우스의 이야기는 멈추고, 팔라몬과 아르시테에 관해 말하겠습니다.

두 사람이 결투를 벌이기로 한 날이 다가왔습니다. 두 사람은 약속을 지키기 위해 잘 무장하고 만반의 준비를 갖춘 기사 100명을 데리고 아테네에 모습을 드러냈습니다. 그들은 모두 기사도를 사랑하고 이름

그리핀
머리와 날개는 독수리고, 뒷다리와 몸은 사자인 상상의 동물. 루이스 캐롤의 《이상한 나라의 앨리스》에 나타난 존 테니얼의 삽화.

을 떨치고자 이번 결투에 참가하기를 바란 사람들이었습니다. 선택된 사람들은 행운아였습니다.

팔라몬과 함께 온 많은 기사 중 하나인 트라키아의 왕 리쿠르고스도 검은 수염에 힘찬 표정으로 말을 타고 왔습니다. 검고 짙은 눈썹 아래에서 그의 눈은 붉고 노란빛을 발했으며, 독수리 머리를 가진 그리핀처럼 자세를 취하며 주위를 돌아보았습니다. 또한 커다란 팔다리와 넓은 어깨, 강인하고 힘센 근육을 자랑하면서, 트라키아의 관습대로 흰 소 네 필이 끄는 전차에 위엄 있게 타고 있었습니다. 뒤로 빗어 넘긴 긴 머리는 까마귀의 깃털보다 까맣게 빛났으며, 머리에 쓴 무거운 왕관은 두껍기가 팔뚝만하고, 루비와 다이아몬드 같은 휘황찬란한 보석이 가득 박혀 있었습니다. 그의 수행원은 귀족 100명으로 이루어졌는데, 모두 훌륭히 무장한 힘센 전사들이었습니다.

한편 아르시테와 함께 온 인도의 왕 에메트리우스는 전쟁의 신 마르스처럼 쇠로 만든 마구로 뒤덮인 말을 타고 있었으며, 그 말은 금박 무늬가 정교하게 새겨진 천을 두르고 있었습니다. 말안장은 금으로 만들어져 번쩍였습니다. 어깨에는 불꽃처럼 번쩍이는 붉은 루비가 박힌 망토를 걸쳤으며, 태양처럼 노랗고 윤기 흐르는 곱슬머리는 작은 반지 모양이었습니다. 그는 우뚝 솟은 코와 레몬 색의 눈, 두툼한 입술과 혈색 좋은 피부를 지녔고, 주위를 둘러보는 시선은 사자와 같았습니다. 나이는 스물다섯 정도였습니다. 머리 위에는 갓 꺾은 밝고 신선한 초록 월계수로 만든 화관을 썼으며, 손에는 백합처럼 새하얀 잘 조련된 독수리가 앉아 있었습니다. 그가 데려온 귀족들 100명 역시 모두 머리만 빼고 완벽히 무장했는데, 그 모습이 정말로 화려했습니다.

그렇게 이 기사들은 일요일 아침 아홉 시경 아테네에 도착하여 말에서 내렸습니다. 테세우스 왕은 이들을 모두 시내까지 안내하고 계급에 맞게 숙소를 정해 준 다음, 향연을 베풀어 환영했습니다. 아직도 사람들은 그보다 멋진 환영 행사는 보지 못했다고 말한답니다.

이제 나는 본론으로 들어갈 것이니 귀를 기울여 잘 들어 주십시오.

일요일 새벽이었습니다. 날이 밝으려면 두 시간이나 있어야 했지만, 팔라몬은 종달새가 우는 소리를 듣고 잠에서 깼습니다. 그는 독실한 마음으로 축복과 은총을 받은 베누스의 신전에 가기로 마음먹었습니다. 해 뜨기 두 시간 전은 베누스가 지배하는 시간이었습니다. 그는 베누스의 사원으로 향했고, 겸허한 마음으로 무릎을 꿇고 대략 이렇게 말했습니다.

"아름다운 여신 중에서도 가장 아름다운 여신이며, 유피테르●의 따님이시고, 불카누스●의 신부이신 베누스 여신이여! 제 뜨겁고도 슬픈 눈물에 동정을 베푸시고, 당신의 마음속에 보잘것없는 제 소원을 새겨 주소서. 제 마음은 이 고통을 표현할 수가 없답니다. 너무 혼란스러운 나머지 저는 '제 생각을 이해해 주시고 제가 느끼는 상처를 보고 계시는 자비로우신 여신이여!'라는 말밖에 할 수가 없습니다. 이 모든 괴로움을 불쌍히 여기시고 제 고통에 자비를 베푸소서.

지금 이 순간부터 온 힘을 다하여 당신의 충실한 종이 되겠으며, 항상 정결을 위해 싸우겠나이다. 이것이 저의 맹세이오니 저를 도와주소서. 저는 전쟁에서 세운 공적을 자랑할 마음도 없으며, 내일 싸움에서 이기게 해 달라고 빌고 싶지도 않습니다. 제가 바라는 것은 단지 에밀리를 품에 안고 당신을 섬기는 가운데 죽는 것입니다. 싸움에 이기거나 지는 것은 제게 하나도 중요하지 않습니다. 단지 제 여인을 두 팔 안아 보고 싶을 따름입니다. 마르스는 전쟁의 신이시지만, 하늘에 계신 당신의 힘은 절대적이니, 당신이 원하시기만 하면 저는 쉽게 제 사랑

결투의 날이 오다
1년 후 아르시테와 팔라몬이 기사를 100명씩 데리고 결투를 하기로 한 날이 다가왔다. 그림은 14세기 필사본에 나타난 기사들의 결투 장면.

● **유피테르** 신화에서 으뜸가는 신으로, 그리스 신화의 제우스에 해당한다.

● **불카누스** 불의 신으로, 그리스 신화의 헤파이스토스에 해당한다.

디아나의 신전
에밀리는 디아나의 신전에서 기도한다. 마틴 헴스케르크 그림.

하는 여인을 가질 수 있을 것입니다. 이 순간부터 평생 당신을 숭배할 것이며, 제가 어디를 가든지 당신의 제단에 제물을 바치겠습니다.

그러나 당신이 이런 것을 원치 않으시면, 내일 아르시테가 창으로 제 가슴을 찌르게 해 달라고 애원합니다. 제가 죽으면, 제가 사랑하는 사람을 아르시테가 아내로 삼는다 해도 저와는 상관없는 일이기 때문입니다. 이것이 제 기도의 전부입니다. 사랑스럽고 은총이 가득하신 여신이여, 제 사랑을 저에게 주십시오!"

팔라몬은 기도를 마치자 제물을 바치고 모든 의식을 절차에 따라 치렀습니다. 그러자 마침내 베누스 상이 움직이며 신호를 했습니다. 그는 베누스 여신이 그날의 기도를 들어준 것이라고 이해했습니다. 그 신호는 시간이 걸릴 것이라는 암시였지만, 그는 자기 소원이 성취된 것이라고 생각하고 기쁜 마음으로 집으로 돌아갔습니다.

팔라몬이 베누스의 신전으로 발길을 옮긴 지 세 시간이 지나자 해가 떴고, 에밀리는 잠자리에서 일어나 급히 디아나의 신전으로 달려갔습니다. 그리고 가벼운 마음으로 우물물에 몸을 씻었습니다. 그녀는 윤기 흐르는 머리를 풀어 잘 빗었으며, 머리에는 참나무 잎으로 만든 초록빛 화관을 아름답게 썼습니다. 그런 다음 제단 위에 향불 두 개를 피워 놓고 고서古書에 적힌 대로 의식을 행했습니다. 향에 불이 붙자, 그녀는 디아나에게 이렇게 애원했습니다.

"푸른 숲 속에 계시는 정결의 여신이여! 하늘과 땅과 바다를 모두 지켜보시는 여신이여! 플루톤●의 여신이며 처녀들의 여신이여! 오랫동안 당신은 제 마음을 이해해 주셨고, 제가 원하는 것이 무엇인지 아셨습니다. 정절의 여신이여, 당신은 제가 평생을 처녀로 지내고, 남의 애인이나 아내가 되고 싶어하지 않는다는 사실을 잘 알고 계십니다. 당신도 알다시피, 아직 저는 당신의 종입니다. 저는 결혼하여 임신하기보다

● **플루톤** 명부(冥府)의 왕. 그리스 신화의 하데스에 해당한다.

는 험한 숲 속을 돌아다니길 좋아하는 처녀 사냥꾼입니다. 저는 남자들과 함께 있길 원치 않습니다.

디아나 여신이시여, 제발 저를 도와주소서. 당신은 세 가지 여신의 모습*을 잘 알고 계시며, 또 그 여신들의 힘을 갖고 있습니다. 저를 사랑하는 팔라몬과 저를 잊지 못하는 아르시테를 위해 당신에게 한 가지만 빕니다. 이 두 사람이 마음의 평화를 찾아 우정을 되찾게 해 주소서. 아니면 그들의 열정과 욕망, 끝없이 괴로운 그들의 고통을 잠재워 주소서.

만일 제가 그들 중 한 사람과 짝이 될 운명이라면, 저를 더 원하는 사람을 정해 주소서. 순결과 정결의 여신이여, 제 뺨으로 흘러내리는 이 쓰라린 눈물을 보아 주소서. 우리 모든 처녀의 보호자시여, 제가 언제나 처녀의 몸으로 당신을 섬길 수 있게 해 주소서."

에밀리가 기도하는 동안, 제단 위에서는 향불이 타올랐습니다. 그런데 별안간 아주 이상한 현상이 일어났습니다. 갑자기 향불 하나가 꺼지더니 다시 불이 붙는 것이었습니다. 그러다가 얼마 후 다른 불이 완전히 꺼지면서 젖은 나무가 탈 때처럼 '탁' 하는 소리를 냈습니다. 이런 광경을 보자 에밀리는 그것이 무엇을 뜻하는지 알 수 없었기에 너무 두려워 하염없이 눈물을 흘리기 시작했습니다. 바로 그 순간 손에 활을 든 사냥꾼 모습의 디아나가 나타나 말했습니다.

"내 딸이여, 눈물을 거두어라. 두 사람은 너로 인해 말할 수 없이 고통받고 있다. 그러니 너는 둘 중의 하나와 결혼을 해야 하지만, 나는 네

에밀리의 기도
에밀리는 결혼을 원하진 않지만, 만일 결혼을 해야 할 운명이라면 자신을 더 사랑하는 사람과 하게 해 달라고 빈다. 다이애너 뷰클럭 그림.

● 디아나 여신은 하늘에서는 루나, 땅에서는 디아나, 깊은 바다 속에서는 헤카테(프로세르피나)로 나타난다.

기사의 이야기 57

가 누구와 결혼을 할지는 말해 줄 수 없다. 나는 여기에 더 머무를 수가 없다. 하지만 내 제단에서 타오르는 향불은, 네가 이곳을 떠나기 전에 네 운명을 알려 줄 것이다."

디아나의 말소리가 멈추자, 여신의 활통 속에 있던 화살이 서로 부딪치며 소리를 냈습니다. 디아나 여신은 앞으로 한 발짝을 내딛더니 온데간데없이 사라졌습니다. 에밀리는 너무 놀라 말했습니다.

"이것이 도대체 무엇을 의미합니까? 디아나 여신이여, 저는 당신이 보호해 주실 것을 믿으며, 당신에게 제 몸을 맡깁니다."

그리고 지름길을 택해 집으로 돌아왔습니다.

다음은 마르스의 시간이었습니다. 아르시테는 성큼성큼 걸어서 포악한 전쟁의 신인 마르스의 신전으로 향했습니다. 그는 이교도異敎徒 의식으로 제사를 지낸 후 경건한 마음으로 마르스에게 기도했습니다.

"오, 강인한 신이시여, 당신은 모든 왕국과 모든 땅에서 전쟁의 고삐를 쥐고 계시며, 당신이 원하는 대로 승리를 선사해 주는 분이십니다. 부디 보잘것없는 저의 제사를 받아 주소서. 제가 당신의 은총을 받을 자격이 있다면, 그리고 제 힘이 당신을 섬기기에 족하다면, 제 고통을 불쌍히 여기소서. 지금 저를 괴롭히는 이 고통과 격정은 당신이 한때 느낀 욕망과 같습니다.* 그때 당신이 느낀 격정과 슬픔을 되새기시어 저의 고통을 불쌍히 여기소서.

당신도 아시다시피, 저는 어리고 무식한 사람입니다. 그래서 그 어떤 사람도 사랑 때문에 저처럼 심한 고통을 겪지는 않았을 것입니다. 제게 이런 고통을 주는 여인을 사랑할 수만 있다면, 저는 살든 죽든 개의치 않습니다. 마상시합에서 힘으로 경쟁자를 물리쳐야만, 제가 그녀의 사랑을 얻을 수 있음을 잘 압니다. 또한 당신의 도움이나 은총 없이는 아무리 힘이 세더라도 소용없음을 잘 알고 있습니다. 그러니 그 옛날 당신의 가슴을 불태웠던 불꽃과, 이제는 제 가슴을 불태우는 불길

● 베누스는 불카누스와 결혼한 사이였지만, 마르스를 사랑했다. 그 사실을 알게 된 불카누스는 비밀에 함정을 만들어, 베누스와 마르스가 침대에 있는 장면을 올림푸스의 모든 신이 보게 한다.

을 생각하셔서, 내일 싸움에서 제가 이기도록 도와주소서.

저는 다른 어느 곳보다도 당신의 신전을 숭배할 것이며, 당신의 기쁨을 더하기 위해 있는 힘을 다 바칠 것입니다. 당신의 신전에 제 깃발과 제 동료들의 무기를 걸어 놓고, 죽는 날까지 당신의 제단에 향불을 피우겠습니다. 또한 남은 생애 동안 당신의 충실한 종이 될 것을 맹세합니다. 마르스 신이시여, 저의 크나큰 슬픔에 자비를 베푸시고, 제가 승리할 수 있게 도와주소서. 저는 그 이상 아무것도 원치 않습니다."

힘센 아르시테가 기도를 끝내자, 신전 문에 걸려 있던 활과 심지어는 문까지도 별안간 시끄러운 소리를 내며 덜컥거리기 시작했습니다. 아르시테는 놀라 움찔했습니다. 제단의 불꽃은 신전 내부를 환히 밝힐 때까지 커졌습니다. 아르시테는 더 많은 향을 불에 넣었습니다. 그러자 마르스의 석상을 덮은 그물 갑옷이 짤랑짤랑 소리를 냈고, "승리!"라는 말이 희미하게 들려왔습니다. 아르시테는 다시 마르스를 찬양하며 경배했습니다. 그는 모든 일이 잘 될 것이라는 희망과 기쁨에 가득 차서 숙소로 돌아왔습니다.

하지만 하늘에서는 사랑의 여신 베누스와 전쟁의 신 마르스가 심한 말다툼을 벌였습니다. 누구의 소원을 들어주느냐가 바로 말다툼의 원인이었습니다. 유피테르 신이 끼어들어 말리려고 했지만, 결국 옛 선조의 전략을 잘 아는 사투르누스가 풍부한 경험을 바탕으로 양쪽을 만족시킬 수 있는 지혜로운 해결책을 생각해 냈습니다. 사투르누스가 말했습니다.

사투르누스
사투르누스는 베누스의 원대로 팔라몬이 이기게 해 줄 것을 약속한다. 사투르누스는 농경과 계절의 신으로 그리스 신화의 크로노스에 해당한다. 유피테르 등에 앞서는 1세대 신이다. 프란치스코 고야의 1819년 작 〈자식을 잡아먹는 사투르누스〉.

"사랑하는 나의 손녀 베누스여, 나는 태양 주위를 도는 행성 중에서 가장 넓은 궤도를 돌며,* 따라서 내 힘은 사람들이 생각하는 것 이상으로 크다. 내가 사자자리에 있으면* 복수도 하고 징벌도 하며, 높은 궁전을 폐허로 만들기도 하고, 탑이나 성벽을 무너뜨려 광부나 목수를 죽일 수도 있다. 나는 기둥을 흔들던 삼손을 죽였으며, 치명적인 질병을 내릴 수도 있고, 음흉한 배신이나 음모를 꾸미게 할 수도 있으며, 내가 모습을 보이면 페스트*가 돌기도 한다.

자, 이제 울음을 멈추어라. 마르스는 아르시테를 돕겠지만, 나는 최선을 다해 팔라몬으로 하여금 네가 약속한 여인을 가질 수 있도록 힘을 쓰겠다. 너희는 성질이 너무 달라 매일 싸우지만, 조만간 너희 둘 사이에도 평화가 깃들게 해야 할 것이다. 나는 너의 할아버지다. 그러니 네 소원이 이루어지게 해 주겠다. 자, 눈물을 거두어라. 네 소망을 들어 줄 테니."

그럼 이제 이 이야기의 절정 부분으로 들어가겠습니다.

4

다음 날 날이 밝자, 아테네는 말굽 소리와 갑옷 소리로 떠들썩했습니다. 말을 탄 귀족들이 궁전으로 향했습니다. 그들은 하나같이 진귀하고 값비싼 무기로 무장하고, 멋지게 차려입고, 화려하게 치장한 말을 타고 있었으며, 번쩍거리는 방패를 들고 금박을 입힌 갑옷을 입고 있었습니다.

또 그들을 뒤따르는 기사와 종자들은 뾰족하고 긴 창을 굳게 쥐고, 투구를 쓰고 방패를 들었습니다. 말은 황금 재갈을 번쩍이며 입에서 거품을 뿜었고, 종자들은 걸어서 뒤를 따랐으며, 수많은 평민들은 짧은 막대기를 들고 있었습니다.

● 토성의 이름은 사투르누스에서 따왔으며, 초서의 시대에는 이 행성의 궤도가 가장 크다고 믿었다.

● 토성의 공전 주기(29.46년) 동안 토성의 고리가 없어져 보이는 때가 두 번 있는데, 그때가 토성이 물병자리와 사자자리에 보이는 시기이다.

● **페스트** 흑사병. 오한, 고열, 두통에서 시작하여 의식이 흐려져 죽게 되는 급성 전염병.

피리, 나팔, 북, 클라리온*은 피를 요구하며 울려 퍼지고, 궁전은 빈 틈 하나 없이 사람들로 가득 찼습니다. 사람들은 여기저기에서 세 사람 혹은 열 사람씩 떼를 지어 테베의 두 기사에 관해 말하면서, 누가 이길 것인지 가능성을 점치며 이런저런 이야기를 했습니다.

위대한 왕 테세우스는 노랫소리와 사람들이 시끌벅적하게 떠드는 소리에 잠을 깨었습니다. 그는 테베의 두 기사가 궁전으로 들어올 때까지 자기 방에 그대로 있었습니다. 창가에 있는 왕좌王座에 앉은 그의 모습은 마치 신과 같았습니다. 사람들은 창문으로 가까이 몰려가 경의를 표하며 그의 명령을 기다렸습니다.

전령은 사람들이 조용히 할 때까지 기다리다 마침내 궁전에 모인 사람들이 입을 다물자, 대왕 테세우스의 뜻을 전했습니다.

"테세우스 왕께서는 깊게 사려하시어 이렇게 결정하셨다. 오늘의 싸움이 두 사람 중 한 사람이 목숨을 잃어야 끝이 난다면 고귀한 혈통을 파괴하는 결과가 되며, 따라서 너무 가혹하다고 여기셨다. 그러므로 그들의 목숨을 구하기 위해 최초의 규정을 변경하기로 하셨다.

그래서 일반 관객은 아무도 경기장에 화살이나 창, 도끼, 단도를 지니고 들어갈 수 없으며, 이 명령을 어기는 자는 사형에 처할 것이다. 또한 시합에 임하는 사람들도 말을 탄 채 날카로운 창으로 상대방을 찔러서는 안 된다. 무기는 말에서 내려 두 발을 땅에 딛고 싸울 때에만 허용하되, 그것도 방어용으로만 사용해야 한다. 상처를 입은 사람은 절대로 죽이지 말고, 양쪽에 마련된 천막으로 끌고 오라. 그리고 한쪽 편의 대장이 그곳으로 끌려오거나 목숨을 잃는 순간, 이 시합은 끝이 난다. 이제 모두 성공을 빈다. 앞으로 나와 열심히 싸우라. 이것이 바로 우리 대왕의 뜻이다."

이 말이 끝나자 나팔이 하늘을 향하면서 팡파르를 울리기 시작했고, 시합에 참가할 기사들은 멋진 깃발을 나부끼며 질서 정연하게 아테네

●클라리온 전쟁 신호용 또는 관현악에 사용된 나팔 종류의 관악기.

시내를 거쳐 경기장으로 향했습니다.

훌륭한 테세우스 왕은 위풍당당하게 말에 올랐으며, 테베의 두 기사는 왕의 양편에 섰고, 그 뒤에는 왕비와 에밀리가 있었습니다. 그들 뒤에는 나머지 사람들이 계급과 신분에 따라 무리를 이루어 따라왔습니다. 이렇게 그들은 도시를 지나 시합이 열릴 장소에 도착했습니다.

아침 아홉 시도 채 되지 않은 시간이었습니다. 테세우스는 왕비 히폴리테와 처제 에밀리와 함께 귀빈석에 앉았고, 그 주위에는 귀부인들이 신분에 따라 자리를 잡았습니다. 그러자 관중들도 자리에 앉았습니다.

아르시테는 기사 100명과 함께 붉은 깃발을 들고 마르스 상(像)이 자리 잡은 서쪽 문으로 들어왔습니다. 한편 같은 시간에 팔라몬은 흰 깃발을 들고 결연한 태도로 동쪽에 있는 베누스의 문으로 입장했습니다. 그들은 두 대열로 늘어섰는데, 그 광경은 참으로 인상적이었습니다. 마침내 양쪽 문이 닫히면서 시합에 참가하는 기사의 숫자를 속이지 못하도록 일일이 호명하기 시작했습니다. 호명이 끝나자 "젊고 당당한 기사들이여, 그대들의 의무를 다하라."라는 외침이 들렸습니다.

전령들이 물러나자 나팔과 클라리온이 크게 울렸습니다. 그러자 양쪽의 기사들은 공격을 하기 위해 삼엄하게 창을 겨누고, 말에 박차를 가했습니다.

어떤 창은 두꺼운 방패에 부딪치자 떨었고, 또 어떤 창은 20피트* 이상 공중으로 날았으며, 긴 칼은 은빛을 번쩍이며 칼집에서 나왔고, 투구는 부서져 산산조각이 났습니다. 피는 붉은 강처럼 솟구쳤고, 뼈는 무거운 철퇴에 맞아 부러졌습니다. 어떤 기사는 싸움이 치열하게 벌어지는 곳으로 달려들기도 했으며, 가장 튼튼한 말조차도 발부리에 채여 쓰러졌습니다. 그러면 말 위의 기사들은 바닥으로 떨어졌다가 공처럼 굴렀고, 이내 다시 일어나 창을 잡고 달려들어 말에 탄 상대편 기사를 떨어뜨렸습니다. 또한 말과 함께 넘어지는 바람에 상처를 입고 천

●피트 1피트는 30.48센티미터. 20피트는 약 6미터.

막으로 끌려오는 사람도 있었습니다.

　테베의 두 기사는 그날 수없이 공격하고 상처를 입혔습니다. 각각 두 번씩 상대방을 말에서 떨어뜨렸습니다. 새끼를 잃은 호랑이가 사냥꾼에게 달려드는 것도, 질투의 열정에 불타 팔라몬을 공격하는 아르시테보다 더 사납진 않았을 겁니다. 피에 굶주리고 목마른 사자도 팔라몬이 그의 적 아르시테를 죽이려고 하는 것보다 더 사납고 미친 듯이 보이지는 않았을 것입니다. 질투로 가득 찬 두 사람은 상대방의 투구를 있는 힘을 다해 내리쳐서, 그들의 머리에서는 피가 흘러 나왔습니다.

무장한 기사
화려하게 무장한 기사들은 치열한 접전을 벌였다. 16세기 《캔터베리 이야기》 필사본에 나타난 무장한 기사의 모습.

　하지만 모든 일에는 끝이 있는 법입니다. 태양이 서쪽으로 지기 전에, 힘센 왕 에메트리우스는 아르시테와 싸우는 팔라몬을 공격했습니다. 그의 칼은 팔라몬의 살 깊숙이 파고들었지만, 팔라몬은 한 치도 물러서지 않았습니다. 그래서 그를 천막으로 끌고 가는 데 20명의 기사가 필요했습니다. 팔라몬을 구하기 위해 리쿠르고스 왕이 달려들었지만, 그 역시 말에서 떨어지고 말았습니다.

　팔라몬은 천막으로 끌려갔고, 그곳에서는 이제 용기도 아무런 소용이 없었습니다. 한번 사로잡히면 그곳에 머물러 있어야 한다는 것이 이 시합의 규칙이었으니까요. 팔라몬은 다시 싸울 기회가 없어져 너무나 슬펐습니다. 이 장면을 지켜보던 테세우스 왕은 여전히 싸움을 계속하던 전사들에게 명령했습니다.

　"싸움을 멈추어라! 승패는 결정되었다! 나는 공정한 심판관으로 그 누구의 편도 들지 않겠다. 에밀리는 테베의 아르시테에게 간다. 아르시테가 에밀리를 얻었노라."

　이 소리를 듣자 관중들은 기쁨에 넘쳐 환호성을 지르기 시작했습니다. 그 함성이 어찌나 크던지 마치 경기장이 무너질 것만 같았습니다.

푸리아이
분노의 여신으로, 그리스 신화의 에리니에스에 해당한다. 지하 세계에 살면서 죄인을 벌하는 역할을 한다. 날개가 있고, 머리에는 뱀이 휘감겨 있고, 횃불이나 채찍을 손에 든 모습으로 표현된다. 고대 항아리에 새겨진 그림을 재현한 19세기 책자에 나타난 그림.

그런데 아름답고 매혹적인 베누스는 어떻게 했을까요? 그녀는 아무 말도, 아무것도 할 수 없었습니다. 단지 실망에 젖어 울음을 터뜨리면서 이렇게 외쳤습니다.

"신들이 나를 버렸구나!"

그러나 사투르누스는 베누스에게 이렇게 대답했습니다.

"안심해라, 나의 손녀! 마르스는 자신이 총애한 기사에게 은총을 베풀었고, 결국 아르시테의 뜻을 이루어 주었다. 그러나 네게도 곧 만족스러워할 일이 생길 것이다."

다시 나팔과 음악 소리가 울려 퍼졌고, 전령들은 즐거운 표정으로 아르시테 왕자의 승리를 외쳤습니다. 그러나 여러분, 내 이야기를 끝까지 참고 들어 주십시오. 곧 어떤 기적이 일어났는지 알게 될 겁니다.

용감한 아르시테는 투구를 벗고 말에 올라 경기장을 돌며 자기 얼굴을 보여 주었습니다. 그는 눈을 들어 에밀리를 바라보았고, 에밀리는 그에게 다정한 눈길로 화답했습니다. 여자들이란 일반적으로 운명의 여신이 축복을 내린 사람을 따르는 경향이 있거든요. 그러나 이때 땅바닥에서는 사투르누스의 청을 받고 플루톤이 지옥에서 보낸 분노의 여신 푸리아이가 모습을 드러냈습니다. 그러자 아르시테의 말은 겁을 먹고 뒷걸음질 치더니, 갑자기 펄쩍 뛴 후 바닥에 쓰러져 버렸습니다. 말을 타고 있던 아르시테는 고개를 아래로 향한 채 굴러 떨어져 정신을 잃었습니다. 말안장의 앞 고리에 가슴이 파열된 것입니다. 까맣게 변한 얼굴에는 피가 흘러내렸습니다. 아르시테는 곧 경기장에서 테세우스의 궁전으로 옮겨졌습니다. 그때까지 의식이 살아 있던 그는 끊임없이 에밀리를 불렀습니다.

테세우스 왕과 일행은 화려한 행진을 벌이며 궁전으로 돌아왔습니다. 불상사는 있었지만, 모든 사람들의 마음에 그늘이 지게 하고 싶지 않았거든요. 왕은 아르시테가 죽지 않을 것이며 곧 회복될 것이라고 생각했습니다. 사람들은 그 많은 기사들 중에서 한 사람도 목숨을 잃지 않았다는 사실에 기뻐했습니다. 물론 많은 사람이 심한 상처를 입었고, 특히 한 기사는 갈비뼈 근처까지 창에 찔리는 부상을 당하기는 했지만 말입니다.

　아르시테의 가슴은 부어올랐고, 심장 근처의 상처는 날이 갈수록 악화되었습니다. 의사들이 노력을 다했지만, 응고된 피는 썩어 갔으며, 몸에는 고름이 퍼졌습니다. 피를 뽑아내고 약초도 달여 먹였지만 아무 소용이 없었습니다. 그의 폐혈관은 붓기 시작했고, 가슴 근육은 독과 고름으로 모두 썩어 문드러졌습니다.

　자연自然이 더 할 일이 없는 곳에서 인간이 할 수 있는 일이란 의사와 작별하고 환자를 교회로 실어 나르는 일뿐입니다. 간단하게 말하자면, 아르시테는 죽을 수밖에 없던 것입니다. 그래서 그는 에밀리와 사랑하는 사촌 팔라몬을 불러 이렇게 말했습니다.

　"에밀리, 내가 가장 사랑하는 당신에게 말하겠소. 내 가슴속에 자리 잡은 이 슬픈 영혼은 내 고통이 얼마나 큰지 설명해 줄 수 없소. 하지만 내 목숨은 이제 오래가지 않을 것이기에 이 세상 그 누구보다도 당신에게 내 영혼을 위해 기도해 달라고 부탁하고 싶소. 당신 때문에 내가 얼마나 오랫동안 커다란 슬픔과 고통을 겪었는지 아시오? 그런데 당신을 얻게 된 지금 이 몸은 죽어서 당신과 영원히 헤어져야 하다니!

　내 마음속의 여왕이고, 내 인생의 전부던 여인이여! 도대체 이 세상은 무엇이오? 한순간 그의 사랑과 살다가, 이내 혼자가 되어 친구도 없이 차가운 무덤으로 가는 것인데……. 안녕, 나의 에밀리여. 나를 당신의 팔로 다정하게 안아 주시오. 그리고 내 말을 들어 주시오.

　당신을 사랑했고 그로 인한 질투 때문에 오랫동안 사촌 팔라몬을 증오하여, 결국 결투까지 벌인 것이오. 그러나 현명하신 유피테르 신께서 내 영혼을 두루 보살피심을 굳게 믿고, 연인의 자격으로 진심을 다해 이렇게 말하겠소. 이 세상 그 어느 곳에도 팔라몬보다 적합한 사랑의 상대는 없는 것 같소. 팔라몬은 당신을 사랑하고, 앞으로도 평생 사랑할 것이오. 당신이 다른 남자와 결혼을 할지라도, 착하디착한 팔라몬을 잊지 마시오."

이렇게 말한 후 아르시테는 알아듣지 못할 말을 중얼거리기 시작했습니다. 죽음의 냉기가 다리에서 가슴까지 올라오더니 이내 온몸을 사로잡았습니다. 곧 두 팔에서도 완전히 기운이 빠져 버렸습니다. 죽음이 심장을 건드리자, 병들고 상처받은 그의 가슴속에 자리 잡고 있던 감정도 사라지기 시작했습니다. 그의 눈은 광채를 잃었고, 그의 호흡은 멈추었습니다. 하지만 그는 여전히 자기가 사랑하는 여인을 바라보았습니다. 그의 마지막 말은 "에밀리여, 나에게 자비를……."이었습니다. 아르시테는 이렇게 죽었습니다.

에밀리는 비명을 질렀고, 팔라몬은 울부짖었습니다. 테세우스는 거의 실신 직전의 처제를 아르시테의 주검에서 멀리 떨어진 곳으로 데려갔습니다. 그곳에서 그녀는 밤낮을 울었습니다. 한편 테베의 기사 아르시테가 죽었다는 소식을 듣자, 온 아테네 시에는 눈물이 끊이지 않았으며, 남녀노소 가릴 것 없이 통곡했습니다.

테세우스 역시 비탄에 잠겼습니다. 하지만 그의 늙은 아버지 아이게우스는 고통이 지나면 기쁨이 오고, 행복 뒤에는 슬픔이 온다는 세상의 진리를 터득하고 있었습니다. 늙은 아버지는 테세우스에게 이런 예를 들어 설명해 주었습니다.

"이 땅에 태어나 잠시라도 살지 않고 죽은 사람은 아무도 없다. 마찬가지로 이 세상에서 죽지 않고 산 사람도 아무도 없지. 세상은 고통의 길에 불과하고 우리는 그 길을 오가는 불쌍한 순례자에 지나지 않는단다. 죽음이란 우리가 속세에서 겪는 모든 문제의 끝이다."

이 말을 듣자 테세우스 왕은 훌륭한 친구 아르시테의 무덤을 세우기에 적당한 곳이 어디며, 어떻게 해야 죽은 자의 신분에 걸맞은 명예로운 무덤을 세울 수 있을까를 생각했습니다. 그리고 마침내 가장 좋은 장소는 사랑을 얻기 위해 팔라몬과 아르시테가 처음 싸운 곳이라는 결론에 도달했습니다. 그 아름답고 푸른 숲은 아르시테가 사랑의 불꽃과 육체적 욕망을 느꼈고, 자기의 슬픔을 노래한 곳이었습니다. 테세우스 왕은 바로 그곳에서 아르시테의 신분에 맞는 장례를 치르기로 했습니다.

즉시 그는 오래된 참나무로 장작을 팬 다음 잘 타오르게끔 차곡차곡 쌓으라고 지시했습니다. 그의 부하들은 왕의 명령을 받들기 위해 급히 서둘렀습니다. 그런 다음 그는 관을 마련하라고 명령한 후, 그 안에 자기가 갖고 있던 가장 비싼 금실 천을 깔고, 같은 천으로 아르시테의 시신을 덮었습니다. 또 손에는 흰 장갑을 끼워 주고, 머리에는 푸른 월계수 관을 씌웠으며, 손에는 날이 번쩍이는 예리한 칼을 쥐어 주었습니다.

고인故人의 지위에 걸맞은 성대한 장례식을 치르기 위해 테세우스 왕은 준마 세 필을 대령시켜서 번쩍이는 마구로 장식하고, 그 위에 아르시테 왕자가 애용하던 무기를 싣도록 지시했습니다. 그리고 말들을 데리고 슬픔에 가득 찬 채 숲으로 향했습니다. 한편 지체 높은 그리스 사람들은 아르시테의 관을 어깨에 메고, 너무 울어 벌겋게 된 눈으로 천천히 아테네의 큰길로 나아갔습니다. 오른쪽에는 노인 아이게우스가, 왼쪽에는 테세우스 왕이 가장 멋있는 잔을 들고 걸었습니다. 그 잔에는 꿀과 우유, 피, 포도주가 가득 들어 있었습니다. 그리고 팔라몬이 많은 동료들과 함께 따라왔고, 그 뒤에는 불쌍한 에밀리가 당시의 관습대로 장례식에 쓸 불을 들고 따라왔습니다.

엄숙한 가운데 장례식이 준비되었습니다. 쌓아 놓은 참나무 더미는

테세우스
신화에 등장하는 테세우스는 트로이 전쟁 세대보다 한 세대 앞선 영웅으로 알려져 있다. 그림은 6세기 도자기에 새겨진 미노타우로스와 싸우는 테세우스.

하늘에 닿을 듯했으며, 아래 너비는 100피트가 넘었습니다. 바닥에는 짚이 깔리고, 그 위에 세 토막으로 자른 마른 나무 기둥이 놓였습니다. 아르시테의 시체는 그 안에 놓였습니다. 에밀리는 의식에 따라 화장식 불을 지폈으며, 불이 피어오르자 그만 기절하고 말았습니다. 아르시테는 재가 될 때까지 탔습니다.

이제 길고 지루한 이야기를 마칠 때가 되었습니다. 몇 년의 세월이 흐르는 사이 그리스 인들의 슬픔도 끝이 났습니다. 이즈음에 그리스 인과 테베 인들은 미해결된 문제를 토의하기 위해 아테네 의회에 모이게 되었습니다. 그중 하나가 테베 인들의 완전한 충성심을 확인하는 것이었습니다. 그 기회를 이용해 테세우스는 팔라몬과 에밀리를 불러오라고 지시했습니다. 모두 자리에 앉자 침묵이 흘렀습니다. 테세우스는 침묵을 지키면서, 의사당 안을 잠시 둘러보았습니다. 그리고 아무 말 없이 깊은숨을 내쉬고는 자기의 생각을 진지하게 말하기 시작했습니다.

"이 세상을 만드신 조물주께서 처음 사랑의 사슬을 만들었을 때, 그분의 뜻은 위대했고, 그 영향은 지대하셨다. 그분은 사랑의 사슬로 불과 공기와 물과 흙을 묶으셨는데, 이것은 그것들이 일정한 한계를 벗어나지 못하게 하기 위함이었다. 제왕이시며 모든 것의 원동력이신 그분은 이 불행한 세상에 사는 모든 것에 일정한 수명을 정하셨다. 아무도 그 기간을 넘을 수 없지만, 그 기간을 줄이기는 쉽다.

이제 나는 내 의견을 말하려고 한다. 현명한 신께서는 깊이 생각하시어, 모든 종류의 씨앗이 싹을 틔워 계속해서 자라되, 영원히 살지는 못하도록 하셨다. 저 참나무를 보라. 저 참나무는 싹튼 뒤로 지금까지 자랐으며, 너희도 알다시피 오랜 세월을 살겠지만, 결국은 죽고 말 것이다. 커다란 도시도 쇠퇴하여 몰락하고 만다. 모든 것에는 끝이 있는 법이다.

또한 남자든 여자든 죽는 것은 마찬가지다. 단지 차이라면 젊어서 죽거나 늙어서 죽는다는 것뿐이다. 너희도 알다시피, 어떤 사람은 침대에서 죽기도 하고, 어떤 사람은 깊은 바다에 빠져 죽기도 하며, 또 어떤 사람은 전쟁터에서 죽어 가기도 한다. 왕도 종과 마찬가지로 죽는 법이다. 이건 어쩔 수 없는 일이다. 모든 사람은 이런 길을 가야만 한다. 따라서 모든 것은 죽는다고 말할 수 있는 것이다.

나는 필요한 덕을 베풀고, 피할 수 없는 것들, 특히 우리 모두가 이미 예견하고 있었던 것들은 기꺼이 받아들이는 것이 지혜롭다고 생각한다. 이런 것에 반대하는 것은 헛된 일일 뿐만 아니라, 만물을 지배하시는 신에 대한 반항이기도 하다.

꽃 같은 나이에 드높은 명성을 누리며 죽는 자는 큰 영광을 얻게 된다. 그것은 친구나 자기 자신의 명예를 더럽히지 않기 때문이다. 친구들은 그런 사람의 죽음을 기쁘게 받아들여야 한다. 기사도의 꽃인 아르시테는 존경과 명예를 한 몸에 지닌 채 이승의 감옥에서 벗어났다. 그런데 왜 우리는 침울한 마음으로 슬퍼해야 하는가? 이게 고인의 사랑에 보답하는 일인가? 아니다, 절대로 아니다. 그건 아르시테의 영혼을 해치는 일이며, 동시에 자신들에게도 해가 되는 것이다. 아르시테의 사랑에 보답하는 길은 팔라몬과 에밀리, 두 사람이 최대한 행복해지는 것이다.

나는 슬픔 뒤에는 반드시 기쁨이 따르게 하신 유피테르 신의 자비에 감사를 드려야 한다고 생각한다. 이 자리를 떠나기 전에 나는, 우리가 두 개의 고통을 영원히 지속될 하나의 기쁨으로 만들 것을 제안한다. 자, 보아라. 가장 깊은 고통이 있는 곳이 바로 치료가 시작될 부분이다.

처제여, 이것이 내가 신중히 생각한 의견이며, 이 의견은 이곳에 모인 의회에서 추인되었다. 그대를 처음 본 순간부터 마음과 영혼과 힘을 다해 봉사하고 사랑한 팔라몬에게 자비를 베풀고, 그를 남편으로 맞으라. 자, 손을 이리 다오. 이것이 우리가 결정한 사항이다. 이제 우리는 그대의 여성다운 연민의 정을 보고 싶다. 팔라몬은 그대를 여러 해 동안 섬겼고 그로 인해 수많은 고통을 겪었으니, 그대의 남편이 될 자격이 있다고 생각한다. 고귀한 동정과 자비는 정의보다 앞서는 미덕이다."

테세우스는 계속해서 팔라몬에게 말했다.

"너의 동의를 얻기 위해 장황하게 말할 필요는 없다고 생각한다. 이리 가까이 와서 사랑하는 사람의 손을 잡으라."

그렇게 그곳에 모인 귀족들은 두 사람 사이에 결혼의 연을 맺어 주었습니다. 쉽게 말하자면, 결혼식을 거행한 것입니다. 이렇게 음악이 울려 퍼지고 환희의 함성 속에서 팔라몬은 에밀리를 아내로 맞았습니다. 이 넓은 세상을 만드신 하느님은 그에게 그토록 원하던 사랑을 주셨습니다. 이후 팔라몬의 삶은 순탄했습니다. 그는 부귀영화를 누리며 건강하고 행복하게 살았습니다. 에밀리는 모든 정성을 다해 팔라몬을 사랑했고, 팔라몬은 아내에게 헌신했습니다. 그들 사이에는 질투의 말이 오가는 법도 없었고, 속상해서 싸우는 법도 없었습니다.

이렇게 팔라몬과 에밀리의 이야기는 끝이 납니다. 하느님, 이 두 사람에게 축복을 내려 주소서!

기사의 이야기는 여기에서 끝난다.

방앗간 주인의 이야기

내 엉덩이에 키스를 해 봐

사회자와 방앗간 주인의 말다툼

기사가 이야기를 끝마치자, 남녀노소 가릴 것 없이 모두가 이 이야기는 기억해 둘 만한 훌륭한 것이라는 데 동의했다. 특히 신분이 높은 사람일수록 그런 생각이었다.

사회자는 껄껄거리고 웃더니 이렇게 평했다.

"이제 제대로 되어 가는군요. 이야기보따리가 열렸어요. 그럼 누가 다음 이야기를 할지 한번 봅시다. 이번 놀이는 시작이 정말 좋았습니다. 그럼 이제 수사님 차례입니다. 기사님의 이야기와 견줄 수 있는 이야기를 해 주세요."

그런데 술에 취해 얼굴이 백지장처럼 변한 방앗간 주인이 간신히 말 위에 앉아서는, 그리스도를 골탕 먹인 빌라도와 같은 못된 목소리

빌라도
빌라도는 예수의 재판관으로, 예수의 무죄를 알면서도 유대인의 압력에 의해 십자가형을 내렸다고 한다. 19세기 화가 미하이 뭉카치의 〈빌라도 앞의 예수〉.

로 소리쳤다.

"그리스도의 팔과 뼈를 두고 맹세하는데, 제가 여러분에게 기사 양반의 이야기에 버금가는 이야기를 하나 들려드리겠소."

사회자는 방앗간 주인이 맥주를 너무 마셔 취한 것을 보고 그의 말을 끊었다.

"잠깐 기다리시오, 로빈 형제. 우선 당신보다 지체 높은 분의 이야기를 들어봅시다. 우리 놀이가 잘 진행될 수 있도록 협조해 주시오."

그러자 방앗간 주인이 대답했다.

"뭐라고! 난 그렇게 못해! 지금 이야기할 기회를 주지 않으면, 난 일행에서 빠지겠소."

여관 주인은 이 말을 듣고 발끈해서 말했다.

"이런 빌어먹을! 당신은 지금 제정신이 아니야. 술에 취해 쓸데없는 고집을 부리고 있단 말이야!"

"자, 여러분. 한 분도 빠짐없이 내 이야기를 들어 보시오."

사회자의 말에는 아랑곳하지 않고 방앗간 주인이 말하기 시작했다.

"하지만 우선 말해 둘 것은 내가 취했다는 것이오. 나도 내 목소리를 들어 보면 알 수 있소. 따라서 내가 한두 마디 실수를 한다면, 그것은 전적으로 서덕에서 마신 맥주 탓이오. 그럼 어느 목수와 그의 아내에 관한 이야기를 하겠소. 또 학생이 그 목수를 어떻게 놀렸는지도 이야기하겠소."

그때 장원 청지기가 말했다.

"입 닥치지 못해! 음탕한 주정뱅이 같으니라고! 남을 욕하고 남자의 명예를 실추시키면서, 그것도 모자라 남의 아낙네까지 끌어넣는 것은 죄악이야. 하려면 다른 이야기를 해."

그러자 술 취한 방앗간 주인이 재빨리 대답했다.

"사랑하는 오즈월드 형제여. 여편네가 없으면 오쟁이 진 남편도 될 수 없는 법이오. 이 세상에는 남편에게 충실한 아내가 수없이 많소. 하지만 적어도 천 명에 한 명꼴로 나쁜 여자도 있지. 당신도 이 정도는 알고 있을 것이오. 그런데 왜 내 이야기에 화를 내는 거요? 나도 당신처럼 아내가 있는 몸이지만, 내 마누라가 다른 놈팡이하고 놀아난다고 생각하지는 않소. 난 고삐 매인 황소를 보고 고삐가 풀리지 않을까 걱정하는 사람은 아니니까. 남편은 신의 비밀이나 아내의 비밀을 캐서는 안 되는 법이오. 그래야만 아내에게서 하느님의 충만한 은총을 발견할 수 있소."

이런 상황에서 내가 무엇을 더 말할 수 있을까? 여러분도 알다시피 방앗간 주인은 막돼먹은 사람이다. 장원 청지기나 다른 몇 명도 이런 부류에 속한다. 그래서 그들의 이야기 역시 모두 경박한 것이었다. 그러니 이런 이야기를 읽고 싶지 않으면 건너뛰어 다른 이야기를 읽기 바란다. 그리고 농담을 진담으로 알아듣는 일도 없기를 바란다.

방앗간 주인
엘즈미어 필사본에 나타난 방앗간 주인.

방앗간 주인의 이야기

옛날 옥스퍼드에 나이가 지긋하고 돈 많은 시골뜨기가 하나 살고 있었지. 그의 직업은 목수였는데, 집에서는 하숙을 치고 있었다오. 그 집에는 가난한 학생이 하숙을 하고 있었는데, 그는 특히 점성술을 아주 열심히 공부했소. 학생의 이름은 '교활한' 니컬러스로, 겉으로 보기에는 숫처녀처럼 유순했지만, 속은 약아빠지고 음흉하기 짝이 없었소. 또 아무도 모르게 사랑 모험을 즐기고 여자들을 유혹하는 데 특별한 재주가 있었다오.

그는 이 하숙집에서 독방을 썼는데, 침대맡에는 천문학에 관한 여러 책들이 즐비하게 놓여 있었소. 옷장은 조악하기 그지없는 붉은 모직으로 덮여 있었고 그 위에는 하프가 있었는데, 그는 밤마다 이 하프를 연주하면서 자기 방을 아름다운 선율로 가득 채웠다오.

한편 늙은 목수는 열여덟 살 먹은 여자와 갓 결혼했는데, 그녀를 자기 목숨보다도 더 소중히 여겼소. 자기는 늙었는데 아내는 젊고 발랄하기 때문에 목수는 아내가 서방질을 할지도 모른다고 생각했고, 그래서 아내를 집 안에 가두어 놓고 집 밖으로 한 발짝도 나가지 못하게 했지.

이 늙은이는 배운 게 없어서, 자기와 엇비슷한 여자와 결혼해야 한다는 가르침을 읽은 적이 없던 거요. 남자는 나이와 사회적 신분이 비슷한 여자와 결혼해야 하는 법인데, 그런 것도 모르고 결혼했던 거지.

목수의 아내는 젊고 아름다웠으며, 족제비처럼 나긋나긋하고 날씬했소. 눈썹은 검고 가느다란 활을 두 개 그려 놓은 것 같고, 그 아래에는 음탕하기 그지없는 두 눈이 반짝였지. 그녀의 자태는 꽃이 핀 배나무보다 곱고 양털보다도 부드러웠소. 이 세상을 아무리 뒤져 보아도 이처럼 예쁘고 멋진 여자는 찾아볼 수 없을 것이오. 그녀의 피부는 조폐창에서 방금 찍어 낸 금화보다 더 반짝였으며, 노랫소리도 광 위에 앉은 제비처럼 명랑하고 맑았소. 입은 꿀이나 당밀(糖蜜)을 바른 사과처럼 달콤하고, 키는 돛대처럼 후리후리하게 크며, 몸은 화살처럼 꼿꼿했소. 그녀는 정말 그 누구와도 견줄 수 없을 정도로 일품이었지. 어떤 귀족 나리의 침대용으로도 손색이 없었으며, 웬만큼 돈 많은 지주의 아내로도 모자람이 없었다오.

그런데 어느 날 일이 벌어지고 말았던 거요. 그날 남편은 잠시 수도

앨리슨
반달 같은 눈썹, 반짝이는 피부에, 젊고 날씬하며 아름다운 앨리슨. 워윅 고블 그림.

원에 갔다 와야 할 일이 있었소. '교활한' 니컬러스와 같은 족속은 약삭빠르기 짝이 없는 탕아였고, 그에 걸맞게 목수 아내를 구슬리기 시작한 거요. 그는 슬그머니 여자의 그곳에 손을 갖다 대고 말했소.

"사랑하는 여인이여. 당신을 갖지 못하면 난 상사병으로 죽고 말 겁니다."

학생은 그녀의 엉덩이를 어루만지면서 말했소.

"지금 당장 사랑을 합시다. 그러지 않으면 난 죽고 말 거요."

그녀는 망아지처럼 펄쩍펄쩍 뛰더니 얼굴을 돌리며 말했소.

"어서 가세요! 아니면 도와 달라고 소리 지르겠어요. 손 치우지 못해요! 이렇게 행동해도 되는 거예요?"

하지만 니컬러스는 막무가내로 애원했소. 어찌나 애절하게 부탁하는지, 그녀는 마침내 그의 청을 들어주면서, 적당한 기회가 오면 몸을 주겠다고 약속했다오. 일이 뜻대로 풀리자 니컬러스는 그녀의 허벅지를 쓰다듬고 달콤하게 키스한 다음, 하프를 들고 즐겁고 활기찬 곡을 연주하기 시작했소.

그러던 어느 성인의 날, 이 멋진 여자는 집안일을 끝내고 얼굴을 화사하게 치장한 다음, 기도를 하기 위해 교회로 갔소. 그 교회에는 압살롬이라는 사무직원이 있었는데, 얼굴은 붉은빛이고, 눈은 거위 눈처럼 잿빛이며, 진홍빛 양말과 구두를 신고 옷도 멋지게 차려입는 청년이었소. 한 마디로 근사한 멋쟁이였지. 또 기타 솜씨도 보통이 아니었소. 시내에서 그가 가 보지 않은 술집이나 여관은 하나도 없었는데, 특히 작부가 있는 곳은 더욱 그랬소. 사실대로 말하자면 그는 별로 우아하거나 고상한 사람은 아니라 수시로 방귀를 뀌어 댔으며, 말투는 거만하고 거칠었다오.

그날 압살롬은 목수의 아내를 쳐다보며 특별한 관심을 기울였소. 그녀가 너무나 아름답고 달콤하며 먹음직스러워서, 바라보는 것만으로도 평생을 보낼 수 있겠다고 생각했소. 만일 그녀가 쥐고, 압살롬이 고양이였다면 틀림없이 금방이라도 잡아먹을 듯이 덮치고 말았을 것이오.

그날 밤 달이 환하게 비추자, 뜨거운 열정을 주체하지 못한 압살롬은 기타를 들고 여자들을 유혹하기 위해 집을 나섰소. 그러다가 자신도 모르는 사이에 목수 집까지 왔는데, 그때는 벌써 첫닭이 운 다음이었지. 그는 창문 아래 기대어서 기타 반주에 맞추어 작고 은은한 목소리로 노래했다오.

사랑의 노래
압살롬은 앨리슨의 창 밑에서 사랑의 노래를 부른다. 그림은 14세기 필사본에 나타난 음악가.

사랑하는 여인이여, 나의 기도를 들어 주오.
나에게 관심이 있다면 나를 불쌍히 여겨 주오.

이 노랫소리에 잠이 깬 목수가 아내에게 말했소.
"앨리슨, 우리 창문 밑에서 들려오는 저 노랫소리 말이오. 압살롬의 목소리 같지 않소?"
그러자 그녀가 대답했소.
"네, 맞아요. 아까부터 죽 들었어요."

이제 여러분이 추측하는 것처럼 일이 진행되었소. 이 말을 들은 압살롬은 너무 기쁜 나머지 매일 그녀의 집으로 사랑의 노래를 부르러 갔지만, 그녀가 냉담한 반응을 보이자 마침내는 슬픔에 가득 차서 밤이고 낮이고 한숨도 잠을 이룰 수가 없게 되었다오. 그는 머리칼을 빗어 멋을 부려 보기도 했고, 아는 사람을 통해 사랑을 호소하기도 했으며, 그녀의 노예가 되겠다고 맹세하기도 했소. 또 나이팅게일처럼 떨리는 목소리로 노래를 부르기도 했고, 술과 꿀 혹은 맛있는 맥주나 방금 구워 낸 과자를 보내기도 했소. 그리고 그녀가 도시에 살고 있으니 살 것이 많을 것이라고 생각해서 돈도 보내 주었다오. 사실 여자들은 돈으로 정복되기도 하고, 몇 대 맞으면 마음을 주기도 하며, 달콤한 말에 넘어가기도 하는 법이니까. 하지만 모두 소용이 없자, 압살롬은 니컬러스가 그녀 가까이에 있어서 자기의 빛을 가로막고 있다고 미친 사람처럼 떠들어 댔소.

그런 어느 토요일, 목수는 다시 수도원에 가려고 집을 나가야만 했고, 그 틈을 이용해 니컬러스와 앨리슨은 질투심 많은 불쌍한 남편을 속이기 위한 계획을 세웠소. 계획이 성사되면, 두 사람이 소망하던 대로 앨리슨은 니컬러스의 품 안에서 온밤을 지낼 수 있게 되는 것이었지.

더 기다릴 수 없던 니컬러스는 하루 이틀 정도 먹을 음식을 자기 방에다 갖다 놓았소. 그러면서 앨리슨에게, 만일 남편이 자기가 어디 있느냐고 물으면 하루 종일 보지 못해서 어디에 있는지 모른다고, 틀림없이 병이 난 모양이라고 말하라고 일러두었다오.

그렇게 니컬러스는 토요일 내내 아무 말도 없이 먹고 자면서 해가 질 무렵까지 보냈소. 그날 밤이 되자 불쌍한 목수는 니컬러스에게 무슨 일이 있느냐며 물으면서 시중들던 하인에게 말했소.

"2층으로 올라가 무슨 일이 있는지 알아보고 즉시 본 대로 이야기해 주게."

하인은 힘차게 계단을 뛰어 올라가서 큰 소리로 니컬러스를 부르며 요란하게 문을 두드렸소.

"이봐요, 니컬러스 선생님. 뭐 하고 계세요? 어째서 하루 종일 잠만 주무세요?"

하지만 아무 대답도 없었다오. 하인은 벽 밑에서 고양이가 들락날락하는 구멍을 하나 발견하여 그곳으로 방 안을 자세히 들여다보았고, 마침내 니컬러스가 정신을 잃은 듯이 입을 벌린 채 꼿꼿이 앉아 있는 것을 보게 되었소. 하인은 급히 내려가 자기가 본 니컬러스의 모습을 목수에게 그대로 말해 주었지.

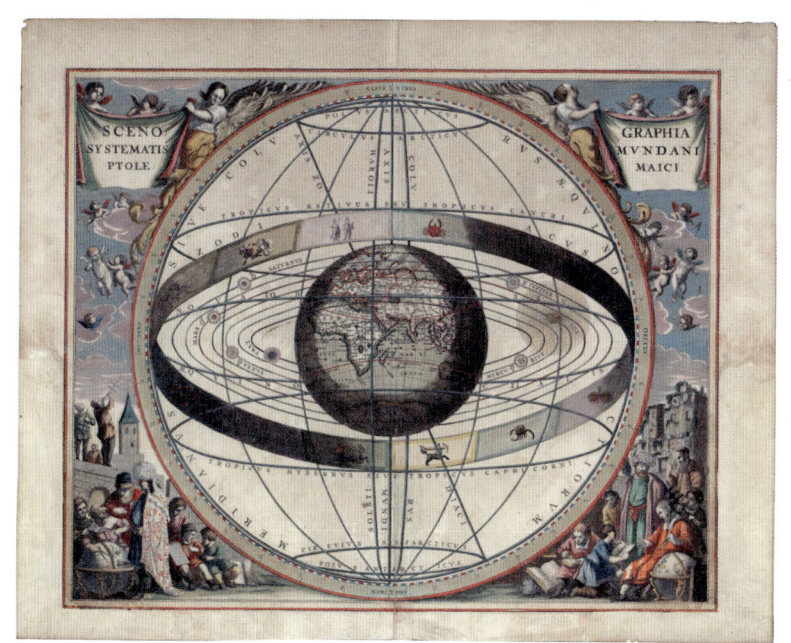

천민학, 천문학?
목수는 니컬러스가 하느님의 비밀인 천문학을 공부하다가 미쳤다고 생각한다. 프톨레마이오스의 천동설을 나타낸 17세기 그림.

목수는 성호를 그으며 말했소.

"하느님, 그 누가 우리에게 닥칠 운명을 예견할 수 있겠습니까? 니컬러스는 천민학인가 천문학 때문에 미쳐 버렸습니다. 저는 이런 일이 일어날 줄 알고 있었습니다. 사람들이 하느님의 비밀을 캐내려고 해서는 안 되는 법입니다. 사도신경● 이외에는 아무것도 모르는 사람이야말로 얼마나 행복합니까! 그런데 천문학을 공부하는 어떤 학생이 하느님의 비밀을 공부하려고 합니다. 하늘에 계신 그리스도님이시여! 제가 그자가 그 공부를 못하도록 혼내 주겠습니다."

그는 학생의 방으로 향했고, 하인은 힘이 넘치는지 단숨에 문짝을 들어 올려 바닥으로 팽개쳤소. 이런 와중에도 학생은 입을 벌린 채 공기를 들이마시며 돌부처처럼 앉아 있었지. 목수는 그가 미쳐 버린 줄 알고, 그의 어깨를 덥석 잡고는 있는 힘을 다해 흔들며 말했소.

●**사도신경** 기독교의 신앙 고백으로서 기독교의 기본적인 교리를 요약한 것. 예배 때 이를 외움으로써 삼위일체의 하느님과 하느님이 하는 일을 믿는다고 다짐한다.

방앗간 주인의 이야기 79

정신 나간 니컬러스
목수가 하인과 방문을 부수고 들어가 보니 니컬러스는 정신이 나간 사람처럼 앉아 있다. 존 해밀튼 모티머 그림.

"이봐, 니컬러스! 정신 차려! 예수 그리스도님의 수난을 생각해! 도깨비니 마귀니 하는 것에서 너를 보호해 주는 것은 십자가밖에 없어!"

그러면서 목수는 집 안 구석구석을 향해 주문을 외우기 시작했소.

"예수 그리스도님, 사악한 영혼을 몰아내 주십시오. 밤의 악귀를 물리치소서."

얼마 후 '교활한' 니컬러스는 깊게 숨을 내쉬며 말했소.

"아, 세상이 이렇게 금방 끝나야 하는 건가요?"

그러자 목수가 대답했소.

"도대체 무슨 소리야? 이마에 땀을 흘리며 빵을 구하는 사람들처럼 하느님을 믿어야 해."

이 말을 들은 니컬러스가 말했소.

"가서 마실 것 좀 갖다주세요. 당신을 믿기에 하는 말인데, 우리 두 사람과 관련된 문제에 관해 비밀리에 말하고 싶군요."

목수가 아래층으로 내려가 큰 병에 맛있는 맥주를 가득 담아서 가지고 오자, 니컬러스는 문을 꼭 닫고 목수를 자기 옆에 앉힌 후 말했다오.

"사랑하는 존 영감님, 이 비밀을 아무에게도 말하지 않겠다고 약속해 주세요. 그러면 그리스도님의 비밀을 가르쳐 드리죠. 만일 이 사실을 다른 사람에게 말하면 당신은 천벌을 받게 됩니다. 약속을 어기면 당신은 미치광이가 될 거예요."

그러자 순진한 목수가 대답했소.

"예수 그리스도님과 그분의 성혈聖血을 두고 그러지 않겠다고 맹세하지. 나는 입을 함부로 놀리는 사람이 아니니 마음 놓고 말하게. 예수 그리스도님을 두고 맹세하는데 그 누구에게도 절대로 발설하지 않겠어."

"그럼 좋아요. 지금부터 내가 하는 말은 하나도 거짓이 아니에요. 점성술 연구를 통해 하늘에 밝게 빛나는 달을 관찰해 본 결과, 다음 월요일 아홉 시경에 놀랄 만한 폭우가 퍼부을 것임을 확인했어요. 노아의 홍수와는 비길 수도 없이 큰 폭우지요. 아주 엄청난 소나기라 한 시간도 채 안 되어 온 세상이 빗물에 잠겨 버리고, 인간은 멸망할 겁니다."

이 말을 들은 목수가 소리쳤소.

"아, 불쌍한 내 마누라! 내 마누라도 빠져 죽나? 아, 불쌍한 앨리슨!"

그는 큰 충격을 받은 나머지 곧 실신할 것만 같더니 갑자기 이렇게 물었소.

"어떻게 살아날 방법이 없겠나?"

"있지요, 있고 말고요. 하지만 영감님 멋대로 해서는 안 되고 반드시 내 충고를 따라야 해요. 그러면 돛대나 돛이 없어도 우리 세 사람은 목숨을 구할 수 있을 거예요. 하느님이 모든 사람이 물에 잠길 것이라고 일러 주셨을 때, 노아가 어떻게 목숨을 구했는지 아시나요?"

"그럼. 아주 오래전에 들었지."

니컬러스는 계속해서 말했소.

"노아를 비롯한 나머지 사람들이 아내를 방주에 태우기까지 얼마나 많은 고생을 했는지도 들었나요? 자신 있게 말하건대, 당시 노아는 아내가 혼자 탈 배를 마련하기 위해서라면 수단과 방법을 가리지 않았을 거예요. 그런데 지금 우리는 어떻게 하는 게 최선의 방법인 줄 아세요? 이건 긴급을 요하는 일이에요. 워낙 급한 상황이라서 길게 말할 시간도 없고 시간을 질질 끌 수도 없어요.

지금 당장 달려가서 나무로 된 반죽 통이나 그리 깊지 않은 욕조를 가져오세요. 우리 세 사람이 하나씩 들어갈 수 있도록 세 개를 구해 오세요. 명심해야 할 것은 배처럼 사용할 수 있을 정도로 커야 한다는 거예요. 그리고 그 안에 하루치 양식을 넣으세요. 더도 필요 없어요. 다음 날 아침 아홉 시만 되면 물이 모두 빠져 없어질 테니 말입니다. 하지만 영감님의 하인 로빈조차도 이런 비밀을 알아서는 안 됩니다. 또 하녀 질리언도 구해서는 안 돼요. 이유는 묻지 마세요. 나한테 그걸 물어도 하느님의 비밀이라 밝힐 수가 없으니까요. 영감님은 노아처럼 커다란 은총을 받는 것으로 만족해야 합니다. 걱정 마세요. 영감님 아내는 내가 구하겠어요. 이제 가서 통을 찾아보세요.

나와 영감님 부인과 영감님이 탈 통 세 개가 준비되면, 우리가 대홍수를 대비하고 있다는 사실을 아무도 눈치 채지 못하도록 지붕 위에 높이 매달아 두세요. 내가 말한 대로 각 통에 양식을 넣고 나면 밧줄을 끊을 도끼를 하나 장만하세요. 그래야만 물이 찰 때 도망갈 수 있으니까 말입니다. 정원 쪽으로 나 있는 벽에 구멍을 하나 뚫어 놓아야 그리로 빠져나갈 수 있다는 사실도 절대로 잊지 마세요.

홍수가 지나가면 영감님은 기쁜 마음으로 노를 젓게 될 겁니다. 그리고 내가 '앨리슨! 존! 기운 내요! 물이 빠지고 있어요.' 라고 말하면, 영감님은 '안녕, 니컬러스! 잘 잤나? 낮이라 그런지 얼굴이 아주 좋은데.'라고 대답할 수 있을 겁니다. 그 순간부터 우리는 노아와 그의 아내처럼 남은 평생을 이 세상의 왕처럼 지내게 될 거예요.

하지만 한 가지 경고할 것이 있어요. 일단 통 안에 들어가게 되면 말을 해서는 안 된다는 거예요. 남을 부른다거나 소리를 지르면 절대로 안 돼요. 우리는 조용히 기도를 올리며 하느님의 명령을 따라야 해요.

영감님과 영감님 아내는 죄를 짓지 않도록 되도록 서로 멀리 떨어져 있어야 해요. 서로 쳐다보아서도 안 되며, 사랑을 나누는 것은 더욱 더 안 됩니다. 이것이 영감님이 지켜야 할 사항이에요. 자, 얼른 가세요, 행운을 빌겠습니다! 내일 밤 사람들이 모두 잠들면 우리는 그 통

안으로 들어갈 거예요. 그리고 하느님이 우리를 인도해 줄 것을 믿으며 그곳에 앉아 있어야 합니다. 자, 가세요. 더 설명할 시간이 없어요. 속담에도 '현자를 보내어 수고를 아껴라.'라는 말이 있어요. 영감님은 현명하니까 길게 가르쳐 줄 필요가 없겠지요. 어서 가서 우리의 생명을 구해 주세요. 이것이 내 부탁입니다."

순진한 목수는 슬픈 얼굴로 내려와서 이 비밀을 아내에게 몰래 일러 주었다오. 물론 그녀는 이 계획의 의미를 훤히 알고 있었지만 몹시 놀란 표정을 지으며 말했지.

"어서 서두르세요. 우리가 목숨을 구할 수 있도록 도와주세요. 그러지 않으면 우린 모두 죽고 말 거예요. 사랑하는 여보, 우리의 목숨을 구해 주세요."

근거 없는 환상이란 얼마나 위대합니까! 사람들은 너무 강한 충격을 받으면 상상만으로도 죽을 수 있는 법이오. 불쌍한 목수는 두려움에 떨기 시작했소. 그는 정말로 노아의 홍수가 밀려와 자기의 둘도 없는 아내 앨리슨이 물에 빠져 죽을지도 모른다고 믿었던 거요. 늙은 목수는 몸서리치며 한숨을 내쉬었으며, 흐느껴 울면서 자신을 비참한 존재라고 생각했소.

목수는 반죽 통 하나와 커다란 욕조 두 개를 구해, 아무도 모르게 집으로 가져와 지붕 꼭대기에 매달았소. 그런 다음 세 사람이 지붕으로 올라갈 수 있도록 손수 사다리 세 개를 만들고 반죽 통과 욕조에 하루 동안 먹고도 남을 만큼의 빵과 치즈, 맛있는 맥주 한 주전자를 넣었다

노아의 방주
하느님이 타락한 인간 세상을 홍수로 심판하려 할 때, 홀로 바르게 살던 노아는 하느님의 계시로 홍수가 올 것이라는 사실을 알게 된다. 그에 대비해 방주를 만들었던 노아는 가족과 동물들과 함께 대홍수에서 살아남을 수 있었다. 에드워드 힉스의 1846년 작 〈노아의 방주〉.

오. 이런 모든 준비를 하기 전에 하인과 하녀는 런던으로 심부름을 보냈지. 월요일 밤이 다가오자, 목수는 촛불도 켜지 않고 문을 잠갔으며, 모든 것이 제대로 되었는지 재차 확인해 보았소. 잠시 후, 세 사람은 각자의 통에 들어가 그 안에서 꼼짝도 하지 않고 앉아 있었다오.

니컬러스가 말했소.

"주기도문을 외우세요."

그러자 목수는 기도문을 외우며 가만히 앉아 있었소. 그는 다시 기도를 올리며, 혹시 빗소리가 들리는지 알아보기 위해 귀를 기울였소.

너무 피곤하고 힘든 하루를 보낸 탓인지, 목수는 통행금지 시간이 조금 지나자 죽은 듯이 깊은 잠에 빠졌다오. 악몽을 꾸는지 커다란 신음 소리를 내고, 머리가 편안하지 않은 탓인지 코도 골았소. 그러자 니컬러스는 소리 없이 사다리를 내려왔고, 앨리슨도 살금살금 내려와서 아무 말도 하지 않은 채 목수의 침대로 향했소. 그들이 그곳에 있는 동안은 모든 것이 기쁨이었지. 아침 기도를 알리는 새벽종이 울릴 때까지 그들은 침대에 누워 한껏 쾌락을 즐겼다오.

바로 그 월요일, 사랑의 상처를 입은 압살롬은 평소처럼 한숨을 내쉬며 수도원에서 친구들과 함께 있었소. 그런데 그때 우연히 수도원에 사는 사람을 만나 늙은 목수 존에 관해 물었더니 그는 이렇게 말했소.

"나도 모르겠소. 토요일 이후 여기서 일하는 걸 보지 못했는데. 아마도 수도원장 지시로 나무를 구하러 간 것 같소. 이런 일이 있을 때면 산장에서 하루나 이틀 정도 머물러 있으니까. 아니면 집에 있는지도 모르지. 아무튼 어디에 있는지 잘 모르겠소."

압살롬은 너무나 기쁜 나머지 마음속으로 이렇게 생각했소.

'오늘 밤은 잠을 자지 말아야지. 그래, 틀림없어. 오늘 새벽 이후 그가 집에서 나온 것을 본 사람은 아무도 없어. 첫닭이 울면 침실 창문을 두드려서 앨리슨에게 사랑을 고백해야지. 키스나 한번 해 봤으면 좋겠어. 어쨌거나 틀림없이 만족할 만한 결과를 얻을 수 있을 거야. 내 입이 하루 종일 간질거렸는데, 이건 적어도 내가 그녀에게 키스를 할 수 있다는 좋은 징조야. 그리고 밤새 잔칫집에 있는 꿈을 꾸었는데……. 이젠 한두 시간 낮잠이나 자 둬야겠다. 그래야 오늘 밤에 잠을 자지 않고 조금이라도 즐길 수 있지.'

첫닭이 울자 희망에 부푼 이 연인은 자리에서 일어나 가장 좋은 옷으로 차려입었소. 머리를 빗기 전에, 그는 입 냄새를 향기롭게 하기 위해 감초 뿌리를 씹었으며, 혀 밑에는 가시나무 잎사귀를 넣었다오. 그렇게 하면 앨리슨이 자기에게 더욱 호감을 갖게 될 것이라고 생각했던 거요. 이윽고 목수의 집에 당도한 압살롬은 조용히 창문 밑으로 다가갔소. 그 창은 압살롬의 가슴에 닿을 정도로 매우 낮았지. 그는 작은 목소리로 기침을 하고서 말했소.

"꿀처럼 달콤한 앨리슨, 계피꽃처럼 사랑스럽고 귀여운 앨리슨, 그대는 어디에 있나요? 잠에서 깨어나 말을 해 줘요! 당신은 나의 불행에 아랑곳하지 않지만, 나는 어디를 가든지 그대 생각으로 애를 태운답니다. 나는 그대를 사랑하기에 고통받으며 슬퍼하고, 엄마의 젖꼭지를 찾는 어린 양처럼 당신을 원한답니다. 그대여, 정말이지 나는 그대를 사랑합니다. 그래서 사랑에 빠진 비둘기처럼 당신 때문에 한숨지으며, 어린 소녀보다도 더 조금밖에 먹지 못하고 있답니다."

그러자 그녀가 대답했소.

"이 창가에서 꺼지지 못해요! 하느님께 맹세하건대 당신한테는 키스 해 줄 생각이 조금도 없어요. 난 당신보다 훨씬 멋진 애인이 있단 말이에요. 어서 꺼져 버려요! 당장 꺼지지 않으면 돌을 던지겠어요!"

이 말을 듣자 압살롬이 말했소.

"아, 슬프구나! 진정한 사랑이 이런 대접을 받다니! 어쨌거나 나는

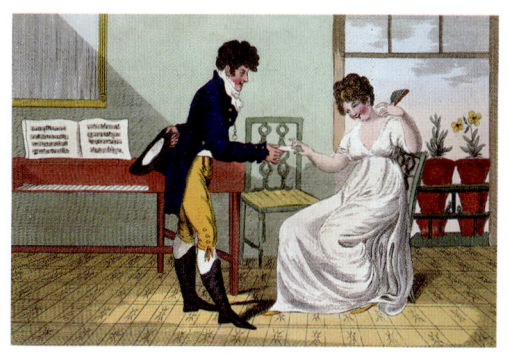

구애
압살롬은 앨리슨에게 사랑을 고백할 생각에 이른 아침부터 설렌다. 그림은 19세기 초반 구애 장면을 그린 만화.

더 바랄 것이 없는 몸이오. 그러나 제발 나의 사랑을 생각해서 키스 한 번만 해 줘요."

"그렇게 해 주면 돌아갈 거예요?"

"물론이지요."

그러자 앨리슨이 말했소.

"그럼 준비하세요. 지금 곧 갈게요."

그런 다음 그녀는 니컬러스에게 속삭였소.

"아무 소리도 내지 말아요. 이제 배꼽이 빠질 정도로 우스운 일이 벌어질 거예요."

압살롬은 무릎을 꿇고 혼잣말로 중얼거렸소.

'어쨌거나 난 이긴 거야. 키스가 끝나면 그것보다 더 좋은 일이 생길 거야. 아, 나의 사랑하는 여인이여, 당신의 은총과 사랑을 베풀어 주오.'

바로 그때 그녀가 급히 창문을 열고 말했소.

"이리 와서 지금 당장 하세요. 하지만 빨리 해야 되요. 이웃 사람한테 들키고 싶지 않으니까요."

압살롬은 입술을 닦기 시작했소. 바깥은 숯처럼 깜깜해서 아무것도 보이질 않았다오. 그녀가 창문으로 엉덩이를 내밀자, 압살롬은 그것이 무엇인지 확인도 해 보지 않고 벌거벗은 엉덩이에 '쪽' 소리가 나게 입을 맞추었소. 그러고는 갑자기 펄쩍 뛰며 뒤로 물러섰소. 무언가 잘못되었다고 생각한 거요. 여자들이 수염이 없다는 것쯤은 그도 알고 있는 사실인데, 어찌 된 일인지 거친 털이 나 있었으니 말이오.

"아이고, 이게 뭐야?"

그러자 그녀는 깔깔 웃고는 창문을 쾅 닫아 버렸소.

압살롬은 발걸음을 돌리면서 잠시 자신의 슬픈 운명을 생각했소.

"털이야! 털이란 말이야! 이건 정말 멋진 장난인데!"

니컬러스가 통쾌하다는 듯이 소리쳤소. 이 소리를 빠짐없이 들은 불쌍한 압살롬은 분노로 입술을 깨물면서 마음속으로 결심했다오.

'반드시 복수하고 말겠어.'

압살롬은 입술을 마구 비빈 후 흙이며 모래, 지푸라기, 헝겊, 톱밥 등 닥치는 대로 입에 문질러 대면서 다시 이렇게 되뇌었소.

"내가 지옥에 떨어지는 한이 있어도 이 치욕을 반드시 갚아 주고 말겠어."

뜨거운 사랑은 순식간에 싸늘하게 식어 버렸고, 그녀의 엉덩이에 입을 맞춘 뒤부터는 상사병도 씻은 듯이 나았소. 그 후로 그는 아름다운 여자에게 전혀 관심을 보이지 않았고, 볼기를 맞은 아이처럼 울먹이면서 바람기 많은 여자들에게 욕을 퍼부었소.

압살롬은 천천히 길을 건너 농기구를 만드는 대장장이 저버스의 집으로 갔소. 압살롬이 문을 두드렸을 때, 그는 가랫날을 갈고 있었다오.

"이보게, 어서 문 좀 열게."

"누구시오?"

"나야, 압살롬."

"압살롬? 이렇게 이른 아침에 웬일인가? 무슨 일이라도 있어? 어떤 계집애가 자네를 갖고 놀았나 보군. 안 들어 봐도 알겠네."

압살롬은 이런 농담에 관심도 보이지 않고, 그의 물음에 대답도 하지 않았소. 문제는 저버스가 생각한 것보다 훨씬 복잡했으니까. 그가 말했소.

"저기 화덕 옆에 있는 뜨거운 가랫날 좀 빌려 줘. 그걸로 할 일이 있거든. 곧 되돌려 줄게."

저버스가 대답했소.

"물론 빌려 주지. 그게 금으로 만든 거라도, 아니 금화가 가득 든 주머니라고 해도 빌려 주지. 그런데 도대체 그걸로 뭘 하려는 건가?"

"그건 다음에 얘기해 줄게."

압살롬은 쇠 집게로 그 뜨거운 가랫날을 집어 들고서 아무 말 없이 대장장이의 집을 나와 목수의 집으로 향했다오. 우선 헛기침을 하고, 전에 한 대로 창문을 두드리자 앨리슨이 대답했소.

"누구세요? 이번에는 틀림없이 도둑일 거야."

이 말을 들은 압살롬이 말했소.

"아니오. 사랑하는 그대여, 하느님도 이 압살롬이 당신을 얼마나 사랑하는지 아신답니다. 당신에게 주려고 돌아가신 우리 어머니의 금반지를 가져왔어요. 내게 다시 한번 키스를 해 주면 이 반지를 드리리다."

이때 마침 니컬러스는 오줌을 누려고 자리에서 일어났는데, 그 방을 빠져나가기 전에 압살롬을 멋지게 놀려 주고 싶었소. 이번에는 자기 엉덩이에 입을 맞추게 할 작정으로 창문을 열고 아무 말 없이 엉덩이를 내밀었소. 이것을 본 압살롬이 말했소.

"사랑하는 그대여, 말 좀 해 봐요. 당신은 도대체 어디에 있는 건가요?"

바로 이때 니컬러스는 천둥처럼 요란한 소리를 내며 방귀를 내뿜었고, 압살롬은 방귀 냄새 때문에 거의 눈을 뜨지 못할 지경이었소. 화가 난 압살롬은 손에 든 가랫날로 니컬러스의 엉덩이를 세게 내리치고 손바닥만한 살점이 떨어져 나올 때까지 니컬러스의 엉덩이를 지졌소. 니컬러스는 너무나 아파 죽을 지경이라 통증을 참지 못하고 미친 듯이 소리를 질러 댔소.

"살려 줘요! 물 좀 줘! 제발 좀 살려 줘요!"

이 소리에 잠들어 있던 목수가 깜짝 놀라 눈을 떴소. 누군가가 미친 듯이 '물'이라고 소리치는 것을 듣자, 그는 '그래, 노아의 홍수로구나.'라고 생각하고는 벌떡 일어나 도끼로 밧줄을 잘랐소. 그러자 반죽 통이 바닥으로 떨어졌고, 목수는 마룻바닥으로 떨어지면서 정신을 잃고 말았다오.

대홍수가 났다!
대홍수가 났다고 생각한 목수는 반죽통을 매단 줄을 끊어 바닥에 떨어진다. 미켈란젤로가 그린 시스틴 성당 벽화 중 〈대홍수〉.

그러자 앨리슨과 니컬러스는 벌떡 일어나 거리로 뛰쳐나가며 소리쳤소.

"살려 줘요! 우리를 죽이려고 해요!"

이웃 사람들은 죽은 듯이 넋을 잃고 마룻바닥에 널브러져 있는 목수를 보기 위해 달려왔소. 설상가상으로 목수는 떨어지면서 한쪽 팔이 부러졌는데 문제가 이것으로 모두 끝난 것도 아니오. 그가 의식을 되찾아 말을 하려고 하자, 앨리슨과 니컬러스가 그의 입을 막기 위해 선수를 쳤소. 목수가 미친 나머지 노아의 홍수가 닥칠 것이라고 겁을 먹고서 반죽 통과 욕조를 구해서 대들보에 걸어 놓았다고 설명한 거요.

사람들은 목수의 망상을 비웃으면서, 기가 막힌다는 듯이 대들보 위를 바라보며 목수의 수난을 웃음거리로 만들어 버렸소. 목수가 아무리 설명을 해도 소용이 없었지. 아무도 그의 말을 믿는 사람이 없었으니 말이오. 사람들은 그가 미쳤다고 확신했고, 마침내는 그 마을의 모든 사람들이 그렇게 믿게 되었소. 그렇게 그는 모든 사람들의 웃음거리가

방앗간 주인의 이야기 89

되고 말았던 거요.

결국 목수의 감시와 질투에도 불구하고 목수의 아내는 다른 사내와 사랑을 나눈 것이오. 또 압살롬은 그녀의 엉덩이에 입을 맞추었으며, 니컬러스는 뜨거운 가랫날로 엉덩이에 화상을 입은 것이오.

이 이야기는 이렇게 끝나오. 하느님이시여, 우리를 보살피소서.

방앗간 주인의 이야기는 여기에서 끝난다.

장원 청지기의 이야기

골탕은 누가 먹는지 보자고

장원 청지기 이야기의 서문

우리 일행은 압살롬과 '약삭빠른' 니컬러스의 황당한 이야기를 들으며 배꼽이 빠질 듯이 웃었다. 여러 가지 의견이 있었지만, 대부분은 재미있어하면서 즐거운 마음으로 이 이야기를 들었다. 직업이 목수인 장원 청지기 오즈월드를 제외하면, 이 이야기를 들으며 화를 낸 사람은 아무도 없었다. 청지기는 분노를 간신히 참으면서 투덜거렸다.

"나도 방앗간 주인의 눈을 속인 이야기를 들려주어 방앗간 주인에게 앙갚음을 할 수도 있지만, 그런 장난을 하기에는 너무 늙었소. 내 나이는 이제 풀을 베는 여름이 끝나고 먹이를 주어야 하는 겨울에 와 있소. 이 흰머리에는 내 나이가 쓰여져 있고, 이 마음은 흰머리처럼 시들었소.

청지기
엘즈미어 필사본에 나타난 청지기. 청지기는 농장 및 일꾼을 관리·감독하기 위하여 지주가 지정한 사람을 가리킨다.

하지만 우리는 늙으면서 성숙해지는 거요. 그리고 이제 기운은 없을지라도 욕망만은 전과 다름이 없소. 그 욕망을 행동으로 옮기지는 못하지만 말로는 할 수 있지. 우리의 잿더미 아래에는 아직도 뜨거운 불꽃이 숨어 있다오.

아주 늙을 때까지 사람은 꺼지지 않는 네 가지 불꽃을 가지고 있는데, 바로 탐욕과 거짓말과 분노와 자만이오. 사지가 제대로 움직이지 않아도, 이 불은 계속해서 타오르지. 오랜 세월을 살아왔지만, 내게도 아직 이런 욕망의 이빨은 변함이 없소. 이제 내 생명의 물줄기는 가장자리로 한 방울씩 떨어지고, 나불거리는 이 혀는 과거의 '업적'만을 이야기할 뿐이오. 늙으면 남는 것은 망령이나 쓸데없는 애욕愛慾뿐이라오."

여관 주인은 장원 청지기의 기나긴 설교를 참고 듣더니, 임금처럼 당당한 자세로 말했다.

"그런 지혜로운 말이 무슨 소용이 있습니까? 아침 내내 설교할 겁니까? 시간 낭비하지 말고 이야기나 시작하세요. 벌써 일곱 시 반이나 되었단 말이에요. 깡패들의 고향이라는 그리니치가 멀리서 보입니다. 자, 이제 이야기를 시작하십시오."

장원 청지기 오즈월드가 말했다.

"잘 들으시오. 내가 방앗간 주인을 놀리더라도 너무 기분 나빠하지 마시오. 줬으면 받아야 하는 법이니까. 저 술 취한 방앗간 주인은 목수가 어떻게 놀림을 당했는지 이야기했소. 나 역시 직업이 목수니, 그 이야기는 나를 비웃은 것이나 다름없소. 그래서 여러분의 양해 아래, 나도 방앗간 주인처럼 상소리도 섞어 가면서 앙갚음을 하겠소. 저 녀석 모가지가 부러졌으면 한이 없겠구만. 저 녀석은 제 눈에 있는 들보는 보지 못하고 내 눈에 박힌 티만 보고 있다니까."

장원 청지기의 이야기

케임브리지에서 그리 멀지 않은 트럼핑튼●에는 굽이굽이 흘러가는 시냇물이 있었고, 그 위에는 다리가 하나 놓여 있었소. 개울가에는 물방앗간도 하나 있었다오.

그곳에는 오래전부터 방앗간 주인이 살았는데, 공작새처럼 거만했으며, 방탕하기 짝이 없는 사람이었소. 그는 피리를 불 줄 알았고, 싸움도 잘했소. 허리띠에는 항상 날이 시퍼런 긴 칼을 차고 주머니에는 조그맣고 예쁜 단도를 넣고 다녔소. 머리는 원숭이 엉덩이처럼 대머리에, 코는 발바리처럼 들창코였으며, 얼굴은 넓적해서 그야말로 완벽한 장터 건달의 얼굴이었다오.

아무도 그에게 손가락 하나 댈 수 없었는데, 감히 그런 짓을 하는 놈은 비싼 대가를 치르게 될 거라고 공언했기 때문이오. 사실 그 녀석은 밀이나 곡식을 상습적으로 훔치는 나쁜 놈이라 '허풍쟁이 심프킨●'이라는 별명을 얻었다오. 하지만 그의 마누라는 훌륭한 집안 출신이었소. 아버지가 마을의 신부였지. 그러니까 그녀는 사생아였던 거요. 모든 신부는 독신이어야 하니 말이오.

일요일에 이 부부를 보는 것은 가관이었소. 남편은 대머리를 두건으로 둘러싸고 으스대며 거리를 거닐었고, 여자는 남편의 양말과 잘 어울리는 빨간 옷을 입고 그 뒤를 따랐지. 아무도 감히 이 여자의 이름을 함부로 부를 수는 없었소. 부를 때에는 반드시 '마님'이라는 말을 붙여야 했고, 그녀에게 치근덕댄다는 것은 상상도 할 수 없는 일이었소. 심프킨이 휘두르는 긴 칼이나 단도에 죽고 싶지 않다면 말이오.

이 방앗간 주인의 부인은 사생아니 뭐니 하는 좋지 않은 소문 때문에 사람들과 거리를 유지하면서 건방진 눈초리로 그들을 쳐다보았소. 그녀가 하는 짓은 꼭 도랑에 괸 더러운 물과 같았는데, 어쨌건 그녀는

●**트럼핑튼** 케임브리지 남쪽 3킬로미터에 위치한 마을.

●**심프킨** 사이먼의 애칭.

자기가 가문이 좋을 뿐만 아니라 수녀원에서 교육까지 받았으니 남들의 존경을 받아야 한다고 생각했다오.

그들 사이에는 스무 살 먹은 딸과 아직도 요람에 있는 여섯 달 된 튼튼한 사내아이가 있었소. 딸아이는 잘 먹고 자란 탓에 포동포동한데다, 코는 들창코에 눈은 회색이었으며, 엉덩이는 펑퍼짐하고 둥근 젖가슴은 봉긋 솟아 있었소. 말이야 바른 말이지 머리칼은 정말 아름다웠다오.

그녀를 너무 예뻐한 외할아버지는 자기 집과 땅을 외손녀에게 물려줄 작정이었소. 또 결혼 문제에 있어서 여간 까다롭게 구는 것이 아니었는데, 손녀를 전통 있는 좋은 집안의 남자와 결혼시키고 싶었기 때문이오. 그가 생각하는 신성한 혈통이란 바로 조상 대대로 내려온 좋은 가문이었소. 그는 성 교회를 모두 들어먹는 한이 있어도 자신의 신성한 혈통을 지키려고 한 것이오.

이 방앗간 주인은 그 마을뿐만 아니라 인근 마을의 밀이며 보리를 모두 맡아 찧으며 비싼 방앗삯을 받았소. 특히 케임브리지에 있는 솔라홀이라는 커다란 학교는 보리와 밀을 모두 이 방앗간에서 찧었다오. 그런데 어느 날 그곳의 식료품 담당자가 병에 걸려 거의 죽을 지경이 되자, 방앗간 주인은 드러내 놓고 엄청나게 도둑질을 하기 시작했소. 교장은 화가 나서 야단법석을 떨었지만, 방앗간 주인은 눈 하나 깜짝하지 않고 시치미를 떼고 오히려 교장에게 고함을 치며 정면으로 대들었소.

그 학교에는 고집이 세고 장난치기를 좋아하는 젊은 학생이 두 명 있었는데, 그들은 실컷 놀아 보자는 속셈으로 교장 선생님에게 학교의 곡식을 찧는 모습을 보러 가게 해 달라고 졸랐소. 그러면서 방앗간 주인이 밀 반 되라도 훔치면 가만히 있지 않겠다고 말했지. 교장은 그들의 청을 들어주었소.

한 학생의 이름은 존이었고 다른 학생의 이름은 앨런이었는데, 두 사람은 어렸을 때부터 친한 친구였다오.

앨런은 자기 물품을 모두 챙기고서 곡식 자루를 말에다 실었고, 그들은 허리에 칼과 방패를 차고 방앗간을 향해 떠났소. 방앗간에 도착한 그들은 곡식 자루를 땅바닥에 내려놓았소.

먼저 앨런이 말을 건넸소.

"안녕하세요, 사이먼 씨? 부인과 따님은 잘 지내시나요?"

그러자 심프킨이 대답했지.

"잘 왔네, 앨런. 오, 존도 함께 왔군! 어쩐 일인가?"

존이 대답했소.

"당신이 필요해서 왔지요. 우리 식료품 담당자가 어금니 통증으로 죽기 일보 직전이라, 앨런과 함께 곡식을 찧어서 가져가려고 왔어요. 얼른 가야 하니까 좀 서둘러 주세요."

그러자 심프킨이 말했소.

"지금 당장 찧어 주지. 그런데 내가 일하는 동안 자네들은 무얼 하고 있을 건가?"

방앗간 주인의 말이 끝나자마자 존이 말했소.

"곡식을 넣는 통 옆에 서 있을게요. 곡식이 어떻게 방아로 들어가는지 궁금해서요. 방아가 움직이는 것을 한 번도 본 적이 없거든요."

그러자 앨런도 이렇게 말했지.

"그렇게 해, 존. 난 밀이 어떻게 빻아져 가루가 되어 통 안으로 떨어

방앗간 주인과 두 학생
방앗간 주인은 학생들을 골탕 먹이려고 몰래 학생들이 데리고 온 말의 고삐를 풀어 놓는다. 존 해밀턴 모티머 그림.

장원 청지기의 이야기

지는지 지켜볼게. 이것도 재미있을 것 같아. 어쨌거나 우리 둘은 방앗간 일에 대해 아는 게 없으니 말이야."

방앗간 주인은 혼자 미소 지으며 생각했소.

'무언가 계략을 세우고 있는 거야. 아무도 저희를 속일 수 없다고 생각하는 모양이군. 아무리 똑똑하고 배웠다고 해도 나는 너희 머리 꼭대기에 올라가 있어. 너희가 머리를 쓰면 쓸수록 난 더 많이 훔치고 말겠어. 옛날에 암말이 늑대에게 많이 배웠다고 똑똑한 것은 아니라는 말을 했지.● 난 너희가 책에서 배운 것을 모두 비웃을 수도 있어.'

심프킨은 적당한 때를 봐서 아무도 모르게 밖으로 나가 학생들이 데려온 말을 찾아보았소. 말은 방앗간 뒤쪽 헛간에 매어져 있었고 그는 다가가서 고삐를 풀었소. 고삐 풀린 말은 야생 암말들이 자유롭게 뛰노는 늪 쪽을 향해 달려가더니, '히힝' 하고 울면서 들판을 가로지르며 암말들을 쫓아다녔소.

다시 안으로 들어온 방앗간 주인은 천연덕스럽게 학생들과 농담을 주고받으며 일을 했소. 마침내 밀이 다 빻아지자 아무것도 모르는 존은 밀가루를 자루에 담아 밖으로 나왔고, 그제야 말이 없어진 것을 알아차리고는 다급하게 소리 질렀소.

"도와줘요! 도와주세요! 우리 말이 도망쳤어요. 앨런, 빨리 나와 봐. 교장 선생님의 말이 없어졌어."

앨런은 밀이고 밀가루고 모두 잊어버렸소. 이 물건에서 한시도 눈을 떼지 말아야 한다는 생각이 어느덧 사라져 버린 것이오. 그는 울상이 되어 큰 소리로 말했소.

"이게 도대체 어떻게 된 거지? 도대체 어디로 갔단 말이야?"

그때 방앗간 주인의 아내가 뛰어 들어오면서 말했소.

"아까 있는 힘을 다해 달아나더라고요. 지금은 야생 암말들과 놀고 있어요. 누가 고삐를 묶었는지 몰라도, 그렇게 시원찮게 묶어서

●암말이 늑대에게 새끼를 사려면 자기 뒷발에 써 있는 가격을 보라고 했는데 늑대가 시도했다가 암말에게 차인 이야기에서 유래한다.

야……."

두 사람은 늪을 향해 있는 힘을 다해 달려갔소. 이들이 허둥지둥 달려가는 것을 확인한 방앗간 주인은 자루에 담긴 밀가루 반을 덜어 내어 아내에게 주면서 케이크나 만들라고 하고는 이렇게 덧붙였소.

"방앗간 주인을 우습게 여기는 저 두 놈을 혼내 주겠어. 저놈들이 아무리 책을 많이 읽었어도, 내가 저놈들이 보는 앞에서 저희들 수염도 태워 버릴 수 있다는 사실을 모르는군. 아이들처럼 뒤뚱거리며 뛰어가는 꼴 좀 봐. 하지만 쉽게 잡을 수는 없을걸."

간단하게 말하자면, 그들은 말을 잡으려고 안간힘을 썼지만 도저히 말을 따라잡을 수가 없었소. 그러다가 해가 질 무렵에야 말을 도랑으로 몰아서 간신히 붙잡을 수 있었다오.

땀에 흠뻑 젖어 지친 몸으로 돌아오는 길에 존이 투덜거렸소.

"방앗간 주인은 우리를 비웃으며 갖고 놀았고, 우리 밀을 훔쳤어. 사람들이 이 사실을 알면 우리를 바보라고 놀릴 거야. 교장 선생님과 친구 녀석들도 놀려 대겠지. 그래도 그건 괜찮은데, 방앗간 주인 녀석은 우리를 보고 뭐라고 할까?"

이렇게 존은 말을 끌고 방앗간으로 걸어오면서 넋두리를 한 것이오.

방앗간 주인은 화로 옆에 앉아 있었소. 날이 어두워져 학교로 되돌아갈 수가 없어서 그들은 방앗간 주인에게 돈을 줄 테니 먹을 것과 하룻밤 묵을 방을 내 달라고 통사정을 했소.

그러자 방앗간 주인이 말했소.

"방이 있다면 기꺼이 묵게 해 주지. 하지만 우리 집은 워낙 좁아. 자네들은 공부를 많이 했으니 6미터짜리 방을 1킬로미터짜리로 만드는 법도 알 걸세. 그럼 자네들이 묵을 적당한 장소가 있나 찾아보지. 똑똑한 자네들은 말로 모든 것을 해결하니, 아마 자네들이 말만 해도 이 방은 더 커질 걸세."

이 말을 듣고 있던 존이 말했소.

"사이먼, 당신이 이겼어요. 당신은 정말 근사하게 우리를 갖고 놀았어요. 제발 부탁이니, 값은 후하게 쳐줄 테니 잠자리를 좀 내주고 먹을 것과 마실 것도 좀 갖다 주세요. 빈손으로 매를 잡을 수는 없을 테니 돈을 먼저 드리겠어요. 여기 있습니다."

방앗간 주인은 학생들에게 오리를 구워 주었고, 딸을 마을로 보내 빵과 맥주를 사 오게 했소. 그리고 말이 다시 달아나지 못하도록 단단히 고삐를 맨 다음, 자기 방에 침대를 하나 마련해 주고 깨끗한 덮개와 담요를 깔아 주었소. 자기 침대에서 불과 3, 4미터 떨어진 곳이었다오. 방앗간 주인의 딸도 같은 방을 쓰고 있었는데, 청년들 침대 가까이에 딸의 침대가 있었소. 그들은 주인 식구와 함께 저녁을 먹고 대화도 나누며 웃고 즐겼소. 그리고 딸이 사 온 맥주를 실컷 마시다가 자정이 되어서야 잠자리에 들었다오.

방앗간 주인은 잔뜩 취해서 얼굴이 벌겋다 못해 창백한 상태로 아내와 함께 침대로 갔소. 그의 아내도 술로 목을 축인 탓인지 귀뚜라미처럼 재잘거리며 기분이 매우 좋아 보였지. 여섯 달짜리 사내아이의 요람은 침대 밑에 있어서, 침대에 누워 발로 흔들어 줄 수도 있고, 아이를 들어 올려 쉽게 젖을 먹일 수도 있었소.

맥주가 동이 나자 존과 앨런, 딸도 잠자리에 들었소. 모두가 한 방울도 남기지 않고 술을 마셨기 때문에, 그 이상의 수면제가 필요 없었지. 방앗간 주인은 술에 취해 코를 골았고, 이내 그의 아내도 남편과 합창을 하기 시작했소. 아니, 남편보다 더 심하게 코를 골았소. 그들이 코 고는 소리는 반 마일 밖에서도 들릴 정도였다오. 게다가 부모만 홀로 놔두기가 싫었던지, 딸도 장단을 맞추어 코를 골았소.

이 요란한 음악 소리에 잠을 잘 수 없던 앨런은 존을 팔꿈치로 툭툭 치면서 말했소.

"자니? 정말 끝내 주는 합창이군. 모두 저녁 예배를 보는 것 같아. 이렇게 끔찍한 노랫소리는 정말이지 처음이야. 아무래도 오늘 밤에는 눈을 제대로 못 붙일 것 같아. 하지만 상관없어. 차라리 잘됐어. 존, 난 저 계집애를 어떻게 했으면 좋겠어. 법적으로도 전혀 하자가 없어. 법 조문에도 어떤 사람이 손해를 보았다면 그에 상응한 보답을 받아야 한다고 적혀 있잖아. 우리는 밀가루를 빼앗겼고, 하루 종일 골탕만 먹었다고. 우리의 손실을 만회할 방법이 없으니 나는 저 여자애와 재미를 봐야겠어. 그 방법밖에 없지 않겠어?"

그러자 존이 말했소.

"신중히 행동해야 돼. 저 방앗간 주인은 위험한 놈이야. 잠에서 깨는 날이면, 안 좋은 일을 당할 수도 있어."

"난 저런 놈 따위는 파리보다도 겁나지 않아."

앨런은 이렇게 말하더니, 자리에서 일어나 살그머니 방앗간 딸이 있는 곳으로 갔소. 그녀는 반듯하게 누워 깊은 잠에 빠져 있었소. 앨런이 배 위에 올라타자 깜짝 놀라 눈을 떴지만, 이미 비명을 지르기에는 시간이 너무 늦어 있었소. 다시 말하자면 두 사람은 한 몸이 되었던 것이오.

그러자 침대에 꼼짝 않고 누워 있던 존은 후회하기 시작했소.

'이거 영 재미없는데. 나만 상응하는 대가도 받지 못한 채 비웃음만 샀어. 적어도 앨런은 방앗간 주인의 딸을 품에 끼고 있잖아. 나도 한번 모험을 하는 수밖에 없겠어. 속담에서 말하듯이 겁쟁이한테는 행운이 따르지 않는 법이니까.'

존은 자리에서 일어나 조심스럽게 아기의 요람으로 다가가서 조용히 요람을 자기 침대 밑으로 가져왔소.

잠시 후, 방앗간 주인의 아내가 코 골기를 멈추고 잠에서 깨어났소. 그런데 소변을 보러 나갔다가 돌아와 보니 요람이 보이질 않았소. 어

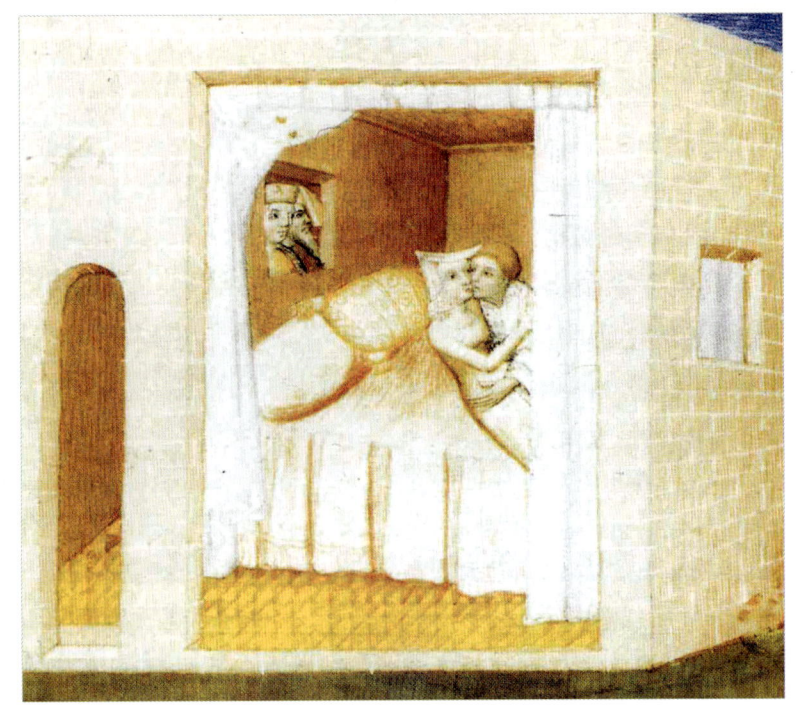

방앗간 주인의 딸을 품에 안다
방앗간 주인에게 놀림을 당한 앨런은 그 집 딸과 재미를 보기로 한다. 그림은 15세기 《사물의 성질에 관한 책》의 삽화.

어둠 속에서 이리저리 더듬어 보아도 요람을 찾을 수 없자, 그녀는 이렇게 생각했소.

'맙소사! 하마터면 학생 침대에 들 뻔했군. 큰 실수를 할 뻔했어.'

이리저리 더듬어 어둠 속에서 간신히 요람을 찾은 그녀는 요람 옆에 있는 침대가 자기 침대라고 생각하고 자기가 어디에 있는지도 모른 채, 학생이 누워 있는 침대 안으로 들어가 조용히 누웠소. 아마 존이 벌떡 일어나 이 여자를 덮치지 않았다면 밤새 그렇게 있었을지도 모르오. 이 여자는 정말로 오랜만에 최고의 순간을 맛보았소. 존이 단단하고 깊이 그녀의 안을 파고들었기 때문이오. 이렇게 두 학생은 동이 틀 때까지 마음껏 사랑을 나누었소.

아침이 되자, 앨런은 너무 심하게 밤일을 한 나머지 지칠 대로 지쳐 있었소. 그는 방앗간 주인의 딸에게 속삭였소.

"사랑스런 몰리, 안녕. 이제 곧 날이 밝아 올 테니 더 머무를 수가 없어. 하지만 어디에 가든지 내가 살아 있는 동안에는 당신의 남자가 되겠어."

그러자 그녀가 말했소.

"사랑하는 이여, 잘 가세요. 하지만 당신이 가기 전에 한 가지만 말하고 싶어요. 방앗간 문 뒤에 당신에게 훔친 밀가루로 만든 케이크가 있어요. 어쨌거나 하느님의 축복이 내리길 빌겠어요. 안녕."

이렇게 말하는 딸의 눈에는 눈물이 글썽거렸소.

앨런은 자리에서 일어나 생각했소.

'날이 밝기 전에 존의 침대로 들어가야지.'

존의 침대를 찾아 더듬는 손에 요람이 만져지자 그는 이렇게 생각했소.

'맙소사, 실수를 할 뻔했네. 밤일을 너무 심하게 해서 그런 것 같군. 요람이 있는 것을 보니 여기는 방앗간 주인과 아내가 잠자는 곳이야.'

이렇게 해서 악마는 앨런을 방앗간 주인이 자고 있는 침대로 들어가게 한 것이오. 앨런은 자기가 친구 존 옆에 있다고 생각했지만, 실제로는 방앗간 주인 옆에 누운 것이었소. 그는 옆에 누워 있는 방앗간 주인의 목을 끌어당기면서 속삭였소.

"존, 이 바보야. 일어나서 내 얘기를 들어 봐. 내가 어젯밤에 방앗간 주인의 딸을 세 번이나 덮쳤단 말이야."

그러자 방앗간 주인이 소리쳤소.

"뭐가 어째? 이런 도둑놈 같으니라고. 이 배은망덕한 놈을 죽여 버리고 말겠어! 내 딸은 지체 있는 가문의 아가씨인데, 네가 감히 욕을 보였단 말이야!"

방앗간 주인은 앨런의 목덜미를 붙잡았소. 그러자 앨런도 미친 듯이 주인의 멱살을 잡고는 주먹으로 코를 때렸소. 그러자 피가 그의 가슴팍 위로 흘러내렸고, 두 사람은 입과 코에서 피를 흘리며 바닥에서 엉켜 뒹굴었소. 그렇게 일어서고 넘어지기를 몇 차례 반복하다가 마침내 방앗간 주인은 돌에 부딪쳐, 세상모르게 자고 있던 아내의 등 위로 넘어지고 말았소. 그녀는 깜짝 놀라 깨어나서는 마구 소리를 질러댔소.

"사이먼, 정신 차려요! 악마가 내 위에 쓰러졌어요. 심장이 터져 버릴 것 같아요. 죽을 것 같단 말이에요. 나 좀 도와줘요! 내 몸 위에 누군가가 있다고요! 심프킨, 도와 달라니까! 이 빌어먹을 학생 녀석들이 서로 싸우고 있단 말이에요!"

방앗간 주인의 아내가 이렇게 외치자, 존은 침대에서 쏜살같이 일어나 벽을 더듬으며 몽둥이를 찾았소. 방앗간 주인의 아내 역시 자리에서 일어났고, 방의 구조를 훤히 아는 터라 곧 벽에 기대어 놓은 몽둥이를 찾을 수 있었소.

문틈으로 새어드는 환한 달빛으로 그녀는 싸우고 있는 두 사람을 보았지만 누가 누군지 분간을 할 수 없었소. 그런데 무엇인가 흰 것이 눈에 들어오자 그녀는 그것이 학생이 잠잘 때 두르는 두건이라고 생각하고 살금살금 다가가 힘껏 내리쳤소. 하지만 사실은 몽둥이로 남편의 대머리를 친 것이었고, 남편은 비명을 지르며 바닥으로 고꾸라지고 말았다오.

그러자 두 학생은 방앗간 주인에게 흠씬 몽둥이질을 하고는, 옷을 입고 말과 밀가루를 챙겨 유유히 방앗간을 떠났소. 물론 빼앗겼던 밀가루로 만든 케이크를 챙기는 것도 잊지 않았소.

이렇게 우쭐대던 방앗간 주인은 몽둥이찜질을 당하고, 밀을 찧어준 값도 받지 못했으며, 앨런과 존의 저녁 식사에 든 비용도 건지지 못한 거요. 게다가 오쟁이 진 남편 신세가 되고 딸도 헌 물건이 되어 버린 것이지. 이렇게 그는 남을 속인 대가를 받았소. '행한 대로 받는다.'라는 속담이 그대로 들어맞은 것이지요. 이처럼 사기꾼들은 종국에는 사기를 당해 망하게 마련이라오.

　청지기의 이야기는 여기에서 끝난다.

《캔터베리 이야기》를 더 재미있게 읽기 위하여

《캔터베리 이야기》는 가히 중세의 파노라마라고 할 수 있을 정도로 중세 영국의 풍습과 사회, 경제, 문학적 규범을 생생하게 보여 준다. 〈전체 서문〉에 나타나는 한 사람 한 사람에 대한 묘사는 워낙에 세밀하여 당시의 계급이나 직업에 따른 복장 및 외양이 눈앞에 그려지는 듯하다. 또 각 이야기에서는 물론이고, 이야기와 이야기 사이의 연결 고리에서 등장인물들이 벌이는 다툼이나 대화에서는 당시 사람들의 일상적인 모습과 관계가 잘 드러난다. 그중 《캔터베리 이야기》에 나타나는 중세의 모습 다섯 가지를 꼽아 보면 다음과 같다.

1. 순례와 중세 시대의 종교

초서가 《캔터베리 이야기》 서문에서 소개하듯이 순례는 중세 교회의 중심을 이루는 제도다. 순례의 공식적인 목적은 참가자들이 캔터베리 대성당이나 예루살렘과 같은 중요한 종교 성지를 방문하면서 더 확고한 신앙을 갖게 하는 것이었는데, 그와 같은 목적은 순례뿐만 아니라 성인의 뼈나 유물과 같은 성물聖物을 접하면서도 이루어진다. 사실상 중세에 순례를 통해 접하고 배우는 것은 현대와도 그리 다르지 않았다.

어떤 순례자들은 개인적 이유로 여행을 했다. 예를 들어 병에 걸린 친척을 위해 기도하거나 자신이 먹고살기 위해 여행한 것이다. 다른 순례자들은 여행을 하기 위해서는 시간과 노력이 필요하다는 것을 통해 자신들의 종교에 대한 헌신을 보여 주고자 했다.

개인적 이유로 여행을 하는 사람들이나 아니면 하느님에 대한 헌신을 보여 주고자 하는 사람들 이외에도, 재미와 여가활동으로 순례를 하는 사람들도 있었다. 이런 모습은 〈식료품 조달인의 이야기〉 서문에서 말을 탈 수 없을 정도로 술에

캔터베리 순례
캔터베리로 순례를 떠나는 사람들을 나타낸 그림.

취해 버리는 요리사를 포함한 초서의 몇몇 순례자들에게서 나타난다. 여행의 오락적인 면은 중세에 순례가 인기를 끌게 되는 데 많은 역할을 했다.

2. 교회의 중요성

교회는 중세 유럽 사회의 중심이었다. 가톨릭 교회는 많은 땅을 소유했고, 그 땅을 통해 믿을 수 없이 강력하고 부유한 기관이 되었다. 그런 교회는 공적으로는 정치·경제적 힘을 발휘하였고, 믿음을 따르는 사람들의 도덕적·영적 삶이라는 개인적인 영역에서도 중요한 역할을 했다. 그래서 교회에서 일하는 사람들은 신도들의 두려움과 약점을 이용하여 자신들의 권력을 남용하거나 서민들을 착취하기도 했다.

초서는 〈소환리의 이야기〉와 〈탁발수사의 이야기〉에서 종교적 책임감 없이 사람들에게 돈 뜯어낼 궁리만 하는 성직자와 교회 종사자의 수탈적인 면을 잘 드러낸다. 하지만 초서의 이야기는 교회와 관련된 개인들을 비웃는 데 그칠 뿐, 교회 자체에 관해서 비판하거나 빈정대지는 않는다. 이는 초서가 개인적 영달을 위해 교회를 이용한 사람들을 경멸하지만, 교회를 사랑한 전형적이고 신심이 돈독한 기독교인이라는 것을 짐작할 수 있게 한다.

3. 격변의 시대

초서가 살던 중세 후기는 봉건제에서 자본제로 이행하는 과정에서 여러 가지 사회 변화와 위기가 발생하던 시기였다.

당시의 지배적 경제·사회 제도인 봉건제는 지주와 농노로 구성된다. 이 제도 아래서 토지를 소유하는 사람은 귀족이나 지주 계급으로 알려진 개인들이었지만, 그 농지를 경작하는 사람은 자신의 땅이 없는 농민이나 농노들이었다. 귀족들은 농민의 노동력을 이용해 거둔 이윤을 취하는

농민 반란
1381년 와트 타일러의 농민 반란은 중세에서 근대로 이행하는 도중 발생한 농민들의 저항이었다는 점에 의미가 있다. 그림은 장 프루아사르의 《연대기》 15세기 필사본에 실린 농민 반란을 그린 삽화.

대가로, 농민에게 일정량의 수확을 배당하고 불법적인 적의 군대로부터 생명을 보호해 주었다.

하지만 1380년 흑사병이 전국을 휩쓸고, 백년전쟁으로 프랑스 인들이 끊임없이 급습하는 와중에 정부가 농민들의 삶을 제대로 보호해 주기는커녕 수탈을 더하자 농민 반란이 일어나게 된다. 특히 1381년 영국 남부에서 와트 타일러가 주동한 농민 반란은 일시적이나마 그 세가 대단하여 런던을 점령하기까지 하였다. 와트 타일러 난의 사상적 지도자로 알려진 존 볼이 "우리가 영주라고 부르는 자들은 대체 어떤 권리가 있어 우리보다 훌륭하다는 것일까?"라는 문제를 제기한 것은 당시 난이 단순히 경제적 문제가 아니라 역사적 관점에서 파악될 수 있음을 보여 준다.

봉건제의 위기는 농민의 반란뿐만 아니라 상인 등을 포함한 중간계층의 확대로도 나타난다. 중세 후기 도시를 거점으로 하는 상인 등의 중간계층은 전문기술·상업·무역을 바탕으로 등장하여 급성장세를 보인 것이다.

이러한 역동적인 사회상은 〈전체 서문〉에 묘사되는 다양한 계층의 등장인물에서부터 잘 나타날 뿐 아니라, 〈선장의 이야기〉에서 상인이 여러 지역을 돌아다니며 상거래를 하는 모습 등에서도 발견할 수 있다. 또 본문에서는 생략되었지만 〈수녀원 신부의 이야기〉에서 샹테클리어를 물고 도망가는 여우를 쫓는 사람들의 모습을 묘사하면서 초서는 농민 반란의 주동자 중 한 사람이었던 잭 스트로를 언급하기도 한다.

4. 초서 시대의 문학적 이상

〈면죄사의 이야기〉의 결론 부분에 탐욕과 이기심으로 친구를 살해하려던 등장인물들은 그들의 악행으로 벌을 받는다. 이런 완전한 정의 구현은 초서 시대에 이야기의 가장 중요한 측면이 무엇인지 잘 보여 준다.

그것은 바로 이야기에는 악을 벌주고 선에 보답하는 세계를 창조하는 능력이 있다는 것이다. 그런 완벽한 세계를 그리는 이야기는 현실 세계에서 완벽한 정의를 맛보지 못하는 대중들에게 위로가 되어 준다. 〈변호사의 이야기〉, 〈대학생의 이야기〉 등은 착한 사람들이 모든 역경을 극복하고 마침내 행복한 결말에 이른다는 완벽하게 조화된 정의로운 세계를 그린다.

5. 기사도와 궁정식 연애

중세 문학에서 또 다른 중요한 요소는 기사도의 개념이다. 여기에는 궁정식 연애란 개념이 포함된다. 기사도는 기사가 실생활에서 구현해야 하는 명예의 규칙으로, 기사는 주인에게 충성을 다하고 특정한 법과 행동 양식에 따라 살아야 한다. 〈기사의 이야기〉에서 팔라몬과 아르시테는 에밀리에게 구혼할 권리를 차지하기 위해 각각 기사 100명을 이끌고 시합을 벌인다. 이런 시합은 중세 때 실제로 일어났지만, 대부분은 사랑을 차지하기 위해서가 아니라 전쟁에서 나타났다.

궁정식 연애는 중세의 문학 장르인 기사 이야기의 핵심 요소로, 작중인물들은 사회적·도덕적 결과를 직시하지 않은 채 사랑의 모험을 추구한다. 대상은 상류 귀족 부인이며, 비밀스러운 사랑이므로 여성의 이름이 밝혀져서는 안 된다는 등의 몇 가지 조건이 있다. 특히 단순히 성적 본능이나 원초적 충동이 아니라 고도로 승화된 관능적 사랑이었기에, 교회의 가르침과 규범에 정면으로 대치되는 것으로 보이지만, 교회의 영향력에 도전하지 않았다는 특징을 지닌다. 〈소지주의 이야기〉에서 귀족 부인에 대한 사랑으로 애를 태우는 아우렐리우스의 모습을 볼 수 있다.

궁정 연애
궁정 연애시는 기사들이 자기가 섬기는 영주의 부인 등을 사모하여 벌어지는 사랑의 기쁨과 슬픔을 표현하였다.

변호사의 이야기

선한 사람은 복을 받는 법

사회자가 일행에게 하는 말

우리 사회자는 환한 태양이 낮에 가야 할 길의 4분의 1을 달렸으며, 거기에서도 반 시간이 더 흘렀음을 알았다. 비록 천문학에 깊은 지식은 없었지만, 그날이 5월을 미리 알려 주는 날인 4월 18일이며, 나무의 그림자 길이가 정확하게 나무 높이와 일치한다는 것을 알고 있었다.

그는 화사하고 투명한 빛을 비추는 태양이 45도 높이로 솟아 있다는 것을 그림자의 길이로 알았다. 그 날짜에 그 위도라면 아침 열 시 정각일 것이라는 결론에 도달하자, 여관 주인은 갑자기 말을 멈추며 말했다.

"여러분, 오늘도 벌써 4분의 1이 지났음을 알려 드립니다. 이제 더 시간을 허비할 수가 없습니다. 시간은 밤낮으로 쉬지 않고 흘러갑니다.

변호사
엘즈미어 필사본에 나타난 변호사.

시간은 흐르는 강처럼 한번 흘러가면 돌아오지 않습니다. 세네카를 비롯한 많은 철학자들은 황금을 잃는 것보다 시간을 잃어버리는 것을 더 안타까워했습니다."

여관 주인은 계속해서 말했다.

"변호사 양반, 이제 당신의 이야기를 들려주십시오. 당신은 자유의지로 내 지시에 따를 것을 약속했으니까요."

그러자 변호사가 말했다.

"이봐요, 여관 주인. 약속을 이행할 것을 맹세합니다. 난 이런 약속을 깰 생각은 없어요. 우리 법전에는 '남에게 지키라고 요구하는 법은 그 법을 제안한 사람부터 지켜야 한다.'고 적혀 있지요. 그런데 지금은 재미있는 이야기가 하나도 생각나지 않는군요.

초서는 종종 서투른 운율을 사용하긴 했지만, 시의 형태로 수많은 이야기를 썼습니다. 이건 모든 사람이 알고 있을 겁니다. 초서는 그런 이야기를 여러 권의 책에 썼습니다. 그는 거의 연인들에 관해 이야기했고, 이런 점에서 고전이라고 일컬어지는 오비디우스의 《서간설화(Epistle)》를 능가합니다. 특히 유명한 귀부인들과 그들의 애인에 대해 노래했는데, 이런 이야기는 여러분이 그의 두툼한 《선녀善女열전》을 자세히 읽어 보면 찾아낼 수 있을 겁니다.

하지만 초서는 끔찍한 장면은 하나도 이야기하지 않았습니다. 그래서 나도 될 수 있으면 그런 이야기는 빼겠습니다. 그런데 오늘은 무슨 이야기를 해 드릴까요? 오비디우스의 《변신 이야기》에 수록된 이야기는 하고 싶지 않습니다. 자, 그럼 이야기를 시작하겠습니다."

말을 마친 변호사는 진지하게 다음과 같이 이야기를 시작했다.

오비디우스
오비디우스는 《변신 이야기》로 유명한 고대 로마의 시인이다(BC 43~AD 17). 그림은 17세기 오비디우스 시선詩選 영문판 속표지.

변호사의 이야기 109

변호사의 이야기

1

옛날 시리아에 성실하고 정직한 부자 상인들이 있었습니다. 그들은 멀리 떨어진 큰 나라에 향료, 금실로 짠 천, 화려한 색의 공단*을 수출했습니다. 그들 중 몇몇이 로마를 여행하던 중 황제의 딸인 콘스탄스가 훌륭하다는 명성을 누린다는 이야기를 듣게 되었습니다. 사람들은 하나같이 이렇게 이야기했습니다.

"우리 황제에게는 딸이 하나 있습니다. 그녀의 착한 마음씨와 아름다움은 이 세상의 그 누구와도 비할 수가 없습니다. 아름답지만 자만하지 않고, 젊지만 방자하거나 어리석지 않습니다. 또한 모든 행동이 착하고 고결하며, 성품이 겸손하여 절대로 거만한 법이 없습니다. 그녀는 예절의 거울이고, 마음은 거룩한 성전의 본보기입니다."

상인들은 하느님의 은총을 가득 받은 공주를 보고는 배에 짐을 싣고 기쁜 마음으로 시리아로 돌아왔습니다. 고향으로 돌아온 그들은 전과 다름없이 장사를 했고, 여전히 행복한 삶을 누렸습니다.

이 상인들은 술탄*과 아주 사이가 좋았습니다. 상인들이 외국에 나갔다가 돌아올 때마다 술탄은 그들을 반갑게 맞이했으며, 그들이 보고 들은 외국의 신기한 것들에 대해 물었습니다.

여러 이야기를 하던 중에 상인들은 특히 콘스탄스 공주에 관해 말하면서, 그녀의 진가를 열심히 설명했습니다. 상인들의 말을 들으면서 술탄은 어느덧 그녀의 모습을 마음속에 새겨 두고, 그녀를 사랑하는 것이 자기의 유일한 희망이라고 생각하게 되었습니다.

아마도 우리 인간이 하늘이라고 부르는 커다란 책에 있는 별에는, 술탄이 태어났을 때부터 사랑 때문에 불행하게 죽을 것이라는 사실이

●**공단** 두껍고, 무늬는 없지만 윤기가 도는 고급 비단.

●**술탄** 이슬람 국가의 정치 지배자.

콘스탄스의 여정
로마 황제의 딸이던 콘스탄스는 시리아로 시집을 갔다가 모후의 계략으로 바다를 떠돌고 영국 노섬벌런드까지 가게 된다.

쓰여져 있던 것 같습니다. 별 속에는 모든 인간의 운명이 유리알처럼 선명하게 쓰여져 있지만, 인간의 지혜는 우둔하기 짝이 없어서 아무도 그런 사실을 완전하게 해독할 수 없습니다.

술탄은 추밀원樞密院* 위원들을 불러 모았습니다. 술탄은 자기 마음 속에 벌어지는 일을 설명하면서, 빠른 시일 내에 콘스탄스를 자기의 여자로 만들지 못하면 죽을지도 모른다고 말했습니다.

여러 위원들이 몇 가지 해결책을 제시했고, 갖가지 기묘한 제안도 나왔습니다. 그들은 마법과 요술에 관해서도 말했지만 결국 이런 방법은 하나도 쓸모가 없으며, 결혼만이 최선책이라는 결론을 내렸습니다. 그러나 수많은 문제점이 있었습니다. 두 국가의 신앙이 달랐기 때문에 추밀원 위원들은 그 어떤 기독교 왕이 마호메트의 율법을 따르는 왕에게 딸을 주겠느냐고 말했습니다.

하지만 술탄은 이렇게 말했습니다.

"콘스탄스를 잃느니 세례를 받겠노라. 나는 그녀의 남편이 되어야 한다. 선택의 여지가 없다. 내 목숨은 그녀의 손에 달려 있노라. 난 이

●**추밀원** 국왕 측근 귀족들로 구성된 자문기구.

고통을 오래 견디지는 못할 것이다."

결국 교황의 중재로 술탄과 귀족과 신하들은 우상을 버리고 예수 그리스도의 신성한 법칙을 널리 전파하기로 합의를 보았습니다. 당사국들은 다음과 같은 협정을 지킬 것을 맹세했습니다. 즉 그들이 세례를 받는 대신 술탄은 콘스탄스와 결혼을 하고, 결혼을 보증하는 데 충분한 양의 황금을 받는다는 내용이었습니다.

로마 황제는 결혼식에 참석할 하객으로 주교·기사·귀부인·귀족들을 비롯해 수많은 사람들을 지명했습니다. 또 하느님께서 이 결혼을 축복해 주시고 그들이 번영된 길을 걷도록 모든 로마 시민들은 예수 그리스도에게 기도를 하라는 명령이 내려졌습니다.

드디어 콘스탄스가 출발할 날이 되었습니다. 숙명적이자 슬픈 운명의 날이었습니다. 수행할 사람들이 모두 떠날 준비가 되어 있었기 때문에 더 지체할 수는 없었습니다. 콘스탄스는 슬프고 창백한 얼굴로 자리에서 일어나 떠날 채비를 했습니다. 낯선 나라로 가서 낯선 민족과 살아야 하고, 얼굴도 성격도 모르는 남자의 다스림을 받으며 일생을 살게 된 콘스탄스는 정성을 다해 자기를 보살펴 준 친구들과 헤어지면서 슬피 울었습니다.

마침내 부모님과 작별할 시간이 되자 슬픔에 젖은 콘스탄스가 말했습니다.

"아버지와 하늘에 계신 그리스도 다음으로 저의 기쁨이셨던 어머니. 아버지 어머니께서 온 정성을 다해 기른 이 콘스탄스는 마지막으로 감사를 드립니다. 저는 시리아로 가야 할 몸입니다. 이제는 다시 이 눈으로 아버지 어머니를 뵙지 못할 것입니다."

이렇게 말하면서 콘스탄스는 구슬프게 울었지만, 울음과 상관없이 그녀는 떠나야 할 몸이었습니다.

끔찍한 여행이 시작되었습니다. 그런데 화성이 힘없이 자리 잡은 달과 함께 있었습니다. 이것은 사악한 힘이 지배하며, 하늘의 별이 그들의 결혼을 망치도록 배열되었다는 것을 의미합니다. 경솔하기 짝이 없는 로마 황제여! 왜 출발일을 아무 날이나 잡은 겁니까? 험한 바다를 여행하는데도 좋은 날을 선택할 필요가 없다는 겁니까? 특히 높은 지위에 있는 사람들이 먼 길을 떠나는데 출생 시각에 맞는 날을 정할 이유가 없다는 겁니까?

가엾은 예쁜 공주는 화려하고 장엄하게 배로 인도되었습니다. 공주는 "그리스도님께서 여러분과 함께 하시길……."이라고 말했습니다. 그러자 군중들은 "아름다운 콘스탄스 공주님, 안녕히 가십시오."라고 화답했습니다.

이것이 전부였습니다. 그녀는 슬픈 감정을 숨기려고 애를 썼습니다. 여기서 공주의 항해 이야기는 멈추고, 시리아 이야기를 계속하겠습니다.

악의 우물과도 같은 술탄의 모후母后는 아들이 마호메트 신앙을 포기하려고 하자 즉시 고문관 회의를 소집했습니다. 술탄의 모후는 그들이 한자리에 모이자 이렇게 물었습니다.

"경卿들은 모두 내 아들이 알라신의 사자使者 마호메트가 주신 코란의 성스런 가르침을 버리려 한다는 사실을 알고 있다. 전지전능하신 알라신에게 맹세하노니, 나는 마호메트의 법을 내 마음에서 찢어 버리느니 차라리 내 심장의 고동을 멈추게 하겠다.

이 새로운 종교가 우리에게 무엇을 줄 수 있겠느냐? 단지 우리 육체에 고통과 속박만을 가져다줄 것이며, 결국 우리는 마호메트 신앙을 버렸기 때문에 지옥으로 끌려갈 것이다. 하지만 경들에게 묻나니, 내가 말하는 것을 따르겠다고 맹세하고 내 충고를 받아들이겠느냐? 만일 그렇게 하겠다면, 경들에게 영원히 구원받을 수 있는 방법을 가르쳐 주리라."

고문관들은 모두 그렇게 하겠다고 다짐했습니다. 그러자 그녀는 자기의 계획을 설명했습니다.

마호메트
이슬람교의 창시자. 마호메트가 하늘로 오르는 것을 나타낸 16세기 페르시아 그림.

코란
이슬람교의 경전. 1400년경 필사본.

● **모후** 임금의 어머니.

● **고문관** 자문에 응하여 의견을 말하는 직책을 맡은 관리.

"우선 우리는 기독교로 개종하는 척해야 한다. 세례의 찬물이 우리에게 그다지 많은 해를 끼치지는 않을 것이다. 그런 다음 나는 거창한 연회를 베풀어 그 자리에서 술탄에게 복수를 할 것이다. 그의 아내가 세례를 받아 깨끗한 몸이라 해도 그토록 많은 피를 씻어 내려면 엄청난 물이 필요할 것이다."

이 사악한 모후는 죄의 원천이며, 독부毒婦였고 여자의 탈을 쓴 독사였습니다. 또 배신을 일삼는 여자였으며, 미덕과 순결을 삼켜 버리는 모든 죄악의 집합소였습니다. 영원한 시기심에 불타는 사탄만이 하느님의 천국에서 쫓겨난 이후, 여자들의 마음을 다스리는 방법을 알고 있습니다. 그래서 사탄이 우리를 나쁜 길로 빠뜨리려고 할 때면, 여자들을 도구로 삼습니다.

모후는 아무도 모르게 고문관들을 해산시켰습니다. 그 후 어느 날 모후는 술탄을 찾아가서 마호메트 신앙을 버리고 사제에게서 세례를 받고 싶다고 말했습니다. 또한 오랫동안 사교邪敎를 믿은 것을 후회한다면서, 모든 기독교인들에게 성대한 연회를 베풀 영광을 달라고 말했습니다. 그러면서 이렇게 덧붙였습니다.

"그들이 유쾌한 시간을 보내도록 최선을 다하겠소."

그러자 술탄이 대답했습니다.

"어머님이 원하시는 대로 될 겁니다."

그는 무릎을 꿇고 감사했습니다. 너무 기뻐서 말도 제대로 할 수가 없었습니다. 모후는 아들에게 키스를 하고 돌아갔습니다.

2

콘스탄스와 그 일행 기독교인들은 수많은 유명 인사들과 함께 시리아의 항구에 도착했습니다. 술탄은 즉시 사자使者를 보내 가장 먼저 모후에게 아내의 도착을 알린 다음 그 사실을 온 나라에 공포했습니다. 또 왕국의 명예를 위해 모후에게 왕비를 맞이해 줄 것을 간곡히 부탁했습니다.

로마 인들은 마중 나온 수많은 시리아 인들과 만났습니다. 그 광경은 참으로 장관이었습니다. 술탄의 어머니는 값지고 화려한 옷을 입고, 얼굴에는 환한 미소를 지으며, 마치 딸을 맞이하는 어머니처럼 콘스탄스를 맞았습니다.

그 화려한 행렬은 왕궁으로 향했습니다. 루카누스●가 그토록 자랑스럽게 말하던 카이사르●의 개선식도 미소 짓는 이 군중들보다 더 장엄하고 세심하게 준비되지는 못했을 것입니다. 그러나 사악하고 잔인하며 전갈의 마음을 지닌 모후는 겉으로는 기쁜 듯이 행동했지만, 마음속으로는 콘스탄스에게 치명적인 상처를 입힐 계획을 준비하고 있었습니다.

잠시 후 술탄은 화려한 모습으로 나타나 콘스탄스를 맞았습니다. 그의 얼굴에는 이루 말할 수 없는 행복과 기쁨이 서려 있었습니다. 이제 그들이 기뻐하는 모습은 생략하겠습니다. 나는 이 이야기의 결말 부분에만 관심이 있거든요. 적당한 시간이 되자, 사람들은 잔치를 끝내고 각자 집으로 돌아갔습니다.

앞에서 말했듯이 모후가 정한 잔칫날이 되었습니다. 젊은 사람이나 늙은 사람이나 가릴 것 없이, 모든 기독교인들이 잔치에 참석했습니다. 잔치는 성대하기 이를 데 없었으며, 기독교인들은 설명할 수도 없을 만큼 많은 산해진미를 마음껏 즐겼습니다. 하지만 식탁에서 일어나기도 전에 이들은 비싼 대가를 치러야만 했습니다.

속세의 기쁨 뒤에는 갑작스런 고통이 찾아오게 마련입니다. 그래서 이런 기쁨 뒤의 고통은 쓴맛으로 가득합니다. 왜냐하면 고통은 우리가 애써서 얻은 기쁨의 산물이며, 항상 우리의 행복 뒤에서 살고 있기 때문

●**루카누스** 고대 로마의 시인(39~65).

●**카이사르** 로마의 군인, 정치가(BC 100~BC 44). 《갈리아 전기》《내란기》 등의 사서를 남겼다.

다니엘
다니엘은 다른 유대인들과 바빌론에 포로로 잡혀 가서 궁중 시동으로 일하다가 느부갓네살 왕의 꿈을 해몽해 준 일로 명예로운 지위에 올랐지만 고관들의 질시로 사자 굴에 던져진다. 브리튼 리비에르의 1890년 그림.

입니다. 내 충고를 귀담아듣고 항상 조심하십시오. 여러분이 행복할 때에는 뜻하지 않은 고통이나 재앙이 다가오고 있다는 사실을 떠올리십시오.

간략하게 말하자면, 그날 콘스탄스를 제외한 술탄과 모든 기독교인들은 그 자리에서 칼에 찔려 목숨을 잃었습니다. 물론 이 끔찍한 사건은 가증스런 모후가 자신이 이 나라를 통치하고자 신하들과 공모하여 벌인 것이었습니다. 술탄의 말을 믿고 기독교로 개종한 시리아 인들은 잔치가 끝나기 전에 모두 목이 잘려 한 명도 목숨을 건지지 못했습니다.

모후의 하수인들은 급히 콘스탄스를 붙잡아서 키[舵] 없는 배에 태운 다음, 그녀의 고향인 이탈리아까지 알아서 가라고 말했습니다. 그들은 콘스탄스가 가져왔던 보물의 일부분과 충분한 식량과 옷을 주었습니다. 이렇게 해서 그녀는 홀로 망망대해를 헤매게 된 것입니다. 인자하기 그지없는 로마 황제의 딸 콘스탄스여, 행운의 신이 그대를 이끌어 주시길! 그녀는 성호를 긋고, 가엾은 목소리로 그리스도의 십자가를 보며 기도했습니다.

"오, 영광스럽고 복된 제단이여, 세상의 죄를 씻어 주는 어린 양의 피로 우리에게 동정을 베푸시는 성 십자가여, 제가 바다에 빠져 죽는 날, 저를 악마와 그의 모진 발톱에서 구해 주소서! 승리의 나무이시며 신도들의 보호자시여, 당신은 창에 찔린 흰 양과 상처 입은 하늘의 왕을 구해 주셨습니다. 당신은 남자와 여자에게서 악마를 쫓아낼 수 있으시며, 그들에게 축복의 팔을 뻗어 주십니다. 저를 보호해 주시고, 올바르게 살아갈 수 있도록 힘을 주소서."

콘스탄스는 그리스 해˙를 돌아 모로코 해협˙으로 정처 없이 떠다니면서 몇 해를 보냈습니다. 거의 먹지도 못했으며, 성난 파도가 그녀를 운명의 장소로 데려다주기 전까지 죽으려고 마음먹은 적이 한두 번이 아니었습니다.

여러분은 '왜 그녀는 잔칫날 다른 사람들처럼 죽지 않았는가? 누가 그녀를 구해 준 것인가?'라고 궁금해 할지 모릅니다. 그 질문에 나는 이렇게 대답하겠습니다. 하느님께서는 주인이건 종이건, 도망치지 못하고 모두 사자에게 잡아 먹힌 그 무서운 동굴에서 다니엘을 구해 주셨습니다. 그것은 바로 다니엘이 진심으로 하느님을 믿었기 때문입니다. 하느님은 콘스탄스를 통해 다른 사람들이 하느님의 거룩한 사업을 볼 수 있도록 기적의 힘을 보여 주시고자 한 것입니다.

모든 악을 치유해 주시는 예수 그리스도께서 인간의 머리로는 이해할 수 없는 목적을 이루시기 위해 그분만의 방법을 선택하신다는 사실을 철학자들은 압니다. 우리의 부족한 머리로는 슬기로운 하느님의 섭리를 이해할 수가 없습니다.

그러나 콘스탄스가 잔치석상에서처럼, 성난 파도에도 빠져 죽지 않게 목숨을 구해 주신 분이 누구시겠습니까? 물고기의 뱃속에 들어 있다가 니네베에 모습을 드러낸 요나를 구해 주신 분이 누구십니까? 여러분도 아시겠지만, 그분은 바로 히브리 사람들이 마른 발로 바다를 건너게 해 주어 한 사람도 물에 빠져 죽지 않게 해 주신 분이십니다.

또 온 땅을 뒤흔들 수 있는 폭풍의 네 요정에게 "동서남북의 나무와 바다와 땅을 괴롭히지 마라." 하고 명령한 분이십니다. 잠잘 때나 깨어 있을 때나 이 여인을 폭풍에서 보호하라고 명령하신 분은 틀림없이 하느님이십니다. 3년이 넘는 세월 동안 그녀가 어떻게 먹을 것과 마실 것을 구할 수 있었겠습니까? 어떻게 그녀의 식량이 떨어지지 않았겠습니까?

요나
항해 중 풍랑을 만난 요나 일행이 신의 노여움을 산 인물이 누구인지 제비뽑기를 하기로 하여, 제비를 뽑은 요나가 바다에 던져졌다. 하지만 요나는 큰 물고기 뱃속에서 3일을 지내다 기적적으로 되살아난다. 그림은 미켈란젤로가 그린 시스틴 성당 벽화 중 일부.

● **그리스 해** 지중해 동부. 에게 해.

● **모로코 해협** 지브롤터 해협.

변호사의 이야기

누가 사막과 동굴에서 이집트의 마리아*를 먹여 살렸습니까? 그분은 바로 그리스도이십니다. 그분은 빵 다섯 조각과 물고기 두 마리로 5000명을 먹이신 크나큰 기적을 행하셨습니다. 하느님은 그녀가 굶주려 허덕일 때 풍성한 양식을 보내셨습니다.

　콘스탄스는 성난 파도에 휩쓸리다가 영국 바다로 들어왔고, 마침내는 어떤 성城 근처에 닿았습니다. 성 이름은 잘 모르겠지만, 노섬벌런드*에 있는 성이었습니다. 배는 모래사장에 깊이 박혀서 웬만한 조수潮水에는 꿈쩍도 하지 않았습니다. 콘스탄스가 그곳에 머무르게 된 것은 그리스도의 뜻인 것 같았습니다.

　성 관리인은 아래로 내려와 난파선의 잔해를 자세히 살펴보다가, 기진맥진해 있던 한 여인을 발견했습니다. 그녀가 가지고 있던 보물도 발견했습니다. 그녀는 자기 나라 말로 자비를 베풀어 달라고 애원하면서, 불행에서 벗어날 수 있도록 목숨을 끊어 달라고 말했습니다. 그녀는 라틴 속어*로 말했지만, 용케도 그 뜻이 잘 전달되었습니다.

　관리인은 배를 충분히 살펴본 후, 불쌍한 여자를 해안가로 데려갔습니다. 콘스탄스는 무릎을 꿇고 하느님의 도움에 감사를 드렸습니다. 하지만 아무도 그녀가 누구인지 말하게 할 수는 없었습니다. 바다를 떠도는 동안 너무나 큰 고통을 당해서 기억을 잃었기 때문입니다. 관리인과 그의 아내는 그녀가 불쌍하여 동정의 눈물을 흘렸습니다.

　콘스탄스는 부지런하고, 짜증 한번 내지 않고 즐거운 표정으로 성 안 사람들의 시중을 들어 모든 사람을 기쁘게 해 주었습니다. 그래서 그녀를 한번이라도 본 사람은 모두 그녀를 좋아하게 되었습니다.

　성 관리인과 그의 아내 헤르멘길드는 그 나라의 모든 사람들처럼 이교도異敎徒였습니다. 그러나 헤르멘길드는 콘스탄스를 진정으로 사랑하게 되었습니다. 콘스탄스는 그곳에 오랫동안 머물면서, 날마다 기도를 하며 눈물을 흘렸는데, 그리스도의 은총으로 헤르멘길드가 개종

●**이집트의 마리아** 이집트의 성녀 마리아는 방탕한 청춘 시절에 대한 고행으로 47년간 사막에서 은자 생활을 했다.

●**노섬벌런드** 잉글랜드 북동부.

●**라틴 속어** 고전 라틴어에 대립되는 말로 일반 사람들이 쓰던 라틴어.

을 하게 되었습니다.

그 나라에는 함께 모여 예배를 드릴 기독교인이 한 명도 없었습니다. 모든 기독교인들이 오래전부터 이 섬에 살던 브리튼 족과 함께 웨일스로 도망쳐서 임시로 그곳에 숨어 있었기 때문입니다. 그러나 브리튼 족 기독교인이 모두 도망간 것은 아니었습니다. 이교도의 눈을 피해 남몰래 그리스도를 섬기는 사람들이 있었는데 그런 이들 중 세 사람이 성 근처에 살았습니다. 한 명은 장님이어서, 마음의 눈만 가지고 있을 뿐 앞을 볼 수 없었습니다. 장님들은 종종 이런 마음의 눈으로 우리가 알지 못하는 것들을 찾아냅니다.

해가 쨍쨍 내리쬐던 어느 여름날 콘스탄스는 관리인 부부와 함께 바닷가로 향했습니다. 바닷가를 거닐며 산책하다가 그들은 눈먼 기독교인을 만났습니다. 그는 허리가 구부정했고, 두 눈은 완전히 감겨 있었습니다.

그 늙은 브리튼 인이 큰 소리로 말했습니다.

"헤르멘길드 부인! 예수 그리스도의 이름으로 비오니, 제 눈을 돌려주십시오."

이 소리를 들은 헤르멘길드는 덜컥 겁이 났습니다. 남편이 자기가 기독교로 개종했다는 사실을 알면 죽일지도 몰랐기 때문입니다. 그러나 콘스탄스는 부인에게 용기를 주면서, 교회의 딸로서 그리스도의 뜻대로 행하라고 말했습니다.

눈앞에서 벌어지는 모습에 당황한 관리인은 큰 소리로 물었습니다.

"이게 도대체 어찌된 일이야?"

그러자 콘스탄스가 대답했습니다.

"주인님, 이것이 바로 악마의 발톱에서 사람들을 구원하시는 예수 그리스도님의 힘입니다."

그리고 나서 자기의 신앙을 열심히 설명하기 시작했고, 마침내 그날

눈먼 기독교인을 만나다
노섬벌런드에서 콘스탄스와 관리인 부부는 눈먼 기독교인을 만난다. 워윅 고블 그림.

밤이 되기 전에 관리인을 개종시켜 그리스도를 믿게 만들었습니다. 이 관리인은 이 지역을 통치하는 사람은 아니었고, 노섬벌런드의 알라 왕 밑에서 오랫동안 그 성을 지켜 온 사람이었습니다. 여러분도 알다시피, 알라 왕은 스콧 인들을 철통같이 막아 낸 똑똑한 왕이었습니다. 그러나 이런 이야기는 그만 하고, 다시 내 이야기로 돌아가겠습니다.

언제나 우리를 함정에 빠뜨리려고 숨어 있는 사탄은 콘스탄스가 얼마나 완벽한지 알게 되었습니다. 그래서 그녀에게 복수할 방법을 생각하다가 그 마을에 사는 젊은 기사가 그녀를 열렬히 사랑하게 만들었습니다.

그의 음탕한 사랑은 너무도 뜨겁게 불타올라 기사는 콘스탄스를 갖지 못하면 죽을 것이라고 믿게 되었습니다. 기사는 콘스탄스에게 열렬히 구애했지만 헛수고였습니다. 콘스탄스는 그런 말에 유혹당하지 않은 것입니다. 그러자 화가 치민 기사는 그녀가 수치심을 이기지 못해 스스로 목숨을 끊게 하는 방법을 생각해 냈습니다. 그는 관리인이 여행을 떠나기를 기다렸다가 밤중에 몰래 헤르멘길드의 침실로 기어 들어갔습니다.

콘스탄스와 헤르멘길드는 늦게까지 기도하다가 지쳐 곤히 잠을 자고 있었습니다. 사탄의 유혹을 이기지 못한 기사는 몰래 침대로 다가가서 헤르멘길드의 목을 잘라 버렸습니다. 그리고 피 묻은 칼을 콘스탄스의 옆에 놓아두고 도망쳤습니다.

얼마 후 관리인이 알라 왕과 함께 성으로 돌아왔는데, 자기 아내가 잔인하게 살해당한 현장을 보고는 너무나 비통한 나머지 눈물을 흘리며 자기 손을 비틀었습니다. 그런데 그때 콘스탄스 침대에서 피 묻은 칼을 발견했습니다. 콘스탄스는 너무 슬퍼 정신마저 혼미했기에 아무 말도 할 수가 없었습니다. 관리인은 이런 참사를 알라 왕에게 보고하면서 콘스탄스가 배에서 발견될 당시의 장소와 상황까지 빠짐없이 설명했습니다.

곤경에 빠진 착하고 예의바른 콘스탄스를 보자 왕은 가슴이 아팠습니다. 도살장으로 끌려가는 어린 양처럼 순진하고 불쌍한 콘스탄스는 왕 앞에 서서, 범죄를 저지른 장본인인 기사가 방 안으로 들어간 사람은 그녀라고 거짓말하는 것을 듣고 있었습니다.

그러나 사람들이 별안간 소리치면서, 항상 예의바르고 헤르멘길드를 정성껏 섬긴 여자가 그런 잔인한 행동을 했으리라고는 상상조차 할 수 없다고 말했습니다. 칼로 헤르멘길드를 죽인 기사를 제외하고, 집안의 모든 사람들이 똑같은 증언을 했습니다. 이런 증언을 듣자 어진 알라 왕은 이 사건을 좀 더 자세히 조사하여 사실을 밝혀야겠다고 생

수산나
아름답고 정숙한 수산나가 공회원 두 명의 유혹을 거절하자, 그들은 수산나를 간부姦婦라고 모함하여 사형을 선고받게 한다. 하지만 형장으로 끌려가던 수산나는 다니엘이라는 청년이 새로운 증언을 함으로써 결백이 밝혀진다. 아르테미지아 젠틸레스키의 1610년 그림.

각했습니다.

 그렇지만 콘스탄스가 범인이 아니라고 증명해 줄 사람은 하나도 없었습니다. 그녀도 자기가 범인이 아니라고 주장할 수가 없었습니다. 우리를 구원하기 위해 돌아가시고 악마를 꽁꽁 묶어서 아직도 지옥에 있게 만드신 하느님만이 최고의 변호사가 될 수 있었습니다. 그리스도가 모든 사람이 보는 앞에서 기적을 행하시지 않는다면, 그녀는 죄가 없음에도 즉시 처형당할 운명이었습니다. 콘스탄스는 무릎을 꿇고 기도했습니다.

 "영원하신 하느님, 수산나를 허위 고발로부터 구원해 주신 하느님. 성녀 안나의 따님이시며, 당신의 아들 앞에서 천사들이 '호산나'라고 찬송하는 성모님. 제가 이 죄를 짓지 않았다면 저를 구해 주소서. 그러지 않으면 저는 죽고 말 것입니다."

 여러분은 용서받지 못한 채 군중 속으로 죽음을 향해 끌려가는 창백한 얼굴을 본 적이 있습니까? 죽음을 눈앞에 둔 사람의 안색은 너무나 창백하기에, 여러분은 수많은 군중 속에서도 쉽게 그런 얼굴을 알아볼 수 있습니다. 콘스탄스의 얼굴이 바로 그랬습니다. 그녀는 주위를 둘러보았습니다.

 풍요롭게 사는 왕비와 귀부인들이여, 세상의 모든 여인들이여, 콘스탄스의 불행을 불쌍히 여겨 주십시오. 로마 황제의 딸은 아무도 도와줄 사람이 없었습니다. 로마 황실의 혈육이 죽을 위험에 처해 있었습니다. 바로 그 순간 도와줄 친구들은 너무 멀리 떨어져 있었습니다.

 하지만 고귀한 마음은 항상 동정심을 느끼는 법, 알라 왕은 그녀가 불쌍하여 자기도 모르게 눈물을 흘렸습니다. 마침내 알라 왕이 말했습니다.

"빨리 복음서를 가져와라. 만일 이 기사가 그 책에 손을 얹고 콘스탄스가 부인을 죽였다고 증언하면, 그때 어떤 벌을 내릴 것인지 상의하겠노라."

그러자 브리튼 어로 번역된 복음서가 대령되었습니다. 기사가 그 책 위에 손을 얹고 그녀가 범인이라고 맹세하자 갑자기 모든 사람이 보는 앞에서 어떤 손이 나타나 그 기사의 목을 쳤습니다. 기사는 돌멩이가 떨어지듯이 푹 주저앉았고, 두 눈은 튀어나왔습니다. 그때 사람들 귀에 어떤 소리가 들렸습니다.

"너는 왕 앞에서 성교회聖敎會의 죄 없는 딸에게 죄를 뒤집어씌웠다. 이런 일을 했는데도 내가 잠자코 있을 것 같으냐?"

이런 기적을 보자 콘스탄스를 제외한 모든 사람들은 하늘의 복수를 두려워하면서 멍하니 서 있었습니다.

죄 없는 콘스탄스를 부당하게 의심한 사람들은 잘못을 뉘우치며 벌벌 떨었습니다. 그리고 이 기적과 콘스탄스의 정성으로 마침내 왕을 비롯하여 그곳에 있던 수많은 사람들이 기독교로 개종했습니다. 이것은 모두 그리스도의 덕택이었습니다.

알라 왕은 정직하지 못한 기사를 위증죄로 즉시 처형하라고 명령했습니다. 그 뒤 그리스도께서 은총을 베푸시어 알라 왕이 아름답고 거룩한 여인과 엄숙한 의식으로 결혼을 하게 하셨습니다. 이렇게 그리스도께서는 콘스탄스를 왕비로 만드신 것입니다.

그런데 이 결혼을 심히 못마땅하게 생각한 사람이 있었으니, 바로 알라 왕의 모후이며 포악하기 이를 데 없는 도네길드였습니다. 이 사실을 알게 된 그녀의 못된 심장은 두 개로 찢어지는 듯했습니다. 그녀는 자기 아들이 이방異邦의 여자를 아내로 맞이하는 것을 치욕이라고 생각했습니다.

하찮은 이야기들을 나열하면서 시간을 허비할 생각은 없으니 이제 본론으로 들어가겠습니다. 결혼식이 얼마나 성대하게 거행되었고, 어떤 순서에 따라 피로연 음식이 차려졌으며, 누가 나팔을 불고 누가 뿔나팔을 불었는지는 말하지 않겠습니다. 간단히 이야기하자면, 모두가 잘 먹고 잘 마셨으며, 실컷 춤을 추고 노래를 부르며 재미있게 보냈습니다. 그리고 나서 알라 왕과 콘스탄스는 신방에 들었습니다. 아내는 거룩한 존재이긴 하지만, 반지를 끼워 주며 결혼한 밤에는 남편을 즐겁게 해 줄 수 있는 모든 행위를 참고 견뎌야 합니다. 그러기 위해서는 잠시 거룩함을 옆으로 치워 놓아야 합니다. 이건 불가피한 일입니다.

시간이 흘러 콘스탄스는 아기를 가졌는데 그때 마침 왕은 적과 싸우기 위해 스코틀랜드로 출정해야만 했습니다. 그는 관리인과 주교에게 아내를 부탁했습니다. 아기를 가진 부드럽고 상냥한 콘스탄스는 침실에서 조용히 지내면서 그리스도의 뜻을 기다렸습니다. 때가 되자 사내아이가 태어났고, 그녀는 아들에게 마우리시오라는 세례명을 붙여 주었습니다. 관리인은 알라 왕에게 좋은 소식을 알리기 위해 편지를 쓰고서 사자使者를 불렀습니다. 사자는 편지를 갖고 급히 떠났습니다. 하지만 그는 사리사욕을 채우기 위해 왕의 어머니에게로 급히 발길을 돌렸습니다. 예의바르게 인사를 하고서 그는 이렇게 말했습니다.

"태후마마, 기뻐하십시오. 그리고 하느님께 감사를 드리옵소서. 왕비께서 마침내 왕자님을 출산하셨습니다. 이 소식을 들은 온 백성이 기뻐하고 있사옵니다. 보십시오, 이 소식을 전하는 편지가 여기에 있습니다. 저는 이 편지를 한시 바삐 폐하께 가져가야 합니다. 저는 항상 태후마마의 종입니다. 그러니 마마의 아드님이신 폐하께 전할 말이 있으시면 전해 드리겠습니다."

그러자 도네길드가 대답했습니다.

"지금은 전할 말이 아무것도 없다. 하지만 내일 전할 말을 일러줄 테니 오늘 밤 네가 이곳에서 머물렀으면 좋겠구나."

사자는 맥주와 포도주를 실컷 마셨습니다. 그가 술에 잔뜩 취해 돼지처럼 곯아떨어지자 도네길드는 상자 속의 편지를 다른 것과 바꿔치기했습니다. 그 편지는 관리인이 왕에게 보내는 것처럼 쓰여졌지만, 내용은 아주 흉악한 것으로 바뀌어 있었습니다. 편지에는 왕비가 너무나도 무시무시한 악마와 같은 아들을 낳아서 성 안의 그 누구도 감히 아이와 함께 있을 엄두를 내지 못한다고 적혀 있었습니다. 또 이 아이의 어머니는 죽음의 귀신이 보낸 마녀거나, 마술이나 요술을 부려 인간이 된 도깨비며, 모든 사람이 그녀를 증오한다고 적혀 있었습니다.

이 편지를 읽은 알라 왕은 가슴이 찢어지는 슬픔을 느꼈지만, 이런 비통한 심정을 아무에게도 내색하지 않았습니다. 대신 기도하는 심정으로 이렇게 답장을 썼습니다.

"저는 그리스도의 가르침을 배웠습니다. 그러니 주님, 당신이 원하시는 것을 기꺼이 받게 해 주소서! 저는 당신의 뜻을 따를 뿐입니다. 그리고 제가 돌아갈 때까지 괴물이건 아니건 제 아들을 보살펴 주시고 제 아내를 돌보아 주소서. 그리스도님, 당신이 원하시는 때가 되면 이 아들보다 더 제 마음에 드는 후계자를 내려 주소서."

그는 눈물을 감추며 편지를 봉한 뒤 사자에게 건네고 지체 없이 떠나게 했습니다.

하지만 이 사자는 정말로 몹쓸 놈이었습니다. 그는 완전히 술에 취해 입으로는 술 냄새를 내뿜고, 팔다리는 흐느적거렸으며, 얼굴은 일그러져 있었습니다. 또 참새처럼 주절거리며, 비밀이란 비밀은 모두 말해 버렸습니다. 상습적으로 술에 취하는 사람들은 그 어떤 비밀도 숨길 수 없는 법입니다.

도네길드에 관해 말하자면, 나는 그녀의 악덕과 잔인함을 제대로 설명할 수가 없습니다. 그런 것은 악마에게 맡기는 수밖에 없습니다. 악마만이 그녀의 배신을 제대로 설명할 수 있으니까요. 도네길드의 영혼은 여성적인 것이라곤 하나도 없이 완전히 악마 그 자체였습니다. 여러분에게 맹세하건대, 몸은 비록 땅 위를 걷는다손 치더라도 그녀의 영혼은 이미 지옥에 있었습니다.

왕을 만나고 돌아오는 길에 사자는 다시 도네길드의 궁전으로 찾아갔고, 그녀는 사자를 기쁘게 맞이했습니다. 사자는 다시 술을 퍼마시고, 한 방울도 더 들어갈 수 없을 정도로 포도주로 배를 채웠습니다. 그리고 평소처럼 해가 뜰 때까지 밤새 코를 골면서 잠을 잤습니다. 전과 마찬가지로 그가 지닌 편지는 날조된 편지로 바뀌었습니다. 이 날조된 편지에는 이렇게 적혀 있었습니다.

"왕은 관리인에게 다음과 같이 명령한다. 무슨 일이 있어도 콘스탄스를 앞으로 사흘 이상 왕국에 머물게 해서는 안 된다. 아무리 늦어도 나흘째 되는 날에는 이곳을 떠나야 한다. 콘스탄스와 아이를 왕비의 모든 의복과 함께 그녀가 타고 온 배에 태워 바다에 버려서 두 번 다시 육지에 올라오지 못하게 하라. 이 명령을 지키지 않을 시에는 교수형에 처한다."

도네길드가 이런 음모를 꾸미는 동안, 콘스탄스는 아마도 공포를 느끼며 악몽을 꾸었을 것입니다.

다음 날 아침, 잠에서 깨어난 사자는 지름길을 택해 성으로 달려가서 관리인에게 편지를 건네주었습니다. 관리인은 끔찍한 내용의 편지를 읽고는 너무 놀라 이렇게 소리쳤습니다.

"주님, 사람들이 이토록 악독하다면 세상이 어찌 유지될 수 있겠습니까! 당신은 진정으로 정의로운 심판관이십니다. 그런데 어찌하여 죄 없는 사람들은 죽게 하고, 나쁜 사람들은 번영을 누리게 하십니까? 착한 콘스탄스를 추방하지 않으면 제가 치욕스럽게 죽어야 한다니, 어찌하면 좋습니까! 그 밖의 다른 길은 없습니다."

왕의 저주스런 편지를 읽자, 남녀노소를 가리지 않고 성 안의 모든 사람은 눈물을 흘렸습니다. 나흘째 되던 날 콘스탄스는 죽은 사람처럼 창백한 얼굴로 배를 향해 발길을 옮겼습니다. 그녀는 이 모든 것이 예수 그리스도의 뜻이라고 생각하고 바닷가에 무릎을 꿇고 이렇게 말했습니다.

"주님, 저는 당신의 뜻을 기꺼이 받아들이겠습니다. 이 땅에서 누명을 썼을 때 저를 구해 주신 하느님이, 바다에 있는 모든 위험과 고난에서도 저를 구해 주실 것을 믿습니다. 어떤 방법을 통해서 구해 주실지는 모르지만, 항상 강대하신 그분이 구해 주시리라고 믿습니다. 저는 하느님과 성모님을 믿습니다. 두 분은 제 영혼의 돛이고 키이십니다."

어린 아기는 그녀의 품에 안겨 울었습니다. 콘스탄스는 꿇어앉은 채 사랑스럽게 아기에게 말했습니다.

"울지 마라, 아가야. 엄마는 너를 다치게 하지 않을 거란다."

그러고는 머릿수건을 벗어 아이의 눈을 가려 주며 달랬습니다. 그녀는 눈을 들어 하늘을 바라보며 외쳤습니다.

"사랑스런 성 처녀이신 성모 마리아님. 여자의 유혹으로 온 인류가 파멸하여 영원한 죽음을 선고받았으며, 당신의 아들이 십자가에 못 박혀 죽었으며, 당신의 눈으로 직접 그분의 고통을 지켜보신 것이 사실이라면, 당신이 느끼신 고통과 우리 인간이 겪는 고통은 비교할 수도 없을 것입니다. 당신은 직접 아드님이 죽는 장면을 지켜보셨지만 제 아들은 아직 살아 있습니다. 사랑스런 성모님, 당신은 고통으로 신음하는 사람들을 보호해 주시고, 모든 여인들의 영광이시며, 아름다운 성 처녀이시고, 모든 죄인들의 피난처이시며, 꺼지지 않는 별이십니다. 당신의 자비로 슬픔에 빠진 모든 사람에게 동정을 베푸시고, 제 아들을 불쌍히 여겨 주소서!

오, 아가야. 너는 아직 아무 죄도 짓지 않았단다. 네가 무엇을 잘못

노섬벌런드를 떠나다
알라 왕의 모후의 계략으로 콘스탄스는 노섬벌런드에서 쫓겨나게 된다. 찰스 클락 그림.

했단 말이니? 부왕께서는 왜 잔인하게도 너를 죽이려고 하는 것일까?

관리인이시여, 자비를 베풀어 주소서. 제 아들은 당신과 함께 이곳에 남아 있게 해 주소서. 만일 질책을 받을 것이 두려워 이 아이를 구해주실 수 없다면, 아버지를 생각하셔서 이 아기에게 키스라도 한 번 해주소서.”

이렇게 말한 후, 콘스탄스는 다시 땅을 내려다보며 말했습니다.

“안녕, 무정한 남편이여!”

그녀는 자리에서 일어나 해변을 걸어 배가 있는 곳으로 향했습니다. 그때까지도 사람들은 그녀의 뒤를 따라왔습니다. 그동안 그녀는 끊임없이 우는 아이를 달랬습니다. 마침내 콘스탄스는 사람들과 작별 인사를 한 후, 경건한 마음으로 성호를 긋고 배에 올랐습니다.

여러분, 하지만 걱정하지 마십시오. 배 안에는 오랫동안 먹을 수 있는 충분한 식량이 있었고, 그 밖의 필수품도 넉넉했습니다. 전지전능하신 하느님, 바람과 날씨를 조절하셔서 콘스탄스가 무사히 고향에 닿도록 도와주소서! 그녀는 정처 없이 바다를 항해했습니다. 이것에 관해서 더 말하지는 않겠습니다.

3

이런 일이 일어난 지 얼마 되지 않아, 알라 왕은 성으로 돌아와 아내와 아이를 찾았습니다. 성 관리인은 심장이 얼어붙는 것 같아 어찌할 바를 몰랐지만, 간략하게 모든 상황을 설명했습니다. 그리고 왕의 옥새가 찍힌 편지를 보여 주며 말했습니다.

"폐하, 저는 폐하께서 명령을 이행하지 않으면 교수형에 처한다고 하셨기에, 그대로 행했을 뿐입니다."

그래서 편지를 전달한 사자를 고문하자 자기가 밤마다 어디에서 잠을 잤는지부터 모든 것을 사실대로 자백했습니다. 신문을 통해 유추한 끝에 왕은 이 죄가 누구의 소행인지 짐작하게 되었습니다. 어떻게 했는지는 잘 모르지만, 어쨌든 왕의 편지를 위조한 장본인이 누구인지 밝혀졌고, 모든 사악한 음모가 드러났습니다. 알라 왕은 자기 어머니를 배신죄로 사형에 처했습니다. 이렇게 해서 도네길드는 불행하게 생을 마감한 것입니다. 하느님, 그녀에게 영원한 저주를 내리소서!

알라 왕이 아내와 아들을 생각하면서 밤낮으로 얼마나 고통을 받았는지는 아무도 설명할 수 없을 것입니다. 이제는 콘스탄스에 관해 말하겠습니다.

주님의 뜻에 따라 콘스탄스는 온갖 어려움을 겪으며 5년 넘게 바다에서 표류하다가 육지에 이르렀습니다. 마침내 콘스탄스와 아기는 어떤 이교도의 성 근처에 도착한 것입니다. 인류를 구원하신 전지전능하신 하느님이시여, 또다시 이교도의 땅에서 죽을 위험에 처한 콘스탄스와 그녀의 아이를 기억하소서!

다윗과 골리앗
사울 왕국의 양치기 소년 다윗은 불레셋 군의 거인 골리앗에 맞서 물맷돌을 던져 승리한다.

성에서 수많은 사람들이 내려와 입을 벌린 채 멍하니 콘스탄스와 그녀가 타고 온 배를 바라보았습니다. 그 성의 집사는 우리의 신앙을 버리고 회교로 개종한 흉악무도한 사람이었습니다. 어느 날 밤 그 집사는 혼자 배로 찾아와서 그녀에게 자기의 정부情婦가 되지 않겠느냐고 제안하면서, 그녀의 의사는 완전히 무시한 채 겁탈하려 들었습니다.

가엾은 콘스탄스는 최대의 불행에 직면하였습니다. 아들은 놀라 울음을 터뜨렸고, 가련한 그녀 역시 하염없이 눈물을 흘렸습니다. 하지만 바로 그때 성모님이 도움의 손길을 뻗치셨습니다. 콘스탄스가 있는 힘을 다해 저항하며 몸부림치는 통에, 못된 집사가 균형을 잃고 바닷물 속으로 빠져 목숨을 잃은 것입니다. 이것은 정당한 대가였습니다. 이렇게 그리스도님은 콘스탄스가 더럽혀지지 않도록 지켜 주신 것입니다.

여러분, 음란한 색욕色慾이 어떤 결과를 낳는지 보십시오. 그것은 정신을 약하게 만들 뿐 아니라 육체까지도 파멸에 이르게 합니다. 음탕한 욕망은 불행을 초래할 뿐입니다. 음란한 행위는 차치하고, 그런 죄를 범하겠다는 의도만으로도 얼마나 많은 사람이 죽거나 만신창이가 됩니까!

이 연약한 여자가 무슨 힘이 있어서 못된 남자와 싸울 수 있었겠습니까? 어떻게 어린 다윗이 거구의 골리앗을 이길 수 있었겠습니까? 무기도 없이 어린 다윗이 어떻게 감히 그 무서운 얼굴을 정면으로 바라볼 수 있었겠습니까? 의심할 여지없이 그것은 바로 하느님의 은총 덕택입니다. 유딧에게 용기와 힘을 주시고, 그녀가 천막 속에서 적장敵將 홀로페르네스를 죽여서 하느님이 선택한 백성들을 재앙에서 구해 내게 하신 분이 누구겠습니까? 그분은 바로 콘스탄스에게 힘을 주신 분입니다.

콘스탄스의 배는 지브롤터와 세우타 사이에 있는 좁은 해협을 지나 어떤 때는 동쪽으로, 또 어떤 때는 북쪽이나 남쪽 혹은 동쪽으로 오랫동안 항해를 거듭했습니다. 항해는 영원히 축복받으신 성모 마리아께서 무한한 자비심으로 콘스탄스의 고통에 막을 내려 주실 때까지 계속되었습니다.

하지만 잠시 콘스탄스의 이야기는 멈추고, 그녀의 아버지인 로마 황제에 관해 이야기하겠습니다. 황제는 시리아에서 온 편지로 기독교인들이 학살당했으며, 자기 딸이 치욕스럽게 쫓겨났다는 사실을 알게 되었습니다. 또한 이런 일을 획책한 장본인이 숲 속에 숨어 있던 뱀이란 것도 알게 되었습니다. 이 뱀은 바로 잔치에 참석한 모든 사람을 죽인 사악한 술탄의 모후를 의미합니다. 그래서 황제는 훌륭하게 무장한 원로원 의원과 수많은 제후를 보내 시리아 인들에게 복수를 했습니다. 그들은 여러 날 동안 시리아 인들을 죽이고 시리아를 불태워 폐허로 만든 후 조국으로 돌아왔습니다.

사람들이 전하는 바에 의하면, 그들이 배를 타고 장엄하고 늠름하게 로마로 돌아오던 중 표류하는 배를 만났습니다. 그 배에는 가엾은 콘스탄스가 타고 있었습니다. 원로원 의원은 그녀가 누구이며, 어떻게 그런 상태가 되었는지 전혀 알 길이 없었습니다. 콘스탄스 역시 아무에게도 자기의 신분이 무엇인지 자기가 어떤 사람인지 밝히지 않았습니다.

원로원 의원은 콘스탄스와 그녀의 아들을 로마로 데려가서 자기 부인에게 보살펴 주라고 일렀습니다. 그들은 원로원 의원과 함께 살게 되었습니다. 이렇게 성모님은 콘스탄스를 불행에서 해방하신 것입니다. 콘스탄스는 그곳에서 오랫동안 살면서 항상 선행을 베풀었습니다.

유딧
유딧은 이스라엘 민족을 구하기 위해 이민족의 폭군 홀로페르네스를 유혹하여 살해한다. 크리스토퍼 알로리의 1613년 작 〈홀로페르네스의 목을 든 유딧〉.

원로원 의원의 부인은 그녀의 이모였지만 콘스탄스를 알아보지는 못했습니다. 하지만 이런 이야기는 그만 하고, 여전히 아내 때문에 괴로워하던 알라 왕에 관한 이야기를 하겠습니다.

이 이야기를 하자면 한이 없으니 간단하게 말하겠습니다. 알라 왕은 어머니를 죽인 뒤 양심의 가책에 시달리다가 어느 날 교황이 내리는 보속補贖*을 받기 위해 로마로 향했습니다. 그리스도님에게 자기가 저지른 모든 죄를 참회하고 용서를 구하고자 한 것입니다. 알라 왕이 참회의 순례를 위해 로마로 온다는 소식은 그의 일행이 도착하기 전에 로마에 전해졌고, 이내 로마 전역으로 퍼졌습니다.

이 소식을 들은 원로원 의원은 관례에 따라 수많은 수행원을 거느리고 말을 타고 왕을 맞으러 나갔습니다. 그것은 자신의 위엄을 과시할 뿐만 아니라, 왕에 대한 예의를 차리기 위해서였습니다. 위풍당당한 원로원 의원과 왕은 예의바르게 서로를 대하며 극진히 환대했습니다.

하루 이틀이 지난 뒤, 원로원 의원은 알라 왕과의 만찬에 참석하게 되었습니다. 내 기억이 잘못 되지 않았다면, 콘스탄스의 아들도 그곳에 있었습니다. 어떤 사람은 콘스탄스의 부탁으로 원로원 의원이 아이를 데려갔다고 말을 합니다. 나는 어떻게 해서 그 아이가 그곳에 가게 되었는지는 자세히 모르지만, 어찌되었든 간에 그 아이가 그곳에 있었다는 것은 틀림없습니다. 사실 콘스탄스는 아들이 만찬석상에서 알라 왕의 얼굴을 보기 바랐습니다. 아이를 본 알라 왕은 너무나 깜짝 놀랐습니다. 놀라움이 어느 정도 가시자 왕은 원로원 의원에게 물었습니다.

"저곳에 있는 예쁜 아이는 누구입니까?"

그러자 원로원 의원이 대답했습니다.

"하느님과 성 요한을 두고 맹세하지만, 저는 저 아이가 누군지 알지 못합니다. 제가 아는 것은, 저 아이에게 어머니는 있지만 아버지는 없다는 사실뿐입니다."

●보속 죄로 인한 나쁜 결과를 보상하는 일.

그리고 어떻게 그 아이를 발견하게 되었는지 간단하게 알라 왕에게 이야기하면서 이렇게 덧붙였습니다.

"하느님도 아시겠지만, 유부녀건 처녀건 이 세상 모든 여자들 중에서 제 평생 저 아이의 어머니처럼 고결하고 덕성스런 여자는 보지 못했습니다. 아마 죄를 짓느니 칼로 가슴을 찔러 죽을 여인이라고 감히 자신 있게 말합니다. 이 세상의 어떤 남자도 그 여자에게 죄를 짓게 하지는 못할 겁니다."

그 아이는 우리가 상상하는 것 이상으로 콘스탄스와 똑같았습니다. 그리고 콘스탄스의 얼굴은 알라 왕의 기억 속에 깊이 새겨져 있었습니다. 알라 왕은 혹시 아이의 어머니가 자기 아내일지도 모른다고 생각하다가 한숨지으며 잔치석상에서 빠져나왔습니다.

'맙소사, 내가 지금 무슨 생각을 하는 거야. 지금 아내는 바다 속에 있는 게 당연한데.'

그러나 또 이런 생각도 해 보았습니다.

'그리스도님이 전에도 콘스탄스를 우리 나라까지 인도하셨듯이 이번에도 바다를 건너 여기까지 오게 하셨을지도 몰라.'

다음 날 오후 알라 왕은 기적과도 같은 우연의 일치를 기대하며 원로원 의원 집으로 갔습니다. 원로원 의원은 그를 환대하면서, 급히 콘스탄스를 찾아오라고 지시했습니다. 자기를 찾는 이유를 안 콘스탄스로서는 즐겁게 춤출 기분이 아니라는 것은 쉽게 짐작하실 겁니다. 사실 제대로 서 있기도 힘들었으니까요.

알라 왕은 콘스탄스에게 예의를 갖춰 인사했습니다. 그러나 즉시 주저앉고 말았습니다. 그녀를 보자마자 자기 아내임을 알았기 때문입니다. 한편 콘스탄스도 아무 말 못한 채 나무처럼 서 있을 뿐이었습니다. 알라 왕의 잔혹한 처사를 떠올리자 너무 괴로운 나머지 심장이 멈추어 버린 것입니다. 알라 왕이 흐느끼면서 사실을 설명하려고 애를 쓰는 동안에도 콘스탄스는 두 번이나 그 앞에서 기절하고 말았습니다. 알라 왕은 이렇게 말했습니다.

"하느님과 모든 성인들이시여, 저의 영혼을 불쌍히 여기소서. 나는 우리 둘을 꼭 닮은 마우리시오가 겪어야만 했던 일에 아무런 책임이 없다오. 이 말이 거짓이라면 난 지옥에 떨어져도 괜찮소."

그들의 눈물과 고통이 금방 없어지지는 않았습니다. 슬픈 마음이 가라앉기 위해서는 오랜 세월이 필요했기 때문입니다. 비탄에 빠진 두 사람의 모습이 너무나 가련하여 내 마음이 찢어지는 것 같았습니다. 그들이 울면 울수록 슬픔은 커져만 간 것이었습니다.

이제 이 이야기를 그만 해야 할 것 같습니다. 여러분의 이해를 바랍니다. 오늘 하루 내내 그들의 슬픔을 이야기하다 보니, 나도 슬픈 장면을 이야기하는 데 지쳤습니다. 하지만 마침내 콘스탄스가 겪은 불행에 알라 왕은 아무런 죄도 없다는 것이 밝혀졌고, 그 순간 두 사람은 아마도 수백 번은 입을 맞추었을 겁니다. 두 사람은 이 세상의 그 누구도 맛보지 못한 행복을 느꼈습니다.

그녀는 남편에게 겸손하게 청했습니다. 자신의 기나긴 고통을 보상하는 대가로, 아버지인 로마 황제에게 특별히 청하여 만찬을 함께 할 수 있는 기회를 마련해 달라고 한 것입니다. 하지만 자기 이야기는 아버지에게 절대로 하지 말아 달라고 부탁했습니다.

어떤 사람들은 아들 마우리시오가 황제에게 초청장을 가지고 갔다고 말합니다. 하지만 나는 알라 왕이 그리스도교의 영광이며 최고의 영예로운 지위에 계신 로마 황제에게 아이를 보내는 어리석은 인간은 아니라고 생각합니다. 아마 알라 왕이 몸소 갔다고 생각하는 편이 옳을 것입니다. 황제는 알라 왕의 청대로 만찬에 참석할 것을 쾌히 승낙했습니다. 황제는 아이를 뚫어지게 바라보면서 자기 딸을 생각했다고 합니다. 알라 왕은 숙소로 돌아와 만찬에 필요한 모든 준비를 했습니다.

그날이 오자 알라 왕과 콘스탄스는 화려하게 차려입고 기쁜 마음으로 황제를 맞이하러 나갔습니다. 거리에서 아버지를 만난 콘스탄스는 말에서 내려 황제의 발밑에 엎드리며 말했습니다.

"아버님, 사랑하는 어린 딸을 잊으셨나요? 제가 바로 당신의 딸 콘스탄스입니다. 오래전에 시리아로 보내신 딸 말입니다. 제가 바로 시어머니의 질투를 받아 바다를 떠다니며 죽을 운명을 맞이했던 그 딸입니다. 아버님, 제게 다시 한번 은총을 베푸시어 다시는 이교도의 땅으로 보내지 말아 주십시오. 그리고 항상 저를 다정하게 대해 준 여기 있는 제 남편을 치하해 주십시오."

세 사람이 함께 모여 나눈 기쁨을 어찌 말로 표현할 수 있겠습니까? 하지만 이제 이 이야기를 마무리해야겠습니다. 이제 날이 저물어 가고 있으니 이야기를 더 끌지 않겠습니다. 세 사람은 아주 행복한 마음으로 만찬석상에서 기쁘고 즐거운 시간을 보냈습니다. 아마 내가 표현할 수 있는 것보다 수천 배 더 행복했을 것입니다.

그들의 아들 마우리시오는 후에 교황에 의해 황제로 임명되었습니다. 그는 독실한 기독교인으로 살았으며, 교회에 수많은 영광을 베풀었습니다. 하지만 지금 중요한 것은 콘스탄스의 이야기니 마우리키우스 왕● 이야기는 그만 하겠습니다. 마우리키우스 황제의 일생은 여러분이 고대 로마의 역사책을 읽어 보면 알 수 있을 것입니다. 사실 난 그에 관해서는 기억이 나질 않습니다.

로마를 떠나기로 한 날이 되자 알라 왕은 착하고 성스러운 아내 콘스탄스와 함께 가장 빠른 길을 택해 영국으로 돌아갔습니다. 그리고 그곳에서 평화롭고 행복하게 살았습니다. 그러나 현세의 행복은 오래 지속되지 않는다는 사실을 여러분에게 다시 한번 상기시켜 드리고 싶습니다. 행복은 멈추어 있는 것이 아니라, 조수潮水나 낮과 밤처럼 바뀌는 것이기 때문입니다.

● **마우리키우스** 동로마제국의 황제 (539?~602).

단 하루라도 양심에 흔들림 없이 분노·욕심·질투·오만·욕정·악·두려움에 사로잡히지 않고 완전한 행복을 누리며 산 사람이 누가 있습니까? 내가 이런 말을 하는 것은 알라 왕과 콘스탄스의 행복과 충만한 기쁨이 그리 오래 지속되지 않았다는 것을 강조하고 싶기 때문입니다.

그들이 다시 만난 지 약 1년 뒤, 힘 있는 사람이건 천한 사람이건 가리지 않고 찾아오는 죽음이 알라 왕을 이 세상에서 데려간 것입니다. 하느님, 그의 영혼을 보살펴 주소서! 콘스탄스는 깊은 슬픔에 잠기게 되었습니다. 그 일이 있은 후 이 거룩한 여인은 로마로 갔고, 그곳에서 건강하게 살던 친구들과 만나게 되었습니다. 이제 그녀의 파란만장한 모험은 끝이 났습니다.

아버지를 다시 만난 콘스탄스는 아버지 발밑에 엎드려 사랑의 눈물을 흘렸습니다. 행복에 젖은 그녀는 마음속으로 수없이 하느님을 찬양했습니다. 아버지와 딸은 많은 사람에게 자선과 덕행을 베풀면서 살았으며, 죽음이 두 사람을 갈라놓을 때까지 두 번 다시 헤어지지 않았습니다.

이제 내 이야기는 여기에서 끝납니다. 슬픔 뒤에 기쁨을 주시는 그리스도님, 우리에게 은총을 베푸시고, 여기에 있는 우리 모두를 보살펴 주소서.

변호사의 이야기는 여기에서 끝난다.

바스의 여인의 이야기

겉으로 보이는 게 다가 아니야

바스의 여인의 서문

"결혼의 고통에 관해 다룬 책이 없는 것은 아니지만, 나는 개인적인 경험을 토대로 이런 주제를 가지고 이야기할 수 있는 완벽한 자격을 갖추고 있다고 생각해요. 여러분, 나는 열두 살 때부터 지금까지 다섯 번이나 교회에서 정식으로 결혼을 했어요. 다섯 남편은 각각 자기들 분야에서는 이름깨나 날리는 사람들이었어요.

그런데 얼마 전에 그리스도님은 갈릴리의 가나라는 곳에서 열린 결혼식에 단 한 번만 참석했다는 말을 들었어요. 예로 든 앞의 이야기에서 하느님은 내게 한 번 이상 결혼을 해서는 안 된다고 가르쳐 주신 것이지요. 여러분도 하느님이시며 인간이신 그리스도님이 우물가에서 사마리아 여인을 꾸짖으며 하신 말씀을 명심해야 해요. 그분은 '너에

바스의 여인
엘즈미어 필사본에 나타난 바스의 여인.

바스의 여인의 이야기 **137**

사마리아 여인
그리스도는 우물가에서 물을 긷던 사마리아 여인에게 물을 부탁하다가 거절당하자, 대화와 공감을 통해 사마리아 여인을 감화시킨다. 후안 데 플란데스의 1496~1504년 작.

● **창세기 1장 28절** 하느님께서 그들에게 복을 내려주시며 말씀하셨다. "자식을 낳고 번성하여 온 땅에 퍼져서 땅을 정복하여라. 바다의 고기와 공중의 새와 땅 위를 돌아다니는 모든 짐승을 부려라."

● **마태복음 19장 5절** 또 '그러므로 남자는 부모를 떠나 제 아내와 합하여 한 몸을 이루리라.' 하신 말씀을 아직 읽어 보지 못하였느냐?

게는 남편이 다섯이나 있었고, 지금 함께 살고 있는 남자도 사실은 네 남편이 아니다.'(요한복음 4장 18절)라고 말씀하셨어요. 그분은 틀림없이 이렇게 말씀하셨어요. 하지만 그분이 무슨 뜻으로 이렇게 말씀하셨는지는 잘 짐작이 가질 않아요. 그래서 나는 왜 다섯 번째 남자는 사마리아 여인의 남편이 아니라는 건지 묻고 싶답니다. 또한 여자는 몇 번이나 결혼할 수 있는지도 묻고 싶어요. 나는 평생을 살아오면서 이 숫자가 몇인지 구체적으로 들어 본 적이 없어요. 사람들은 자기들 마음대로 해석을 하지요. 그러나 틀림없는 것은 하느님께서 자식을 낳고 번성하라고 명령하셨다는 것이에요.● 난 이 말씀의 뜻을 잘 알고 있답니다. 그분이 내 남편에게 부모를 떠나 아내와 합하여 한 몸을 이루라고 말씀하셨다는 사실도 잘 알고 있어요.●

그러나 하느님은 아내를 두 명 데리고 살 수 있다거나 여덟 명 데리고 살 수 있다거나 하는 등의 구체적인 숫자를 말씀하신 적은 한 번도 없었어요. 그런데 사람들은 왜 마치 그것이 나쁜 것인 양 이야기하는지 모르겠어요. 가령 현명한 솔로몬 왕을 보세요. 그가 여러 아내들과 누린 기쁨이야말로 하느님이 주신 최고의 선물이 아닐까요? 지금은 아무도 그런 축복을 받는 사람이 없어요.

사실 하느님께서 나도 다섯 번이나 결혼을 하게 해 주셨으니, 하느님께 감사할 따름이지요. 난 그들의 재산과 성性을 모두 빼앗았어요. 여러 학교를 다니다 보면 자연스럽게 훌륭한 학자가 되고, 여러 일을 하다 보면 훌륭한 일꾼이 되는 것과 마찬가지로, 나도 다섯이나 되는 남편들에게 훈련을 받았지요. 여섯 번째 남편이 생긴다 하더라도 나는 기꺼이 받아들일 생각이랍니다. 사실 나는 영원히 수절하면서 살 생각은 없거든요.

여러분, 전지전능하신 하느님께서 명확하게 결혼을 금지한 적이 있는지 말해 보세요. 아니면 꼭 동정童貞이나 처녀를 지켜야 한다고 말씀하신 적이 있나요? 그런 건 중요한 게 아니에요. 여러분도 나처럼 잘 알고 있겠지만, 사도 바울로가 동정이나 처녀에 관해 말씀하셨을 때, 그것에 관해서는 주님께서 지시하신 바가 없다고 하셨어요.● 여자에게 처녀로 남아 있는 것이 좋다고 충고할 수는 있어요.● 하지만 충고는 명령이나 지시가 아니랍니다. 이런 문제는 여러분의 판단에 맡기겠어요.

사도 바울로
바스의 여인은 사도 바울로의 결혼에 대한 충고를 인용한다. 그림은 17세기 〈서신을 쓰는 사도 바울로〉.

동정이나 처녀를 지켜야 한다는 것은 누구에게나 해당하는 것이 아니라 하느님께서 선택한 사람에게만 해당하는 것이에요. 비록 사도 바울로는 모든 남자들이 자기처럼 되길 원했지만, 이것은 결혼을 하지 않고 사는 것이 좋다는 충고에 지나지 않아요. 또한 나에게는 특권을 주셔서 아내가 되어도 좋다고 허락하셨어요. 그러니까 남편이 죽고 다른 남자와 결혼하는 것은 나에게 죄가 아닐 뿐만 아니라, 두 남자와 함께 산다고 해도 역시 죄가 아니랍니다.

난 홀몸으로 사는 것이 두 남자와 함께 사는 것보다 낫다는 것은 인정해요. 어떤 사람들은 육체와 영혼을 순수하게 보존하면서 기뻐하지요. 난 내 경우를 자랑하고 싶지는 않아요. 여러분도 알겠지만, 아무리 잘 사는 집이라도 집에서 쓰는 모든 그릇이 금으로 만들어진 것은 아니에요. 그중에는 나무로 만들어졌지만 매우 쓸모 있는 것도 있어요.

하느님께서는 상이한 방식으로 사람들을 부르시고, 모든 사람은 하느님에게 각자만의 선물을 받지요. 하느님의 계획에 따라 어떤 사람은 이런 것을 받고, 다른 사람은 저런 것을 받는 거예요. 혼자 사는 것도 이상적인 것이고, 결혼한 사람이 경건하게 금욕하는 것도 이상적인 것이에요. 하지만 이상의 샘이신 그리스도님은 우리가 가진 것을 모두 팔

●**고린도전서 7장 25절** 미혼 남녀에 관해서는 주님께서 나에게 지시하신 바가 없으므로 내 의견을 말하겠습니다. 나는 주님의 자비를 입은 사람이므로 내 말을 믿어도 좋습니다.

●**고린도전서 7장 8절** 결혼하지 않은 사람들과 과부들에게는 나처럼 그대로 독신으로 지내는 것이 좋겠다고 말하고 싶습니다.

아 가난한 사람에게 나누어 주고, 자기 뒤를 따라야 한다고 말씀하진 않으셨어요. (마태복음 19장 21절 이후) 그리스도님은 완전무결한 삶을 살고 싶어 하는 사람들에게만 말씀하신 거예요. 여러분, 나는 그런 사람 중에 끼지 않아요. 나는 내 인생의 꽃 같은 시기를 결혼 생활에 바치고 싶어요.

말해 보세요. 왜 우리의 생식기관이 만들어졌고, 무엇 때문에 남자의 생식기가 만들어진 것인가요? 그런 게 아무 목적도 없이 만들어졌다고는 생각하지 않으실 거예요. 여러분은 그런 게 소변을 보기 위한 것이며, 남녀를 구별하기 위한 것일 뿐 다른 목적은 없다고 설명할지 모르겠어요. 하지만 나는 경험으로 절대로 그런 것이 아님을 배웠답니다.

그것들은 두 가지 목적을 갖고 있어요. 하나는 생리적 기능이지요. 또 다른 것은 생식의 기쁨이지만, 이것이 하느님을 욕되게 하지는 않는 선에서예요. 성경에 남편은 아내에게 남편으로서 할 일을 다해야 한다고 쓰여 있는데, 이게 다른 이유가 있겠어요? 바로 여기에서 우리는 살아 있는 모든 것들이 지닌 이런 기관은 소변도 보고 번식도 하라고 만들어졌다는 사실을 유추해 볼 수 있지요.

그러나 나는 지금 말한 도구를 단지 생식 행위를 위해서만 써야 한다고 주장하는 것은 아니에요. 그런 경우에는 아무도 정조니 순결 따위에 관심을 갖지 않을 테니까요. 나는 하느님이 불러 주실 때까지 이렇게 살 거예요. 난 하느님께 애교를 떠는 여자가 아니거든요. 하느님께서 자비를 베풀어 마련해 주신 이런 도구●를 아내의 자격으로 사용할 거예요. 만일 내가 그것을 사용하는 데 조금이라도 주저한다면 하느님께 벌을 받아도 좋아요.

우리 남편이 그것을 바라고 아내인 내게 진 빚을 갚고자 한다면, 나는 밤이나 낮이나 나의 '그것'을 갖게 해 줄 거예요. 남편의 이런 행동을 막을 생각은 조금도 없답니다. 난 채무자이자 나의 노예가 될 수 있는 남편을 원해요. 또 내가 그의 아내인 한 그는 '육체의 고통'을 받아

● 바스의 여인은 '생식기', '도구', '그것'과 같은 여러 단어를 사용해 성기를 지칭한다.

야 해요. 내가 살아 있는 한 그의 육체에 대한 권리는 그가 아니라 내가 가진 것이거든요. 이것이 바로 바울로 사도께서 내게 가르쳐 준 것이에요. 그러면서 남편들에게 우리 여자를 사랑해야 한다고 말씀하셨지요. 나는 그분의 생각에 전적으로 동감이에요."

프톨레마이오스
그리스의 천문학자, 지리학자이자 수학자(85?~165?). 《알마게스트》는 2세기 중엽 프톨레마이오스가 그리스 천문학을 집대성한 책이다.

이 말을 들은 면죄사가 일어나 말했다.

"부인, 하느님과 성 요한을 두고 맹세하는데, 이 주제에 관한 훌륭한 설교였습니다. 아, 나도 한 여자와 결혼할 뻔했답니다. 그때 내 자신에게 이렇게 물었습니다. '왜 내 육체가 그런 대가를 치러야 하는 것일까?' 그런 대가를 치러야 한다면 어떤 여자와도 결혼하지 않는 게 바람직하다는 생각이 들었습니다."

그러자 바스의 여인이 대답했다.

"잠시만 기다리세요. 내 이야기는 아직 시작도 하지 않았거든요. 서론을 끝내기도 전에 다른 술통의 술을 마셔 버리면, 지금 마시는 술이 얼마나 맛있는지 음미하지 못할 거예요. 지금은 결혼의 여러 고통을 이야기하고 있어요. 난 항상 이런 문제에 관심이 있었고, 내가 채찍이 되는 법을 배워 왔거든요. 그러니 내가 마개를 뽑아 드리는 이 술을 마실 것인지, 안 마실 것인지는 당신들 마음대로 결정하세요. 하지만 이 술에 너무 가까이 오지 않도록 조심하세요. 어떻게 조심해야 하는지 열 가지도 넘는 이야기를 들려주겠어요. '다른 사람의 경고를 듣지 않는 사람은 결국 다른 사람에게 경고를 하는 사람이 되고 만다.'는 말이 있어요. 이 말은 바로 프톨레마이오스의 《알마게스트》에 수록되어 있지요."

면죄사가 말했다.

"부인, 시작했던 이야기를 계속해 주시면 좋겠습니다. 부인의 풍부한 경험을 바탕으로 우리 젊은이들에게 그 방법을 가르쳐 주십시오."

"좋아요. 내 이야기를 듣고 싶어하는 것 같으니 기꺼이 들려 드리지요. 하지만 내가 생각나는 대로 마구 이야기하더라도 기분 나쁘게 듣지 말아 주세요. 이것은 어디까지나 여러분의 흥을 돋우기 위해서니까요. 그러면 이야기하겠어요."

바스의 여인의 이야기

아서 왕은 아직도 브리튼 사람들의 기억 속에 생생히 살아 있지요. 그 아서 왕이 다스리던 옛날이었어요.

그 왕국은 요정 부대로 가득 차 있었어요. 요정의 여왕과 발랄하기 그지없는 신하들은 종종 푸른 들판에 나가서 춤을 추었어요. 내가 읽은 바에 의하면 옛날 사람들은 이렇게 믿고 있었어요. 그러니까 수백 년 전에 말이에요. 하지만 지금은 요정을 찾아볼 수가 없어요. 탁발수사와 그 밖의 성인들이 기도를 하면서 한껏 자비를 베풀기 때문이지요.

그건 그렇고, 아서 왕의 궁전에는 한량기 넘치는 젊은 기사가 있었는데, 어느 날 강가에서 매사냥을 끝내고 말을 타고 집으로 돌아가다가 혼자 걸어가던 처녀를 만났어요. 그녀는 있는 힘을 다해 반항했지만, 기사는 힘으로 그녀를 쓰러뜨린 후 겁탈해 버렸어요.

그런데 이 겁탈 사건은 큰 물의를 일으키게 되었답니다. 아서 왕에게 정의로운 심판을 내려 달라는 요청이 쇄도했고, 마침내는 법에 따라 이 문제의 기사는 사형을 언도받았어요. 왕비와 다른 귀부인들이 왕에게 자비를 베풀어 달라고 간곡하게 애원하지 않았더라면 기사는 목숨을 잃고 말았을 겁니다. 왕은 기사의 목숨을 살려 주면서, 왕비에게 죽이든 살리든 마음대로 하라고 했어요.

왕비는 왕에게 진심으로 감사를 드리고, 이틀 후에 기사를 불러 이렇게 말했지요.

"너는 아직 불안한 상황에 있다. 네 목숨이 아직 안전한 것이 아니란 말이다. 하지만 여자들이 가장 원하는 게 무엇인지 내게 말해 주면, 목숨만은 살려 주겠다. 지금 당장 대답을 할 수 없다면 일 년하고 하루 동안의 시간을 줄 테니, 이 문제에 대해 만족할 만한 해답을 찾아 오너라. 그리고 떠나기 전에 자발적으로 이 자리에 돌아오겠다는 맹세를 하여라."

기사는 자기의 가련한 처지가 너무 서글퍼 한숨을 내쉬며 괴로운 표정을 지었어요. 하지만 선택의 여지가 없었답니다. 마침내 그는 하느님이 내려 주실 해답을 갖고 일 년 뒤에 다시 오겠다고 맹세한 뒤 작별을 고하고 떠났어요.

그는 여자들이 가장 원하는 것이 무엇인지 알아볼 수 있는 곳이라면 다 찾아다녔어요. 하지만 그 어떤 곳에서도 이 문제에 대해 같은 생각을 가진 사람들을 발견할 수 없지요.

어떤 사람은 여자들이 가장 원하는 것은 부富라고 했고, 어떤 사람은 명예라고 했어요. 흥겹게 노는 것이라고 말한 사람도 있었고, 화려한 옷이라고 대답한 사람도 있었으며, 침대에서의 쾌락과 남편을 여의고 여러 번 시집가는 것이라고 말한 사람도 있었어요. 그리고 여자들은 달콤한 말로 비위를 맞춰 주는 것을 가장 좋아한다고 말한 사람도 있었어요.

솔직히 인정하자면, 이 말은 진실에 가까워요. 남자가 여자를 정복할 수 있는 최고의 방법이 바로 추어올리는 것이거든요. 여자에게 꾸준히 관심을 갖고 달콤한 말로 유혹해 보세요. 결국 여자들은 그 덫에 빠지게 되지요.

하지만 어떤 사람은 우리 여자들이란 아무것에도 구애받지 않으면서 자유롭게 살고, 아무도 결점을 들추지 않은 채 우리가 똑똑하며 전혀 바보스럽지 않다고 말해 주는 것을 좋아한다고 말했어요. 사실 여자들이란 누군가가 자기의 아픈 곳을 찌르면 가만히 있지 않거든요. 한번 시험해 보시면 여러분도 금방 알게 될 겁니다. 사실 아무리 흉악한 여자라 할지라도, 다른 사람들이 자기를 항상 덕스럽고 현명하며 깨끗한 여자라고 생각해 주길 원하거든요.

그렇지만 어떤 사람들은 여자들이란 신중하고 착실하여 무슨 일이든 꿋꿋이 해낼 수 있으며, 남자들이 말해 준 비밀을 절대로 발설하지 않는다는 말을 들을 때 가장 기뻐한다고 말했어요. 그러나 내가 보기에 이런 생각은 전혀 고려할 가치가 없는 것 같아요. 우리 여자들은 어떤 일도 비밀로 간직할 수 없는 존재거든요.

우리 여자들은 잠시 입을 다물 수는 있지만, 언젠가는 비밀을 털어놓고 말지요. 그에 대한 이야기를 알고 싶으시면 오비디우스의 책을 읽어 보세요. 거기에 모두 적혀 있으니까요.

그럼 아까 하던 기사 이야기로 돌아가겠어요. 여자가 가장 갖고 싶어하는 것이 무엇인지 알아낼 수 없다는 사실을 깨달은 기사의 마음은 한없이 무거워졌어요. 더 기대할 것이 없자 그는 발길을 옮겼어요. 고향으로 돌아가야 할 날이 머지않았던 것이지요.

슬픔에 가득 찬 기사가 말을 타고 숲 속을 지나던 때였어요. 스물네댓 명의 여자들이 원을 그리며 춤추는 모습이 눈에 들어왔어요. 그는 미련을 버리지 못하고 여자들에게 다가가서 자기가 찾는 답을 구하려고 했지요. 그러나 기사가 그곳에 도착하기도 전에 여자들은 어디론가 사라지고 말았답니다. 여자들이 춤추던 곳에는 웬 할머니가 앉아 있을 뿐이었어요. 그 노파는 여러분의 상상을 초월할 정도로 추한 모습이었어요. 그 노인이 바닥에서 일어나 기사에게 다가가더니 이렇게 말했어요.

"기사님, 여기서부터는 길이 없어요. 찾고 있는 게 뭔지 말해 보세요. 그게 가장 나은 방법일지도 몰라요. 우리 늙은이들은 많은 것을 알고 있으니 말이에요."

그러자 기사가 대답했어요.

"할머니, 고맙습니다. 사실대로 말하자면, 저는 여자가 가장 원하는 것이 무엇인지 알아내지 못하면 목숨을 잃게 됩니다. 그걸 알려 주시면 후사하겠습니다."

"그럼 이 손을 잡고, 내가 요구하는 것이 당신이 할 수 있는 일이라면 반드시 들어주겠다고 맹세하세요. 그러면 밤이 되기 전에 그 답이 무엇인지 말해 주지요."

이 말을 듣자 기사가 말했어요.

"좋습니다. 제 명예를 걸고 약속하겠습니다."

"확신하건대 당신은 목숨을 구할 수 있을 거예요. 왕비님께서도 나와 똑같이 말할 거예요. 두건을 썼건, 수건을 둘렀건 아무리 거만한 귀부인이라도 감히 내가 가르쳐 주는 답이 틀렸다고 부정하지는 못할 거예요. 이제 그만 이야기하고 길을 떠나세요."

노파는 기사에게 귀엣말로 비밀을 말해 주고서, 걱정하지 말고 기운을 내라고 말했어요.

노파와 함께 궁정에 도착한 기사는, 약속한 대로 문제에 대한 해답을 가져왔다고 알렸어요. 똑똑하기로 이름난 수많은 부인과 처녀들을 비롯하여 과부들까지 해답을 듣기 위해 한자리에 모였습니다. 왕비는 재판관석에 앉으면서 기사를 불러오라고 지시했어요.

궁정 안의 모든 여자들은 숨을 죽였어요. 기사는 숨을 죽인 청중에게 이 세상에서 여자들이 가장 갖고 싶어하는 것이 무엇인지 설명하기 시작했습니다. 그것도 죽어 가는 사람처럼 작은 목소리가 아니라, 모든 사람들이 들을 수 있도록 낭랑한 목소리로 말이지요.

노파를 만나다
여자들이 원하는 것을 찾아 나선 기사는 숲에서 노파를 만난다. 에드워드 번 존스 그림.

"왕비마마와 귀부인 여러분. 여자들이 너나없이 원하는 것은, 남편 뿐만 아니라 정부情夫들과의 잠자리에서 주도권을 쥐고 그들 위에 군림하는 것입니다. 이것이 여자들의 가장 큰 소망입니다. 제가 목숨을 잃는다 하더라도 이것은 틀림없는 사실입니다. 이제 왕비마마께서 원하시는 대로 하소서. 제 목숨은 마마의 손에 달려 있습니다."

그 자리에 모인 부인, 처녀, 과부들 누구도 이 말에 이의를 제기하지 않았어요. 그녀들은 모두 기사를 살려 주라고 말했어요. 바로 그 순간 기사가 숲에서 만난 노파가 갑자기 일어나더니 큰 소리로 말했어요.

"고맙습니다, 왕비마마. 하지만 이 재판이 끝나기 전에 제 말씀도 들어 주십시오. 기사에게 그 해답을 준 사람은 바로 저입니다. 그리고 그 대가로 저는 다음과 같은 것을 요구했습니다. 제가 그에게 요구하는 것이, 만일 그가 할 수 있는 일이라면 반드시 들어주겠다는 것이었습니다. 따라서 여기 모이신 여러분 앞에서 기사님에게 부탁하겠습니다. 나를 아내로 맞아 주세요. 여러분도 알다시피, 저는 기사의 목숨을 구해 주었습니다. 내 말이 거짓말이라면 당신의 명예를 걸고 거짓이라고 말해 보세요."

그러자 기사가 대답했어요.

"나는 틀림없이 그런 약속을 했습니다. 하지만 제발 다른 것을 부탁해 주세요. 내 재산을 모두 달라고 해도 좋으니, 제발 내 몸만은 자유롭게 놓아 주세요."

하지만 노파는 이렇게 말했어요.

"절대로 안 돼요. 나는 늙고 추하며 돈도 없는 여자예요. 하지만 세상에 있는 금이나 보석을 모두 준다고 해도 내가 원하는 것은 단지 당신의 아내이자 애인이 되는 것뿐이에요."

기사는 소리쳤습니다.

"애인이라고요! 당신은 지금 나를 파멸시키려고 하고 있어요. 우리

법정에 선 기사와 노파
기사에게 답을 알려 준 대가로 노파는 기사에게 결혼을 요구한다. 워윅 고블 그림.

가족 중에서 당신처럼 천한 여자와 결혼한 사람은 눈을 씻고 찾아봐도 없단 말이에요."

하지만 아무 소용이 없었어요. 기사는 노파와 결혼을 해야만 했고, 결국 침실에도 함께 들게 되었지요.

기사는 다음 날 아침 아무도 모르게 결혼식을 치렀어요. 하지만 아내와 잠자리에 들어서도 오직 슬픈 마음뿐이었어요. 잠을 이루지 못하고 수없이 이리저리 몸을 뒤쳤지요. 하지만 아내는 미소 띤 얼굴로 그를 바라보며 이렇게 말했어요.

"여보, 우리의 결혼을 축복해 주세요! 기사들 모두가 아내를 이런 식으로 대하나요? 아서 왕의 궁정에서는 이렇게 하는 게 관례인가요? 난 당신의 아내고, 당신을 사랑해요. 당신의 목숨도 구해 주었고요. 지금까지 난 당신에게 잘못한 일이 하나도 없어요. 그런데 왜 당신은 첫날밤부터 나를 이렇게 대하나요? 마치 정신 나간 사람처럼 행동하잖아요. 내가 잘못한 게 뭐죠? 말 좀 해 주세요. 그럼 최선을 다해 고치겠어요."

그러자 기사가 말했어요.

"고친다고? 맙소사! 이건 도저히 고칠 수 없는 것이오. 당신은 눈 뜨고 볼 수 없는 추물이며, 늙었고, 출신도 천하단 말이오. 그러니 내가 이렇게 뒤치는 것이 당연한 일 아니겠소. 내 가슴은 지금 터져 버릴 것만 같단 말이오!"

그녀가 물었어요.

"그래서 이토록 슬퍼하는 건가요?"

"물론이오! 당연한 일 아니오."

"그렇다면 좋아요. 사흘만 말미를 준다면 그동안에 고치겠어요. 대신 당신은 나에게 잘 대해 주어야 해요. 당신이 말하는 좋은 가문이란 돈 많은 집안을 말하는 거죠? 그래서 당신은 아내가 좋은 가문 출신이어야 한다고 생각하는 거예요. 그러나 이런 거만한 생각은 어리석기 짝이 없는 것이죠. 공석이든 사석이든 상관없이 항상 높은 덕성을 지니고, 좋은 일을 하기 위해 애쓰는 사람이야말로 귀족 중에서도 가장 훌륭한 사람이에요.

그리스도님은 우리의 가치를 조상으로부터 물려받은 부모님의 재산으로 판단하는 것이 아니라, 고귀한 성격을 기준으로 판단하길 원하세요. 돈 많은 선조들은 많은 재산을 물려주고, 그걸 물려받은 사람들은 그 재산으로 귀족 행세를 하려고 들지요. 하지만 조상에게 물려받은 덕행이 하나도 없고 세인들의 본보기가 될 만한 것도 없다면, 그런 사람을 귀족이라고 부를 수는 없어요.

우리가 조상에게 물려받을 만한 것은 하나도 없어요. 조상들이 물려주는 것은 모두 순간적인 것이어서 결국은 우리에게 해를 끼칠 뿐이에요. 이것은 나뿐만 아니라 세상 사람 모두가 아는 사실이지요. 만일 어떤 가문이든지 본래부터 숭고했고 대대로 이런 혈통을 이어 내려왔다면, 그들은 공적으로나 사적으로나 항상 고귀한 행동을 할 것이고, 상스럽고 사악한 행동은 하지 않을 거예요.

이 세상에는 단지 귀족의 집안에서 태어나고 선조들이 고귀하고 덕이 높았다는 이유로 존경받기를 원하는 사람이 많아요. 그러나 공작이건 백작이건 행동이 고귀하지 못하거나 돌아가신 훌륭한 선조들을 본받으려고 하지 않는다면 귀족이라고 말할 수 없어요. 상스럽고 사악한 행동을 하면 출신이 어떻든 간에 상놈이 되는 거지요.

귀족이란 말은 자비를 베푼 선조들의 명성일 뿐, 자신과는 아무런 관계도 없는 거예요. 귀족적인 성품은 하느님의 은총을 통해 오는 것이에요. 다시 말해 우리의 진정한 귀족적 성품은 하느님의 은총을 통해 오는 것이지, 선조들에게 물려받은 사회적 지위가 주는 것이 아니에요.

그리고 당신이 그토록 못마땅하게 생각하는 가난에 관해 한 마디 하겠어요. 우리가 믿고 우러러 섬기는 하늘에 계신 하느님께서는 자진해서 가난한 삶을 택하셨어요. 천국의 왕이신 그리스도님께서 결코 사악한 생활을 선택하지 않으셨다는 것은 남녀노소를 막론하고 모두가 아는 사실이에요.

세네카*와 다른 학자들이 말한 대로 가난이란 고귀한 것이에요. 가난한 삶에 만족하는 사람은 헐벗고 다닐지라도 부자랍니다. 하지만 남의 것을 탐내는 사람은 가난하지요. 자기가 가질 수 없는 것을 가지려고 하기 때문이에요. 그러나 아무것도 가진 것이 없으면서 그 무엇도 탐내지 않는 사람은 남들이 시골 농부와 똑같이 취급하더라도 부자랍니다.

가난한 사람은 대부분 하느님과 자기 자신에 관해 잘 알고 있답니

●세네카 금욕과 극기를 통하여 자연에 순종하는 생활을 이상으로 삼은 스토아 학파 철학자(BC 4?~AD 65).

다. 가난이란 요술 거울과도 같아요. 진정한 친구가 누구인지 골라낼 수 있는 그런 거울말이에요. 내가 가난한 것이 당신을 슬프게 만들지는 않아요. 그러니 이제 내가 가난하다고 나를 책망하지 말아요.

그리고 여보, 내가 늙었다고 면박을 주었죠? 사실 훌륭한 책들 속에 늙음에 관해 쓰여 있는 건 아니지만, 당신과 같은 점잖은 기사들은 노인을 존경해야 한다고 말하며, 노인을 부를 때는 점잖게 '선생님'이라고 부르지요. 아마 잘 찾아보면 유명한 사람이 이 점에 관해 말하는 대목이 있을 거라고 생각해요.

그리고 당신은 나에게 늙고 못생겼다고 말했죠. 하지만 내게는 샛서방이 생길 염려가 없어요. 못생긴데다 나이까지 많으니 놀아나려야 놀아날 수가 없어요. 그러니 별수 없이 정조를 지켜야 해요. 그렇지만 난 당신이 좋아하는 것이 무엇이며, 당신의 어리석은 욕망을 채워 줄 수 있는 것이 무엇인지 잘 알아요.

그러니 이제 둘 중 하나를 택하세요. 늙고 못생겼지만 정숙하고 순박한 나를 평생 데리고 살 것인지, 아니면 젊고 아름다운 나를 택해 당신 집 안이나 다른 곳에 남자들이 드나들며 법석을 떠는 꼴을 보면서 살 것인지 선택하세요. 어떤 것을 선택하든지 그건 당신 자유예요."

기사는 한참 동안 심사숙고했어요. 그러고는 연달아 한숨을 내쉬더니 마침내 이렇게 말했어요.

"여보, 사랑하는 여보. 난 당신이 풍부한 경험을 바탕으로 현명한 선택을 하리라 믿소. 우리 두 사람을 위해 어느 쪽이 더 좋고 영예로운 것인지, 당신이 선택하도록 하시오. 당신이 어떤 선택을 해도 난 괜찮소. 당신이 좋아하는 것이라면 나는 그것으로 만족하니까 말이오."

그녀가 말했어요.

"내가 원하는 대로 선택하고 다스릴 수 있으니, 난 당신을 지배할 권리를 얻은 거예요. 그렇죠?"

이 말을 듣자 기사가 대답했어요.

"물론이오. 그게 가장 좋은 방법인 것 같소."

그녀가 다시 말을 했어요.

"그럼 내게 키스해 줘요. 이제 더는 싸우지 말아요. 내 명예를 걸고 맹세하는데, 난 아름답고 착한 아내가 되겠어요. 하느님, 이 세상이 생긴 이래 남편에게 가장 충실하고 착한 아내가 되지 못한다면 나를 미쳐 죽게 하소서! 그리고 내일 아침 내가 동서양을 통틀어 가장 아름다운 여자가 되지 못한다면 나를 살리든지 죽이든지 당신 마음대로 하세요. 이제 커튼을 걷고 내 얼굴을 보세요."

기사는 아내를 바라보았습니다. 그런데 이게 웬일입니까. 아내가 정말 젊고 매혹적인 모습으로 변해 있었어요. 그녀의 말이 현실로 이루어진 것이지요. 기사는 기쁨을 주체할 길이 없어서 그녀를 두 팔로 꼭 껴안았어요. 그는 더없이 행복해서 그녀에게 수천 번이나 키스를 했습니다. 그리고 아내는 그를 기쁘게 해 주거나 즐거움을 주는 일이라면 모두 따랐답니다.

이렇게 그들은 평생을 기쁘고 행복하게 살았어요. 그리스도님, 우리 여자들에게 말 잘 듣고 젊음이 넘치며, 잠자리에서는 우리를 만족시켜 줄 수 있는 남편을 보내 주소서! 그리고 우리가 남편들보다 더 오래 살아서 다시 시집갈 수 있게 해 주소서! 또한 청컨대, 아내의 지배를 받지 않으려는 남자들을 일찍 죽게 해 주시고, 늙고 성질 나쁘고 추한 구두쇠 늙은이들에게는 죽을병을 내려 주소서!

바스의 여인의 이야기는 여기에서 끝난다.

탁발수사의 이야기

소환리는 없는 사람 등이나 쳐먹지

탁발수사
엘즈미어 필사본에 나타난 탁발수사.

탁발수사의 서문

돈을 거두어들이는 데 명수인 탁발수사는 계속해서 소환리를 못마땅한 눈초리로 바라보았다. 체면상 그는 지금까지 상소리를 하지 않았지만, 마침내 바스의 여인에게 한 마디 하고야 말았다.

"부인, 하느님께서 축복을 베풀기 바랍니다. 당신은 학교에서 다루기 힘든 주제를 다루셨습니다. 솔직히 말하자면 당신의 말은 여러 면에서 일리가 있습니다. 그렇지만 우리가 말을 타고 순례하는 동안은 가벼운 이야기가 더 어울릴 거라고 생각합니다.

나는 여기에 계신 여러분을 즐겁게 해 주기 위해 소환리에 관한 멋진 이야기를 하나 들려 드리겠습니다. 소환리라는 말만 들어도, 여러분은 이 이야기가 결코 그들에 관해 좋은 내용이 아니라는 것을 짐작하실 것입니다."

그러자 사회자인 여관 주인이 나서서 말했다.

"이봐요, 당신과 같은 지위의 사람이라면 보다 예의바르고 점잖게 말씀하셔야지요. 같은 일행끼리 싸움을 해서야 되겠습니까. 그럼 당신 이야기를 시작하시고, 소환리는 가만히 놔두시지요."

이 말이 끝나자 소환리가 한 마디 했다.

"상관없습니다. 하고 싶은 이야기가 있으면 모두 다 하십시오. 내 차례가 되면 고스란히 복수할 테니까요. 난 감언이설로 사람들을 속이면서 돈을 긁어모으는 탁발수사가 얼마나 명예로운 존재인지 낱낱이 들춰낼 것입니다. 사회자 양반, 그러니 너무 겁내지 마십시오."

그러자 사회자는 탁발수사를 바라보며 이렇게 말했다.

"친애하는 수사님, 어서 이야기를 시작하시죠."

탁발수사의 이야기

오래전에 부주교가 살고 있었습니다. 그는 지위가 높은 사람이었는데, 마법과 간통과 명예 훼손, 교회 기부금 횡령, 유언 불이행과 계약 위반, 성사聖事* 의무의 소홀, 성직 매매와 고리대금 등을 비롯한 온갖 종류의 죄를 지은 사람들을 엄하게 처벌하는 사람이었습니다.

그는 특히 기둥서방들을 엄하게 다루었습니다. 이 사람에게 걸린 매춘업자들의 입에서는 하나같이 비명 소리가 튀어나왔으며, 십일조를 제대로 내지 않아 고발당한 사람들은 그에게 심한 말을 듣고 벌금을 물어야만 했습니다. 또 십일조와 봉헌 액수가 너무 적을 때면 사람들에게 큰 소리로 성가를 부르게 했습니다. 주교가 돈을 긁어 들이기 전

● 가톨릭에서 이르는 일곱 개의 성스러운 행사로 세례, 견진, 고백, 성체, 병자, 신품, 혼인 성사가 있다.

에, 그 사람들 명단은 이미 부주교의 수첩에 올라 있었습니다.

 부주교는 자기 관할권에 있는 신도들을 방문하여 벌을 줄 수 있는 권한이 있었습니다. 그에게는 자기의 손발과도 같은 소환리가 한 명 있었는데 잉글랜드를 다 뒤져도 이 사람보다 교활한 사람은 없을 것입니다. 그는 많은 끄나풀이 있었고, 이들은 그에게 득이 될 만한 여러 정보를 제공했습니다.

 이 소환리는 기둥서방 한두 명을 용서해 주는 대가로, 그들이 다른 기둥서방 스무 명을 밀고하게 만드는 인물이었습니다. 이 소환리는 미친개보다 더 난폭했습니다. 야바위꾼이자 도둑놈과 다름없는 이 소환리는 창녀들을 자기 마음대로 부렸고, 창부들은 자기들이 캔 비밀을 소환리에게 모두 일러바쳤습니다. 이런 그들의 관계는 사실 새삼스러울 것도 없는 것이죠. 창녀들은 그의 사설 스파이였으며, 그들을 통해 소환리는 큰 이익을 챙겼습니다.

 상관인 부주교는 소환리가 얼마나 돈을 버는지 전혀 알지 못했습니다. 소환리는 부주교의 허락도 없이 글도 읽을 줄 모르는 시골뜨기들을 파문에 처하겠다고 윽박지르기 일쑤였고, 그러면 이 시골뜨기들은 급히 그의 돈지갑에 돈을 두둑이 넣어 주거나, 아니면 그를 술집에 초대해서 거하게 대접했습니다.

 그는 창녀들을 고용하고 있었습니다. 창녀들은 누구든지 함께 잠을 자면 즉시 소환리에게 달려가 알려 주었습니다. 그는 창녀들의 협력자였습니다. 그래서 엉터리 소환장을 만들어 창녀와 놈팡이를 재판소로 부르고는, 놈팡이에게는 돈을 빼앗고, 창녀는 몰래 풀어 주었습니다.

 이 소환리는 내가 2년을 쉬지 않고 말해도 모자랄 정도로 수많은 사기를 쳤습니다. 걸려든 사냥감이 상처 입은 사슴인지 아닌지, 이 소환리보다 더 잘 분간할 수 있는 사냥개는 없었습니다. 한 마디로 말하자면, 기둥서방이나 간통을 범한 사람 혹은 방탕한 여자들의 냄새를 맡는 데는 그를 따라올 사람이 없었습니다. 그는 수입의 대부분을 이 일로 얻었으므로, 밤낮으로 이런 일에만 전념했습니다.

어느 날 평소와 마찬가지로 먹잇감이 없을까 궁리하던 소환리는 말을 타고 한 늙은 과부를 소환하러 갔습니다. 아무 꼬투리나 잡아서 그 과부에게서 돈을 뜯어낼 생각이었지요. 그런데 숲 근처를 지나다가 말을 타고 가던 부자 차림새의 종자從者를 만나게 되었습니다. 그는 화려하게 차려입고 푸른색의 짧은 망토를 두르고 있었습니다. 그리고 손에는 번쩍거리는 날카로운 화살과 활을 들고, 머리에는 검은 술이 달린 모자를 쓰고 있었습니다.

소환리가 말했습니다.

"안녕하시오! 멋지게 차려입으셨군요."

그러자 상대방이 대답했습니다.

"안녕하시오! 당신처럼 정직한 사람을 만나게 되어 반갑소. 그런데 어디로 가는 중이기에 이 숲을 지나는 것이오? 먼 길을 가는 모양이지요?"

소환리가 대답했습니다.

"아니오. 우리 주인님의 소작료를 받으러 가는 길이라오."

"그럼 당신은 청지기요?"

"그렇소."

소환리가 이렇게 말했습니다. 사실 소환리들의 평판이 워낙 나빠서 감히 자기가 소환리라고 말하기가 쑥스럽고 창피했던 것입니다.

그러자 부자 차림새의 종자가 말했습니다.

"어이구 반갑소! 나 역시 청지기요. 이렇게 만나게 되어 반갑소. 난 이 고장은 처음이라, 당신과 친하게 지냈으면 좋겠소. 난 금과 은이 많이 있소. 당신이 우리 마을을 방문하거든 당신이 원하는 대로 금과 은을 주리다."

이 말을 들은 소환리는 너무나 기쁜 나머지 고맙다고 말했습니다. 두 사람은 악수를 하고 평생 의형제를 맺기로 약속했습니다. 그런 다음 기분 좋게 잡담을 하면서 말을 몰았습니다.

소환리는 아무렇지도 않은 듯이 잡담을 했지만, 속마음은 때까치처럼 흉악하기 그지없었습니다. 그는 이렇게 물었습니다.

"어디 사시오? 내가 노형을 찾아가려면 사는 곳을 알아야 하지 않겠소."

그러자 그 청지기는 부드러운 말씨로 말했습니다.

"여기서 멀리 떨어진 북쪽에 있는 마을에 살고 있소.● 헤어지기 전에 우리 집을 찾는 데 전혀 문제가 없도록 자세히 설명해 주겠소."

"그건 그렇고, 노형도 나처럼 청지기니, 말을 타고 가는 동안 노형만이 갖고 있는 비결을 얘기해 줄 수 있겠소? 양심의 가책 같은 것은 신경 쓰지 말고, 노형이 실제로 어떻게 하는지 듣고 싶소."

그러자 청지기가 이렇게 말했습니다.

"좋소. 사실대로 이야기해 주리다. 솔직히 말하자면, 내 월급은 몇 푼 되지 않아서 그것만으로는 입에 풀칠하기도 어렵소. 우리 주인은 구두쇠에다가 성격도 까다롭소. 반면에 내가 하는 일은 여간 힘든 것이 아니니 나로서는 재주껏 속여서 뜯어먹고 사는 수밖에 없지요. 난 사람들이 주는 것은 마다하지 않고 모두 받아먹소. 그게 전부요."

그러자 소환리가 대답했습니다.

"정말 나와 똑같군요. 나도 사람들이 주는 것은 모두 받아먹소. 너무 무겁거나 뜨겁지만 않다면 말이오. 나는 개인적으로 이면裏面 계약을 맺으면서 수입을 얻소. 물론 양심의 가책은 전혀 느끼지 않소. 이렇게 하지 않으면 나도 먹고살 수 있는 형편이 못 되니까 말이오. 난 양심이나 동정심 따위는 없는 사람이오. 고해신부●들은 모두 지옥에나 빠져 버렸으면 좋겠소. 이렇게 만난 것도 행운인데 이제 통성명이라도 합시다."

● 지옥은 북쪽에 있다고 여겨진다.

● 고해신부 고백 성사 때에 하느님을 대신하여 신자들이 고백하는 죄를 듣고 그 죄를 용서해 주는 신부.

소환리가 이렇게 말하자, 청지기는 얼굴에 미소를 띠면서 말했습니다.

"정말로 내 이름을 알고 싶소? 나는 악마요. 내가 사는 곳은 지옥이지만, 지금 이렇게 말을 타고 돌아다니는 것은 사람들에게 얼마나 뜯어 갈 수 있는지 알아보기 위해서요. 이렇게 긁어 가는 것이 내 수입의 전부요. 내가 보기에 당신도 나와 같은 목적으로 돌아다니는 것 같소. 수단 방법을 가리지 않고 이득을 챙기려고 한다는 말이오. 난 먹잇감이 걸릴 때까지 지구 끝까지라도 돌아다닐 참이오."

소환리는 깜짝 놀라서 말했습니다.

"맙소사! 지금 무슨 소리를 하는 거요? 난 노형이 정말 청지기인 줄 알았소. 나와 똑같이 생겼으니 알아볼 수가 있나? 그런데 당신의 고향인 지옥에 있을 때에는 특별한 모습을 하고 있소?"

"아니오, 그렇지는 않소. 하지만 우리가 원하는 모습을 취할 수는 있지. 때에 따라서는 사람처럼 보일 수도 있고, 원숭이 모양을 할 수도 있고, 심지어는 천사의 모습으로 이 세상을 돌아다닐 수도 있소. 이 정도는 전혀 놀라운 일이 아니오. 당신 같은 사람은 하찮은 요술쟁이에게도 넘어가니까 말이오. 하지만 나는 요술쟁이들보다도 더 많은 속임수를 알고 있소."

그러자 소환리가 물었습니다.

"그런데 왜 한 가지 모습을 하지 않고 여러 가지로 바꿔 가면서 돌아다니는 것이오?"

악마가 대답했습니다.

"그야 먹잇감을 사냥하는 데 가장 적당한 모습을 취해야 하니까 그런 것 아니겠소."

"그런데 뭐 때문에 그토록 먹잇감을 찾으려고 하는 것이오?"

악마가 다시 말했습니다.

악마
소환리는 청지기로 분한 악마를 만난다. 구스타프 도레의 판화.

"여러 가지 이유가 있소. 그러나 모든 것에는 때가 있는 법이오. 해는 짧은데 벌써 아홉 시가 지났고, 나는 아직까지 먹잇감을 하나도 건지지 못했소. 어떤 재주가 있는지 말하기보다는 내가 해야 할 일에 전념하고 싶소. 어쨌거나 당신의 머리로는 이런 것을 모두 설명해 준다 하더라도 제대로 이해하지 못할 테니까. 그렇지만 왜 내가 이렇게 기를 쓰며 돌아다니느냐고 물었으니, 그 이유만은 말해 주겠소.

우리는 가끔 하느님의 도구가 된다오. 하느님이 원하시면 여러 가지 방법과 형태로 그분의 명령을 실행하는 중개자가 되는 것이오. 하느님이 계시지 않거나 우리를 뒷받침해 주시지 않는다면, 우린 힘없는 존재가 되고 마는 것이오. 우리가 간청하면, 하느님은 가끔씩 영혼은 해치지 않은 채 육체에만 고통을 주도록 허락하시는 수도 있소. 그리고 어떤 때에는 육체와 영혼을 모두 괴롭힐 수도 있소. 또 어떤 인간에 대해서는 영혼만 고통스럽게 만들고 육체는 그대로 두라는 허락이 떨어지는 수도 있소. 이는 모두 인간들에게 최고의 것을 주기 위함이오. 만일 인간이 우리 악마의 유혹을 이겨 내면 구원을 받을 수 있소. 물론 우리의 목적은 그를 사로잡기 위한 것이지, 구원을 받게 하는 것은 아니지만 말이오."

소환리가 다시 물었습니다.

"그럼 사실대로 말해 주시오. 당신들은 항상 자연의 원소들을 가지고 새로운 육체를 만드시오?"

그러자 악마가 대답했습니다.

"아니오, 종종 그렇게 하는 척할 뿐이오. 어떤 때는 죽은 시체의 육체를 취해서 부드럽고 유창하게 말을 하기도 하오. 그런데 농담이 아니라, 정말로 당신에게 한 가지만 경고하겠소. 내가 우리의 모습에 관해 말했지만, 당신은 우리의 진정한 모습이 무엇인지 확인하려고 할 것이오. 앞으로 당신은 나한테 그런 것을 배울 필요가 없는 곳에 가게 될 것이오. 당신은 경험을 통해서 이 문제에 관해 신학 교수처럼 강연을 할 수 있게 될 것이오. 아마 베르길리우스나 단테보다도 훨씬 잘 설명하게 될 것이오."

그러자 소환리가 소리쳤습니다.

"그런 일은 없을 것이오. 나는 세상 사람이 모두 아는 청지기요. 즉 나는 한 번 말하면 반드시 지키는 사람이란 말이오. 당신이 사람의 모습을 한 사탄이라 할지라도, 나는 의형제의 신의를 지킬 것이오. 우리 두 사람은 형제가 되고, 사업에 서로 협력하기로 맹세했소. 사람들이 당신에게 줄 몫을 가지시오. 나는 내 몫을 챙기겠소. 그러면 우리 둘 다 잘살 수 있을 것이오. 만일 한 사람이 다른 사람보다 더 많이 벌면 정직하게 나누어 갖기로 합시다."

악마가 말했습니다.

"나도 동의하겠소. 나도 한 번 말하면 반드시 지키는 사람이오."

그들은 말을 타고 앞으로 나아갔습니다. 잠시 뒤에 소환리가 악마에게 속삭였습니다.

"이것 보시오. 여기에 늙은 할망구가 하나 살고 있는데, 이 할멈은 한 푼이라도 빼앗기느니 차라리 목을 내놓겠다고 하는 지독한 구두쇠요. 이 할망구가 미쳐 날뛰는 한이 있더라도, 나는 12페니를 빼앗고야 말겠소. 그래도 돈을 주지 않는다면 재판소로 소환하는 수밖에 없소. 물론 그 늙은이가 죄를 지었다는 것은 아니오. 하지만 당신은 이곳에서 전혀 돈벌이를 하지 못하는 것 같으니, 내가 하는 것을 잘 보고 배우시오."

소환리는 늙은 과부의 대문을 두드리면서 큰 소리로 외쳤습니다.

"이리 나와, 늙은 마녀야! 지금 넌 탁발수사나 수사놈과 함께 있는 게 틀림없어."

잠시 뒤에 노파가 대문을 열며 말했습니다.

베르길리우스
고대 로마의 시인(BC 70~BC 19). 단테의 《신곡》에서 지옥을 안내하는 가상의 인물로 등장한다. 그림은 베르길리우스의 5세기 초상화.

단테
이탈리아 시인(1265~1321). 로마 시인 베르길리우스를 흠모해 베아트리체와 함께 《신곡》에서 하느님의 세계를 안내하는 길잡이로 삼았다. 1490년경 안드레아 델 카스타뇨 그림.

노인에게 돈을 뜯어내다
소환리는 악마 앞에서 억지를 부려 노인에게 돈을 뜯어내려 한다. 존 해밀튼 모티머 그림.

"우리 집 대문을 두드리는 사람이 누구요? 아니, 이게 웬일이람. 도대체 소환리 양반이 무슨 일 때문에 여기까지 오셨나요?"

"여기 소환장이 있다. 내일 아침 부주교님 앞에 출두하여 묻는 말에 대답하라. 그렇지 않으면 넌 파문을 당할 것이다."

소환리가 이렇게 말하자, 노파가 대답했습니다.

"왕 중의 왕이신 그리스도님, 저를 도와주소서. 저는 그곳으로 갈 수가 없답니다. 오랫동안 병을 앓고 있어서 그렇게 멀리는 갈 수가 없답니다. 이 옆구리가 너무 쑤셔서……. 소환리 나리, 소환장 사본을 하나 가질 수 있을까요? 그럼 대리인을 시켜서 제가 고발당한 죄목에 관해 모두 답변하게 하겠어요."

그러자 소환리가 말했습니다.

"그렇다면 좋아. 12페니만 내놓는다면 특별히 용서해 주지. 하지만 이 돈을 받는다 해도 나한테는 크게 득 되는 것이 없어. 득을 보는 것은 내 상관이지 내가 아니거든. 자, 어서 가져와! 난 빨리 돌아가야 한단 말이야. 여기서 하루 종일 기다릴 수는 없어."

"12페니라니요! 당신이 이 세상을 다 준다고 해도 내 주머니에 12페니란 큰돈은 없답니다. 나는 늙고 가난한 과부예요. 나처럼 늙고 불행한 여인에게 동정을 베푸소서!"

"당신이 아무리 가난하더라도 그건 절대로 안 돼! 당신을 용서해 주면 악마가 날 잡아가고 말 거야."

그러자 노파가 소리쳤습니다.

"아, 불쌍한 내 신세야! 하느님도 아시는 일이지만, 난 아무 죄도 없어요."

"돈을 내놔! 그럼 할멈이 오래전부터 내게 진 빚의 대가로 새 냄비를 들고 가겠어. 당신이 서방질을 했을 때 내가 당신 벌금을 대신 냈단 말이야."

"그건 거짓말이에요! 구세주를 두고 맹세하건대, 난 지금까지 한 번도 재판소에 소환당한 적이 없어요. 남편이 있을 때에도 그랬고, 과부가 되어서도 서방질은 한 적이 없어요. 난 바람을 피운 적이 한 번도 없다고요. 커다란 검은 악마여, 이 빌어먹을 놈과 내 냄비를 가져가 버리소서!"

노파가 무릎을 꿇고 마구 욕하는 것을 들은 악마가 이렇게 말했습니다.

"자, 지금 한 말이 정말이지요?"

"저놈이 죽기 전에, 악마가 와서 저놈과 내 냄비를 함께 가져갔으면 좋겠어요. 저놈이 끝내 뉘우치지 않으면 말이에요."

그러자 소환리가 큰 소리로 말했습니다.

"이 빌어먹을 늙은 년아! 말 같지도 않은 소린 하지도 마! 내가 네 년한테 무얼 빼앗았다고 뉘우쳐! 지금 당장 네 속옷을 비롯해 옷가지를 전부 찢어 놓고 말겠어!"

이때 악마가 말했습니다.

"진정하게. 네 몸과 이 옷가지들은 모두 내 거야. 오늘 밤 너는 나와 함께 지옥으로 가게 될 거야. 그곳에 가면, 너는 그 어떤 신학 박사보다도 우리의 비밀을 잘 알게 될 거다."

이렇게 말하면서 악마는 소환리를 세게 붙잡았습니다. 소환리의 영

지옥에 가는 게 마땅해
악마는 사기와 거짓말을 일삼아 돈을 챙기는 소환리를 지옥으로 데려간다. 중세 필사본에 나타난 지옥.

혼과 육체는 악마를 따라 지옥으로 내려갔습니다. 그곳은 바로 소환리들이 가야 할 곳이었지요.

하느님, 당신의 모습대로 인간을 만드신 하느님! 우리를 인도하시고, 우리 모두를 보살피소서. 그리고 소환리들이 착한 사람이 되게 하소서!

'사자는 언제나 있는 힘을 다해 죄 없는 사람을 먹어 치우기 위해 기다리고 있다.'는 격언을 떠올리면서 모두 반성합시다. 또한 악마의 유혹에 빠지지 않도록 마음의 준비를 하십시오. 악마는 항상 우리를 자기의 노예로 만들려고 합니다. 여러분의 의지만 굳세다면 악마는 여러분을 넘보지 못합니다. 그것은 그리스도님이 여러분을 위해 싸우시는 투사이며 기사이기 때문입니다. 이제 악마가 소환리들을 지옥으로 데려가기 전에, 그들이 죄를 뉘우치도록 하느님께 기도합시다.

여기에서 탁발수사의 이야기는 끝난다.

소환리의 이야기

탁발수사는 입만 살아 있는
사기꾼들이라지

소환리의 이야기 서문

소환리는 탁발수사의 이야기에 미칠 듯이 화가 나서, 등자˚를 디디고 있던 발에 힘을 주며 일어났다. 그는 분노를 이기지 못해 사시나무처럼 부들부들 떨었다.

    소환리가 말했다.

    "여러분, 여러분에게 한 가지 부탁드리겠습니다. 여러분은 저 위선적인 탁발수사의 거짓말을 들으셨습니다. 그러니 이제 내가 하는 이야기를 들어 주시면 고맙겠습니다. 탁발수사는 자기가 지옥에 관해 잘 안다면서 호들갑을 떨었지만, 그것이 놀랄 만한 사실이 아니라는 것은 하느님께서도 잘 알고 계십니다. 사실 탁발수사와 악마는 거의 차이가 없거든요.

●등자 말을 타고 앉아 두 발로 디디게 되어 있는 물건. 안장에 닿아 말의 양쪽 옆구리로 늘어뜨린다.

탁발수사는 지옥에 수두룩하다오
소환리는 탁발수사의 이야기에 화를 내며 탁발수사는 지옥에서 사탄의 엉덩이 밑에 있다고 한다. 구스타프 도레의 판화.

아마 여러분은 자기의 영혼이 지옥으로 잡혀가는 꿈을 꾸었다는 탁발수사 이야기를 많이 들으셨을 것이라고 생각합니다. 천사가 그 탁발수사를 끌고 다니면서 지옥의 모든 고통을 보여 주었는데, 아무리 둘러보아도 탁발수사는 한 사람도 보이지 않았습니다. 물론 많은 다른 사람들은 그곳에서 고통을 겪고 있었죠. 그러자 탁발수사가 천사에게 말했습니다.

'천사님, 탁발수사들은 하느님의 크나큰 은총을 입어서 이곳에 한 사람도 오지 않은 것입니까?'

천사가 말했습니다.

'그 반대다. 이곳에는 탁발수사가 수백만 명 있다.'

그러고는 탁발수사를 사탄이 있는 곳으로 끌고 내려가면서 이렇게 말했습니다.

'네가 보듯이, 사탄의 엉덩이는 큰 배의 돛보다도 더 커다랗다.'

천사는 사탄을 향해 말했습니다.

'사탄아, 네 엉덩이를 들어서 보여 주어라! 탁발수사들이 어떤 지옥에서 살고 있는지 보여 주어라.'

즉시 사탄의 항문에서 탁발수사 이만 명이 벌집에서 튀쳐나온 벌들처럼 달려 나와 지옥을 가득 메웠습니다. 그리고 나올 때처럼 빠르게 다시 사탄의 항문 깊숙한 곳으로 기어 들어갔습니다. 탁발수사들이 모두 들어가자, 사탄은 꼬리로 항문을 막고 잠자코 있었습니다.

탁발수사가 그곳에서 일어나는 처참한 고통을 충분히 목격하자, 무한하게 인자하신 하느님은 그의 육체에 영혼을 되돌려 주었고 탁발수사는 깊은 잠에서 깨어났습니다. 그러나 여전히 공포에 사로잡혀 부들부들 떨었습니다. 모든 탁발수사들이 사탄의 항문으로 들어가는 장면을 머릿속에서 떨쳐버릴 수가 없던 것입니다. 하느님, 우리 모두를 보호해 주소서! 하지만 저 빌어먹을 탁발수사만은 예외로 해 주소서! 이것으로 나의 서론을 끝내겠습니다."

소환리
엘즈미어 필사본에 나타난 소환리.

소환리의 이야기

요크셔 지방에 호울더네스라는 습한 지역에 한 탁발수사가 이곳저곳을 돌아다니면서 설교도 하고 동냥도 했습니다.

그러던 어느 날이었습니다. 이날도 탁발수사는 평소와 다름없이 교회에서 열심히 설교를 했지요. 특히 사람들에게 죽은 자를 위해 연도煙禱미사*를 드리라고 역설했습니다. 또 쓸데없는 일에 돈을 낭비하거나 돈이 부족하지 않은 교구 신부들에게 돈을 주는 대신, 하느님의 영광을 기릴 수 있고 성사聖事를 치를 수 있는 성전을 건립하는 데 헌금을 하라고 말했습니다.

그리고 그는 지팡이와 주머니를 들고 법의를 걸쳐 입고는 집집마다 기웃거리면서 빵이나 치즈, 곡식을 동냥했습니다. 그의 동료*는 뿔 달린 지팡이와 글을 쓸 수 있는 상아판* 두 개, 잘 다듬은 펜을 가지고 다녔습니다. 그 펜으로 시주하는 사람들의 이름을 적었는데, 이것은 그들을 위해 마치 기도를 드려 줄 것처럼 보이기 위한 행동이었습니다.

"밀이나 엿기름 혹은 보리나 치즈, 아니면 과자라도 주십시오. 여러분이 주고 싶은 것이면 아무것이라도 좋습니다. 반 페니나 1페니를 주고 미사를 부탁하셔도 괜찮습니다. 여러분의 집에 있는 질긴 고기도 상관없으며, 담요 조각을 주어도 좋습니다. 자, 보십시오. 여기에 당신들의 이름을 적습니다. 베이컨이나 고기, 아니 여러분이 가진 거라면

● **연도미사** 위령기도. 연옥에 있는 이를 위하여 하는 기도.

● 탁발수사들은 둘씩 짝을 지어 다니곤 했다.

● **상아판** 초로 껍질을 입혀 그 위에 글을 썼다.

부패한 탁발수사
탁발수사는 시주하는 신도를 위해 기도해 줄 것처럼 이름을 적어 갔지만 숙소에 들어가면 지워 버렸다. 그림은 몰래 술을 빼내는 탁발수사.

아무거나 사양하지 않습니다."

 이들 탁발수사들 뒤에는 건장한 젊은이가 한 명 따라다녔습니다. 그는 탁발수사들이 묵던 여관에서 손님을 접대하는 청년이었는데, 항상 자루를 갖고 다니면서 사람들이 시주하는 것을 그 안에 집어넣었습니다. 그런데 여관 문을 들어서면 그들은 상아판에 적어 넣은 이름을 지워 버렸습니다. 탁발수사가 신도들에게 주는 것은 고작 옛날이야기와 쓸데없는 이야기뿐이었습니다.

 이렇게 탁발수사는 이 집 저 집을 돌아다니다가 한 저택에 도착했습니다. 그 집에서 그는 언제나 환대를 받았습니다. 그 저택의 주인은 병에 걸려 긴 침상에 누워 있었습니다.

탁발수사가 부드럽고 정중한 목소리로 인사했습니다.

"주님께서 당신과 함께 하시길! 안녕하세요, 토머스 씨? 주님께서 당신에게 보답해 주시길! 나는 이 침상에 앉아서 따뜻한 대접을 받으며 얼마나 행복한 시간을 보냈는지 모르겠소! 정말이지 여기서 먹은 음식 맛은 일품이었소!"

그는 침상에서 고양이를 내쫓아 버리고, 지팡이와 모자와 주머니를 내려놓고서 편안하게 앉았습니다. 탁발수사는 혼자였습니다. 그의 동료가 데리고 다니던 하인과 함께 잠자리를 찾기 위해 읍내로 갔기 때문입니다.

병자가 말했습니다.

"수사님, 3월 초부터 어떻게 지내셨습니까? 수사님을 뵌 지도 벌써 보름이 넘었나 봅니다."

그러자 수사가 대답했습니다.

"열심히 일했습니다. 당신과 또 다른 친구들이 구원을 받을 수 있도록 정성을 다해 기도를 했지요. 오늘은 당신이 다니는 성당에서 설교를 했습니다. 변변치 않은 재주지만 최선을 다했답니다. 성경에 있는 그대로 말하지는 않았어요. 그랬다면 아마 사람들이 너무 어려워 이해하지 못했을 겁니다. 그래서 나는 사람들을 위해 성경을 해석해서 말해 줍니다. 특히 자선을 베풀고, 써야 할 곳에 돈을 써야 한다고 가르쳤습니다. 그나저나 아까 성당에서 부인을 보았는데 지금 어디 계십니까?"

"아마 마당에 있을 겁니다. 곧 돌아올 겁니다."

바로 그때 부인이 들어왔습니다.

"어머나, 이게 웬일이세요? 이렇게 찾아 주셔서 고마워요. 그동안 어떻게 지내셨어요?"

수사는 점잖게 자리에서 일어나 그녀를 꼭 껴안았습니다. 그리고 공손하게 뺨에 키스를 하고는 새끼 참새처럼 이렇게 재잘거렸습니다.

"지금보다 더 행복한 적은 없었습니다. 저는 항상 부인의 심부름꾼입니다. 오늘 성당에서 보니 부인보다 아름다운 여자분은 없더군요."

"아니에요, 저는 아직도 부족한 점이 많답니다. 어쨌거나 이렇게 와 주셔서 고마워요. 정말이에요."

"정말 고맙습니다, 부인. 이렇게 맞아 주시는 부인에게 항상 고맙게 생각하고 있습니다. 그런데 한 가지 양해를 구하고 싶습니다. 토머스 씨와 잠시 이야기를 나누었으면 해서요. 그렇다고 여기서 나가실 필요는 없습니다. 신부들은 너무나 게으르고 느려서 고해소에서 우리의 양심을 세심하게 어루만져 주지 않는답니다. 그렇지만 난 설교에 있어서는 자신이 있어요. 그래서 항상 성 베드로와 성 바울로의 가르침을 공부합니다. 또 이렇게 동냥을 다니며 신도들의 영혼을 구제하면서 예수 그리스도님에게 진 빚을 갚습니다. 나는 주님의 말씀을 전파할 생각밖에 하지 않습니다."

그러자 집주인의 아내가 말했습니다.

"고마우신 수사님, 미안하지만 저 사람 좀 야단쳐 주세요. 삼위일체°이신 하느님을 두고 말하는데, 저 사람은 원하는 것은 모두 갖고 있으면서도 항상 투덜거려요. 매일 밤 담요를 덮어서 따뜻하게 해 주고 내 팔이나 다리를 몸 위에 얹어 주어도, 우리에 갇힌 돼지처럼 쉬지 않고 툴툴거린답니다. 어떻게 해야 저 사람이 마음에 들어 할지 모르겠어요."

"토머스 씨, 어떻게 그럴 수가 있습니까! 그건 악마나 하는 짓이니 고쳐야 합니다. 화를 내는 것은 전지전능하신 하느님께서 금하시는 것이오. 이 주제와 관련해 몇 마디 하겠소."

이때 집주인의 아내가 다시 말했습니다.

"수사님, 그런데 저녁 식사로 무얼 드시고 싶으세요? 수사님이 먹고 싶은 것을 장만하겠어요."

● **삼위일체** 성부, 성자, 성령의 세 위격이 하나의 실체인 하느님 안에 존재한다는 교의.

"고맙습니다, 부인. 나는 간단한 식사면 충분합니다. 하지만 수탉의 조그만 간肝과 말랑말랑한 빵 한 조각과 구운 돼지 머리면 더욱 좋을 것 같습니다. 그러나 닭이든 돼지든 나 때문에 일부러 잡지는 마십시오. 나는 조금만 먹어도 충분합니다. 내 영혼의 양식은 바로 성경이니까요. 이 가련한 육체는 잠을 자지 않고 명상을 하기 때문에 위장이 거의 몹쓸 지경이 되었답니다."

"그럼 제가 장을 보러 나가기 전에 몇 마디만 하겠어요. 보름 전에 수사님이 이 마을을 떠나시고 얼마 안 되어 우리 아이가 죽었어요."

그러자 수사는 이렇게 말했습니다.

"내가 있는 수도원의 침실에서, 하느님의 계시로 아이가 죽는 것을 보았답니다. 우리의 심판관이신 하느님을 두고 감히 말하건대, 꿈속에서 나는 그 아이가 죽은 지 반 시간도 채 되지 않아서 천국으로 들어가는 것을 보았습니다. 우리 수도원의 성당지기와 간호사도 그것을 보았답니다.

나는 잠자리에서 일어났습니다. 그런데 종도 치지 않고 아무 소리도 내지 않았는데 수도원의 모든 사람들도 잠자리에서 일어났습니다. 눈물이 내 뺨을 적셨고, 우리 모두는 '주 찬미가'를 불렀습니다. 나는 이런 계시에 감사드리기 위해 그리스도님에게 기도를 드렸습니다. 정말이지 우리의 기도는 왕을 비롯한 평신도들의 기도보다 훨씬 효과가 있습니다. 일반 사람들은 음식이나 음료 혹은 속된 쾌락을 위해 흥청망청 돈을 쓰지만, 우리는 가난과 금욕 속에서 살기 때문입니다. 우리는 속세의 쾌락을 우습게 여깁니다.

라자로와 디베스
거지 라자로와 그를 박대한 부자 디베스의 이야기. 라자로의 영혼은 천국에서 아브라함의 품에 안기고, 디베스의 영혼은 지옥으로 가 고통을 당한다. 1035~1040년경 그림.

거지 라자로와 부자 디베스는 아주 다르게 살았고, 그래서 다른 보답을 받았습니다. 기도를 하려면 금식을 하고 몸을 깨끗이 해야 합니다. 다시 말하면, 정신을 살찌우고 육체는 여위게 해야 합니다. 아무리 가난하더라도 입을 것이 있고 굶주림만 면하면 그것으로 충분합니다. 우리 탁발수사들은 단식을 하고 몸을 정결히 하기 때문에 예수 그리스도님께서 기도를 들어주시는 겁니다.

성경은 우리 그리스도님께서 금식하고 기도하는 예를 보여 줍니다. 따라서 겸허하게 동냥을 하는 우리 탁발수사들은 가난과 금욕, 자비와 겸손과 검소를 평생의 신조로 여겨야 합니다. 또 세인들의 박해를 받더라도 정의롭고 정직해야 하며, 남의 불행을 동정하여 눈물을 흘릴 줄 알아야 하고, 늘 경건한 마음으로 살아야 합니다. 이런 이유로 하늘에 계신 하느님께서는 호의호식하는 평신도들의 기도보다 우리 탁발수사의 기도를 더 잘 들어주시는 것이지요.

토머스 씨, 이제 내 말을 잘 들으십시오. 성경 말씀이 정말로 그런 것인지는 확인할 수 없지만, 우리의 거룩하신 그리스도님이 '마음이 가난한 사람은 행복하다.'(마태복음 5장 3절)고 말씀하셨을 때, 이것은 특별히 우리 탁발수사들을 두고 하신 말씀입니다. 성경을 읽어 보면, 이런 가르침이 돈 많다고 자랑하는 수사들보다는 우리 탁발수사들에게 더 가깝다는 것을 알게 될 것입니다.

그리스도의 발자취와 그분의 말씀을 따르는 사람이 누구입니까? 그들은 겸손하고 순결하며 가난하고, 하느님의 말씀을 듣기만 하는 것이 아니라 실제로 행하는 사람들입니다. 하늘 높이 솟아오르는 매처럼 자비롭고 순결하며 근면한 탁발수사의 기도는 화살처럼 하늘로 솟아오릅니다.

토머스 씨, 당신이 우리의 형제가 아니었다면 이렇게 부자가 되지 못했을 것이라는 사실은, 내가 살아 숨 쉬는 것처럼 명백한 사실입니

탁발수사와 토머스
탁발수사는 병상에 누운 토머스에게 수도원 건립을 위한 헌금을 종용한다. 존 해밀튼 모티머 그림.

다. 우리는 당신이 건강을 되찾고 사지를 쓸 수 있게 해 달라고, 수도원에서 밤낮으로 그리스도님께 기도를 드렸습니다."

    탁발수사의 말을 듣고 있던 토머스가 말했습니다.

"그런데 하나도 나아진 것이 없어요. 정말이지 그리스도님께서 제게 구원의 손길을 뻗어 주셨으면 좋겠습니다. 지난 몇 년 동안 이곳을 지나는 모든 탁발수사들에게 수없이 시주를 했지만, 병은 조금도 차도를 보이지 않았습니다. 난 재산을 거의 다 써 버렸답니다. 이제 내 돈은 모두 떠나갔지요."

그러자 탁발수사가 말했습니다.

"토머스 씨, 정말로 그렇게 했습니까? 무엇 때문에 '모든 탁발수사들'을 불렀습니까? 이미 읍내에 최고의 의사가 있는데 무엇이 모자라서 다른 의사를 찾아갑니까? 당신의 그런 변덕이 당신을 망친 겁니다. 나와 우리 수도원에서 당신을 위해 기도하는 것이 부족하다고 생각합니까?

토머스 씨, 당신이 병에 걸린 것은 우리에게 너무 조금 주었기 때문입니다. 당신은 '저 수도원에 보리 닷 말을 주어라.' '이 수도원에 몇 푼을 주어라.' '저 탁발수사에게 돈 한 푼 주어서 보내라.'라고 말했을 것입니다. 하지만 그런 식으로 하면 안 됩니다. 한 냥을 열두 개로 쪼개 놓으면 무슨 가치가 있습니까? 완전한 것 하나가 쪼개진 여러 개보다 훨씬 큰 힘을 발휘하는 법입니다.

토머스 씨, 나에게서 좋은 소리 들을 생각일랑 하지 마십시오. 당신은 결국 우리를 공짜로 부려 먹으려고 한 것입니다. 이 세상을 창조하신 하느님께서는 일꾼에게 일을 시키면 마땅한 보수를 지불해야 한다고 가르치셨습니다.● 토머스 씨, 나 자신을 위해 당신에게 재물을 달라는 것이 아닙니다. 단지 우리 수도원 전체가 당신을 위해 열심히 기도드릴 수 있도록 그리스도님을 모실 교회를 세우는 데 쓰고자 그러는 것입니다.

토머스 씨, 당신이 진정으로 좋은 일을 하는 것이 무엇인지 알고 싶다면 인도의 성 토머스의 전기를 읽어 보십시오. 그는 교회를 짓는 일

●누가복음 10장 7절 주인이 주는 음식을 먹고 마시면서 그 집에 머물러 있어라. 일꾼이 품삯을 받는 것은 당연한 일이다. 이 집 저 집으로 옮겨 다니지 마라.

이 좋은 일을 하는 것이라고 말합니다.

당신은 분노로 가득 찬 채 이곳에 누워서는, 악마에 사로잡혀 화만 내면서, 순하고 참을성 많은 죄 없는 부인을 못살게 굴고 있습니다. 토머스 씨, 당신의 행복을 위해 충고하겠습니다. 제발 부인과 싸우지 마십시오. 또한 이런 문제에 관해 말한 현자의 격언을 항상 마음속에 새기십시오. '집 안에서 사자처럼 되어 하인들을 들볶지 말고, 친구들이 네 곁을 떠나지 않도록 하라.' (집회서 4장 35절)

토머스 씨, 다시 한번 말하겠습니다. 당신의 품 안에서 잠자는 여인을 보살피십시오. 분노는 일곱 가지 죄악* 중의 하나며, 하늘에 계신 하느님이 가장 싫어하시는 것입니다. 분노는 화를 내는 사람을 파멸로 이끕니다. 정말이지 분노란 오만한 행위입니다. 분노가 가져오는 재앙을 다 말하자면 아마 내일 새벽까지 말해도 끝나지 않을 겁니다. 그래서 나는 분노로 가득 찬 인간이 힘을 갖지 않게 해 달라고 하느님께 밤낮으로 기도합니다.

위대한 스승이신 솔로몬 왕이 뭐라고 말씀하셨습니까? 그분은 '성급한 사람과 벗하지 말고 성 잘 내는 사람과 가까이 지내지 마라. 그들과 어울리다가는 올가미에 걸려 목숨을 잃는다.' (잠언 22장 24, 25절)고 말씀하셨습니다. 이젠 더 말하지 않겠습니다.

사랑하는 형제 토머스 씨, 이제부터라도 화를 내지 마십시오. 이제 당신은 내 말이 옳다는 것을 알게 될 것입니다. 당신의 가슴에 악마의 칼을 겨누지 마십시오. 당신은 자신의 분노 때문에 이렇게 고생하고 있는 것입니다. 이제 나에게 죄를 모두 고백하십시오."

그러자 집주인이 말했습니다.

"성 시몬을 두고 맹세하지만, 죽어도 싫습니다. 오늘 이미 보좌신부에게 고백을 했습니다. 모든 것을 이야기했어요. 그러니 다시 고백할 이유는 없습니다."

●일곱 가지 죄악 오만·질투·나태·탐식·탐욕·분노·음탕.

수도원에 기부를 하시죠
토머스는 탁발수사의 요청에 수도원 건립을 위해 기부를 하기로 한다. 그림은 19세기 수도원.

이 말을 듣자 탁발수사는 말했습니다.

"그러면 우리 수도원을 짓는 데 헌금을 해 주십시오. 남들은 편안한 생활을 하지만 우리는 홍합과 굴만 먹으면서 수도원을 세우기 위해 애쓰고 있습니다. 그런데도 이제 간신히 기초공사만 끝냈을 뿐입니다. 아직 바닥에 타일 하나도 깔지 못하고 있습니다. 게다가 석재 값으로 44파운드의 빚을 지고 있습니다.

토머스 씨, 하느님을 사랑하신다면 우리를 도와주십시오. 그러지 않으면 당신은 우리의 가르침을 받지 못할 것이고, 온 세상은 파멸하고 말 것입니다. 우리가 세상에 없는 것은 세상에 태양이 없는 것과 같습니다. 누가 우리처럼 열심히 일하고 가르칩니까? 자, 토머스 씨, 우리에게 자비를 베풀어 주십시오!"

그러면서 탁발수사는 무릎을 꿇었습니다.

병자인 집주인은 화가 치밀어 미칠 지경이었습니다. 거짓말만 늘어놓는 탁발수사가 불에 타 죽었으면 좋겠다는 심정이었습니다.

"내가 가진 한에서는 줄 수 있지만 그 이외의 것은 줄 수 없습니다.

당신도 내가 당신의 형제라고 말하지 않았습니까?"

이 말을 들은 탁발수사가 말했습니다.

"물론입니다. 그건 틀림없습니다. 우리가 당신과 형제의 정을 나누고 있다는 우리 수도원의 편지*를 당신 부인에게 드린 적도 있으니까요."

그러자 병자가 말했습니다.

"좋습니다. 그럼 내가 살아 있는 동안 당신의 거룩한 수도원에 약간의 돈을 기부하겠습니다. 곧 당신에게 드리겠어요. 하지만 한 가지 조건이 있습니다. 그것은 당신 수도원의 수사들이 모두 똑같이 나누어 가져야 한다는 것입니다. 당신의 성직을 걸고 절대로 나를 속이거나 다른 이유를 대지 않겠다고 맹세하십시오."

탁발수사는 손을 내밀어 토머스의 손을 잡고 맹세했습니다.

"내 믿음을 걸고 맹세합니다. 당신과의 약속을 절대로 저버리지 않겠다고 맹세합니다."

그러자 집주인이 말했습니다.

"이제 당신 손을 내 등 뒤에 넣고 조심스럽게 훑어 내려가십시오. 그러면 궁둥이 밑에서 내가 몰래 감추어 놓은 물건을 찾게 될 겁니다."

이 말을 들은 탁발수사는 '이건 내가 독차지해야지.'라고 생각하면서, 병자의 등 뒤에 손을 넣어 양쪽 볼기 사이에 있는 구멍까지 더듬어 내려갔습니다. 물론 탁발수사는 그곳에 집주인이 기증할 물건이 있을 것이라고 생각했습니다.

자기 항문 근처를 이리저리 더듬는 탁발수사의 손길을 느낀 집주인은 그의 손바닥 한가운데에 방귀를 내뿜었습니다. 마차를 끄는 말도 그토록 요란하게 방귀를 뀌지는 못했을 것입니다. 탁발수사는 성난 맹수처럼 벌떡 일어나 소리를 질렀습니다.

"이런 빌어먹을 놈 같으니! 이건 나를 우습게보고 일부러 한 짓이

●**수도원의 편지** 형제의 편지는 수도원이 기부금을 낸 평신도에게 주는 것으로, 그 편지에는 수도원의 직인이 찍혀 있다. 편지 내용은 주로 수사들이 기부금에 대한 답례로 기부금을 낸 신도에게 영적인 은혜를 베풀겠다는 것이었다.

야! 이 방귀에 대한 값을 톡톡히 치르게 해 줄 테다! 반드시 보복을 하고 말겠어!"

떠들썩한 소리에 놀란 하인들이 급히 달려왔고, 바로 탁발수사를 밖으로 내쫓아 버렸습니다.

분노가 치밀어 얼굴이 새빨개진 탁발수사는 동료 탁발수사와 성난 멧돼지처럼 이를 부득부득 갈면서 높은 사람이 살고 있는 커다란 저택으로 향했습니다. 그 집주인은 항상 그 수사에게 고해를 해 온 사람으로 이 마을의 영주였습니다.

탁발수사가 그 저택에 들어섰을 때, 영주는 마침 식사를 하고 있었습니다. 수사는 화가 치밀어 한 마디 말도 하기 힘들었지만 마침내 간신히 화를 가라앉히고 "하느님의 축복이 있길!" 하고 인사를 했습니다.

저택의 주인은 수사를 뚫어지게 바라보더니 말했습니다.

"아니, 이게 웬일입니까? 도대체 무슨 일이 있었습니까, 수사님? 무언가 좋지 않은 일이 있었나 보군요. 수사님의 얼굴을 보면 숲 속에 도둑놈이 가득 찬 것 같습니다. 자, 여기 앉아서 무슨 일인지 말해 보십시오. 내가 할 수 있는 일이라면, 기꺼이 도와드리겠습니다."

그러자 탁발수사는 이렇게 말했습니다.

"끔찍한 모욕을 당했습니다! 오늘 영주님 마을에서 말입니다! 내가 이 마을에서 겪은 봉변은 아무리 천한 종놈이라도 참을 수 없을 겁니다. 그러나 무엇보다도 괘씸하고 참을 수 없는 것은 머리가 허연 그 늙은이가 우리의 성스런 수도원을 모욕했다는 것입니다."

"자, 수사님. 도대체 무슨 문제가 있었는지 차근차근 말해 보십시오."

탁발수사는 여러분이 지금까지 들은 이야기를 모두 들려주었습니다. 영주의 부인은 한 마디도 하지 않고 듣고만 있었습니다. 그러자 수사가 물었습니다.

"마님은 어떻게 생각하십니까?"

"어떻게 생각하느냐고요? 이건 상놈이 상놈 짓을 한 것이지, 뭐가 더 있겠습니까? 내가 보기에는 아마도 미친 것 같아요."

"마님, 어떤 방법을 쓰더라도 나는 그놈에게 복수를 하고 말 겁니다. 내가 설교를 하러 다니는 곳마다 그놈을 욕할 겁니다. 신성모독자이며 거짓말쟁이인 그자는 나에게 도저히 나눌 수 없는 물건을 똑같이 나누어 가지라고 했습니다. 망할 놈 같으니!"

하지만 영주는 무언가에 홀린 사람처럼 잠자코 있을 뿐이었습니다. 그러면서 마음속으로 이렇게 생각했습니다.

'도대체 무슨 생각으로 그놈이 수사를 골탕 먹인 것일까? 이런 이야기는 내 평생 들어 본 적이 없어. 지금까지 나온 산수책을 모두 뒤져도 이 수수께끼를 해결할 수는 없을 거야. 그 누가 방귀 냄새와 그 소리를 공평하게 나누어 갖는 방법을 설명할 수 있을까?'

마침내 영주가 말했습니다.

"여기에 있는 기사들아! 이와 비슷한 경우를 들어 본 사람이 있느냐? 여러 사람이 방귀를 똑같이 나누어 갖는다니……. 어떻게 해야 할지 말 좀 해 보아라! 이건 불가능한 일이야. 다른 소리처럼 방귀 소리도 공기가 떨리며 나는 것이고, 그것은 이내 점점 작아져 사라지는 것이야. 그러니 그것을 똑같이 나누었다고 평가할 수 있는 사람은 하나도 없어.

그런데 이런 문제를 낸 놈이 우리 마을에 사는 녀석이라니! 내 고해 신부에게 파렴치하게 그런 소리를 한 놈이 우리 마을에 살고 있다니! 수사님, 그놈이 한 말은 염두에 두지 마시고 어서 식사나 하십시오."

그런데 테이블 옆에서 고기를 썰던 영주의 수습기사가 그들의 말을 하나도 빠짐없이 듣고 나서 이렇게 말했습니다.

"영주님, 이렇게 끼어들어 죄송합니다. 하지만 제게 옷을 한 벌 만들

유클리드
고대 그리스의 수학자(BC 330?~BC 275?). 기하학의 원조 《기하학 원본》을 써서 유클리드 기하학의 체계를 세웠다.

수 있는 천을 주신다면, 이 탁발수사님에게 수도원에 계신 모든 수사님들과 방귀를 골고루 나눠 가질 수 있는 방법을 말씀드리겠습니다."

영주가 말했습니다.

"어서 말하라. 그럼 즉시 옷감을 주겠다."

영주의 대답을 들은 수습기사가 다시 말했습니다.

"날씨가 좋아지고, 바람 한 점 없는 날이 되면, 이곳으로 수레바퀴 하나를 가져오라고 하십시오. 그리고 수사님 열두 분을 불러오십시오. 왜냐고요? 제가 알기로는 수도원에는 여기에 계신 고해신부님까지 모두 열세 분의 수사님이 계십니다.

보통 바퀴에는 살이 열두 개 있지요. 열두 분의 수사님들이 무릎을 꿇고 각각의 살 끝에 코를 대고 꼼짝하지 말라고 지시하십시오. 여기에 계신 고해신부님은 높으신 분이니까 바퀴살이 모인 부분에 코를 대십시오. 그러니까 바퀴 중앙 아래에 코를 대라는 말입니다. 그런 다음 토머스를 이곳으로 데려와서 수레바퀴 한가운데에 올려놓고 방귀를 뀌도록 하는 겁니다.

제 목숨을 걸고 말하는데, 아마 여러분은 방귀 소리와 악취가 동일한 속도로 열두 개의 바퀴살로 골고루 퍼져 나가는 것을 보실 수 있을 것입니다. 하지만 여기에 계신 고해신부님은 매우 고귀한 분이시므로 지위에 걸맞게 방귀 소리와 냄새를 가장 먼저 맛보게 되실 겁니다. 탁발수사님들은 아직도 중요한 사람에게 무엇이든 가장 먼저 대접하는 훌륭한 관습을 지키고 있으며, 따라서 여기에 계신 고해신부님은 충분히 그럴 만한 자격이 있다고 생각합니다."

탁발수사를 제외한 영주와 영주 부인 그리고 그 자리에 있던 모든 사람들은 수습기사가 유클리드나 프톨레마이오스처럼 아주 제대로 이 문제를 처리했다는 생각에 동의하였습니다. 또 병자 토머스에 관해서 말하자면, 뛰어난 지혜와 지성을 가진 사람만이 그런 말을 할 수 있으므로 그는 바보나 미친 사람이 아니라는 데 모두 생각을 같이했습니다. 이렇게 수습기사는 새 옷을 한 벌 얻어 입게 되었습니다. 내 이야기는 이것으로 끝입니다. 이제 곧 마을에 도착하겠군요.

소환리의 이야기는 여기에서 끝난다.

대학생의 이야기

당신의 마음을 시험합니다

대학생의 서문

대학생
엘즈미어 필사본에 나타난 대학생.

우리의 사회자인 여관 주인이 말했다.

"옥스퍼드 대학생 양반! 당신은 조용히 말만 몰고 있군요. 하루 종일 말 한 마디 하지 않았소. 내가 보기에 당신은 어떤 철학적인 문제를 깊이 생각하는 것 같구려. 하지만 솔로몬 왕이 말했듯이 모든 것은 때가 있는 법이라오.

자, 기운을 내시오. 지금은 사색하는 시간이 아니오. 약속대로 재미있는 이야기나 들려주시오. 이 놀이에 낀 사람은 규칙을 지켜야 하니 말이오. 하지만 사순절에 탁발수사들이 하는 식으로 설교를 늘어놓거나, 우리의 죄를 뉘우치게 하면서 눈물을 흘리게 만들지는 마시오. 또한 재미없는 이야기로 우리를 졸게 하지 말고. 신나는 모험 이야기나 하나 하시오. 그리고 우리 모두가 당신 말을 알아들을 수 있도록 쉽게 이야기해 주기 바라오."

그러자 마음씨 착한 대학생이 다정하게 말했다.

"사회자님, 당신의 지시대로 따르겠습니다. 지금 우리를 다스리는 분은 당신이니, 이치에 닿는 일이라면 당신의 말대로 따를 것을 맹세합니다. 그럼 파도바에서 어느 훌륭한 학자에게 들은 이야기를 하겠습니다. 이 학자의 이름은 프란체스코 페트라르카였습니다. 그는 계관시인*이었고, 감미로운 시로 이탈리아 전역을 환하게 비추었습니다. 이 이야기의 본론으로 들어가기 전에, 우선 그가 멋진 문체로 서문을 썼다는 사실을 말씀드리고 싶습니다. 자, 이제 이야기를 하겠습니다. 잘 들어 주십시오."

페트라르카
이탈리아의 시인이자 인문주의자(1304~1374). 보카치오의 스승이기도 했으며 《데카메론》에 수록된 그리젤다 이야기를 라틴어로 번역했다.

대학생의 이야기

1

이탈리아 서쪽 비소 산의 만년설 아래로 기름진 들판이 펼쳐져 있었습니다. 이 지역의 이름은 살루초였습니다. 이 고을의 영주는 후작으로, 조상대대로 그 고을의 영주인 집안 사람이었습니다. 그가 다스리는 사람들은 부자건 가난한 사람이건 모두 그의 말에 진심으로 복종했습니다. 이렇게 운명의 여신의 보살핌을 받아 그는 오랫동안 귀족과 백성들의 두려움 섞인 사랑을 받으며 행복한 생활을 영위하였습니다.

그는 롬바르디아에서 으뜸가는 가문의 혈통이었습니다. 외모는 근사하고 힘도 세고 젊었습니다. 또한 명예를 존중하고 예의가 발랐으며,

● **계관시인** 영국 왕실에서 국가적으로 뛰어난 시인을 이르는 명예로운 칭호.

매사냥
영주 발터는 결혼에 대한 생각 없이 동물 사냥이나 매사냥을 하며 시간을 보냈다. 프리드리히 2세가 쓴 《매사냥 기술》에 나오는 그림.

현명하게 자기 영지를 다스릴 줄 알았습니다. 한두 가지 실수한 것만 제외하면 완벽하게 영지를 통치했습니다. 이 젊은 영주의 이름은 발터였습니다.

그러나 비난받아야 할 점도 있었습니다. 그것은 바로 미래에 생길지도 모르는 일에 대해서는 전혀 생각하지 않는다는 것이었습니다. 그는 순간의 쾌락에만 몰두하였으며, 영지 주위를 돌아다니며 동물 사냥이나 매사냥을 하며 시간을 보냈습니다. 그런데 그중에서도 가장 나쁜 점은 아내를 맞을 생각을 하지 않는다는 것이었습니다.

이 점에 대해 크게 근심하던 신하들이 어느 날 무리를 지어 영주를 찾아갔습니다. 그중 한 사람이 영주에게 말했습니다.

"오, 고귀하신 영주님. 저희는 영주님의 인자하신 마음씨를 믿고, 저희의 근심을 이야기할 필요가 있다고 생각할 때마다 영주님께 아룁니다. 영주님, 저희의 목소리를 귀담아 들어 주시옵소서. 영주님, 저희는 영주님과 영주님이 이룬 치적治積을 우러러 받들고 있습니다. 또한 영주님은 항상 저희의 기대를 저버리지 않으셨습니다. 그렇기에 저희는 지금보다 더 행복하게 산다는 것은 생각조차 할 수 없습니다.

그러나 이 행복한 삶에 부족한 것이 딱 하나 있습니다. 그것은 바로 영주님께서 아내를 선택하여 성혼成婚을 하시는 일입니다. 그리하면 영주님의 신하들은 완전한 행복을 누릴 것입니다. 사람들이 혼인이라고 부르는 행복의 멍에 앞에 머리를 숙이십시오. 그것은 노예의 굴레가 아니라 지배의 복된 왕국입니다.

　영주님의 슬기로운 지혜로 세상의 시간이 얼마나 빨리 흘러가는지 생각하여 주십시오. 우리가 잠을 자거나 깨어 있거나, 말을 타거나 이리저리 방황하거나, 시간은 잠시도 쉬지 않고 흘러가며 아무도 기다려 주지 않습니다. 지금 영주님께서는 꽃다운 청춘을 누리시지만, 노년은 돌처럼 아무 말 없이 다가오고 있습니다. 죽음은 노소를 가리지 않고 우리를 위협하며, 지위의 높고 낮음을 가리지 않고 목숨을 앗아갑니다. 아무도 죽음을 피할 수는 없습니다. 우리는 모두 죽어야 한다는 사실을 알지만, 죽음이 언제 우리를 덮칠지는 아무도 모른답니다.

　그러니 저희들의 진정한 소원을 들어주십시오. 저희는 지금까지 한 번도 영주님의 명령을 거역한 적이 없습니다. 영주님, 만일 저희의 청을 받아들이신다면, 저희가 이 나라에서 가장 훌륭하고 높은 가문에서 태어난 여인을 아내로 맞이하실 수 있게 하겠습니다. 이런 일이 일어나서는 안 되겠지만, 만일 대가 끊어진 채 영주님이 돌아가시면 낯선 곳에서 온 후계자가 영주님의 뒤를 잇게 됩니다. 그렇게 되면 저희는 얼마나 불쌍한 백성이 되겠습니까! 따라서 영주님께 간청하오니, 가능하면 빨리 혼례를 치르십시오."

　신하들의 간곡한 청원과 애원하는 눈빛을 보자 영주는 마음이 움직였습니다. 그래서 이렇게 말했습니다.

　"사랑하는 신하와 백성들이여. 여러분은 내가 생각조차 하지 않은 일을 하라고 요구하고 있소. 나는 자유를 마음껏 누려 왔소. 그것은 결혼한다면 결코 맛볼 수 없는 것이오. 지금까지는 자유의 몸이었지만 결혼을 하면 노예가 되어야만 하오.

　난 여러분의 진심을 잘 알고 있소. 그리고 언제나 그랬듯이 여러분의 양식良識을 믿소. 따라서 나는 가능하면 빨리 결혼할 것을 내 자유 의사에 따라 약속하오. 다만 여러분이 나의 신붓감을 찾아 주겠다는 제안을 했는데, 여러분에게 그런 짐을 지우고 싶지는 않소. 그러니 그런 생각은 버려 주길 바라오.

　아내를 고르는 문제는 내가 책임질 수 있게 해 주시오. 하지만 내가 어떤 아내를 선택하든지, 그녀의 생명이 다할 때까지 언제나 말과 행실로써 공경하겠다고 목숨을 걸고 다짐해 주기 바라오. 또 내가 선택한 아내에 대해 반대하거나 이러쿵저러쿵 불평을 하지 않겠다고 맹세하시오. 여러분의 청에 따라 나는 내 자유를 포기하오. 따라서 나는 내 마음에 드는 여자와 결혼할 것임을 여러분에게 다짐받겠소. 만일 이런 조건에 동의하지 않는다면 나 역시도 여러분에게 앞으로는 절대로 이 문제에 관해 말하지 말 것을 요구할 것이오."

　이 말을 들은 신하들은 하나같이 진심으로 동의한다고 맹세했습니다. 단지 물러가기 전에, 되도록 빨리 혼례일을 정해 달라고 영주에게 부탁했습니다. 사실 그 순간까지도 신하들은 영주가 결혼하지 않을지도 모른다는 일말의 두려움이 있던 것입니다.

　그러자 영주는 자기가 좋다고 생각한 날을 신하들에게 말해 주었고, 틀림없이 결혼하겠다고 다시 한번 다짐했습니다. 또 날짜를 정한 것은 신하들이 간곡히 요청했기 때문이라고 덧붙였습니다. 신하들은 무릎을 꿇고 황송한 마음으로 순종할 것을 약속하면서, 자신들의 청을 들어준 데 대해 감사의 뜻을 표했습니다.

　영주는 즉시 부하들을 시켜 결혼 잔치를 준비하라고 지시했습니다. 또한 기사들과 수습기사들에게 저마다 할 일을 지시했고, 그들은 영주의 지시대로 결혼 잔치를 빛내기 위해 있는 힘을 다했습니다.

2

　영주의 결혼 준비가 한창인 훌륭한 궁전에서 그리 멀지 않은 곳에 조그만 마을이 하나 있었습니다. 그 마을 사람들은 가난했지만, 가축을 기르고 이마에 땀방울을 흘리며 열심히 땅을 일구면서 살고 있었습니다.

이런 마을 사람들 중에서도 자니쿨라는 가장 가난한 사람이었습니다. 하지만 그에게는 아주 아름다운 딸이 하나 있었는데, 이름은 그리젤다였습니다. 태양이 비치는 모든 땅을 둘러보아도 그녀보다 아름답고 정결한 여인은 찾아볼 수가 없었습니다. 가난 속에서 자랐기 때문에, 그녀의 가슴속에는 어떤 관능적인 욕심도 없었습니다. 그녀가 마시는 것은 포도주가 아니라 샘에서 솟아나는 맑은 샘물뿐이었습니다. 또한 덕성스런 생활을 사랑하여, 게으른 안락보다는 힘든 일에 익숙해져 있었습니다.

이 처녀는 나이는 어렸지만, 순결한 가슴속에 확고한 신념과 성숙한 영혼이 깃들어 있었습니다. 그녀는 늙은 아버지를 정성을 다해 보살폈습니다. 또 몇 마리 안 되는 양이 풀을 뜯어 먹는 모습을 지켜보면서 실을 자았습니다. 그녀는 잠잘 때를 빼고는 쉬는 적이 없었습니다. 집으로 돌아올 때면 가끔씩 나무뿌리나 풀을 가져와 잘게 썰어 끓여 먹었습니다. 그런 다음에는 딱딱한 침대를 다소나마 부드럽게 만들었습니다. 이렇게 그녀는 착한 아들이 아버지를 섬기듯이 모든 정성을 다해 아버지를 돌보았습니다.

영주는 종종 말을 타고 사냥을 나갔는데, 하루는 우연히 그리젤다를 보게 되었습니다. 그 뒤로 찢어지게 가난한 이 소녀를 눈여겨보았는데, 정복자의 방자하고 음탕한 눈빛으로 바라본 것이 아니라 자못 진지한 표정으로 그녀의 행동을 지켜본 것이었습니다.

그는 여성다운 그녀의 용모뿐만 아니라, 그녀가 지닌 커다란 덕성을 마음속으로 높이 샀습니다. 이런 덕성은 그녀 나이 때의 젊은 사람에게서는 볼 수 없는 것이었습니다. 세상 사람들은 그리젤다가 지닌 덕성을 제대로 알아주지 않았지만, 그는 정확하게 그런 미덕을 평가할 줄 알았습니다. 그래서 결혼을 하게 된다면 그리젤다가 아닌 다른 여자는 절대로 아내로 맞지 않겠다고 마음먹고 있었습니다.

결혼식 날이 다가왔지만 누가 신부가 될지 아는 사람은 아무도 없었습니다. 사람들은 궁금히 여겨 자기들끼리 수군거렸습니다.

"아직도 우리 영주님이 결혼할 생각이 없는 게 아닐까? 이 일을 어쩌나! 무엇 때문에 우리를 속이고, 또한 자기 자신을 속이려고 하는 것일까? 정말 안타까운 일이야."

그러나 영주는 그리젤다에게 줄 브로치와 반지를 이미 준비해 두었습니다. 심지어는 그리젤다의 몸매와 비슷한 하녀를 택해 그리젤다의 옷을 만들게 하였습니다. 또한 영주의 결혼식에 걸맞은 모든 장식품도 준비하라고 명령했습니다.

결혼식을 올리기로 한 날의 아침이 밝아 왔습니다. 궁전 전체를 호화롭게 치장하였고 연회장과 침실은 각각 격식에 맞게 꾸몄습니다. 그리고 주방과 창고에는 이탈리아 전역에서 가져온 산해진미가 가득 쌓여 있었습니다.

화려하게 차려입은 영주는 결혼식에 초대한 귀족과 귀부인을 비롯하여 젊은 기사들을 거느리고 웅장한 음악을 울리며 그리젤다가 사는 마을로 향했습니다. 물론 그리젤다는 이 모든 행렬이 자기 때문이라는 사실은 꿈에도 몰랐습니다.

그녀는 물을 길러 우물로 갔다가 영주의 결혼식을 보고 싶어 급히 집으로 돌아왔습니다. 그런데 그리젤다가 대문으로 들어서려는 순간, 막 도착한 영주가 그녀를 불렀습니다. 그녀는 물 항아리를 대문 근처에 있는 외양간에 내려놓으면서, 무릎을 꿇고 긴장된 표정으로 말없이 영주의 말이 떨어지기만 기다렸습니다. 영주는 생각에 잠긴 얼굴로 그리젤다에게 아주 정중히 말했습니다.

"그리젤다, 아버님은 어디 계시오?"

그리젤다를 찾아가다
영주는 그리젤다를 마음에 두고, 결혼식에 앞서 청혼을 위하여 그리젤다를 찾아간다. 앨프리드 엘모어 그림.

그녀는 겸손하고 예의바르게 대답했습니다.

"이쪽에 계십니다, 영주님."

그리젤다는 지체하지 않고 영주를 아버지에게 안내했습니다. 그러자 영주는 노인의 손을 잡고는 아무도 없는 곳으로 가서 이렇게 말했습니다.

"자니쿨라, 난 내 마음속에서 끓어오르는 소망을 더는 숨길 수 없으며, 또한 숨겨서도 안 될 시간이 되었네. 당신만 허락한다면 당신 딸을 데려가고 싶네. 그리고 무슨 일이 있어도 죽음이 우리를 갈라놓을 때까지 내 아내로서 사랑할 것이오. 나는 당신이 충성스런 나의 백성이자 신하로 태어났다는 것을 확신하오. 그래서 내가 기뻐하는 일이면 자네도 똑같이 기뻐할 것임을 알고 있소. 그러니 지금 나의 청혼에 대해 분명히 대답해 주오. 나를 사위로 받아들이겠소?"

갑작스런 제안에 놀라고 당황한 노인은 얼굴이 새빨개진 채, 머리끝부터 발끝까지 벌벌 떨며 꼼짝도 못했습니다. 그는 간신히 다음과 같이 말을 했을 뿐입니다.

"영주님, 영주님의 소원은 곧 제 소원입니다. 저는 절대로 영주님이 가시는 길에 걸림돌이 되고 싶지 않습니다. 영주님은 제가 사랑하는 왕이십니다. 그러니 원하시는 대로 이 일을 처리하십시오."

그러자 영주는 부드러운 목소리로 말했습니다.

"나는 당신과 그리젤다와 함께 침실에서 아무도 모르게 이야기를 하고 싶군. 우선 나는 그리젤다에게 내 아내가 되겠는지, 또 나의 뜻에 따를 의사가 있는지 물어보고 싶으니."

이렇게 영주와 자니쿨라가 침실에서 이야기를 하는 동안, 영주의 행렬을 구경하기 위해 나온 사람들이 집 주위로 몰려와, 그리젤다가 아버지를 얼마나 정성을 다해 돌봤는지 칭찬을 아끼지 않았습니다.

그러나 이런 광경을 한 번도 본 적이 없는 그리젤다는 그저 놀라울 뿐이었습니다. 게다가 자기 집에 그토록 높고 귀한 손님이 찾아온 것에 말문이 막혀 아무 말도 할 수 없었습니다. 이렇게 귀한 손님들을 맞이해 본 적이 없는 그녀의 얼굴에는 핏기가 가셔 있었습니다.

영주는 착한 그리젤다에게 다음과 같이 말했습니다.

"그리젤다, 내가 당신과 결혼하는 것에 대해 당신 부친과 나는 만족스럽게 생각하오. 아마 당신도 그럴 것이라고 짐작하오. 그러나 일을 급하게 서둘러야 하니 먼저 물어보겠소. 당신은 이 결혼에 동의하오, 아니면 좀 더 생각하길 원하오?

그러니까 이것은 당신이 나의 모든 소원을 지체하지 않고 기꺼이

영주의 구혼
그리젤다의 아버지에게 먼저 허락을 구한 영주는 그리젤다에게 결혼에 대한 의향을 묻는다. 찰스 웨스트 그림.

들어주겠느냐고 묻는 것이오. 그리고 내가 당신에게 기쁨을 주거나 고통을 주거나 내 마음대로 해도 되는지, 또 내가 무엇을 하든 조금도 불평을 하지 않을 것인지를 묻는 것이오. 이런 것을 맹세하면 나는 지금 당장 이곳에서 우리의 성혼을 공포하겠소."

영주의 말에 너무 놀란 그리젤다는 두려운 마음으로 몸을 떨면서 대답했습니다.

"영주님, 저는 이런 영광을 받을 자격이 없습니다. 하지만 영주님의 모든 소원은 제 소원이기도 합니다. 목숨을 잃는 한이 있어도 제 마음대로 행동하지 않겠으며, 영주님의 말도 어기지 않겠습니다. 영주님을 위해서라면 죽음도 겁내지 않겠습니다."

그러자 영주가 말했습니다.

"아, 나의 그리젤다여! 그러면 됐소!"

영주는 엄숙한 표정으로 문을 향해 걸음을 옮겼고, 그리젤다는 그 뒤를 따랐습니다. 문 앞에 이르자 영주는 군중들에게 말했습니다.

"지금 내 옆에 서 있는 사람이 나의 아내다. 나를 사랑하는 자는 모두 이 여인을 사랑하고 공경하기 바란다. 내가 하고 싶은 말은 이것뿐이다."

그리고 나서 영주는 함께 온 귀부인들에게 곧바로 그리젤다의 옷을 갈아입히도록 했습니다. 귀부인들은 옷을 갈아입힌 후 헝클어진 그리젤다의 머리를 빗겨 주었으며, 부드러운 손으로 그녀의 머리에 화관을 씌워 주고, 온갖 종류의 보석으로 치장을 해 주었습니다. 그리젤다가 화려하게 차리고 나서자 그 모습이 너무도 아름다워서 많은 사람들이 그녀를 제대로 알아보지 못할 정도였습니다.

영주는 가져온 반지를 끼워 주면서 그리젤다를 아내로 맞이했습니다. 그는 그곳에서 지체하지 않고 그녀를 백마에 태워 궁전으로 데려갔습니다. 기쁨에 들뜬 군중들이 그녀에게 환호성을 지르며 궁전까지 따라왔습니다. 그리고 해가 질 때까지 잔치를 벌이며 하루를 보냈습니다.

이야기를 서두르기 위해 간단히 말하겠습니다. 하느님은 이 영주 부인에게 지극한 은총을 베푸셨습니다. 원래 착하고 어진 그리젤다였지만, 그 덕성스럽고 자비로운 마음의 깊이는 날이 갈수록 더욱 깊어져 마침내 그녀의 인격은 인간이 다다를 수 있는 최고의 경지에 이르게 된 것이었습니다. 그녀는 늘 신중하고 다정했으며, 말씨는 상냥하고 매력적이었습니다. 또 모든 사람의 존경을 한 몸에 받았습니다. 그녀는 모든 사람의 마음을 따뜻하게 감싸 주었기 때문에, 그녀의 얼굴을 단 한 번이라도 본 사람은 누구나 그녀를 사랑하게 되었습니다.

이렇게 영주 발터는 겸손하게, 아니 훌륭한 왕답게 어진 아내를 맞아 행복한 결혼 생활을 했습니다. 그는 하느님이 내려 주신 평화 속에서 안락하게 살았고, 커다란 명성을 누렸습니다. 미덕이란 종종 비천한 사람에게 있다는 사실을 깨달았다는 이유로, 사람들은 그를 흔히 찾아볼 수 없는 위대한 현자로 여기게 되었습니다.

 결혼한 지 얼마 되지 않아 그리젤다는 딸을 낳았습니다. 그녀는 아들이면 더 좋았을 것이라고 생각했지만, 영주와 백성들은 모두 기뻐하였습니다. 첫딸을 낳았다는 것은 그녀가 아기를 낳을 수 있음을 증명하는 것이고, 따라서 다음에는 아들을 낳을 가능성이 높았기 때문입니다.

3

딸아이가 아직도 젖을 빨 무렵, 영주는 자기 아내가 얼마나 지조가 강한지 시험해 보고 싶은 이상한 욕망을 억누를 수가 없었습니다. 그는 이미 여러 번 시험을 했고, 그때마다 그녀의 결백은 증명되었는데 무엇 때문에 다시 아내를 시험해 볼 필요가 있었을까요? 나는 남자가 아내를 시험하기 위해 불필요한 고통과 두려움을 주는 것은 전혀 좋은 일이 아니라고 생각합니다.

 영주는 이렇게 계략을 꾸몄습니다. 어느 날 밤, 그는 침울한 얼굴로 인상을 쓰며 아내가 있는 방으로 가서 말했습니다.

 "그리젤다! 내가 당신을 가난에서 구해 주고 지금의 높은 지위를 준 그날을 잊지는 않았을 것이오. 그리젤다, 지금 당신이 큰 복을 누린다고 해도, 예전에 극빈하게 살았다는 사실을 잊지는 않았을 것이라 생각하오. 이제 내가 하는 말을 하나도 빠짐없이 잘 들으시오. 나는 당신을 사랑하고 소중히 여긴다오. 하지만 귀족들은 그렇게 생각하지 않소. 그들은 당신처럼 시골에서 태어난 비천한 사람에게 복종하고 충성을 다한다는 것은 자신들에게 불명예이며 치욕이라고 생각하고 있소. 특히 우리 딸이 태어난 뒤로는 더 심하오. 난 전과 다름없이 그들과 평화롭고 화목하게 지내기를 바라오.

　나는 원하지 않지만, 백성들이 원한다면 최선의 방법으로 우리의 딸 문제를 해결하고 싶소. 그렇지만 당신이 모르게 그런 일을 하지는 않으려 하니 이 일에 대해 당신도 허락해 주기 바라오. 지금 당장 당신이 얼마나 참을성 있는지를 보여 주시오. 우리가 결혼한 날 마을 사람들 앞에서 맹세하고 약속한 대로 말이오."

　영주가 이렇게 말했지만 그녀의 표정이나 말투, 자세에서는 전혀 놀란 기색을 엿볼 수 없었습니다. 남편의 요구에 그리젤다는 이렇게 대답했습니다.

　"무엇이든 당신이 원하는 대로 하십시오. 제 딸과 저는 당신 것이며, 기꺼이 당신의 명령에 복종하겠습니다. 당신의 것을 죽이든 살리든, 그것은 당신의 마음입니다. 당신이 원하는 일이라면 저는 기꺼이 하겠습니다. 제가 가지고 싶은 것은 당신뿐이며, 제가 잃어버리고 싶지 않은 것도 당신뿐입니다. 이것이 저의 변치 않는 바람입니다. 세월이 아무리 흘러도 당신을 향한 제 마음이 사라지거나 변하게 할 수는 없을 것입니다."

　그리젤다의 이런 대답을 들은 영주는 행복했지만, 그렇지 않은 듯이 행동했습니다. 그래서 방을 나갈 때 그의 표정은 무섭고 험상궂었습니다. 이 일이 있고 얼마 후에 영주는 부하에게 자기의 계략을 일러주고 아내에게 보냈습니다.

　영주가 원하는 것이 무엇인지 잘 아는 그 남자는 급히 그리젤다의 방으로 가서 그녀에게 말했습니다.

　"부인, 저의 본분은 명령을 이행하는 것이므로, 저는 명령을 따를 수밖에 없습니다. 그러니 용서해 주시기 바랍니다. 부인께서도 잘 아시겠지만, 영주님의 명령을 불평하거나 원통해할 수는 있어도 어기거나 회피할 수는 없는 일입니다. 저 역시 그런 사람이기 때문에 명령에 복종하는 수밖에 없습니다. 영주님은 제게 저 아이를 데려가라는 지시를 내리셨습니다."

이렇게 말하더니 그는 거칠게 아이를 집어 들고 마치 그 자리에서 죽여 버릴 듯이 험상궂은 표정을 지었습니다. 영주가 원하는 것이라면 모두 참고 견뎌야 하는 그리젤다는 어린 양처럼 순하고 조용하게 앉아 영주의 잔인한 부하가 저지르는 끔찍한 행동을 잠자코 지켜보았습니다. 불쌍한 그리젤다는 그 부하가 그 자리에서 사랑하는 딸을 죽일 것이라고 생각했지만 울지도 않고 탄식도 하지 않았습니다. 그저 남편의 뜻을 따를 뿐이었습니다.

마침내 그리젤다는 영주의 부하에게 딸이 죽기 전에 이별의 키스라도 하게 해 달라고 간곡히 부탁했습니다. 딸아이를 가슴에 껴안는 순간 그녀의 가슴은 고통과 괴로움으로 가득 찼습니다. 딸아이를 품에 안고 키스를 한 그리젤다는 성호를 그으면서 부드러운 목소리로 말했습니다.

"아가야, 안녕. 이제 다시는 너를 못 보겠구나. 하지만 내가 너에게 성호를 그어 주었으니 우리를 위해 십자가에 못 박혀 돌아가신 예수님께서 너에게 축복을 내리실 거야. 사랑하는 딸아, 하느님께서 네 영혼을 보살피시리라고 믿는다. 너는 오늘 밤 나를 위해 죽을 몸이란다."

나는 단지 아이를 키우기만 하는 유모가 이 광경을 목격했더라도 도저히 견딜 수 없었을 것이라고 확신합니다. 그러니 자식을 낳은 어머니는 얼마나 통곡할 일이겠습니까? 그러나 그녀는 냉정하고 태연하게 이런 모든 고통을 견디어 내면서 영주의 부하에게 부드럽게 말했습니다.

"자, 아이를 다시 받으시오. 이제 영주님의 명령을 받드시오. 하지만 한 가지만 부탁하겠소. 영주님이 금하시지 않았다면 짐승이나 새들이 먹어 치우지 못할 장소에 이 아이를 묻어 주시오."

이렇게 부탁했건만, 부하는 아무 말도 하지 않은 채 아기를 데리고 방을 떠났습니다.

부하는 다시 영주에게 돌아가서 그리젤다의 말과 행동을 낱낱이 보고한 다음 사랑스런 딸을 영주의 품에 안겨 주었습니다. 영주는 양심의 가책을 느꼈지만 자기가 마음먹은 바를 굽히지 않았습니다. 높은 사람들이란 원래 마음먹은 결과가 나올 때까지 항상 이렇게 하는 법입니다.

영주는 부하에게 명령하여, 아기를 조심스럽게 모포로 감싼 다음 상자에 넣어 아무도 모르게 데려가라고 했습니다. 그러면서 이 일은 누구도 눈치 채서는 안 되며, 그 아이가 어디에서 왔으며 어디로 가는지도 알려서는 안 된다고 덧붙였습니다. 그리고 마지막으로 만일 이 비밀이 새어 나가는 날이면 그를 참수斬首하겠다고 말했습니다.

부하는 아이를 볼로냐로 데려갔습니다. 그곳에는 영주의 누이인 파니고 백작부인이 살고 있었습니다. 부하는 백작부인에게 상황을 설명하고, 그 아기에게 귀족의 자녀에 걸맞은 교육을 시켜 달라고 부탁했습니다. 그리고 그 아이가 누구의 딸인지는 아무에게도 밝히지 말아 달라고 당부했습니다. 부하는 이렇게 그의 임무를 완수했습니다.

이런 일이 있은 후에도 영주는 마음을 늦추지 않았습니다. 그는 아내의 행동이나 말에서 변화의 흔적을 찾을 수 있을지 궁금하게 여겼습니다. 그러나 전혀 그런 변화의 낌새를 찾아볼 수 없었습니다. 그녀는 전과 다름없이 다정하고 상냥했습니다. 남편을 즐겁게 맞이했으며, 그의 말에 순종했고, 여느 때처럼 공손하게 그를 섬기며 사랑했습니다. 그녀는 한 번도 딸에 관한 이야기를 입에 올리지 않았습니다. 그렇게 엄청난 불행을 겪었으면서도 그녀는 조금도 변하지 않은 것이었습니다.

4

어느덧 사 년이란 세월이 흘러 그리젤다는 다시 아기를 갖게 되었습니다. 이번에는 하느님께서 영주 발터에게 근사한 사내아이를 선사해 주셨습니다. 이 소식이 전해지자, 영주뿐만 아니라 온 백성들이 하느님께 감사를 드리고 찬미하면서 기뻐했습니다.

그런데 아이가 두 살이 되어 유모의 젖을 뗄 무렵, 영주는 또 한번 아내의 인내심을 시험해 보고 싶은 생각이 들었습니다. 다시 그리젤다를 시험한다는 것은 얼마나 쓸데없는 일입니까! 하지만 남자들은 참을성 있는 아내를 만나면 한없이 시험해 보고 싶은 마음이 드나 봅니다.

영주가 말했습니다.

"사랑하는 그리젤다, 당신도 알다시피 백성들은 우리의 결혼을 탐탁지 않게 여기고 있소. 특히 우리 아들이 태어난 뒤로는 더욱더 그렇게 생각한다오. 이제 백성들은 이런 소리까지 하고 있소. '영주 발터가 죽으면 자니쿨라의 가족이 그 자리를 계승하여 우리의 주인이 될 거야.' 난 될 수 있는 한 평화롭게 살기를 바라오. 따라서 전에 첫째 딸을 처치했듯이 이번에도 아들을 아무도 모르게 죽이려고 하오. 당신에게 미리 알려 주는 것은, 당신이 지나치게 슬퍼하여 정신을 잃지 않기를 바라기 때문이오. 지난번처럼 이번에도 꾹 참아 달라고 당신에게 당부할 따름이오."

그러자 그리젤다가 말했습니다.

"지난번에도 말씀드렸다시피 저는 당신이 원하시는 일 이외에는 그 어떤 것도 바라지 않습니다. 제 딸과 아들이 당신의 명에 의해 죽는다 해도 절대로 슬퍼하지 않겠습니다. 두 아이들 때문에 처음에는 병들고 후에는 슬픔에 젖게 될지도 모릅니다. 그러나 당신은 우리의 주인이시니 당신이 원하시는 대로 하십시오.

제가 당신의 뜻을 미리 알았더라면 당신이 말씀하시기 전에 그대로 실행했을 것입니다. 그러나 이제 당신이 원하시는 것이 무엇인지 알게 되었으니 변함없이 당신의 뜻을 따르겠습니다. 제가 죽어야 당신이 마음의 평정을 찾을 수 있다면 기꺼이 죽음을 택할 것입니다. 우리의 사랑에 비하면 죽음은 보잘것없는 것이니까요."

아내의 변함없는 마음을 확인한 영주는 자기 자신이 창피하게 느껴져 그녀를 제대로 쳐다볼 수 없었습니다. 아내가 그토록 모진 고통과 슬픔을 견뎌 내는 것을 보니 새삼 놀라울 뿐이었습니다. 그는 굳은 표정으로 방문을 나섰지만, 마음은 기쁨으로 가득 찼습니다.

영주의 잔인무도한 부하는 전과 똑같은 식으로 아니, 전보다 더 흉악하고 난폭하게 그녀의 귀엽고 예쁜 아들을 빼앗았습니다. 그러나 그녀는 슬픈 표정을 짓지 않았습니다. 그토록 인내심이 강한 것이었습니다. 다만 아들에게 작별 키스를 하고, 성호를 그어 준 뒤 그자에게 연약한 아이의 사지를 날짐승과 산짐승이 해치지 못할 곳에 묻어 달라고 부탁했을 따름입니다. 그러나 그 부하는 아무런 대답도 하지 않았습니다. 그리고 이번에도 아주 조심스럽게 아기를 볼로냐로 데려갔습니다.

영주는 생각하면 할수록 아내의 인내심에 놀라움을 금할 수 없었습니다. 만일 아내인 그리젤다가 자기 아이들을 얼마나 사랑하는지 몰랐다면, 영주는 아마도 그녀가 교활하거나 악의로 가득 찼거나, 아니면 마음이 사악한 여자라고 의심했을 것입니다. 그러나 그는 아내가 남편인 자기 다음으로 아이들을 가장 사랑한다는 사실을 잘 알고 있었습니다.

그러나 세상에는 별의별 사람들이 다 있어서 어떤 일을 하겠다고 한번 마음먹으면 그 생각을 떨쳐 버리지 못하고 반드시 그 뜻을 이루어야 직성이 풀리는 사람이 있는 법입니다. 마치 화형을 당하는 순교자처럼 말입니다. 영주가 이런 경우였습니다. 그는 처음에 마음먹은 대로 아내를 끝까지 시험해 보려고 생각했습니다.

그런데 전국 방방곡곡에 영주 발터에 관한 나쁜 평이 퍼져 가고 있었습니다. 가난한 천민의 딸을 아내로 맞았다는 이유로, 그가 잔인하게도 자신의 친자식을 둘이나 몰래 죽였다는 소문이었습니다. 사람들이 너나 할 것 없이 모두 이렇게 수군거리는 것은 이상한 일이 아니었습니다. 왜냐하면 백성들의 귀에는 어린아이들을 무참히 죽였다는 말

아이를 빼앗기는 그리젤다
영주는 그리젤다의 마음을 시험하기 위하여 부하를 시켜 아이를 빼앗는다. 찰스 웨스트 그림.

만 들렸기 때문입니다. 영주를 무척이나 사랑하던 백성들도 이런 소문을 듣고는 영주를 미워하게 되었습니다. 자신에 대한 나쁜 소문이 돌았지만, 영주는 흉측한 계획을 중단하려고 하지 않았습니다. 그의 마음은 아내를 시험하려는 생각으로 가득 차 있던 것이었습니다.

딸이 열두 살 되던 해에 영주는 로마로 사신을 보내, 자신의 비인간적인 계획을 위해 필요하다며 교황청 교서를 위조하라고 지시했습니다. 원래 이 교서는 백성들을 진정시키기 위해 영주가 원한다면 그리젤다와 다시 혼인식을 올리는 것을 허락한다는 내용이었습니다. 그러나 교서는 영주의 계략에 의해 다음과 같이 위조되었습니다. 즉 영주와 백성들 간의 불화와 충돌을 없애기 위해 교황이 첫 번째 아내인 그리젤다를 버려도 좋다고 허락했다는 내용으로 둔갑한 것입니다. 영주는 이렇게 위조된 교서를 널리 공포했습니다. 기대한 대로 백성들은 이 교서를 순진하게 그대로 믿었습니다.

영주는 자기 계획을 이루기 위해 아무도 모르게 볼로냐로 편지를 한 통 보냈습니다. 그것은 자기 누이와 결혼한 파니고 백작에게 정중히 부탁하는 내용이었는데, 바로 두 아이들을 호위하여 공개적으로 고향으로 데려와 달라는 것이었습니다. 그리고 덧붙이기를, 도중에 그들이 누구냐고 묻더라도 절대로 말하지 말고, 다만 여자아이는 살루초의 후작과 결혼할 것이라는 말만 해 달라고 부탁했습니다.

백작은 그의 부탁대로 해 주었습니다. 예정한 날이 되자 백작은 살루초를 향해 떠났습니다. 화려하게 차려입은 수많은 귀족들이 소녀와 어린 동생을 호위하였습니다. 어린 동생은 누이 옆에서 말을 타고 있었습니다. 꽃봉오리 같은 소녀는 결혼식을 치르기 위해 화려한 옷을 입고 온통 찬란한 보석으로 치장하고 있었습니다. 한편 일곱 살짜리 동생도 나름대로 멋지게 옷을 입고 있었습니다. 그들은 이렇게 화려한 행렬을 이루며 기쁜 마음으로 살루초를 향해 떠났습니다.

5

그동안에도 영주는 아내가 전과 다름없는 지조를 지녔는지 확인하기 위해, 여느 때처럼 잔인한 마음으로 아내를 시험할 방법을 찾았습니다. 그리하여 어느 날 공개석상에서 큰 소리로 아내에게 말했습니다.

"그리젤다여, 나는 당신이 충실하고 유순하며 순종적이기 때문에 아내로 맞이한 것이지, 돈과 명예와 혈통 때문에 결혼한 것이 아니오. 그리고 나는 이런 결정에 더할 수 없이 만족하오. 하지만 나의 백성들은 내게 다른 여자를 아내로 맞이하라고 매일 소리치며 요구하고 있소. 교황께서도 백성들의 민심을 가라앉히기 위해서라면 나의 뜻대로 하는 것이 좋겠다고 동의하셨소.

그래서 미리 당신에게 말을 하겠는데, 지금 나의 새 부인이 이리로 오는 중이오. 그러니 지체하지 말고 당신의 자리를 비워 주시오. 당신이 가져온 지참금은 모두 가져가도 좋소. 이제 당신 아버지의 집으로 돌아가시오. 세상 어느 누구도 항상 행운을 누릴 수는 없는 법이니, 한결같은 마음으로 운명의 풍파를 견뎌 나가시오."

그리젤다는 조금도 흔들림 없는 모습으로 이렇게 말했습니다.

"저는 당신의 빛나는 지위와 가난한 제 처지를 어떤 식으로도 비교할 수 없다는 사실을 잘 알고 있으며, 또 언제나 명심하고 있을 것입니다. 제가 당신의 아내 될 자격이 있다고 생각해 본 적은 한 번도 없습니다. 아니, 당신의 시녀가 될 자격조차 갖추지 못했음을 잘 알고 있습니다. 당신이 저를 주인으로 만들어 주신 이 집에서 저는 제 자신을 영주의 아내로 생각해 본 적이 없습니다. 단지 귀하신 당신의 비천한 하녀에 불과하다고 믿었습니다. 그러니 제 목숨이 남아 있는 동안 이 세상 누구보다도 당신의 충실한 종이 될 것입니다.

저처럼 보잘것없는 여인에게 자비롭게도 오랫동안 영예를 베푸신 당신과 하느님에게 감사드립니다. 하느님께서 그런 자비에 보답해 주시길 기도드립니다. 제가 드릴 말은 이것뿐입니다. 이제 저는 기꺼이 아버님께 돌아가 남은 일생을 보내겠습니다. 또한 제가 어렸을 때부터 살아 온 고향에서 몸과 마음이 깨끗한 홀어미로서 인생을 마감하겠습니다. 저는 당신에게 저의 처녀를 바쳤고, 의심할 나위 없이 당신의 충

그리젤다의 신분 변화
그리젤다는 시골 아가씨에서 영주 부인으로 신분의 변화를 겪었지만, 다시 가진 것 없이 시골 마을로 쫓겨난다. 존 손더즈 그림.

실한 아내였습니다. 그러니 위대한 영주의 아내였던 제가 다른 남자를 남편으로 맞는 것은 하느님께서도 허락하시지 않을 것입니다.

하느님께서 당신과 당신의 새 부인에게 은총을 내리시어 행복과 번영을 누리기를 바랄 뿐입니다. 당신의 새 부인에게 제가 크나큰 행복을 누린 자리를 기꺼이 내어드리겠습니다. 제 마음은 온통 당신을 위하는 일로 가득 차 있습니다. 그러니 제가 이곳을 떠나길 원하신다면, 기꺼이 당신이 원하는 곳으로 가겠습니다.

제가 시집올 때 가져온 물건을 돌려주겠다고 하셨지만, 저는 그것이 무엇이었는지 제대로 기억조차 나지 않습니다. 값비싼 것은 아무것도 없습니다. 기껏해야 떨어진 옷가지 정도입니다. 당신은 제 친정에서 제가 입고 있던 남루한 옷을 벗기시고, 친절하게 화려한 새 옷으로 갈아입힌 일을 기억하실 것입니다. 제가 가져온 것은 저의 성실함과 벌거벗은 몸뚱이와 순결밖에는 없습니다. 이제 여기 그 옷과 당신이 주신 결혼반지를 영원히 되돌려드립니다. 당신이 주신 다른 패물은 당신 침실에 있습니다.

저는 시집올 때 알몸으로 왔으니 알몸으로 되돌아가야 합니다.● 그러나 제가 아무것도 걸치지 않은 채 알몸으로 나가는 것은 당신도 원치 않으실 것입니다. 그러니 당신에게 가져왔지만 이제 다시는 가질 수 없는 순결의 대가로 제가 입던 겉옷 한 벌을 주십시오. 그러면 저는 그것으로 한때 당신의 아내였던 여인의 배를 가리겠습니다. 당신을 더 화나게 하고 싶지 않으니, 저는 이만 당신과 작별하고자 합니다."

그러자 영주가 말했습니다.

"지금 걸친 그 겉옷을 입고 떠나시오."

아내가 너무나 불쌍하고 양심의 가책을 느낀 나머지 영주는 간신히 이렇게 말하고 밖으로 나갔습니다.

그리젤다는 겉옷 하나만 걸치고 친정으로 향했습니다. 백성들은 울면서 그녀 뒤를 따랐고, 가면서 줄곧 변덕스런 운명의 여신을 향해 욕을 퍼부었습니다. 그러나 정작 그녀는 가는 도중에 눈물 한 방울도 흘리지 않고, 말 한 마디도 하지 않았습니다.

그리젤다의 아버지도 이 소식을 전해 들었습니다. 사실 처음부터 그는 영주가 자신의 성적 욕구를 채우고 난 뒤에는 천한 여자를 선택하여 자신의 품격이 떨어졌다고 여길 것이며, 마침내는 아내를 내쫓을 것이라고 생각했습니다. 사람들이 웅성거리는 소리가 들려왔습니다. 그는 딸을 맞이하기 위해 급히 뛰어나갔습니다. 노인은 눈물을 흘리면서 그녀가 옛날에 입던 낡은 외투로 정성껏 감싸 주었습니다.

그리젤다는 얼마 동안 아버지와 함께 살았습니다. 인내심 많은 여자의 본보기인 그녀는 사람들 앞에서든 사람들이 없는 곳에서든 마음에 입은 상처에 대해 말하는 법이 없었습니다. 또한 잃어버린 높은 지위를 그리워하거나 기억한다는 표정도 짓지 않았습니다. 하지만 이런 것

●욥기 1장 21절 "벌거벗고 세상에 태어난 몸, 알몸으로 돌아가리라. 야훼께서 주셨던 것, 야훼께서 도로 가져가시니 다만 야훼의 이름을 찬양할지라."

은 전혀 놀라운 일이 아니었습니다. 그녀는 영주 부인의 지위에 있을 때에도 지극히 겸손했기 때문입니다.

그리젤다는 진수성찬을 좋아하지도 않았고, 쾌락을 사랑하는 정신의 소유자도 아니었습니다. 반대로 그녀는 인내심과 온정으로 가득 차 있었고, 거만하지 않으며, 항상 남을 배려하고 명예를 존중하며, 남편에게 순종하고 변함없이 충실했습니다.

6

파니고 백작이 도착하자, 이 소식은 방방곡곡으로 퍼졌습니다. 그가 화려한 행렬을 이끌고 후작의 새 부인을 데려왔다는 소식이 온 백성의 귀에 들어갔습니다. 영주는 자기의 새 부인이 누구인지 잘 알고 있었습니다. 자신이 바로 이런 일을 꾸민 장본인이었으니까요. 그는 백작이 도착하기 전에 사자를 보내어 그리젤다를 데려오게 했습니다. 그녀는 겸손한 마음과 밝은 얼굴로 영주의 부름을 받들었습니다. 그리고 그의 앞에 무릎을 꿇고 공손하게 인사를 했습니다.

영주가 말했습니다.

"그리젤다여, 나는 내일 이곳에서 나와 결혼할 여자를 성대하게 맞이하려 한다. 그리고 모든 사람이 신분에 맞는 대접을 받을 수 있도록 그들을 맞이하고 싶구나. 하지만 내가 원하는 대로 침실을 꾸미고 정돈할 만한 여자가 없으니, 그대가 그 일을 맡아 주었으면 한다. 그대는 나의 모든 취향을 잘 알고 있으니 최선을 다해 그대의 의무를 다하라."

그리젤다가 말했습니다.

"영주님, 저는 당신이 원하는 일을 할 수 있다는 사실에 행복을 느낍니다. 보잘것없는 지금의 제 위치에서 쓰러질 때까지 최선을 다해 당신을 기쁘게 하는 것은 제 소원이기도 합니다. 기쁠 때나 슬플 때나 제 마음은 성심껏 영주님을 사랑할 것입니다."

그리젤다는 곧 집 안을 정리하기 시작했습니다. 그리고 식탁을 차리고 잠자리를 준비했습니다. 하녀들에게 서둘러 쓸고 닦으라고 지시를 내리면서, 누구보다도 부지런히 침실과 연회장을 말끔하게 치웠습니다. 그녀는 있는 힘을 다해 일했습니다.

백작은 아침 아홉 시경에 귀한 두 아이를 데리고 도착했습니다. 사람들은 그 광경을 보기 위해 달려 나왔습니다. 그리고 영주 발터가 왜 새 아내를 얻으려고 했는지 알 만하다며 수군대기 시작했습니다. 그들은 그리젤다보다 훨씬 예쁘고 젊은 여자를 본 것입니다. 그래서 영주가 결혼을 하면 그리젤다의 아이들보다 더 예쁜 아기가 태어날 것이고, 새색시의 출신 가문이 좋으니 금실도 전과 비할 수 없을 것이라고 생각했습니다. 새색시의 남동생 역시 멋있기는 마찬가지였습니다. 사람들은 두 사람을 모두 마음에 들어 하면서 영주의 처사를 칭찬하기 시작했습니다.

'정말 변덕스런 사람들이군! 바람개비처럼 수시로 변하고 지조도 신의도 없는 족속이야. 항상 일고의 가치도 없는 소리만 늘어놓아. 너희 같은 백성을 믿는 자는 천하의 바보야.'

그 도시의 뜻있는 사람들은 구경꾼들이 수군대는 소리를 들으며 이렇게 생각했습니다. 하지만 사람들은 여전히 입을 벌린 채 신이 나서 마냥 행복해했습니다.

그런 동안에도 그리젤다는 결혼식 만찬을 준비하느라고 눈코 뜰 새 없이 바빴습니다. 낡아서 넝마가 되어 버린 옷 따위에는 아랑곳없이 그녀는 기쁜 표정으로 다른 사람들과 함께 성문으로 나아가 백작의 일행을 맞이하고는 다시 자기가 할 일을 했습니다. 그녀는 영주의 손님들을 맞이하여 저마다의 신분에 맞게 능숙하게 접대했습니다. 그래서 손님들은 경사스러운 날에 어울리지 않는 그녀의 차림새를 비난하

연회
영주는 거짓 결혼식을 빌미로 연회를 베풀어 마지막으로 그리젤다를 시험해 본다. 연회 장면이 그려진 16세기 책의 삽화.

기보다는, 오히려 이토록 예의바르게 일을 잘하는 여인이 누구인지 의아해했습니다. 모든 손님들은 빈틈없는 그녀를 입이 마르도록 칭찬했습니다.

새색시와 그녀의 동생을 본 그리젤다는 진심으로 그들을 칭찬했습니다. 이런 칭찬은 인자한 마음씨에서 자발적으로 우러난 것이었으므로 그녀보다 진심 어린 칭찬을 할 수 있는 사람은 아무도 없었습니다.

마침내 귀족들이 잔치 식탁에 자리를 잡고 앉자, 영주는 연회장에서 바쁘게 일하는 그리젤다를 불렀습니다. 그는 농담조로 이렇게 물었습니다.

"내 아내를 어떻게 생각하느냐? 아름답지 않으냐?"

"정말 아름답습니다, 영주님. 정말이지 이분보다 더 아름다운 사람은 본 적이 없습니다. 단 한 가지 간청드리고 싶은 말은, 영주님이 다른 여자에게 하신 것처럼 이 연약한 여자를 괴롭히지 말아 달라는 것입니다. 이분은 귀하게 자랐고 훌륭한 교육을 받으셨습니다. 그러니 가난하게 자란 사람과는 달리 힘든 일을 이겨 내지 못할 것입니다."

발터는 그녀의 인내심과 밝은 태도를 보고, 그녀의 말에 아무런 악의가 없음을 다시 깨달았습니다. 거듭되는 고통과 치욕을 겪었지만, 그녀가 성벽처럼 굳고 정숙하여 본래의 꿋꿋함을 잃지 않자, 영주는 그리젤다에게 크게 감동하여 연민을 느끼게 되었습니다. 그래서 그는 이렇게 말했습니다.

"사랑하는 그리젤! 이제 이것으로 충분하오. 이제 더 고통은 없을 것이니 두려워하지 마오. 난 단지 높은 지위에 있건 낮은 지위에 있건 당신의 지조가 얼마나 굳고 당신의 마음이 얼마나 인자한지 시험을 해

봤을 뿐이오. 그러나 이제는 당신의 지조를 확신하게 되었소."

영주는 두 팔로 그녀를 껴안고 입을 맞추었습니다. 그녀는 너무나 놀란 나머지 그가 하는 말을 이해할 수가 없었습니다. 마치 깊은 잠에서 깨어난 것처럼 한동안 몽롱한 상태로 있다가 비로소 정신을 차렸습니다.

영주가 말했습니다.

"그리젤다, 나의 아내는 바로 당신이오. 당신 말고는 다른 아내가 없으며, 앞으로도 절대로 그런 일은 없을 것이오. 당신이 나의 새색시라고 생각한 이 소녀는 바로 당신의 딸이오. 그리고 이 사내아이는 나의 후계자요. 난 처음부터 이 아이에게 대를 잇게 할 생각이었소. 이 아이는 정말로 당신의 뱃속에서 나온 우리의 아들이오. 난 이 애들을 볼로냐에서 은밀히 키워 왔다오. 자, 어서 아이들을 맞아 주오. 당신의 두 아이들이 죽은 것이 아니라 이렇게 살아 있음을 확인하구려.

나는 악의를 품고 잔인한 마음으로 이런 일을 한 것이 아니라 단지 아내의 지조를 시험해 보기 위해 그랬던 것이오. 어떻게 하느님께서 자기 자식을 죽이려는 사람을 가만히 놔 두시겠소? 나는 처음부터 당신의 의지가 얼마나 확고한지 알게 될 때까지 남몰래 이 아이들을 키울 생각이었소."

영주에게 모든 이야기를 들은 그리젤다는 너무나 기쁜 나머지 정신을 잃고 말았습니다. 정신을 차리고 난 뒤에는 두 아이들에게 가까이 오라고 말한 다음, 애절하게 울면서 두 팔로 아이들을 껴안고는 모든 어머니들이 그러는 것처럼 애정 어린 키스를 퍼부었습니다.

"사랑하는 아이들의 목숨을 살려 주셔서 정말로 고맙습니다. 이제 저는 지금 당장 죽어도 여한이 없습니다. 제가 죽어 영혼이 육체를 떠나더라도 아무 상관없습니다. 아, 나의 귀여운 아이들아! 이 어미는 너희가 사나운 개나 끔찍스런 짐승에게 먹힌 줄 알고 얼마나 괴로워했는지 모른단다. 하지만 자비로운 하느님과 인자하신 아버지께서 너희들을 지금까지 이렇게 잘 보살펴 주셨구나."

바로 그 순간 그녀는 다시 쓰러지고 말았습니다. 이 광경을 본 수많은 사람들은 쉴 새 없이 눈물을 흘렸습니다. 눈물을 흘리지 않고는 그 광경을 차마 볼 수가 없던 것입니다.

그 자리에 모인 사람들은 남녀노소 할 것 없이 모두 진심으로 그리젤다를 축하하면서, 하늘에 별이 반짝이기 시작할 때까지 즐겁고 기쁘게 보냈습니다.

영주와 그리젤다는 오랫동안 평화롭고 단란하고 유복하게 살았습니다. 그들의 딸은 이탈리아에서 가장 고귀한 왕자와 성대하게 결혼식을 올렸습니다. 영주는 장인을 궁전으로 모셔서 죽는 날까지 안락하게 생활할 수 있게 했습니다. 영주가 죽은 뒤에는 그의 아들이 평화롭게 그의 뒤를 계승했습니다. 그는 아버지처럼 복된 결혼을 올렸지만 아내를 괴롭히거나 시험하지는 않았습니다. 말할 나위도 없이 요즘은 옛날처럼 모질지 않으니까요.

배운 것도 없는 여인이 한 인간에게 커다란 참을성을 보여 준 것처럼, 우리는 하느님이 주신 모든 것을 불평하지 말고 기꺼이 받아들여야 합니다. 하느님께서 당신이 창조한 것을 시험하시는 것은 너무나 당연한 일이기 때문입니다. 물론 그분은 우리를 항상 시험하십니다. 그러나 그분은 우리를 올바른 길로 인도하기 위해 여러 가지 방법으로 역경의 날카로운 매를 들어 고통을 주는 것이지, 우리의 의지가 얼마나 강인한지 확인하기 위해서 그러시는 것이 아닙니다. 그분이 주시는 것은 모두 우리를 위한 것입니다. 그러니 덕을 베풀며 변치 않는 마음으로 살아갑시다.

옥스퍼드 대학생의 이야기는 여기에서 끝난다.

상인의 이야기

늙은 기사, 오쟁이 진 줄도 모르다

상인의 이야기 서문

상인
엘즈미어 필사본에 나타난 상인.

상인이 말했다.

"나는 아내가 있습니다. 그런데 여러분의 상상을 초월할 정도의 악처랍니다. 우리 마누라가 악마와 결혼을 했더라도 그놈을 손쉽게 깔아뭉갤 겁니다. 하지만 그 악독한 성격을 일일이 예를 든들 무슨 소용이 있겠습니까? 그녀는 완벽한 독부毒婦입니다. 그리젤다와 우리 마누라 사이에는 말할 수 없이 엄청난 차이가 있습니다. 내가 자유의 몸이 된다면 결혼의 굴레에 다시는 빠지지 않을 겁니다. 결혼한 남자들은 항상 고민하며 슬퍼합니다.

물론 모든 사람이 그렇다는 것은 아니고, 결혼한 남자 대부분이 그렇다는 것입니다. 착한 사회자 양반, 내 말을 믿어 주시오. 나는 겨우 두 달 동안 결혼 생활을 했지만 심장을 도려내는 고통도 그 결혼 생활보다는 못할 겁니다."

이때 우리 사회자가 말했다.

"상인 양반, 하느님께서 은총을 내리시길! 당신이 이 문제에 관해 잘 아는 것 같으니, 그에 관한 이야기를 들려 달라고 진심으로 부탁하고 싶소."

그러자 상인이 대답했다.

"기꺼이 그렇게 하지요. 하지만 내 가슴은 너무나 슬퍼서 내 자신의 고통에 관해서는 이야기하지 못하겠습니다."

상인의 이야기

오래전 롬바르디아에 재뉴어리라는 훌륭한 기사가 살았습니다. 그는 부유하게 살았는데, 육십 년 동안 독신으로 지내면서 자기 구미에 맞는 여자들과 어울려 육체의 쾌락을 즐겼습니다. 그런데 신앙심 때문인지 아니면 노망이 난 건지는 모르겠지만, 예순 살이 넘자 결혼을 하겠다는 억누를 수 없는 욕망이 생겼습니다.

그는 이렇게 말했습니다.

"결혼을 제외한 나머지 생활은 일고의 가치도 없는 것이야. 이 세상을 낙원으로 만드는 것은 바로 결혼의 순수한 기쁨이야."

이 늙은 기사의 말은 일리가 있는 것이었습니다.

결혼이 대단히 좋은 일이라는 것은 하느님이 하늘에 계시는 것처럼 틀림없는 사실입니다. 특히 남자가 늙고 백발이 되었을 때에는 더욱더 그렇습니다. 그 나이의 남자들에게 있어서 아내는 그들이 가질 수 있는 최고의 보물이기 때문입니다. 그래서 기사는 젊고 예쁜 아내를 맞아 후손도 얻고, 아내와 함께 기쁨과 위안을 누리기로 마음먹은 것입니다.

어느 날 그는 자기가 오랫동안 생각한 것을 이야기하기 위해 친구들을 불렀습니다. 재뉴어리는 자못 심각한 얼굴로 설명을 하기 시작했습니다.

"여보게들, 나는 이제 늙었고 머리도 백발이 되었네. 이제 무덤 언저리에 발을 들여놓은 것이지. 지금까지 나는 경솔하게 마구 기력을 탕진해 왔네. 하지만 이건 고칠 수 있다고 생각해. 그래서 나는 되도록 빠른 시일 내에 결혼을 하기로 마음먹었네. 그러니 젊고 예쁜 여자와 되도록 빨리 결혼할 수 있도록 도와주게. 난 더 기다릴 수가 없네. 나도 두 눈을 크게 뜨고 결혼할 수 있는 여자를 찾아보겠네만, 나는 하나고 자네들은 여럿이니까, 자네들이 내게 알맞은 신붓감을 찾을 확률이 나보다 높을 걸세. 그래서 자네들에게 도움을 청하는 걸세.

하지만 한 가지 미리 일러둘 것은, 나이 먹은 여자를 아내로 맞이하지는 않을 걸세. 신부는 스무 살이 넘으면 안 되네. 이건 타협의 여지가 없는 것이야. 생선은 다 자란 것이 좋지만, 고기는 어린 것이 더 맛있지. 난 서른 살 먹은 여자는 싫네. 그런 여자는 말먹이용 콩줄기나 지푸라기처럼 하나도 맛이 없으니.

하느님도 아시지만, 늙은 과부들은 결혼 생활의 속임수를 낱낱이 알아서, 마음만 먹으면 얼마든지 문제를 만들 수 있네. 난 그런 여자와는 마음 편히 살 수가 없어. 여러 학교에 다닌 사람은 자연히 학자가 되는 법이네. 남편을 여러 번 갈아 본 여자도 이와 마찬가지일 걸세. 반면에 뜨듯한 밀랍은 손으로 주무르는 대로 모양이 만들어지는 것처럼 젊은 여자는 우리가 길들이기 나름이거든. 간단히 말하자면, 나는 이런 이유로 늙은 여자를 아내로 맞이하고 싶지 않은 걸세.

비록 머리는 백발이지만, 나는 과일이 무르익기 전에 꽃을 피우는 나무와 같네. 꽃이 핀 나무는 죽은 것도 마른 것도 아니야. 단지 내 머리만이 백발일 뿐, 마음과 육체는 일 년 내내 푸른 월계수처럼 언제나 싱싱하네. 자, 이제 내 생각을 다 얘기했으니, 자네들에게 내 소망을 들어 달라고 부탁하고 싶네."

날마다 재뉴어리의 머릿속은 결혼에 관한 엄청난 환상과 야릇한 생각들로 가득 찼습니다. 밤이면 밤마다 요염한 여자의 자태와 예쁜 여자의 얼굴이 그의 마음속을 스쳐 지나갔습니다. 마치 누군가가 깨끗한 거울을 광장 한복판에 갖다 놓고, 그 거울을 스쳐 지나가는 모든 사람들을 보여 주는 것 같았습니다.

이런 환상 속에서 재뉴어리는 자기 집 가까이에 사는 여자들을 눈여겨보았지만 누구를 결정해야 할지 판단이 서지 않았습니다. 어떤 여자는 얼굴이 예뻤고, 어떤 여자는 착하고 참해서 사람들의 존경을 받았습니다. 또 어떤 여자는 돈은 많았지만 평판이 나빴습니다. 마침내 그는 진심 반 장난 반으로 그중 한 여자에게 마음을 두고 다른 여자들 생각은 모두 떨쳐 버렸습니다.

사랑은 언제나 사람의 눈을 멀게 하여 아무것도 보지 못하게 합니다. 그는 잠자리에 들자마자 마음속으로 그 여자를 생각했습니다. 나이도 젊고 눈부시게 아름다우며, 팔과 허리는 길고 가늘며, 신중하게 행동하고, 집안도 좋으며, 여성스럽기 그지없는 여자였습니다. 그는 이 여자를 신붓감으로 결정하고 나니 더 현명한 선택은 있을 수 없다는 생각이 들었습니다. 일단 이렇게 결정을 하자 다른 사람들의 판단을 믿지 않았으며, 아무도 반대하지 않을 것이라고 생각했습니다. 적어도 자기 자신에게만큼은 그렇게 최면을 건 것입니다.

그는 될 수 있는 대로 빨리 함께 하는 자리를 마련하면 좋겠다며 친구들을 초청했습니다. 자기를 위해 신붓감을 찾아 헤매는 그들의 수고를 덜어 주고자 한 것입니다. 그는 먼저 친구들에게 자기가 이미 내린

천국
기사는 지상에서의 천국과 하늘에서의 천국을 모두 경험할 수는 없다는 말 때문에 걱정한다. 1504년경 히에로니무스 보스 그림.

결정에 대해서 왈가왈부하지 말아 달라고 부탁했습니다. 그러면서 그녀를 아내로 맞으면 하느님도 좋아하실 것이며, 자신도 행복해질 것이라고 설명했습니다.

그는 도시에 아름답기로 유명한 한 처녀가 있는데, 신분은 보잘것없지만 젊고 아름다운 것만으로도 충분하다고 말했습니다. 그리고 그 처녀를 아내로 맞아 여생을 편안하고 거룩하게 보낼 것이라고 천명하면서, 다른 남자와 기쁨을 나눠 갖지 않고 그녀를 독차지하게 해 주신 하느님에게 감사드렸습니다. 이어서 찾아온 모든 사람에게 자기의 목적이 이루어질 수 있도록 도와 달라고 부탁하고, 결혼을 하면 자신의 마음이 편해질 것이라고 덧붙였습니다.

그리고 이렇게 말했습니다.

"이제 단 한 가지만 제외하고는 아무 걱정이 없네. 내 양심에 거리끼는 일이지만, 지금 자네들에게 밝히겠네. 오래전에 나는 아무도 지상에서의 천국과 하늘에서의 천국을 다 누릴 수는 없다는 말을 들었네. 그런데 우리가 일곱 개의 죄악과 거기서 파생된 다른 죄악을 멀리한다면 결혼 생활 속에서 완전한 쾌락과 안락과 기쁨을 누릴 수 있다고 보네. 그래서 내가 늙은 나이에 아무런 근심이나 고통도 없이 그토록 복되고 편안한 삶을 누린다면, 이곳 지상이 나의 천국이 되지 않을까 걱정이네. 진정한 천국에 가려면 무한한 고통과 커다란 고난의 대가를 치러야 하는데, 내가 만일 다른 남자들처럼 아내와 기쁨을 즐기면서 산다면 어떻게 그리스도님이 계시는 영원한 천국으로 들어갈 수 있겠나? 이것이 바로 내 걱정인데, 자네들이 이 문제를 해결해 주었으면 좋겠네."

이런 터무니없는 생각을 못마땅하게 여긴 동생이 비웃는 표정으로 대답했습니다.

"형님, 그 걸림돌 때문에 절망하실 것은 없습니다. 결혼하시겠다는 그 처녀가 바로 형님의 연옥煉獄이 될지도 모르는 걸요. 그녀는 하느님의 도구이며 하느님의 채찍이 될 수도 있습니다. 그렇다면 형님의 영혼은 활시위를 떠난 화살보다 더 빨리 천국을 향해 올라갈지도 모릅니다. 결혼 생활에는 형님의 구원을 방해하거나 구원에 걸림돌이 될 완전한 행복은 없으며, 앞으로도 없을 것이라는 사실을 형님 스스로 조만간 확인할 수 있기를 바랍니다.

형님께서는 아내의 정욕을 절제 있게 만족시켜 주고, 아내에게 너무 큰 사랑을 베풀지 말아야 하며, 형님 자신도 나머지 죄악을 멀리하셔야 합니다. 저는 본래 아는 것이 없으니 더 길게 말하지는 않겠습니다. 그렇지만 너무 걱정하실 필요는 없습니다. 이제 마음을 편히 가지시고, 하느님의 은총이 함께 하길 기원합니다."

이렇게 말한 다음 그는 재뉴어리와 헤어졌습니다. 재뉴어리의 친구들은 다른 방법이 없다고 생각하고, 갖은 꾀와 지혜를 다해서 처녀와 재뉴어리의 결혼을 서둘렀습니다. 이 처녀의 이름은 메이였습니다.

마침내 결혼할 날이 되었습니다. 두 사람은 성당으로 가서 혼인성사를 받았습니다. 사제는 신부 메이에게 사라와 리브가˙처럼 지혜롭고 충실하게 결혼 생활을 하라고 당부하고는 결혼 서약을 하게 했습니다. 이어 평소와 같이 기도를 드리고, 신랑 신부에게 성호를 그어 주면서 하느님의 축복을 빌고는 혼인미사를 끝마쳤습니다.

이렇게 해서 두 사람은 정식으로 결혼한 몸이 되었고, 여러 손님들과 함께 결혼식 피로연에 자리를 잡고 앉았습니다. 기사 재뉴어리의 저택은 기쁨의 소리와 음악으로 가득 찼으며, 손님들은 이탈리아에서 가장 맛있는 요리를 먹으며 한껏 즐겼습니다. 결혼을 축하하기 위해 달콤한 음악도 울려 퍼졌습니다. 주신(酒神) 바쿠스는 사방을 돌아다니며 술을 따랐고, 베누스는 모든 사람에게 미소를 지었습니다. 재뉴어리는 총각 시절에 늘 하던 대로 베누스의 기사가 되었고, 결혼의 신인 히메나이오스˙보다도 더 행복한 표정을 지었습니다.

메이가 그곳에 앉아 있는 모습은 정말 아름다웠습니다. 마치 선녀 이야기에 나오는 선녀를 보는 것 같았습니다. 그녀는 5월의 맑은 아침처럼 아름다움과 기쁨으로 충만해 있었습니다. 재뉴어리는 메이의 얼굴을 바라볼 때마다 황홀경에 빠졌고, 파리스가 헬레네를 껴안았을 때보다 더욱 세게 메이를 안아 주리라 마음먹었습니다. 그러나 그날 밤 신부를 괴롭혀야 할 것을 생각하니 애처로운 생각이 들었습니다. 그래서 마음속으로

술잔을 채워 드리리다
재뉴어리와 메이의 결혼식 날, 바쿠스는 돌아다니며 술을 따랐다. 카라바조의 1596년경 작 〈바쿠스〉.

● **사라와 리브가** 아브라함의 아내와 이삭의 아내.

● **히메나이오스(히멘)** 결혼의 신. 미술 작품에서는 보통 결혼을 상징하는 햇불을 든 미소년으로 나타난다.

상인의 이야기 213

이렇게 말했습니다. '아, 불쌍한 여인이여! 하느님, 그녀가 나의 뜨거운 정욕을 감당할 수 있도록 도와주소서! 전 메이가 과연 제 힘을 이겨 낼 수 있을지 걱정스럽습니다. 하느님, 제 기운을 모두 쓰지 못하게 해 주소서! 한시 바삐 밤이 되어, 그 밤이 영원히 계속되도록 도와주소서!'

그는 아무도 눈치 채지 못하게 하면서 손님들이 일찍 자리를 뜨도록 무척 애를 썼습니다. 그리고 마침내 시간이 되자 모두 테이블에서 일어났습니다. 모두 행복과 기쁨에 넘친 표정이었습니다. 하지만 한 사람만은 그렇지 않았습니다. 그의 이름은 다미안이었고, 오랫동안 기사의 주방에서 고기를 자르던 종자였습니다. 그는 기사의 부인인 메이에게 반해 정신을 잃어버릴 지경이었습니다. 그토록 고통이 컸던 것입니다. 그래서 그는 서둘러 잠자리에 들었습니다.

일반 하객들이 모두 떠나자, 재뉴어리는 초조한 마음을 감추지 못한 채 메이에게 더 기다릴 수 없으니 신방으로 가자고 보챘습니다. 그리고 그때까지 남아 있던 친한 친구들에게 이렇게 말했습니다.

"제발 서둘러 가 주게. 예의바르게 행동하고 싶다면, 어서 집으로 돌아가 주게."

친구들은 재뉴어리의 부탁을 들어주었습니다. 그들이 마지막 건배를 들고 떠나자, 그는 커튼을 치고 신부를 방으로 데려갔습니다. 신부는 목석처럼 아무 말도 없었습니다. 재뉴어리는 자기의 낙원이자 아내인 사랑스런 메이를 꼭 껴안고서, 그녀의 부드러운 피부에 날카롭고 거친 수염을 비벼 대며 애무를 하고 수없이 키스를 퍼부었습니다. 그리고는 이렇게 말했습니다.

"사랑하는 아내여! 본격적인 결혼 생활을 하기 전에, 한 가지만 기억해 주오. 나는 내 마음대로 당신을 못살게 굴고 괴롭히게 될 것이오. 하지만 아무리 훌륭한 직공이라도 서두르면 일이 제대로 되지 않는 법이니 시간에 구애받지 말고 잘해 봅시다. 우리가 얼마나 오래 사랑을 하느냐는 중요하지 않소. 우리는 성스러운 혼인의 관계로 맺어진 사이니, 우리에겐 아무것도 죄악이 되지 않소. 남편과 아내는 아무리 사랑을 나누어도 죄를 짓는 것이 아니라오. 우리의 쾌락은 법률이 허락하는 떳떳한 것이라오."

그는 밤새 아내와 '일'을 했습니다. 날이 새자 그제야 빵 한 조각을 집어 먹었습니다. 그리고 침대 위에 일어나 앉아 크고 낭랑한 목소리로 노래를 부르며, 아내에게 키스를 하고 다시 사랑 놀이를 즐겼습니다. 재뉴어리의 음탕한 모습은 망아지 같았고, 재잘거리는 모습은 까치와 같았습니다. 짹짹거리며 노래를 부를 때면, 목덜미의 주름이 아래위로 흔들렸습니다. 그러나 잠옷을 입은 채 앙상한 목을 놀리고 앉아 있는 남편의 모습을 보면서 신부 메이가 무슨 생각을 했는지는 하느님도 아실 겁니다. 그녀는 남편과의 사랑 놀이가 하나도 즐겁지 않았습니다. 어쨌거나 마침내 기진맥진한 재뉴어리는 이렇게 말했습니다.

"이제 날이 밝았으니, 난 잠을 자겠소. 더는 한시도 눈을 뜨고 있을 수가 없소."

재뉴어리는 곧 쓰러져서 잠을 잤습니다. 아홉 시가 되어서야 그는 눈을 뜨고 자리에서 일어나 옷을 입었습니다.

한편 사랑에 빠진 다미안은 베누스의 불길에 온몸이 불탔습니다. 그는 욕망을 이기지 못해 죽을 지경이었습니다. 그리고 더는 참을 수 없어서 마침내 위험을 무릅쓰고 모든 것을 운명에 맡기기로 했습니다. 그는 연애편지 속에 자기의 슬픔을 적기로 했습니다. 그래서 자기의 고통을 아름다운 여인 메이에게 바치는 노래의 형식으로 쓰기 시작했

재뉴어리의 사랑
재뉴어리는 결혼식 피로연에서 메이와의 첫날밤을 기대하며 친구들에게 서둘러 가 달라고 재촉한다. 그림은 15세기 노래집 필사본에 실린 그림.

상인의 이야기

습니다. 편지를 다 쓰자 그는 자기 셔츠 아래에 달린 실크 주머니에 넣어, 심장 가까운 곳에 보관했습니다.

상류 계급의 관습대로 나흘이 지나서야 메이는 침실에서 나와 식당으로 왔습니다. 나흘이 지나 미사가 끝나기 전까지 신부는 식당에 앉아 식사를 할 수 없었기 때문입니다. 메이의 얼굴은 찬란한 여름날처럼 화사했습니다. 그런데 그때 우연히 재뉴어리는 다미안을 생각하면서 이렇게 말했습니다.

"맙소사! 다미안이 왜 시중을 들지 않는 거지? 아직도 몸이 안 좋은가? 도대체 무슨 일이야?"

재뉴어리 옆에 서 있던 종자들은 다미안이 병이 나서 의무를 다하지 못한다고 변명을 했습니다. 그것 이외에는 그가 의무를 피할 수 있는 다른 이유가 없었기 때문입니다. 그러자 재뉴어리가 대답했습니다.

"정말 안됐군! 아주 훌륭한 종자인데. 만일 죽는다면, 큰일이야. 종자 중에서 누구 못지않게 생각이 깊고 신중하며 믿음직했는데. 게다가 남자답고 능력이 있었지. 저녁을 먹은 뒤에 한번 찾아가야겠어. 메이와 함께 가서 그의 기운을 북돋워 줘야겠어."

그러자 그곳에 있던 모든 사람들이 좋은 생각이라고 말했습니다. 종자가 병에 걸렸을 때 위로한다는 것은 기사의 온정과 고귀한 마음씨를 보여 주는 일이었기 때문입니다. 사람들은 그런 행동이 아주 기사다운 것이라고 생각했습니다.

재뉴어리는 아내에게 이렇게 말했습니다.

"부인, 저녁식사가 끝나면 집 안 여인들을 모두 데리고 다미안을 찾아가 보시오. 그는 신사이니 잘 위로해 주고, 나도 곧 보러 가겠다고 전해 주시오. 하지만 그곳에서 너무 오래 지체하지는 말아요. 내가 당신을 품 안에 안고 잠잘 순간을 기다리고 있으니 말이오."

이렇게 말한 후, 재뉴어리는 식당 관리를 맡은 종자를 불러 여러 가지를 지시하기 시작했습니다.

  아리따운 메이는 집 안 여인들의 시중을 받으며 곧장 다미안을 보러 갔습니다. 그녀는 다미안의 침대 맡에 앉아 성심껏 그의 기분을 북돋워 주었습니다. 적당한 기회가 오자 다미안은 자기의 모든 소원을 쓴 편지를 주머니에서 꺼내 아무도 모르게 메이의 손에 쥐어 주었습니다. 그리고 길고 슬픈 탄식을 하며 귀엣말로 속삭였습니다.

  "저에게 자비를 베풀어 주소서! 만일 이 일을 누설하면 저는 목숨을 잃게 됩니다."

  그녀는 편지를 자기 품 안에 숨기고 방을 나왔습니다. 그리고 침대 옆에 편안히 앉아 있던 재뉴어리에게 다시 돌아갔습니다. 재뉴어리는 그녀를 껴안고 여러 번 키스를 퍼붓고는 곧 잠이 들었습니다. 그러자 메이는 화장실로 가서 다미안의 편지를 읽고 바로 조심스럽게 찢어서 변기 속에 버렸습니다. 예쁘고 아리따운 메이의 머릿속은 온갖 생각으로 가득 찼습니다.

  운명인지 우연인지, 혹은 자연의 섭리나 행성의 영향인지 나는 모르지만, 어쨌든 그날 다미안은 아름답고 마음씨 착한 메이에게 좋은 인상을 주었습니다. 그래서 메이는 그를 행복하게 만들어 주고 싶다는 생각을 머리에서 지울 수가 없었습니다. 그녀는 이렇게 생각했습니다. '한 가지 틀림없는 것은, 이런 내 생각을 남이 안다고 해도 나는 전혀 상관없어. 지금이라도 다미안에게 내가 가장 사랑하는 사람은 당신뿐이라고 고백할 수 있어. 그가 이 세상에서 가진 것이라고는 셔츠 한 벌밖에 없다고 해도 말이야.' 이렇게 착한 여자의 가슴속에는 자비로운 마음이 아주 빨리 일어나는 법입니다.

  부드럽고 자비로우며 동정심 많은 메이는 손수 정성을 다해 편지를 썼습니다. 그 안에는 그가 원하는 것이라면 모두 가지게 될 것이라고 적혀 있었습니다. 단지 그의 욕망을 만족시켜 줄 날짜와 장소만 빠져 있었습니다. 어느 날 적당한 기회가 생기자 메이는 다미안을 찾아가 남몰래 그 편지를 그의 베개 밑에 넣어 두었습니다. 그녀는 다미안에게 빨리 회복되기를 빈다고 말하면서 그의 손을 꼭 잡았습니다. 하지만 아주 조심스럽게 잡았기 때문에 아무도 그런 사실을 눈치 챌 수는 없었습니다.

다음 날 아침 다미안은 자기의 병과 고민이 모두 사라졌음을 알았습니다. 그는 애인의 눈에 매력적으로 보일 수 있도록 머리를 빗고, 옷을 차려입고 맵시를 냈습니다. 그런 다음 재뉴어리에게 갔습니다. 그는 사냥개처럼 주인의 명령이라면 무엇이든지 복종할 자세였습니다. 그는 모든 사람을 기쁘게 해 주었습니다. 자기가 모시는 부인의 총애를 받게 되자, 그는 모든 사람들과 즐겁게 이야기를 나누었습니다.

어떤 학자들은 가장 순수한 행복은 쾌락에 있다고 생각합니다. 이런 점에서 훌륭한 노기사 재뉴어리는 화려한 생활을 하면서 기사에 걸맞은 삶을 살려고 온 힘을 다한 것이 틀림없습니다. 그의 집과 가구와 의상들은 왕의 궁궐처럼 화려했습니다. 그중에서도 가장 아름다운 것은 돌벽으로 둘러싸인 정원이었습니다. 이보다 더 아름다운 정원은 눈 씻고 찾아도 찾을 수가 없었습니다. 이 정원 주위에는 플루톤 왕과 왕비 프로세르피나가 그의 모든 요정을 데리고 와서 노래하고 춤을 추며 즐거운 시간을 보내기도 했습니다.

늙은 기사 재뉴어리는 종종 이 정원을 오랫동안 거닐면서 기쁨을 만끽했습니다. 그는 자기를 제외한 그 누구에게도 정원 문 열쇠를 주지 않았습니다. 그래서 항상 조그만 열쇠를 가지고 다니다가, 정원을 거닐고 싶어지면 문을 열고 들어갔습니다. 여름 동안 그는 아내 메이에게 진 사랑의 빚을 갚아야겠다고 생각했습니다. 그래서 메이와 함께 정원을 거닐었습니다. 이 두 사람을 제외한 그 누구도 그 정원에 들어갈 수 없었으며, 그들은 그곳에서 침대에서 하지 못한 사랑 놀이를 더욱 즐길 수 있었습니다.

재뉴어리와 메이는 이렇게 행복한 나날을 보냈습니다. 그러나 모든 사람들과 마찬가지로 재뉴어리에게 이런 속세의 행복이 영원히 지속될 수는 없었습니다.

오, 예기치 않은 운명이여! 오, 믿을 수 없는 운명의 여신이여! 멋진 머리로 먹잇감을 유혹하여 독으로 가득 찬 꼬리로 찔러 죽이고 마는 전갈처럼, 그대는 속임수의 명수입니다. 오, 깨지기 쉬운 기쁨이여! 오, 야릇하고도 달콤한 독이여! 못된 운명의 여신은 교묘하게 자기의 재능을 숨긴 채, 전혀 변하지 않을 것 같은 겉모습으로 모든 사람들을 속입니다. 운명의 여신은 재뉴어리의 친구였지만, 그건 속임수에 불과했습니다. 여신은 그의 두 눈을 멀게 했고, 그 슬픔을 이기지 못한 재뉴어리는 죽고 싶은 심정이었습니다.

이것은 고귀하고 다정한 기사 재뉴어리에게는 말로 표현하지 못할 불행이었습니다. 그는 행복과 부귀를 한창 즐기는 도중에 눈이 멀게 되었습니다. 그는 하염없이 울며 슬퍼했습니다. 또 아내가 어처구니없는 행동을 하지는 않을까 걱정한 나머지, 질투의 불꽃으로 마음을 불태웠습니다. 그는 그녀와 자기를 누군가가 죽여 주었으면 하고 바라게 되었습니다. 자기가 죽었건 살았건, 메이가 다른 남자의 아내나 정부情婦가 된다는 생각은 참을 수 없었던 것입니다. 재뉴어리는 메이가 짝 잃은 비둘기처럼 외롭게 검은 상복을 입은 채 과부로서 나머지 일생을 마쳐 주길 바랐습니다. 그러나 한두 달이 지나가자 그의 고통은 희석되기 시작했습니다.

시력을 되찾을 방법이 없다는 사실을 알게 되자 그는 자기의 불행

사랑의 정원
재뉴어리는 돌벽으로 둘러싸인 아름다운 정원에서 메이와 행복한 시간을 보냈다. 15세기 책에 실린 삽화.

을 체념하며 받아들였습니다. 그러나 양보할 수 없는 것이 하나 있었는데, 그것은 계속되는 질투의 불꽃이었습니다. 그래서 그는 메이가 자기 곁을 떠나 다른 사람의 집에 가는 것은 물론이고, 혼자 집 안을 돌아다니는 것도 허락하지 않았습니다. 꼭 가야 할 때에는 자기 손을 잡고 함께 가게 했습니다. 그래서 아름다운 메이는 많은 눈물을 흘렸습니다. 그녀는 너무나도 다미안을 사랑하기에 마침내 자기가 원하는 대로 다미안을 갖든지, 아니면 그 자리에서 죽어 없어지든지 결말을 지어야겠다고 생각했습니다.

한편 다미안은 이 세상에서 가장 슬픈 남자가 되어 있었습니다. 그는 낮이나 밤이나 사랑의 사연을 전하고 싶었지만 한 마디도 전할 수 없었습니다. 재뉴어리가 언제나 메이의 손을 잡고 떨어지지 않았기 때문입니다. 그러나 두 사람만 아는 손짓과 편지로 그는 메이와 마음을 주고받을 수 있었습니다. 그녀 역시 다미안이 무슨 생각을 하는지 그렇게 확인할 수 있었습니다.

아름다운 메이는 재뉴어리가 드나들던 작은 정원 문의 열쇠를 밀랍으로 모형을 떴습니다. 메이가 무슨 생각을 하는지 잘 알고 있던 다미안 역시 아무도 모르게 그 열쇠를 하나 더 만들었습니다.

6월 첫째 주 재뉴어리는 아내의 성화에 못 이겨 정원에 가서 두 사람만 즐기고 싶다는 생각을 하게 되었습니다. 그리고 어느 날 아침 이렇게 말했습니다.

"여보, 나의 사랑하는 아내여, 자리에서 일어나오! 저기 비둘기 소리가 들리지 않소? 이제 겨울은 끝났소! 자, 나와 함께 나갑시다. 당신의 비둘기 같은 눈으로 직접 보시오. 당신의 가슴은 포도주보다 더 달콤하오. 정원은 모두 담으로 둘러싸여 있어 아무도 우리를 볼 수는 없을 테니 어서 즐기도록 합시다."

이것은 그가 사용하던 저속한 구식 표현이었습니다.

메이는 다미안에게 신호를 해서 그가 가진 열쇠를 가지고 먼저 들어가라고 했습니다. 다미안은 메이가 시키는 대로 했습니다. 그는 열쇠로 정원 문을 열고, 아무도 눈치 채지 못하게 안으로 들어가서는 조용히 덤불 아래에 웅크리고 앉았습니다. 그것도 모르고 눈먼 재뉴어리는 메이의 손을 잡고 매혹적인 정원으로 들어가서 재빨리 정원 문을 쾅 닫고는 아내에게 이렇게 말했습니다.

"여보, 이곳에는 세상에서 가장 사랑하는 당신과 나밖에 없소. 제발 내가 당신을 어떻게 택했는지 돌이켜 봐 주오. 나는 돈 때문이 아니라 사랑했기 때문에 당신을 아내로 맞이한 것이오. 그러니 늙고 눈마저 멀었지만, 나에게 정조를 지켜 주오. 이제 그래야 하는 까닭을 말하리다. 정조를 지킴으로써 당신이 얻을 수 있는 것은 세 가지가 있소. 첫째는 그리스도님의 사랑이고, 둘째는 당신 자신의 명예이며, 셋째는 당신 것이 될 나의 모든 토지와 집과 성이오. 당신이 바란다면 문서도 만들어 주겠소. 내일 해가 지기 전까지 그대로 다 해 주겠소. 그러나 우선 우리 약속의 표시로 내게 키스를 해 주오. 질투가 심한 나를 너무 원망하진 마시오. 그건 내 마음이 항상 당신과 함께 있기 때문이오. 죽는 순간까지 난 한시도 당신과 떨어져 있고 싶지 않소. 난 당신을 너무나 사랑하기에……. 사랑하는 아내여, 이제 나에게 키스를 해 주오. 그리고 이곳을 거닐도록 합시다."

남편의 말을 다 듣고 나서 아름다운 메이는 다정스럽게 대답했습니다.

"나도 지켜야 할 영혼이 있어요. 그러니 사제가 제 몸을 당신과 맺어 주었을 때, 당신에게 맹세한 아내로서의 도리와 명예에 관해서는 말할 필요가 없어요. 저는 부정한 아내가 되어 우리 가족을 수치스럽게 하거나 제 자신의 명예를 더럽히지 않게 해 달라고 하느님께 빌고 싶어요. 만일 저에게 그런 일이 일어난다면, 그 어떤 여자도 겪어 보지 못한 끔찍한 고통을 받으며 죽게 해 주세요. 저는 양갓집 규수지 결코 창

플루톤과 프로세르피나
신화에 의하면 지옥의 왕인 플루톤이 프로세르피나를 납치한 후 하계의 음식을 먹게 하여, 프로세르피나는 하계와 지상계를 번갈아 가며 살게 된다. 이탈리아에서 발견된 기원전 5세기 부조.

녀가 아니에요! 그런데 왜 제가 이런 말을 해야 하죠? 바람을 피우는 쪽은 언제나 남자들이면서, 왜 늘 여자들에게만 책임을 돌리나요? 당신도 항상 여자들은 지조가 없다고 야단을 치면서 살아왔잖아요.”

이렇게 말하면서 메이는 덤불 아래에 웅크리고 있는 다미안을 바라보았습니다. 그녀는 기침을 하면서, 다미안에게 과일이 주렁주렁 매달린 나무 위로 올라가라고 손가락으로 신호를 보냈습니다. 그는 즉시 나무 위로 올라갔습니다. 그는 재뉴어리보다 메이의 신호를 더 잘 이해했습니다. 왜냐하면 그녀가 편지에 그가 해야 할 일이 무엇인지 모두 적어서 설명했기 때문입니다. 다미안은 배나무 위에 올라앉았고, 재뉴어리와 메이는 행복한 마음으로 그곳을 거닐었습니다.

날은 맑고 하늘은 푸르렀습니다. 그날 아침, 지옥의 왕인 플루톤도 아내인 프로세르피나와 그녀를 수행하는 많은 귀부인들을 거느리고 정원의 푸른 잔디 위에 앉아 있었습니다. 플루톤은 재뉴어리와 메이가 있던 정원의 반대편에서 왕비 프로세르피나와 이야기했습니다.

“사랑하는 아내여, 우리의 경험에 비추어 볼 때, 여자들이 날마다 남자들을 배반한다는 사실을 부정할 사람은 아무도 없을 것이오. 난 여자들의 위선과 경거망동에 대해 수만 가지의 이야기를 들려줄 수 있소. 현명하기 이를 데 없고, 세상 사람들 중에서 가장 부자였으며, 지혜와 영광으로 가득 찬 솔로몬 왕은 지혜가 있는 사람이라면 누구나 기억할 만한 수많은 명언을 남겼소. 그는 남자들의 선한 행동을 이렇게 찬양했소. ‘나는 천 명의 사람 중에서 착한 남자를 한 명 발견했다. 그렇지만 천 명의 여자 가운데에서는 착한 사람을 단 한 명도 보지 못했다.’ 이것이 여자들은 사악한 존재라는 사실을 잘 알고 있던 솔로몬 왕의 말씀이오.

아, 당신네 여자들의 몸 위로 유황과 역병이 덮쳤으면 좋겠소! 저 훌륭한 기사를 보시오. 단지 기사가 늙고 눈이 멀었다는 이유로 그의 종자가 마누라를 건드리려고 하지 않소? 나무 위에 올라가 있는 저 못된 녀석을 보시오. 이제 나는 내 힘을 저 늙은이에게 베풀어 주겠소. 그의 아내가 추잡한 생각으로 그를 속이려는 순간, 그의 시력을 되돌려 주겠소. 그러면 자기 아내가 얼마나 창녀 같은 여자인지 알게 될 것이오. 이건 그녀만이 아니라, 그녀와 같은 여자들을 모두 망신시키기 위함이오."

그러자 왕비 프로세르피나가 말했습니다.

"정말 그렇게 하시겠어요? 그렇다면 저는 외할아버지이신 사투르누스를 두고 맹세하는데, 저 여자와 미래의 모든 여자들에게 완벽한 대답을 할 수 있게 해 주겠어요. 여자들이 환희의 절정에 있을 때 부정한 장면을 들키더라도, 태연한 얼굴로 변명을 함으로써 그녀들을 나무라는 남자들이 오히려 고개를 숙이도록 만들겠어요. 적절한 변명을 하지 못해서 죽는 여자는 하나도 없게 만들겠어요. 비록 남자가 두 눈으로 여자의 부정을 목격하더라도, 우리 여자들은 시치미를 떼고 눈물을 흘리며 맹세하면서, 교묘하게 남자들을 탓할 거예요. 결국 남자들은 바보 같은 오리처럼 당하고 말 거예요.

당신이 말하는 솔로몬이라는 유대인이 많은 여자들을 알고 있었지만, 그 여자들은 모두 바보였어요. 그자는 비록 착한 여자를 한 명도 발견하지 못했다 하더라도, 착하고 지조 있고 덕스러운 여자들을 본 남자들은 수없이 많이 있어요. 가령 그리스도님이 계신 천국에 사는 여자들은 정조를 지키기 위해 목숨을 바쳤어요. 그렇다고 화를 내지는 말아요. 솔로몬 왕이 착한 여자를 한 명도 못 보았다고 말했지만, 그 사람이 무슨 뜻으로 그렇게 말했는지 잘 생각해 보세요. 그가 말하고자 한 바는, 최고의 선善은 하느님의 것이지 남자나 여자의 것이 아니란 말이었어요.

나는 남자들이 여자에 관해 쓴 온갖 중상모략에는 전혀 개의치 않아요. 하지만 나는 여자라서 말을 해야겠어요. 그러지 않으면 가슴이 터져 버릴 것 같거든요. 만일 어떤 남자가 우리 여자들을 보고 성마른 성격이라며 험담하면, 내가 착한 여자이긴 하지만, 용서하지 않고 그에게 마구 욕을 퍼부어 줄 수 밖에 없어요. 입을 다물고 있느니 차라리 내 머리칼을 잘라 버리겠어요."

그러자 플루톤이 말했습니다.

"부인, 진정하시오. 내가 졌소. 그러나 내가 저 노인에게 시력을 돌려주겠다고 맹세했으니, 그 약속은 지켜야 할 것 같소. 당신에게 분명히 말하겠는데, 나는 왕이오. 그러니 거짓말하는 것은 옳지 않소."

이 말을 들은 프로세르피나가 말했습니다.

"나도 요정의 여왕이란 말이에요! 저 여자도 적당히 꾸며 댈 구실이 생길 거예요. 이제 이 문제에 대해서는 왈가왈부하지 않기로 해요. 정말이지 당신과 더 말다툼을 하고 싶진 않으니까요."

이제 다시 재뉴어리의 이야기로 돌아가겠습니다. 그는 딱따구리보다도 더 즐겁게 '영원히 당신을 사랑하리. 당신만을 사랑하리라.'고 노래를 불렀습니다. 그렇게 정원의 오솔길을 거닐다가, 마침내 다미안이 올라가 있는 배나무 밑에 이르렀습니다. 다미안은 푸른 잎사귀 틈 사이로 행복한 표정을 지으며 앉아 있었습니다.

아름다운 메이는 맑은 눈과 상기된 얼굴로 한숨을 지으며 말했습니다.

"아이고 옆구리야! 저는 무슨 일이 있어도 저 위에 보이는 배를 먹지 않으면 죽을 것 같아요. 갑자기 저 배가 꼭 먹고 싶어졌어요. 제발 어떻게 좀 해 주세요! 과일을 먹고 싶은 마음이 간절해서, 그걸 먹지 못하면 죽을지도 몰라요."

그러자 재뉴어리가 말했습니다.

"맙소사! 나무 위에 올라갈 하인이라도 옆에 있었으면······. 내가 눈이 멀지만 않았더라도······."

메이, 나무를 오르다
눈먼 재뉴어리를 발판 삼아 메이는 연인 다미안이 있는 배나무 위로 올라간다. 존 해밀튼 모티머 그림.

"상관없어요. 당신이 배나무를 꼭 껴안으세요. 당신이 내 정조를 믿지 않는 건 잘 알지만, 잠시만 내 손을 풀어 주세요. 그러면 당신 등을 타고 쉽게 올라갈 수 있거든요."

"물론이지. 그렇게 하고 말고. 당신이 원한다면 내 심장에서 피를 토해 달라고 해도 들어주겠어."

재뉴어리는 허리를 굽혔고, 메이는 그의 등 위에 서서 나뭇가지를 잡고서 나무 위로 올라갔습니다. 부인네들, 이제부터 이야기할 내용을 듣고 너무 기분 나빠하지 마십시오. 나는 본래 무식한 놈이라 점잖은 말을 모릅니다. 어쨌거나 다미안은 시간을 허비하지 않았습니다. 그는 메이의 옷을 걷어 올리고는 그대로 그녀 안으로 자기의 것을 들여보냈습니다.

플루톤은 이런 뻔뻔스런 수작을 보고 곧 재뉴어리의 눈을 뜨게 해 주었습니다. 그러자 그는 예전처럼 앞을 볼 수 있게 되었습니다. 시력을 되찾아 너무나 기뻤지만 그렇다고 아내에 대한 생각을 머릿속에서 떨쳐 버린 것은 아니라서 그는 눈을 들어 나무 위를 올려다보았습니다. 그리고 다미안이 이상한 자세를 취한 채 자기 아내를 껴안고 있음을 알게 되었습니다. 상스런 말을 쓰지 않고는 도저히 표현할 수 없는 자세였습니다. 그 순간 그는 고함을 질렀습니다.

"이건 죄악이야! 저 도둑놈을 잡아! 여보, 거기서 뭘 하는 거야! 이런 빌어먹을 여편네 같으니! 저런 뻔뻔스런 창녀 같으니!"

그러자 메이가 말했습니다.

"무슨 일 있어요? 참을성을 좀 가지고, 점잖게 구세요. 지금 제 덕택에 눈을 뜨셨잖아요. 목숨을 걸고 이야기하는데, 이건 거짓말이 아니에요. 제가 남자와 나무 위에서 사랑하는 척해야만 당신의 눈이 치료되고, 다시 볼 수 있게 된다고 하더군요. 하느님도 제가 당신을 위해서 이런 일을 했다는 것을 알고 계세요."

"사랑하는 척한다고? 그것 참 좋은 핑계군! 하지만 그놈 물건이 당신 안으로 다 들어간걸! 하느님, 저들이 수치와 불명예 속에서 죽게 해 주소서! 저놈이 자기 물건을 당신 보물 속으로 집어넣었단 말이야! 내 두 눈으로 똑똑히 보았다고. 이 말이 거짓이라면, 내 목을 가져가도 좋아!"

"이번에는 이 치료법이 별로 효과가 없었네요. 당신이 눈을 뜨고도 그렇게 말씀하시니 말이에요. 당신은 지금 어렴풋이 볼 수 있을 뿐이지, 완전히 보는 것이 아니에요."

그러자 다시 재뉴어리가 말했습니다.

"하느님 덕택에 나는 이제 옛날과 다름없이 두 눈을 뜨게 되었어. 내 명예를 걸고 말하겠는데, 그 녀석이 당신과 그 짓을 했단 말이야."

"당신은 지금 제정신이 아니에요. 이게 당신 눈을 뜨게 해 준 것에 대한 보답이에요? 제가 당신에게 선심을 베풀지 말아야 했어요."

"자, 여보. 그렇다면 지금 말한 것은 잊어버리고 어서 내려오시오. 내가 잘못 말했다면 용서해 주시오. 난 이미 충분한 벌을 받았으니 말이오. 그렇지만 선친의 영혼을 걸고 말하는데, 다미안이 당신 위에 올라가 있고, 당신 옷이 가슴팍까지 밀려 올라가 있던 것처럼 보였소."

"좋아요, 당신 마음대로 생각하세요. 그렇지만 방금 잠에서 깨어난 사람은 사물이 어떻게 되었는지 제대로 알 수 없는 법이에요. 잠에서 완전히 깨야만 제대로 보이는 법이에요. 마찬가지로 오랫동안 앞을 보지 못한 사람은 시력을 되찾더라도 하루나 이틀은 제대로 앞을 볼 수가 없어요. 당신 시력이 본래 상태로 되돌아올 때까지 종종 그러겠지만, 당신이 앞을 본다는 생각은 착각일 뿐이에요."

메이는 이렇게 말하면서 나무에서 훌쩍 뛰어내렸습니다.

그때 재뉴어리가 기뻐하는 모습은 형언할 수 없습니다. 그는 메이에게 키스를 퍼부으며 여러 차례 껴안았습니다. 그리고 그녀의 배를 다정하게 어루만진 다음, 집으로 데려갔습니다.

자, 신사 여러분, 여러분에게 행복이 깃들길 기원합니다. 재뉴어리의 이야기는 여기서 끝납니다.

상인의 이야기는 여기에서 끝난다.

중세와 현대의 경계를 넘나드는 《캔터베리 이야기》

엘즈미어 필사본
《캔터베리 이야기》의 필사본 중 필체가 아름답고 완성도가 높다고 평가받는 것은 엘즈미어 필사본이다. 이 판본은 등장인물의 그림이 들어 있는 것으로도 유명하다.

독창적인 풍자로 중세의 변화를 그리다

14세기 중·후반의 영국은 그야말로 격동의 세기라 할 만큼 경제 및 사회 체제에 변화가 많은 시기였다. 초서가 태어나기 몇 해 전인 1337년에는 백년전쟁이 발발하였고, 1349년 흑사병이 창궐한 이후 두 차례 더 전염병이 퍼진 바 있으며, 1381년에는 농민 반란도 일어났다. 또한 무역과 상업이 발달하면서 영주나 농노가 아닌, 자본을 바탕으로 한 중간 계층이 급격히 늘어났다. 《캔터베리 이야기》의 문학적 성취는 이렇게 변화하는 사회의 역동성을 성공적으로 형상화하고 근대적 이야기 형식을 발달시킨 데 있다.

《캔터베리 이야기》에서 여러 화자話者가 돌아가며 이야기를 하는 액자식 구성은 그 구조면에서 보카치오의 《데카메론》과 자주 비교된다. 하지만 《데카메론》이 귀족 계층 젊은이들 열 명이 화자가 되어 열흘 동안 하루에 하나씩 이야기를 하는 것으로 구성되는 반면, 《캔터베리 이야기》에는 기사와 그의 종자인 수습기사·수녀원장·변호사·시골 사제·탁발수사·면죄사·의사·대학생·선장·상인·요리사·방앗간 주인·청지기 등 당시 영국 사회를 대표하는 다양한 인간 군상이 이야기와 짝지어져 등장한다. 다시 말해 《데카메론》이 이야기의 구성을 위해 일정한 계층의 사람 10명을 투입했다면, 초서는 다양한 지위와 직업으로 구성된 순례자들의 모습을 묘사한 후 그에 적합한 장르, 스타일, 어조를 갖춘 이야기를 배정하여 전체 이야기를 더 치밀한 구조로 짜낸 것이다.

기사가 귀족 계급의 사촌 두 명이 한 여인을 사랑하는 것에 대한 궁정 로맨스를 이야기한 다음에는 방앗간 주인이 나이 든 목수가 오쟁이 진 이야기를 하는 패블리오fabliau(중세 프랑스의 익살맞은 풍자 이야기)가 등장한다. 이렇게 화자와 이야기 사이의 흥미진진한 관계는 이야기 내용에 더 많은 의미를 부여하게 되고, 화자의 성격 역시 이야기를 통해 여실히 드러난다.

거기서 더 나아가 초서는 이야기하는 사람의 상호 관계에도 주목하는데, 이는 곧 그가 개별적으로 독립성과 완결성을 갖춘 이야기와, 그 이야기를 하는 화자들의 순례 이야기 모음이라는 틀의

시를 낭독하다
인쇄술이 개발되지 않았던 14세기에 영시는 눈으로 읽기 위한 것이 아니라 소리 내어 읽기 위한 것이었다. 초서가 사람들에게 시를 읽어 주는 장면을 그린 포드 M. 브라운의 19세기 작.

두 층위의 허구를 동시에 이끌어 감을 뜻한다.

짜임새 있는 이야기 모음이라는 성격은 이야기 간의 연결고리에서 잘 나타나는데, 이를 테면 방앗간 주인과 청지기, 탁발수사와 소환리 사이의 이야기가 그렇다. 방앗간 주인은 어리석고 오쟁이 지는 목수 이야기를 하는데, 이는 직업이 목수였던 청지기의 자존심을 상하게 하고, 청지기는 그에 맞서 방앗간 주인을 욕보이는 이야기로 응수한다. 탁발수사가 가난한 사람들을 등치는 소환리의 이야기를 하면, 소환리는 그에 발끈하여 번지르르

한 말발로 사람들의 돈을 뜯어내는 탁발수사의 이야기를 하는 식이다.

이런 화자 사이의 반목은 웃음을 선사하고 극적 긴장감도 고조시킨다. 이렇게 생생하고 다양한 상호작용이 일어나는 구조가 중세 시대 다른 이야기 모음집에서는 발견되지 않는다는 점에서 초서의 《캔터베리 이야기》는 독자에게 독창적인 재미를 주고 있다.

영상매체에서 힙합까지 새롭게 부활하다

《캔터베리 이야기》의 중세 판본이 80여 개나 된다는 점에서 우리는 작품이 당시에 얼마나 인기 있었는지를 짐작해 볼 수 있다. 또한 초서가 그리는 캔터베리 이야기와 그 인물 군상이 오늘날까지 차용·번안되는 것을 통해 《캔터베리 이야기》가 14세기 런던에만 국한되는 것이 아니라 시대와 지역을 초월한다는 것을 알 수 있다.

이야기의 원형이 가장 자주 재현된 분야는 공연과 영화다. 마이클 파웰Michael Powell은 1944년 작 영화 〈캔터베리 이야기A Canterbury Tale〉에서 2차 세계대전을 배경으로 하여 캔터베리로 가는 일행의 이야기로 《캔터베리 이야기》를 각색하여, 제22회 베를린 영화제 은곰상을 수상했다.

이탈리아에서는 1971년 피에르 파올로 파솔리니Pier Paolo Pasolini가 각본과 감독을 맡아 영화 〈캔터베리 이야기Racontti di Canterbury〉를 영국에서 촬영하고, 감독 자신이 제프리 초서 역을 맡아 영화 중간 중간에 등장하기도 한다.

《캔터베리 이야기》의 재생산은 연극·뮤지컬이나 영화에만 그치는 것이 아니라, 드라마·애니메이션 등 다양한 영상매체와 더불어 힙합 음악으로까지 나아가고 있다. 먼저 BBC는 애니메이션과 드라마로 《캔터베리 이야기》를 재해석한 바 있다. 애니메이션은 1998년 24가지 이야기 중 6가지 〈수녀원 신부의 이야기〉〈바스의 여인의 이야기〉〈기사의 이야기〉〈상인의 이야기〉〈면죄사의 이야기〉〈소지주의 이야기〉가 제작 방영되었는데, 중세 영어 자막까지 포함하여 특색을 더한다. 프로그램 제작자는 초서의 독자층을 더 넓혔으면 좋겠다는 바람을 밝혔다.

2003년 방송된 드라마는 〈방앗간 주인의 이야

공연장
〈캔터베리 이야기〉는 영국에서 연극과 뮤지컬로 사랑받아 왔다. 사진은 〈캔터베리 이야기〉를 공연 중인 극장.

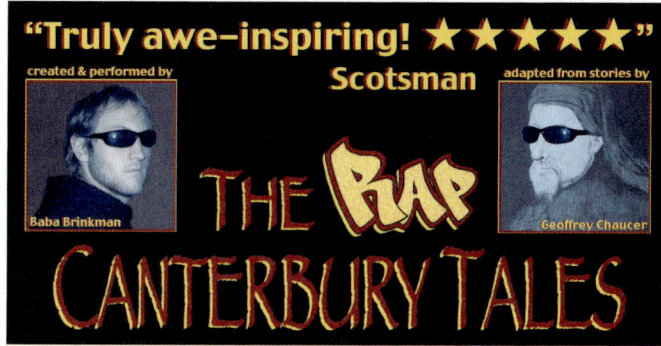

랩 캔터베리 이야기
중세와 르네상스 영문학을 공부한 바바 브링크만은 여러 페스티벌에서 랩으로 캔터베리 이야기를 선보이고, 음반을 제작하여 인기를 끌었다.

기〈바스의 여인의 이야기〉〈기사의 이야기〉〈선장의 이야기〉〈면죄사의 이야기〉〈변호사의 이야기〉를 현대적 배경으로 각색하였다. 예를 들어 〈기사의 이야기〉는 어릴 때부터 친구인 에이스와 폴이 교도소에 수감되었다가 여선생님을 좋아하게 되면서 우정에 금이 가는 것으로 설정되었다. 에이스는 형을 마치고, 폴은 감옥을 탈출하는데 두 사람은 비극을 향해 치닫는다는 결말을 보여 준다.

캐나다 출신의 바바 브링크만Baba Brinkman은 2003년 뱅쿠버 프린지 페스티벌, 2004년 샌프란시스코 프린지 페스티벌, 2006년 호주 아델라이드 프린지 페스티벌 등에서 힙합 버전의 〈캔터베리 이야기〉 랩을 선보였고, 좀 더 많은 사람들이 초서의 작품에 관심을 가지게 되었으면 좋겠다는 바람을 이야기했다.

위와 같이 이야기를 통으로 빌리는 방식이 있다면 《캔터베리 이야기》에 영감을 받았다는 작품도 있다. 데이비드 핀처David Fintcher 감독은 단테의 《신곡》과 《캔터베리 이야기》 중 〈본당 신부의 이야기〉에 등장하는 일곱 가지 죄악을 모티프로 하여 〈세븐Se7en〉을 만들었다고 한 바 있다.

중세 기사 이야기와 현대적 록음악이 인상적으로 조화된 2001년 영화 〈기사 윌리엄A Knight's Tale〉은 《캔터베리 이야기》 중 〈기사의 이야기〉에 영감을 받은 것으로, 영화 중간에 초서를 우스꽝스런 톤으로 닭살 돋는 시를 읊어 대는 재간꾼으로 등장시켰다. 감독 브라이언 헬겔런드Brian Helgeland가 "중세와 현대의 경계를 허물자."는 의도로 영화를 만들었다고 했듯이, 고전을 창조적으로 재생산한 사례로 꼽힌다.

소지주의 이야기

마술의 힘을 빈다면 가능하지

소지주의 이야기 서문

소지주
엘즈미어 필사본에 나타난 소지주.

옛날 옛적에 고귀한 브르타뉴* 사람들은 많은 모험담을 썼습니다. 지금 그 이야기 중 하나가 생각납니다. 나는 최선을 다해 그 이야기를 여러분에게 들려드리겠습니다. 하지만 먼저 내가 보잘것없는 사람임을 밝히겠으니 내 말투가 서툴고 조악하더라도 용서해 주시기 바랍니다.

    나는 수사적으로 언어에 어떻게 색깔을 입히는지 모릅니다. 내가 아는 색깔이란 단지 사람들이 물들이거나 그림을 그릴 때 쓰는 들판의 색깔들뿐입니다. 그건 그렇고, 이제 내 이야기를 들려드리겠습니다.

● **브르타뉴** 프랑스 서부 지방.

소지주의 이야기

브르타뉴에 한 기사가 살고 있었습니다. 그는 한 규수를 사랑했고 그 규수를 섬기는 데 온 힘을 기울였습니다. 하지만 그 규수는 태양 아래서 가장 아름다운 여인이며 지체 높은 가문의 여자였기에, 기사는 감히 자신의 사랑으로 인한 고통과 슬픔과 소망을 털어놓을 수 없었습니다. 그렇지만 마침내 그의 진가眞價를 알아보고 그의 정성과 겸손에 감동한 규수는 그의 고통을 어여삐 여겨 그를 남편이자 주인으로 맞이하기로 마음먹었습니다.

기사는 귀한 집의 규수와 행복하게 살기 위해 평생 동안 그녀의 뜻에 반하는 행동을 하지 않고, 질투도 하지 않으며, 그녀의 말에 따르고, 모든 면에서 그녀가 바라는 대로 하겠다고 자발적으로 맹세했습니다. 그렇지만 남편의 명예를 지키기 위해서 남이 보는 앞에서는 그녀의 주인이 될 것이라고 말했습니다.

그녀는 감사하면서 공손하게 말했습니다.

"당신은 관대한 아량을 베푸시어 저의 고삐를 풀어 주셨습니다. 이제 제 명예를 걸고 맹세하겠습니다. 저도 죽을 때까지 당신의 참되고 겸손한 아내가 되겠습니다."

그래서 두 사람은 평온하고 화목하게 살았습니다.

여러분, 내가 자신 있게 할 수 있는 말이 하나 있습니다. 그것은 오랜 시간 함께 살고자 하는 연인들은 서로 상대방의 말에 따라야 한다는 것입니다. 사랑은 한 사람의 뜻에 지배되어서는 안 됩니다. 지배라는 것이 나타나면, 사랑의 신은 날개를 펴서 눈 깜짝할 사이에 모습을 감춥니다. 사랑은 영혼처럼 자유로운 것입니다.

여자들은 본능적으로 자유를 갈망하며 그리워합니다. 그들은 노예가 되고 싶어하지 않습니다. 남자들도 마찬가지죠. 사랑에는 많이 참는 자가 유리합니다. 사실 인내란 최고의 덕입니다. 학자들의 말에 따르면, 사랑은 아무리 애를 써도 얻을 수 없는 것을 정복하게 합니다. 귀에 거슬리는 말을 듣는다 해도 일일이 잔소리하거나 투덜대서는 안 됩니다. 참는 법을 배우십시오. 그것은 언젠가는 배워야 할 것입니다.

화목하게 살기 위해 현명하고 훌륭한 기사는 인내할 것을 약속했고, 아내도 절대로 실수를 하지 않겠다고 다짐했습니다. 이것은 겸손하면서도 현명한 상호협정이었습니다. 그녀는 남편을 종으로 삼으면서 동시에 주인으로 섬겼습니다. 그러니까 사랑에 있어서는 종이지만 결혼생활에 있어서는 주인인 것이었습니다. 한편 그녀는 애인이며 동시에 아내였습니다. 이것이 바로 사랑의 법칙입니다.

이런 행복을 누리게 된 기사는 아내와 함께 자기 고향으로 돌아갔습니다. 그는 펜마르크 만灣에서 그다지 멀지 않은 곳에 살림을 차려 행복과 기쁨을 누리며 살았습니다. 결혼한 사람이 아니면 남편과 아내가 공유하는 기쁨과 평화, 행복을 이해할 수 없을 것입니다.

이렇게 행복한 나날이 1년 이상 지속되었습니다. 그런데 어느 날, 기사는 브리튼이라고 불리는 잉글랜드에 가기로 마음먹었습니다. 이 기사의 이름은 카이루드의 아르베라구스였고, 그가 잉글랜드로 떠나는 목적은 전쟁에서 명예와 명성을 얻기 위해서였습니다. 사실 그의 마음은 온통 무훈을 세우는 것으로 가득 차 있었습니다. 그는 그곳에서 2년을 머물렀습니다.

한편 그의 아내 도리겐은 온 마음을 다해 남편을 사랑하였습니다. 모든 지체 있는 여자들이 사랑에 빠졌을 때 그러하듯이, 그녀는 남편이 없는 동안 눈물과 탄식으로 나날을 보냈습니다. 남편과의 이별을 생각하면서 슬퍼하며 울부짖었고, 밥도 먹지 않고 탄식했습니다. 남편과의 만남을 갈망하면서 그녀는 엄청난 고통을 받았습니다. 이 세상에서 남편을 제외한 그 어떤 것도 중요하지 않았습니다.

도리겐이 이렇게 슬퍼하는 것을 알게 된 친구들은 최선을 다해 그녀를 위로하면서, 그런 행동은 자신을 죽이는 것이라고 밤낮으로 충고했습니다. 친구들은 도리겐의 울적한 마음을 풀어 주기 위해 자신들이 할 수 있는 모든 위로의 말을 아끼지 않았습니다.

여러분도 알다시피 바위에다 꾸준히 무언가를 새긴다면, 시간이 흐른 후에는 무언가가 새겨지는 법입니다. 친구들은 오랫동안 꾸준히 도리겐을 위로했고, 마침내 도리겐의 얼굴에는 그런 표시가 나타났습니다. 한편 도리겐이 슬픔에 잠겨 있을 때, 아르베라구스는 편지를 보내 안부를 전하고 곧 돌아가겠다고 했습니다. 그러지 않았더라면 그녀의 심장은 고통을 이기지 못하고 산산조각이 났을 것입니다.

도리겐의 고통이 가시는 것을 보자, 친구들은 함께 산책을 나가서 우울한 생각을 떨쳐 버리자고 사정했습니다. 이런 모든 것이 자기를 위한 것임을 알게 된 도리겐은 기꺼이 청을 수락했습니다.

도리겐이 사는 성城은 바닷가와 인접해 있었습니다. 그녀는 기분을 전환하기 위해 종종 친구들과 함께 벼랑 위를 거닐었습니다. 그곳에서는 저마다의 목적지를 향해 떠나는 수많은 돛단배와 거룻배들이 보였습니다. 그런데 이런 광경을 볼 때면 도리겐은 슬픔에 젖어 이렇게 혼잣말을 했습니다. "아, 불쌍한 내 신세여! 저 많은 배들 중에서 우리 남편을 이곳으로 실어다 줄 배는 없단 말인가?"

도리겐은 또 벼랑가에 앉아 아래를 바라보기도 했는데, 그러다가 바다 속에서 아주 끔찍한 바위를 보게 되었습니다. 그녀의 마음은 별안간 공포에 사로잡혔고, 너무 떨린 나머지 제대로 일어설 수도 없었습니다. 마침내 그녀는 풀밭에 앉아 슬픈 표정으로 바다를 바라보면서 한숨을 내쉬며 이렇게 말했습니다.

"영원하신 하느님, 당신의 섭리로 이 세상을 확고하게 다스리는 분이시여! 당신이 하는 일은 하나도 헛된 것이 없다고들 합니다. 그런데 왜 보기에도 끔찍한 시커먼 바위와 같이 터무니없는 것들을 만드셨습니까? 그것들은 전지전능하시고 변함없으신 하느님의 아름다운 창조물이라기보다는 더럽고 불결한 혼란의 세계처럼 보입니다. 제 생각에 저런 건 해만 끼칠 뿐 아무런 도움도 되지 않습니다. 하느님, 수많은 사람이 바위 때문에 죽은 것을 모르십니까? 수만 명이 바위 때문에 목숨을 잃었지만, 죽은 사람들의 이름을 기억해 주는 이는 이 세상에 아무도 없습니다. 그런데 왜 저런 바위를 만드셔서 사람들을 죽게 하는 것입니까? 바람을 창조하신 하느님, 제 남편을 보호해 주소서. 이것이 저의 바람입니다. 저는 하느님께서 이런 바위들을 모두 지옥으로 가라앉혀 제 남편이 무사히 돌아오게 해 주시기를 빕니다."

도리겐은 슬피 울면서 이렇게 말했습니다.

친구들은 바닷가를 거니는 것이 도리겐에게 위안이 되기는커녕 슬픔만 더한다는 사실을 깨닫고 그녀를 다른 곳으로 데려가 즐겁게 해주기로 마음먹었습니다. 어느 아름다운 아침, 그들은 근처에 있는 정원으로 갔습니다. 음식과 다른 필요한 것들을 준비해서 그곳에서 하루 종일 놀았습니다. 그날은 바로 5월의 여섯 번째 날 아침으로, 5월은 부드러운 비로 정원을 물들였고 온갖 화초로 정원을 가득 메워 놓았습니다. 정원은 훌륭하고 아주 우아하게 단장되어 있었습니다. 천상의 낙원이 아니고서는 그보다 훌륭한 정원은 이 세상에 있을 수 없었습니다. 기쁨과 아름다움으로 충만한 정원에서 풍기는 꽃향기와 화려한 풍경을 보면, 그 누구의 마음이라도 즐겁지 않을 수가 없었습니다.

식사를 마치자 모두 춤을 추고 노래를 불렀지만, 도리겐은 혼자 남아 한숨을 쉬며 흐느꼈습니다. 춤추는 사람들 속에서 자기의 남편이자 애인을 볼 수 없었기 때문입니다. 그녀는 잠시 그 자리에 머무르면서 희망이 슬픔을 잠재우도록 했습니다.

춤을 추던 사람 중에는 수습기사가 한 명 있었습니다. 그는 도리겐

앞에서 춤을 추었습니다. 내가 보기에 그는 5월보다 더 발랄하고 화사한 옷을 입고 있었습니다. 그는 그 누구보다 노래도 잘 부르고 춤도 잘 추었습니다. 게다가 용모로 말하자면, 이 세상에서 으뜸가는 미남이었습니다. 또한 젊고 힘도 세고 재주도 많았으며, 돈도 많고 똑똑하고 인기가 있었을 뿐만 아니라 생각도 깊었습니다. 그런데 베누스의 종인 수려한 이 수습기사는 지난 2년 동안 이 세상 그 누구보다도 도리겐을 사랑하고 있었습니다. 하지만 도리겐은 전혀 그 사실을 눈치 채지 못했습니다. 이 수습기사의 이름은 아우렐리우스였습니다.

그는 자기의 고통을 한 번도 이야기하지 않은 채 마음속으로만 형언할 수 없는 고통을 감내하고 있었습니다. 아무에게도 속마음을 털어놓을 수 없었던 수습기사는 그저 노래를 부르면서 자기의 열정을 표현하는 수밖에 없었습니다. 그래서 무도회가 열릴 때면 사랑을 구하는 눈길로 도리겐의 얼굴을 쳐다보았습니다. 그렇지만 도리겐은 그가 말하려는 것이 무엇인지 전혀 관심도 두지 않았습니다. 그런데 이날 정원을 떠나기 전에 이 두 사람은 함께 이야기를 나누게 되었습니다.

아우렐리우스는 도리겐의 이웃이었고, 명예와 명성을 지킬 줄 아는 사람이었기 때문에 도리겐은 오래전부터 그를 알고 있었습니다. 대화를 하면서 아우렐리우스는 자기의 마음을 고백할 목적으로 화제를 이끌어 나갔습니다. 그러다 마침내 적당한 순간이 오자 이렇게 말했습니다.

"부인, 세상을 만드신 하느님을 두고 말씀드립니다. 당신의 남편 아르베라구스가 바다를 건넌 날, 이 아우렐리우스도 다시는 돌아오지 못하는 곳으로 떠났다면 당신이 행복할 수 있었을 것입니다. 사실 저는

친구들의 위로
친구들은 남편의 빈자리를 슬퍼하는 도리겐을 위로하기 위해 정원에서 즐거운 연회 자리를 마련한다. 17세기 책의 목판 삽화.

당신을 열렬히 사랑하지만 그게 결국 헛된 일이라는 것을 잘 알고 있습니다. 그 사랑으로 제가 받을 대가는 마음의 상처뿐입니다. 부인, 제 괴로움을 불쌍히 여겨 주십시오. 당신의 한 마디가 저를 살릴 수도 있고 죽일 수도 있습니다. 아, 바로 여기 당신의 발밑에서 죽어 묻히기라도 했으면 한이 없을 것 같습니다. 저에게 자비를 베풀어 주소서. 그러지 않으면 저는 죽고 말 겁니다."

그러자 도리겐이 말했습니다.

"정말로 그런 감정을 느끼고 있나요? 이 말을 듣기 전까지는 전혀 당신의 생각을 몰랐어요. 아우렐리우스, 나에게 생명과 영혼을 주신 하느님을 두고 맹세컨대, 나는 살아 있는 동안 절대로 말이나 행실에 있어서 부정한 아내가 되고 싶지 않아요. 이것이 내 대답이에요."

그러나 잠시 후 그녀는 농담 삼아 이렇게 말했습니다.

"아우렐리우스, 당신이 너무나 감동적으로 사랑을 호소하니 당신의 사랑을 받아 주겠는데, 한 가지 조건이 있어요. 당신이 브르타뉴의 바닷가에 있는 돌과 바위를 전부 치워서 큰 배나 작은 배나 모두 자유롭게 지나다니게 하는 날, 당신의 사랑에 보답하겠어요. 내 목숨이 붙어 있는 한 이 약속은 지키겠어요. 하지만 내가 알기로는 이런 일을 한다는 것은 거의 불가능에 가까워요. 그러니 어리석은 생각은 버리고 마음을 비우세요. 아내의 몸은 남편이 원할 때마다 소유할 수 있는 거예요. 그런데 그런 여자를 사랑해서 무슨 만족을 얻겠어요?"

아우렐리우스는 깊은 한숨을 내쉬었습니다.

"이것이 나에게 베푸는 자비입니까?"

그러자 도리겐이 대답했습니다.

"그래요. 나를 만드신 하느님을 두고 맹세해요."

이 말을 듣자 아우렐리우스는 한없이 슬퍼져서 비통한 심정으로 이렇게 말했습니다.

아우렐리우스의 절망
도리겐은 아우렐리우스의 사랑 고백을 거절하기 위해 바닷가 바위를 모두 치워 달라는 실행 불가능한 부탁을 한다. 워윅 고블 그림.

"부인, 그런 일은 불가능합니다. 그 말은 나보고 절망에 빠져 죽으라는 소리와 마찬가지입니다."

이렇게 말한 후, 아우렐리우스는 뒤돌아서 가 버렸습니다. 그때 도리겐의 친구들이 다가왔고, 그들은 정원의 오솔길을 이리저리 거닐면서 지평선이 태양의 빛을 빼앗아 환한 태양이 빛을 잃을 때까지 흥겹게 놀았습니다.

모두 행복한 얼굴과 기쁜 마음으로 집으로 돌아갔지만, 아우렐리우스만은 납처럼 무거운 마음으로 돌아갔습니다. 그는 죽음을 피할 방법이 없다는 사실을 알았습니다. 그의 심장은 차디차게 식어 가는 것 같았습니다. 그는 손을 들고 무릎을 꿇었습니다. 그리고 거의 정신 나간

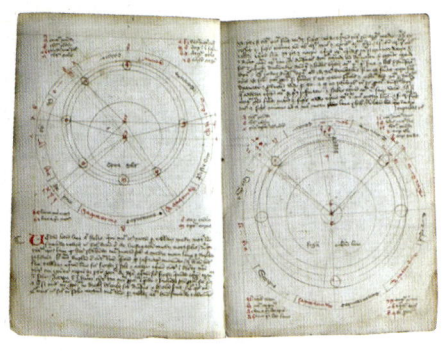

마술의 힘으로 동생을 구하자
아우렐리우스의 형은 동생을 구하기 위해 마술의 힘을 빌기로 한다. 사진은 14~15세기 천문학 문서.

상태로 기도를 시작했습니다. 너무나 고통스러운 나머지 정신이 나간 상태였기에 자기가 무슨 말을 하는지도 몰랐습니다. 상처받은 그는 신들을 향해 흐느끼며 탄식하다가 기절하고 말았습니다.

아우렐리우스의 슬픔을 알던 그의 형은 그를 침대로 데려갔습니다. 이제 이 불쌍한 수습기사는 침대에 누워 미친 사람처럼 고통을 받게 놔두겠습니다. 내가 아무리 보살펴도 죽고 사는 문제는 모두 그의 의지에 달린 것이기 때문입니다.

한편 기사도의 꽃인 아르베라구스는 다른 훌륭한 기사들과 함께 명예를 얻고 집으로 돌아왔습니다. 도리겐의 기쁨은 말할 나위가 없었습니다. 이제 그녀는 자기 목숨보다도 더 사랑하는 용감한 기사이자 훌륭한 전사의 품 안에 있었습니다. 아르베라구스는 자기가 없는 사이에 어떤 남자가 자기 아내에게 사랑을 속삭였으리라고는 꿈에도 생각하지 못했고, 두 사람은 행복과 기쁨에 파묻혀 지냈습니다.

가련한 아우렐리우스는 심한 고통으로 자리에 누운 채 땅에 발도 한 번 내딛지 못했습니다. 그동안 그를 위로해 준 사람은 학자인 그의 형뿐이었습니다. 형은 아우렐리우스가 왜 고통을 받고 실성했는지 잘 알고 있었습니다. 그러나 아우렐리우스는 이 문제에 대해 한 마디 말도 하지 않고 자기 가슴속에 이런 비밀을 감추었습니다.

아우렐리우스의 형은 아무도 모르게 울며 슬퍼했습니다. 그런데 어느 날 그가 오를레앙에 있을 때 본 책이 생각났습니다. 당시 그는 마법을 배우기 위해 방방곡곡을 누볐는데, 그 책에는 달의 영향을 받아 움직이는 스물여덟 개의 별자리의 운행에 대한 이야기가 자세하게 쓰여 있었습니다.

아우렐리우스의 형은 그 책을 떠올리자 너무 기뻐 춤이라도 추고 싶은 심정이었습니다. 그는 마음속으로 이렇게 말했습니다.

'내 동생은 곧 낫게 될 거야. 노련한 마술사들이 한 것처럼, 난 여러 가지 환상을 자아낼 수 있는 학문이 있다는 사실을 확신해. 마술사들이 커다란 잔치 때 물을 일게 하여 배를 띄우고, 연회장을 오르락내리락 했다는 말을 들었지. 그리고 어떤 때에는 성난 사자를 보여 주기도 했으며, 꽃을 피워서 우리가 들판에 있다는 환상을 주기도 했어.

달이 지닌 스물여덟 자리의 비밀을 아는 옛 친구나, 아니면 그와 유사한 마법을 부릴 수 있는 사람을 만나면 내 동생이 원하는 사랑을 얻게 해 줄 수 있을 거야. 이런 비법으로 마술사는 사람들의 눈에 브르타뉴 바닷가의 검은 암석들이 모두 없어진 것처럼 보이게 할 수도 있고, 배들이 해안을 따라 자유롭게 오가는 것처럼 만들 수도 있을 거야. 그러면 내 동생은 상사병에서 회복되겠지. 그 여자는 약속을 지켜야 할 테니까.'

그는 병들어 누워 있는 동생의 침대 머리맡으로 다가가서 사랑스런 어조로 함께 오를레앙으로 가자고 말했습니다. 그러자 기사는 벌떡 일어났고, 자기의 불행이 사라질 것을 기대하면서 서둘러 출발했습니다.

두 사람이 오를레앙에서 반 마일 정도 떨어진 곳에 이르렀을 때, 그들은 혼자 이리저리 거니는 젊은 학자를 만났습니다. 그는 두 사람에게 공손하게 라틴어로 인사를 한 후, 놀랍게도 이런 말을 했습니다.

"난 당신들이 이곳에 온 이유를 알고 있소."

그러면서 바로 그 자리에서 그들이 마음속에 품은 의도를 모두 이야기했습니다. 학자인 아우렐리우스의 형은 그 젊은 학자에게 자기가 옛날에 알고 지내던 친구들의 소식을 물었습니다. 그가 그들은 모두 죽었다고 대답하자 아우렐리우스의 형은 하염없이 슬픔의 눈물을 흘렸습니다. 그래서 아우렐리우스는 말에서 내려, 학자 마술사와 함께 그의 집으로 가서 여장을 풀었습니다.

서재 안에 숲이……
마술사는 아우렐리우스 형제에게 마술의 힘으로 서재 안에서 야생동물이 가득 찬 숲과 사냥 장면을 보여 준다.

저녁을 먹기 전에 마술사는 아우렐리우스에게 야생동물로 가득 찬 숲과 공원을 보여 주었습니다. 그곳에는 커다란 뿔이 달린 수사슴들이 뛰어놀고 있었는데, 그렇게 큰 뿔은 일찍이 본 적이 없었습니다. 또 사슴 수백 마리를 죽이는 사냥개와 잔인한 화살에 맞아 피를 흘리는 사슴도 보았습니다. 그런 다음 매사냥꾼들이 아름다운 강가에서 매로 왜가리를 잡는 것을 보았습니다. 그 뒤에 마술사는 아우렐리우스를 기쁘게 할 만한 광경을 보여 주었습니다. 그가 사랑하는 도리겐이 춤을 추는데, 아우렐리우스가 바로 도리겐의 파트너였던 것입니다.

그러자 이제 충분하다고 생각했는지 마술사가 손뼉을 딱딱 쳤습니다. 이 소리와 함께 모든 장면이 순식간에 눈앞에서 사라졌습니다. 그들은 한 발짝도 집에서 나가지 않은 채 마술사의 서재 안에서 이런 광경을 본 것입니다. 그 자리에는 그들 세 사람 외에는 아무도 없었습니다.

마술사는 자기 종자를 불러 말했습니다.

"식사 준비는 다 되었느냐? 이 두 분과 서재로 들어올 때 식사 준비를 하라고 일렀는데, 벌써 한 시간이 지났구나."

그러자 종자가 대답했습니다.

"언제든지 드실 수 있도록 식사는 준비되어 있습니다."

저녁 식사가 끝난 후, 두 형제는 지롱드와 센 강 사이의 암석과 브르타뉴 바닷가의 바윗돌을 모두 치워 주는 데 얼마만큼의 보수면 되겠느냐고 물었습니다. 처음에 마술사는 여러 가지 어려움을 들어 비싸게 굴더니 마침내 1000파운드 아래로는 절대로 안 된다고 말하고, 그만한 돈을 준대도 마지못해 하는 것 같은 표정을 지었습니다. 하지만 아우렐리우스는 기뻐 어쩔 줄 몰라 하면서 이렇게 말했습니다.

"1000파운드라면 좋아요! 그녀를 사랑할 수만 있다면 이 지구라도

드리겠습니다. 그럼 흥정은 끝났습니다. 한 푼도 에누리하지 않겠습니다. 제 명예를 걸고 약속드리죠."

그날 밤 아우렐리우스는 밤새도록 곤히 잤습니다. 오랫동안 근심에 찼던 그의 마음이 하루 만에 고통에서 해방된 것이었습니다. 다음 날 아침이 밝아 오자, 아우렐리우스와 마술사는 가장 가까운 길을 택해 브르타뉴로 떠났고, 얼어붙을 듯이 추운 12월에 그곳에 도착했습니다.

야누스
로마 신화에 나오는 두 얼굴을 가진 신. 성과 집의 문을 지키며, 전쟁과 평화를 상징한다.

여름철에 뜨거운 황금빛을 발하던 태양은 염소자리로 내려온 탓인지 거의 죽어 가듯이 창백한 햇빛만을 보내고 있었습니다. 진눈깨비와 비가 내리고, 차가운 이슬까지 겹쳐서 정원의 모든 꽃과 나무는 시들어 갔습니다. 이제 1월의 신인 야누스는 양쪽으로 갈라진 수염을 한 채, 뜨거운 화로 옆에 앉아서 큰 뿔 모양의 술잔으로 술을 마시고 있었습니다.

아우렐리우스는 모든 방법을 동원하여 마술사를 환대했습니다. 그리고 되도록 빨리 자기를 사랑의 고통에서 해방시켜 달라고 부탁하면서, 만약 그렇게 하지 않으면 칼로 자기의 심장을 찔러 죽어 버리겠다고 말했습니다. 노련한 마술사는 이 청년을 불쌍하게 여겨 서둘렀습니다. 마침내 그는 1~2주일간 브르타뉴 해안의 모든 바위가 사라진 것처럼 보이게 하는 데 성공했습니다.

아직도 자기의 사랑을 정복할 수 있을 것인지, 아니면 그런 기회를 잃어버릴 것인지 알지 못해 안달하던 아우렐리우스는 밤낮으로 이런 기적을 기다렸습니다. 그리고 마침내 바위가 사라지고 사랑의 모든 장애물이 없어졌음을 확인하자, 마술사의 발밑에 엎드려 이렇게 말했습니다.

"가련하고 불쌍한 이 아우렐리우스는 마술의 스승이신 당신에게 진심으로 감사를 드립니다. 또한 참기 힘든 고통에서 저를 구해 주신 베누스 여신에게도 감사드립니다."

그는 당장 사원으로 달려갔습니다. 사랑하는 여인이 그곳에 있으리라는 것을 알고 있었던 것입니다. 그리고 적당한 기회를 보아, 그가 사랑하는 최고의 여인에게 다가가 인사를 하고 떨리는 마음으로 겸손하게 말했습니다.

"사랑하는 부인, 당신을 사랑하는 죄 때문에 나는 한없는 고통을 받으며 죄 없이 죽어 가고 있습니다. 당신은 나에게 자비를 베풀지 않은 채, 내가 죽도록 놔 둘 수도 있습니다. 그렇지만 잠시 지난번에 한 약속을 생각해 주십시오. 부인, 지난번에 약속하신 것을 잘 알고 계실 겁니다. 나는 당신에게 무엇을 요구하려는 것이 아니라, 오직 당신의 자비를 바랄 뿐입니다. 그때 당신은 내 손을 잡고 당신의 말대로만 해 주면 나를 그 누구보다도 사랑하겠다고 맹세했습니다. 나는 당신이 지시하신 것을 완수했습니다. 직접 가 보면 확인하실 수 있습니다. 그러니 이제 마음대로 하십시오. 하지만 당신의 약속을 잊지는 마십시오."

그는 이렇게 말한 후 도리겐 곁을 떠났습니다. 그녀는 너무 놀라 핏기 하나 없는 얼굴로 넋을 잃은 채 아무 말도 못했습니다. 자기가 판 함정에 빠지리라고는 생각조차 하지 못했던 것입니다. 그녀는 혼잣말로 이렇게 중얼거렸습니다.

"누가 이런 일이 일어나리라고 생각이나 했을까! 이런 기적이 일어날 거라고는 꿈에도 생각하지 못했어. 이건 자연의 이치에 어긋나는 일이야!"

도리겐은 비참한 심정이 되어 집으로 돌아왔습니다. 기운이 빠져 제대로 걸을 수도 없었습니다. 다음 날 그녀는 울며 탄식하다가 몇 번이나 정신을 잃었지만 그 이유에 대해서는 한 마디도 하지 않았습니다. 마침 남편 아르베라구스는 다른 곳에 가고 없었기 때문입니다.

도리겐은 죽은 사람처럼 창백한 얼굴과 비통한 표정으로 한탄했습니다. 그녀는 자기의 슬픔을 이렇게 표현했습니다.

"아, 가련한 내 신세여! 운명의 여신이여, 저는 당신을 원망합니다. 당신은 제가 방심한 틈을 이용해 저를 붙잡아 당신의 쇠사슬로 묶어 빠져나오지 못하게 하셨습니다. 저는 죽거나, 몸을 더럽혀야 합니다. 두 가지 중에서 하나를 택해야만 하는 것입니다. 저는 제 몸을 더럽혀서 부정한 아내로 제 이름을 욕되게 하느니 차라리 목숨을 끊는 편을 택하겠습니다. 제가 죽으면 틀림없이 이런 곤경에서 해방될 것입니다. 이전에도 수많은 귀부인과 처녀들이 몸을 더럽히지 않기 위해 스스로 목숨을 끊지 않았습니까? 저는 그래야만 한다고 생각합니다."

도리겐은 이틀 동안 이렇게 한탄하면서 죽기로 마음먹었습니다. 사흘째 되던 날 밤, 훌륭한 기사 아르베라구스가 집으로 돌아와 왜 그토록 슬프게 우느냐고 물었습니다. 그 말을 듣자 도리겐은 더욱 구슬프게 울며 이렇게 말했습니다.

"아, 제가 세상에 태어난 것이 너무도 원망스러워요. 저는 한 남자에게 약속을……."

그녀는 그동안의 일을 남편에게 모두 말했습니다. 이야기를 다 듣고 난 남편은 침착한 표정을 지으며 다정한 목소리로 말했습니다.

"도리겐, 지금 말한 것이 전부요? 겨우 그것뿐이오?"

"겨우 그것뿐이라니요? 그것도 너무 심한 건데요. 하느님의 뜻이라 할지라도 너무한 거예요."

"걱정 마시오. 아마 잘 끝날 것이오. 당신은 약속을 지켜야만 하오. 하느님을 두고 맹세하지만, 난 당신을 정말 사랑하오. 그래서 당신이 약속을 어기는 것을 보느니 칼에 찔려 죽는 편을 택하겠소. 약속을 지키는 것보다 성스러운 일은 이 세상에 없소."

그러나 이 말을 끝내면서 아르베라구스는 울음을 터뜨리고 말았습니다. 그리고 이렇게 덧붙였습니다.

"당신이 살아 있는 동안 이 일을 누구에게도 말하지 마시오. 만일 새어 나가는 날에는 당신의 목숨은 없는 것으로 아시오. 나도 최선을 다해 이 슬픔을 이겨 내겠소. 그리고 사람들이 당신에게 무슨 걱정이 있는지 알아채지 못하도록 슬픈 표정을 짓지 마시오."

그러고 나서 아르베라구스는 종자와 하녀를 불렀습니다.

"도리겐 마님을 모시고 가라. 즉시 마님이 원하시는 곳으로 모셔다 드리거라."

그들은 집을 떠났습니다. 하지만 하녀와 종자는 도리겐이 왜 그곳으로 가는지 이유를 알 수 없었습니다.

도리겐을 깊이 사랑하던 수습기사 아우렐리우스는 우연히 시내의 가장 번잡한 거리 한복판에서 도리겐과 마주쳤습니다. 도리겐은 그와 약속한 정원을 향해 가던 중이었습니다. 그도 또한 정원으로 가고 있었습니다. 그는 도리겐이 언제 집을 나오며, 어느 곳으로 가는지 하나도 빠짐없이 지켜보고 있었던 것입니다. 어쨌거나 그것이 우연이건 하느님의 섭리건 두 사람이 마주치는 일이 벌어졌습니다. 아우렐리우스는 기쁜 마음으로 도리겐에게 인사를 하면서 어디로 가느냐고 물었습니다. 그러자 도리겐은 거의 미친 사람처럼 이렇게 대답했습니다.

"우리 남편이 말한 대로 약속을 지키기 위해 정원으로 가요! 아, 가련한 내 신세야!"

이 말을 듣자 아우렐리우스는 깜짝 놀랐고, 마음속으로 도리겐과 그녀의 슬픔을 동정하게 되었습니다. 또 아내에게 한번 약속한 것을 반드시 지키라고 지시한 기사 아르베라구스의 훌륭한 성품도 우러러 보았습니다. 이런 모든 것을 생각하자 아우렐리우스는 기사의 관대함을 야비하게 짓밟으며 도리겐을 차지하려는 자신의 못된 욕망을 버리는 편이 낫겠다고 생각하게 되었습니다. 그래서 이렇게 말했습니다.

"부인, 당신의 남편 아르베라구스에게 전해 주십시오. 나는 당신의 남편이 당신에게 커다란 관용을 베풀고, 당신이 나와 한 약속을 어기게 하느니 차라리 치욕을 감수하려고 한다는 사실을 알게 되었습니다. 또한 그렇게 결심한 그분이 얼마나 고귀하며, 당신이 얼마나 고통받고 있는지도 알았습니다. 부인, 저는 당신들 두 사람의 사랑을 방해하느니 저 혼자서 죽을 때까지 고통을 받는 것이 낫다고 생각합니다. 이제 제 평생 알게 된 여인 중에서 가장 정숙하고 훌륭한 부인인 당신과 작별을 하겠습니다."

수습기사와 기사는 이렇게 훌륭하고 너그럽게 처신했습니다. 도리겐은 무릎을 꿇고 아우렐리우스에게 감사하다고 말한 후, 집으로 향했습니다. 집에 도착하자마자 그녀는 남편에게 이런 이야기를 모두 들려주었습니다. 남편은 말할 수 없이 기뻐했습니다. 아르베라구스와 그의 아내 도리겐은 죽을 때까지 더없는 행복을 누리며 살았습니다. 그리고 도리겐은 죽을 때까지 남편에게 지조를 지켰습니다.

한편 아우렐리우스는 자기가 태어난 날을 저주하면서 이렇게 말했습니다.

"아, 그 마술사에게 순금 1000파운드를 주겠다고 약속하지 않았더라면 얼마나 좋았을까! 이제 어떻게 해야 하나? 난 이제 완전히 거지 신세가 된 거야. 상속받은 재산을 모두 팔고 동냥을 해서 먹고살아야 할 판이야. 마술사의 자비를 구하는 수밖에. 어쨌거나 해마다 얼마씩 갚을 수 있게 해 달라고 부탁해 봐야겠어. 만약 그가 내 부탁을 들어준다면 고맙다고 말해야지. 절대로 약속을 어기지는 않을 거야."

그는 울적한 마음으로 보물 상자에서 금을 500파운드가량 꺼내 마술사가 있는 곳으로 갔습니다. 그리고 그에게 나머지를 갚을 시간을 달라면서 인정에 호소했습니다.

"선생님, 저는 지금까지 약속을 어긴 일이 한 번도 없습니다. 무슨 일이 있어도 약속한 날짜까지 갚겠습니다. 제가 이 옷 하나만 걸친 채 이곳저곳을 돌아다니며 구걸을 하는 일이 있더라도 빚은 꼭 갚겠습니다. 2년이나 3년의 여유를 주신다면 반드시 갚겠습니다. 그러지 않으면 저는 부모님이 물려주신 유산을 팔아야 합니다. 제가 드릴 말은 이것뿐입니다."

이 말을 듣자 마술사는 근엄한 표정으로 말했습니다.

"나는 당신과의 약속을 지키지 않았소?"

"그렇습니다. 틀림없이 모두 지키셨습니다."

"그런데 당신은 원하던 대로 당신이 사랑하는 여인을 얻지 못했소?"

"그렇습니다."

아우렐리우스는 이렇게 대답하면서 한숨을 내쉬었습니다.

"왜 그렇게 된 것이오? 그 까닭을 말해 주시오."

마술사도 기사 못지않게 덕이 있소
마술사는 아우렐리우스의 빚 1000파운드를 면제해 주기로 한다. 그림은 중세의 마술사인 연금술사를 그린 윌리엄 페터스 더글러스의 1853년 작 〈연금술사〉.

그러자 아우렐리우스는 마술사에게 말하기 시작했습니다.

"고귀하고 인자한 아르베라구스는 자기 아내가 약속을 어기기보다는 오히려 자신이 고통으로 죽는 편이 낫다고 생각했습니다."

또 도리겐이 얼마나 슬퍼했는지 이야기하고, 남편에 대한 정조를 버리느니 차라리 죽음을 택하려 했다고 말했습니다. 그리고 그 약속을 할 때 그녀는 마술의 위력을 모른 채 순진한 마음에서 그랬다는 사실도 지적하면서, 아우렐리우스는 이렇게 말을 끝맺었습니다.

"저는 그녀를 크게 동정하게 되었습니다. 그래서 그 기사가 저에게 아내를 보내 주었듯이, 저도 똑같이 관대한 마음으로 그녀를 남편에게 되돌려 보냈습니다. 이게 전부입니다. 더 말할 것이 없습니다."

그러자 마술사가 대답했습니다.

"당신들은 둘 다 서로에게 신사답게 행동하였소. 당신은 수습기사의 본분에 맞게 행동했고, 그도 기사답게 처신했소. 그렇지만 나와 같은 학자 역시 당신들 못지않게 고귀한 행동을 할 수 있다는 것을 보여 주겠소. 아우렐리우스, 당신이 빚진 1000파운드를 모두 면제해 주겠소. 당신은 이미 내가 이곳에 머무는 동안 숙식을 책임져 주었소. 그것만으로도 족하오."

이렇게 말을 마친 후 마술사는 말을 타고 떠났습니다.

여러분, 나는 이렇게 묻고 싶습니다. 이들 중에서 누가 가장 관대하다고 생각하십니까? 말을 타고 다시 여행을 떠나기 전에 말해 주십시오. 내 이야기는 여기에서 끝납니다.

소지주의 이야기는 여기에서 끝난다.

의사의 이야기

아름답다는 이유만으로……

의사의 이야기

의사
엘즈미어 필사본에 나타난 의사.

옛날에 비르기니우스라는 기사가 있었는데, 그는 명성이 높고 훌륭했으며 친구도 많고 재산 또한 상당했습니다. 그는 아내와의 사이에 딸 하나를 두고 있었습니다. 이 딸은 이 세상 그 어느 여자보다도 아름다웠는데, 그것은 자연의 여신이 특별한 정성을 기울여 만들었기 때문입니다. 자연의 여신도 흡족해했을 이 처녀는 열네 살이었습니다. 여신은 백합은 흰색으로, 장미는 붉은색으로 칠했듯이 이 처녀가 세상에 태어나기도 전에 그녀의 아름다운 몸을 알맞은 색깔로 칠해 주었습니다. 태양은 그녀의 탐스러운 머리칼을 황금빛으로 물들여 주었습니다. 그러나 그녀의 덕德은 그 완벽한 미모보다 수천 배나 빼어나서 똑똑한 사람들이 칭송하는 덕성이란 덕성을 빠짐없이 지니고 있었습니다.

그녀의 몸과 영혼은 이루 말할 수 없이 정숙했습니다. 이런 순결함은 겸손과 절제, 인내와 어우러지면서 한층 꽃을 피웠습니다. 그녀의 행동과 옷차림새도 절도 있고 수수했습니다. 게다가 처신은 현명하고 항상 조심스러웠습니다. 그녀의 말씨는 평범하면서도 여성다웠지만 덕성스럽고 교육을 잘 받았다는 것을 알 수 있었습니다.

그녀는 매사에 처녀답게 수줍어하는 편이었지만 마음은 웬만한 일에도 흔들리지 않을 만큼 강했습니다. 그리고 게으름을 떨쳐 버리기 위해 열심히 일했습니다. 또 술을 입에 대는 법이 없기에, 주당酒黨들의 신인 바쿠스는 그녀의 입에 아무런 지배력을 행사하지 못했습니다. 그녀는 천성적으로 순결한 성격 때문에 종종 아픈 척하는 일이 있었습니다. 그것은 남녀가 시시덕거리는 파티나 술판, 무도회 같은 곳에서 함께 어울려 잡소리를 하고 싶지 않았기 때문입니다. 이것은 예나 지금이나 항상 위험한 일입니다. 처녀가 이런 자유분방한 말에 익숙해지면 이내 순결을 잃어버리게 마련이니까요.

어느 날 이 처녀가 어머니와 함께 시내의 성당에 갔습니다. 그 도시에는 그때 그 지방을 담당하는 재판관이 하나 있었는데, 그 재판관이 자기 앞을 지나가는 이 처녀를 우연히 보게 되었습니다. 그는 눈길을 다른 곳으로 돌리지 않은 채 그녀만을 눈여겨 바라보았습니다. 재판관은 곧 그녀의 아름다움에 사로잡혀, 가슴이 요동치기 시작했습니다. 그는 머릿속으로 멋진 생각을 떠올리며 이렇게 혼잣말을 했습니다.

"무슨 일이 있더라도 이 처녀를 내 것으로 만들어야지."

그런 생각을 하자마자 악마가 순식간에 그의 마음속으로 침투해서 어떻게 처녀를 정복하는지 가르쳐 주었습니다. 그것이 바로 악마의 계략이었습니다.

그는 처음부터 힘이나 뇌물은 전혀 도움이 되지 않는다는 것을 알았습니다. 그녀는 세력 있는 친구들이 많았고, 게다가 평생 흠 하나 없는 삶을 산 규수이기 때문에 그녀를 설득해서 육체의 죄를 짓게 할 수 없다는 사실을 잘 알고 있었던 것입니다. 그래서 재판관은 오랫동안 궁리한 끝에 대담하고 교활하기로 유명한 그 도시의 건달을 불렀습니다. 재판관은 남몰래 이 작자에게 자신의 생각을 이야기한 뒤, 절대로 아무에게도 말하지 않을 것을 맹세시킨 후, 만일 누설하는 날에는 목이 달아날 것이라고 위협했습니다. 이 작자가 흉악한 계획에 동의하자 재판관은 크게 기뻐하면서 그에게 값비싼 선물을 듬뿍 주었습니다.

이 작자의 이름은 클라우디우스였습니다. 재판관의 음탕한 욕심을 채워 줄 교활한 계략에 동의한 그는 재판관과 자세하게 계획을 짠 뒤 집으로 돌아갔습니다. 전혀 정직하지 않은 이 재판관의 이름은 아피우스였습니다. 지금 하는 이야기는 전설이 아니라 실제로 있었던 역사적 사실입니다. 클라우디우스는 서둘러 재판관의 욕망을 채우는 데 필요한 모든 일을 실행에 옮겼습니다.

며칠 뒤 악랄한 재판관이 평소처럼 재판정에 앉아 사건을 심리할 때, 이 못된 건달이 황급히 뛰어 들어와 말했습니다.

"재판관님, 저의 보잘것없는 청원을 들어 보시고 옳고 그름을 가려 주십시오. 저는 비르기니우스를 고발합니다. 만일 그가 부인하면 증인을 내세워 제 고발이 사실이라는 것을 보여 드리겠습니다."

그러자 재판관이 말했습니다.

"비르기니우스가 이곳에 없기 때문에 네 문제에 대해 아무런 판결도 내릴 수 없다. 비르기니우스가 이곳에 도착하면 네가 고발하려는 것이 무엇인지 들어 주겠다. 그러면 너는 시시비비를 가릴 수 있을 것이다."

비르기니우스는 재판관이 어떤 판결을 내리는지 알아보기 위해 재판정으로 달려왔습니다. 그러자 흉악한 고소장이 낭독되었습니다. 그 내용의 핵심은 다음과 같습니다.

'고명하신 아피우스 재판관님. 당신의 보잘것없는 종인 클라우디우스가 감히 당신 앞에 아뢰옵니다. 비르기니우스라는 기사는 법과 소인의 의사를 어기고, 어느 날 밤 소인의 집에서 소인이 합법적으로 소유하고 있던 노예를 빼앗았습니다. 당시 제 노예는 아주 어렸습니다. 재판관님, 이런 것이 사실임을 증명할 수 있도록 증인을 세우겠습니다. 그가 뭐라고 말하든 지금 그의 딸은 진짜 딸이 아닙니다. 재판관님에게 호소하오니, 제 노예를 되돌려 주십시오.'

딸을 내놓으시오
재판관 아피우스는 비르기니아를 차지하고 싶은 욕심에 건달을 시켜 사건을 날조한다. 그림은 19세기 영국 재판 장면.

이것이 그가 작성한 고소장의 내용이었습니다.

비르기니우스는 기가 막혀 아무 말도 하지 못한 채, 그 건달만 바라보았습니다. 비르기니우스는 자기의 명예를 걸거나 많은 증인을 내세워 그런 말이 터무니없는 거짓임을 증명할 수 있었습니다. 그러나 악덕 재판관은 그럴 시간도 주지 않고, 심지어 비르기니우스의 말을 한 마디도 듣지 않은 채 이렇게 판결했습니다.

"이 고소인에게 즉시 그의 노예를 되돌려 줄 것을 명한다. 더는 그의 하녀를 네 집에 두어서는 안 된다. 지금 당장 그 노예를 고소인에게 돌려주도록 하라."

아피우스의 탐욕을 채우기 위한 이런 판결에 따라, 훌륭하고 착한 기사 비르기니우스는 딸을 아피우스에게 건네주어야만 했습니다. 그는 집으로 돌아와서 거실에 앉아 딸을 불러오라고 지시했습니다. 핏기 하나 없는 창백한 얼굴로 사랑스러운 딸의 얼굴을 바라보자니 한없이 슬펐지만 그는 의연한 표정으로 이렇게 말했습니다.

"나의 딸 비르기니아야! 지금 네가 가야 할 길은 둘 중의 하나, 죽느냐, 아니면 치욕을 당하느냐다. 너는 단도나 칼로 죽어야 할 아무런 죄도 짓지 않았다. 오, 사랑스런 나의 딸아! 너는 내 인생의 전부였고, 나는 너를 키우면서 얼마나 행복했는지 모른다. 순결의 대명사인 비르기니아야, 너는 체념하고 죽음을 받아들여야 한다. 이것이 나의 결심이다. 네가 미워서가 아니라 사랑하기 때문에 나는 너를 죽여야 한다. 나는 내 손으로 네 머리를 자를 것이다. 아, 그놈의 아피우스가 너를 본 것이 이런 불행의 원인이었다. 그래서 그는 오늘 부당한 판결을 내린 것이다."

비르기니우스는 딸에게 사건의 경위를 모두 설명해 주었습니다. 이야기를 다 들은 비르기니아는 평소에 하던 것처럼 아버지의 목을 두 팔로 꼭 껴안았습니다. 두 눈에서는 쓰라린 눈물이 솟구쳐 나왔습니다.

"아버지, 제가 꼭 죽어야 하나요? 저를 용서해 주실 수는 없나요?"

그러자 아버지가 대답했습니다.

"무슨 일이 있어도 안 된다."

"그러면 잠시만 시간을 주세요. 몇 분 동안만이라도 제 죽음을 슬퍼할 수 있도록 말이에요."

이렇게 말한 비르기니아는 곧 까무러쳐 바닥에 쓰러졌습니다. 그리고 잠시 후에 정신을 차리고는 아버지에게 이렇게 말했습니다.

"제가 처녀로 죽게 해 주신 하느님을 찬양합니다. 제가 치욕의 오점으로 더럽혀지기 전에 저를 죽여 주세요. 아버지의 뜻대로 당신의 딸 비르기니아를 죽여 주소서."

그리고 칼로 치되 부드럽게 쳐 달라고 거듭 부탁하면서 다시 기절했습니다.

슬픔을 억누르지 못한 채, 비르기니아의 아버지는 딸의 목을 잘랐습니다. 그리고 그것을 가지고 아직도 재판을 하고 있던 재판관에게 갔습니다.

재판관은 비르기니아의 잘린 목을 보자 비르기니우스를 즉시 체포하여 그 자리에서 교수형에 처하라고 지시했습니다. 그러나 바로 그 순간 기사를 불쌍히 여긴 수많은 사람들이 재판정으로 들이닥쳐서 기사를 구했습니다. 재판관의 끔찍한 계략이 만천하에 폭로되었기 때문입니다.

사람들은 클라우디우스가 고발한 내용을 의심하기 시작했고, 그것이 분명히 재판관 아피우스의 동의하에 이루어졌다는 사실을 알게 된 것입니다. 아피우스가 색을 밝힌다는 것은 익히 알려진 사실이었기 때문입니다. 그래서 사람들은 아피우스에게 달려들어 그를 감옥에 처넣었고, 아피우스는 그곳에서 자살하고 말았습니다. 또한 아피우스의 심복이었던 클라우디우스는 나무에 매달아서 죽이라는 선고를 받았습니다. 하지만 비르기니우스가 죽이지는 말고 먼 곳으로 추방하자고 제안해서 그는 간신히 목숨만은 건질 수 있었습니다. 하지만 크건 작건 간에 이 음모에 가담한 나머지 사람들은 모두 교수형을 당했습니다.

여기에 계신 여러분은 죄를 지으면 어떤 대가를 받게 되는지 알았을 것입니다. 그러니 조심하십시오. 하느님이 누구에게 벌을 내릴지 아는 사람은 아무도 없고, 또 아무도 모르게 죄를 짓는다 하더라도 하느님은 반드시 사악한 행동에 대한 무서운 형벌을 내립니다. 유식한 사람이든 무식한 사람이든, 언제 무서운 심판을 받게 될지 예측할 수 있는 사람은 아무도 없습니다. 그래서 나는 여러분에게 충고합니다. 죄를 지어 신세를 망치기 전에 죄를 짓지 말도록 하십시오.

의사의 이야기는 여기에서 끝난다.

비르기니아의 죽음
재판장의 탐욕에 딸을 빼앗기게 된 아버지는 딸이 치욕을 당하느니 자신의 손으로 목을 베겠다고 한다. 그림은 참수 장면을 담은 16세기 삽화.

면죄사의 이야기

금화는 누구의 손에 들어갈 것인가?

면죄사의 이야기 서문

"여러분, 나는 성당에서 설교할 때 위엄 있게 보이고 종소리처럼 큰 소리로 말하려고 애를 씁니다. 그리고 항상 외운 것만 말합니다. 사실 내가 좋아하는 설교의 내용은 모두 똑같습니다. 그건 바로 탐욕은 모든 악의 근원이라는 것이지요.

우선 내가 어디에서 왔는지를 말한 다음, 내가 가진 교황님의 신임장을 모두 보여 드리겠습니다. 먼저 나의 신분을 밝히기 위해 주교님의 도장이 커다랗게 찍힌 위임장을 보여 드리지요. 그것은 성직자건 누구건 내가 행하는 그리스도의 거룩한 사업을 감히 방해하지 못하게 하기 위함입니다. 그리고 나서 이야기를 시작하려고 합니다. 그럼 지금 교황과 추기경, 대주교, 주교와 같은 높은 분들이 준 신임장을 보여 드리겠습니다. 그리고 라틴어로 몇 마디 하겠습니다. 그것은 내 설교를 멋지게 보이게 하고, 신도들에게 경건한 마음을 고양하고자 하기 위함입니다. 또 뼈와 천 조각이 가득 들어 있는 유리 상자를 보여 드리고자 합니다. 아무것도 모르는 신도들은 그런 것을 모두 거룩한 유물이라고 생각합니다. 또 저는 쇠 상자 속에는 거룩한 유대인 야곱이 기른 양의 어깨뼈가 들어 있다고 말합니다.

나는 설교단 위에 사제처럼 버티고 섭니다. 그러면 무지한 교인들은 자리에 앉고, 나는 수백 가지 거짓말로 설교하지요. 또 목을 쭉 빼고 마치 곳간에 앉은 비둘기처럼 머리를 좌우로 움직여 청중들을 봅니다. 내 설교는 모두 탐욕과 그와 비슷한 악에 관한 것입니다. 그건 바로 많은 돈을 거두어들이기 위해서입니다. 나의 유일한 목표는 경제적인 이득을 얻는 것입니다. 나는 신도들의 잘못이나 죄를 고쳐 주는 것에는 눈곱만큼도 관심이 없습니다. 신도들이 죽어서 어떤 형벌을 받는지에도 전혀 관심 없습니다.

나는 돈만 바라고 설교를 하기에 내 설교의 주제는 항상 '모든 악의 근원은 탐욕이다.'가 되는 것입니다. 내 자신이 탐욕이란 악을 가장 잘 실천하기 때문에 탐욕에 관해 어떻게 말해야 할지는 그 누구보다도 잘 알고 있습니다. 비록 내 자신은 이런 죄악에 빠져 있지만 남들에게는 그런 죄를 피하게 만들고, 그런 죄를 지으면 깊이 회개하게 만드는 방법을 나는 잘 알고 있습니다. 물론 세인들에게 이런 죄를 피하게 하는 것이 내 설교의 주요 목적은 아닙니다. 난 단지 돈을 거두어들이고자 설교를 할 뿐입니다. 이 문제에 대해서는 이 정도면 충분하리라 생각합니다.

그럼 이제 교훈이 될 만한 아주 오래된 옛날이야기를 들려드리겠습니다. 무식한 사람들은 옛날이야기를 좋아하지요. 이런 이야기를 들으면 무지한 백성들은 머릿속에 간직하면서 한없이 되풀이합니다. 어쨌

면죄사
엘즈미어 필사본에 나타난 면죄사. 면죄사는 면죄부(중세에 가톨릭교회가 금전이나 재물을 바친 사람에게 그 죄를 면한다는 뜻으로 발행하던 증서)를 판매하는 사람이다.

든 나는 죄 많은 사람이지만, 여러분에게는 교훈적인 이야기를 들려드리겠습니다. 이것은 신도들에게 돈을 거두려고 설교할 때 사용하는 이야기입니다.

자, 조용히 하십시오! 이제 이야기가 시작됩니다."

면죄사의 이야기

옛날 플랑드르에 한 무리의 젊은이들이 있었는데, 이들은 몰려다니면서 노름이나 주사위 놀이를 하고 유곽遊廓이나 술집을 드나들며 방탕하게 살았습니다. 주막이나 유곽에 가서는 밤낮으로 주사위 놀이를 하면서 하프나 류트˙, 기타 반주에 맞춰 춤을 추었고, 배가 터지도록 먹고 곤드레만드레가 되도록 술을 퍼마셨습니다.

이렇게 그들은 끔찍한 과음과 폭식을 하면서 악마의 신전이라는 술집에서 온갖 사악한 행위를 일삼았습니다. 그들이 얼마나 상스러운 욕설을 퍼부으며 신성을 모독했는지 듣게 된다면 여러분은 무서워 벌벌 떨 것입니다. 그들은 다른 친구들의 못된 짓을 보면서 깔깔대며 웃었습니다. 그리고 실컷 먹고 나면, 예쁜 무희와 하프를 든 악사들, 늙은 포주들을 비롯하여 과일과 과자를 파는 젊은 여자들이 술자리에 들어왔습니다. 특히 여자들은 음욕淫慾의 불을 붙이는 악마의 앞잡이들이었습니다.

어느 날 여섯 시 미사를 알리는 종이 울리기 훨씬 전부터 그들은 술집에서 술을 마시고 있었습니다. 그런데 종소리가 났습니다. 그것은 시체가 무덤으로 실려 가기 전에 울리는 종소리였습니다. 그러자 주정뱅이 중 하나가 술집의 사환을 불러 말했습니다.

●류트 가장 오래된 현악기의 하나. 만돌린과 비슷한 모양에 6~13개의 줄이 있고, 줄감개 부분이 뒤로 꺾였으며, 손가락이나 픽으로 퉁겨서 연주한다.

"지금 이곳을 지나간 게 누구의 시체인지 가서 알아 오거라."

그러자 사환이 대답했습니다.

"그럴 필요 없어요. 손님들이 여기에 오기 두 시간 전에 이미 들어서 알고 있으니까요. 그 사람은 바로 손님들 친구예요. 지난밤에 술에 취해 의자에 누워 있다가 갑자기 죽었다고 그러던데요. 우리가 흔히 '죽음'이라고 부르는 도둑이 이곳을 서성이면서 이 지역 사람들을 모두 죽이고 있어요. 어젯밤에는 그 친구분을 찾아가 창으로 심장을 찔러 두 동강을 낸 다음 아무 말도 없이 사라졌어요. 최근에는 전염병이 수천 명의 목숨을 앗아 갔고요. 그러니 손님들도 죽음이라는 적에게 잡혀서 욕보기 전에 조심하는 편이 좋을 것 같군요. 죽음의 귀신이 언제 나타날지 모르니까 항상 대비하고 있어야 한다고 우리 어머니가 말씀하셨거든요."

그때 술집 주인이 끼어들어 이렇게 말했습니다.

"성모 마리아를 두고 맹세하는데, 이 아이의 말은 틀린 것이 하나도 없습니다. 올해에는 죽음의 귀신이 이곳에서 1마일 정도 떨어진 큰 마을에 나타나 남자, 여자, 어린아이, 농장 일꾼이나 하인 할 것 없이 모두 죽였어요. 내가 생각하기에는 바로 그 마을에 죽음의 귀신이 살고 있는 것 같아요. 어쨌거나 손님들도 참변을 당하기 전에 미리 조심하는 것이 좋을 것 같습니다."

그러자 한 주정뱅이가 말했습니다.

"뭐라고? 그놈과 만나는 것이 그토록 두렵단 말이오? 그리스도의

주사위 놀이
옛날 플랑드르에 노름과 주사위 놀이를 하며 방탕하게 살던 젊은이들이 있었다. 13세기 《놀이책》에 실린 그림.

뼈를 두고 맹세하는데, 길이란 길은 모두 다 뒤져서 그놈을 찾아내고 말겠소. 친구들, 내 말 좀 들어 봐. 우리 세 사람은 하나야. 우리 모두 손을 잡고 영원히 의형제가 되기로 약속하세. 그리고 거리로 나가서 죽음이라는 배신자를 찾아 죽여 버리자고. 하느님의 영광을 위해 오늘 밤이 가기 전에 그 살인자를 죽여 버리는 거야."

세 사람은 살아도 함께 살고 죽어도 함께 죽자고 맹세했습니다. 그 모습은 마치 피를 나눈 친형제와 같았습니다. 술에 취해 분노가 치민 세 주정뱅이는 자리에서 벌떡 일어나 술집 주인이 말해 준 마을로 향했습니다.

그런데 반 마일도 채 못 갔을 때였습니다. 어떤 울타리를 기어오르려는 순간, 그들은 초라한 행색의 늙은이를 만났습니다. 노인은 겸손하게 인사를 했습니다.

"하느님께서 여러분을 보호해 주시고 함께 하시길 빌겠소."

그러자 세 주정뱅이 중에서 가장 거만한 사람이 대답했습니다.

"빌어먹을 늙은이 같으니. 왜 눈까지 친친 동여 감고 다니는 거야? 뭣 때문에 망령이 들 때까지 살고 있는 거야?"

노인은 그 주정뱅이의 얼굴을 자세히 들여다보면서 말했습니다.

"내가 인도까지 가서 찾아보았지만, 도시에도 농촌에도 내 나이와 젊음을 맞바꾸겠다는 사람을 하나도 보지 못했기 때문이오. 그러니 나는 하느님이 불러 주실 때까지 늙은 몸으로 사는 수밖에 없소. 아, 그 몹쓸 놈의 죽음조차도 내 목숨은 원치 않는 것 같소. 그래서 지칠 줄 모르는 죄수처럼 사방을 돌아다니며 우리 어머니의 문이라고 일컬어지는 땅을 지팡이로 두드리며 이렇게 말한다오. '사랑스런 어머니! 제발 저를 당신의 문 안으로 들어가게 해 주세요. 내 육체와 피와 피부가 얼마나 시들었는지 보십시오. 제 뼈가 휴식을 취하려면 얼마나 더 있어야 하는 겁니까?' 그래도 우리의 어머니는 내 청을 들어주지 않았소.

그래서 내 얼굴이 이토록 파리하고 쪼글쪼글해졌다오."

이 말을 하고 노인은 길을 떠나려고 했습니다. 그때 다른 주정뱅이가 말했습니다.

"안 돼. 그렇게는 못 가지. 방금 전에 당신은 이 고장에 살던 우리 친구들을 모두 죽인 죽음의 마귀 이야기를 했어. 바른대로 말해. 틀림없이 당신은 죽음의 끄나풀이야. 그놈이 어디에 있는지 말해. 그러지 않으면 비싼 대가를 치르고 말 거야. 당신과 죽음은 우리 젊은이들을 모두 죽이려고 음모를 꾸미고 있어, 이 빌어먹을 늙은이야!"

그러자 노인이 대답했습니다.

"좋소. 정말 죽음을 만나고 싶다면 이 꼬부랑길로 올라가시오. 난 저 작은 숲 속 나무 밑에 앉아 있던 죽음과 헤어진 지 얼마 안 되었소. 당신들에게 자신 있게 말하건대, 당신들이 큰소리친다고 죽음의 마귀가 숨지는 않을 것이오. 저 참나무가 보이시오? 바로 저기에서 당신들이 찾는 죽음의 마귀를 만날 수 있을 것이오."

노인이 말을 마치자마자 세 주정뱅이는 참나무가 있는 곳까지 급히 달려갔습니다. 그런데 그곳에서 만든 지 얼마 되지 않은 금화 더미를 발견했습니다. 양동이 여덟 개는 족히 되어 보이는 금화 더미를 보자, 그들은 죽음의 귀신을 찾겠다는 생각은 아예 잊어버린 채 그곳에 주저앉았습니다. 그들은 아름답게 번쩍이는 금화를 보자 흥분해 있었습니다.

그때 세 주정뱅이 중에서도 가장 못된 사람이 먼저 입을 열었습니다.

"이보게들, 내 말 좀 들어 보게. 내가 실없는 소리만 하는 어수룩한

주정뱅이들과 노인
주정뱅이 셋은 취기에 죽음의 귀신을 만나겠다고 길을 나섰다 초라한 행색의 노인을 만난다. 존 해밀튼 모티머 그림.

사람처럼 보일지 모르지만, 사실 겉보기보다는 용의주도한 사람이야. 운명의 여신은 우리에게 이 보물을 주셨어. 그것은 우리보고 남은 생애를 기쁘고 흥겹게 살라는 뜻일 거야. 우리 모두 하느님의 은총에 감사드리자고. 우리가 이런 행운을 잡게 될지 누가 상상이나 했겠어? 이 금화를 우리 집이나 자네들 집으로 가져갈 수만 있다면 우리는 더 바랄 게 없을 거야. 누구의 집으로 가져가든지 이것은 우리의 공동 소유니까. 그렇지만 대낮에 그런 일을 할 수는 없잖아. 사람들이 이 보물을 보면 우리를 노상강도로 생각하고 목매달아 죽여 버릴 테니. 그러니 어두운 밤을 이용해서 쥐도 새도 모르게 날라야 해. 그래서 자네들에게 한 가지 제안을 하는데, 제비를 뽑아서 가장 긴 지푸라기를 뽑는 사람이 빨리 시내로 달려가서 빵과 술을 가져오기로 하고, 나머지 두 사람은 이 보물에서 눈을 떼지 않고 지키는 거야. 시내에 간 사람이 빨리 돌아와 준다면 우리가 가장 적당하다고 생각하는 곳으로 이 보물을 가져갈 수 있을 거야."

그는 손에 제비를 들고 나머지 두 사람보고 뽑으라고 말했습니다. 그러자 가장 나이 어린 사람이 긴 지푸라기를 뽑았고, 그는 곧 시내로 떠났습니다. 그 젊은이가 떠나자마자 남은 두 사람 중 하나가 말했습니다.

"자네도 알다시피 우리는 의형제를 맺기로 맹세했어. 그래서 말인데, 지금 자네에게 득이 될 얘기를 하나 해 주지. 자네도 보았듯이 우리 친구는 시내로 떠났고, 여기에는 우리 세 사람이 나누어 가질 금이 그대로 있어. 그렇지만 이 황금을 셋이 아니라 두 사람이 나누어 갖는다면 더 많은 금을 가질 수 있지 않겠어?"

그러자 다른 사람이 대답했습니다.

"아니, 어떻게 그럴 수가 있나? 그 친구는 우리 둘이 여기에서 금을 지키고 있다는 사실을 잘 알고 있는데 어떻게 그런 일을 할 수 있어?

저 친구를 해치우는 거야
죽음의 귀신이 있다던 곳에서 금화 더미를 발견한 주정뱅이 셋은 한 명을 시내로 보낸 후 둘이서 금화를 나눠 가질 작당을 한다. 워윅 고블 그림.

그 친구한테는 뭐라고 하겠나?"

이 말을 듣자 먼저 말을 꺼낸 주정뱅이가 대답했습니다.

"그런 약속을 반드시 지켜야만 하나? 꼭 그런 것이 아니라면 몇 마디로 간단하게 금을 가져가는 방법을 말해 주지."

"좋아. 난 겁나지 않아. 약속하지. 자네를 절대로 배신하지 않겠어."

"그렇다면 이야기해 주지. 알다시피 우리는 둘이고, 두 사람은 한 사람보다 힘이 센 법이야. 시내로 간 녀석이 돌아와서 이곳에 앉기를 기다린 다음, 장난삼아 그의 멱살을 잡고 싸울 듯이 일어나게. 자네가 그와 엎치락뒤치락하는 동안 나는 그 녀석의 옆구리를 칼로 찔러 버리겠어. 자네도 갖고 있는 단도로 녀석의 배를 깊숙이 찌르는 거야. 그러면 자네와 내가 이 모든 금을 나누어 가질 수 있을 거야. 그러면 우리는 세상에서 하고 싶은 것은 무엇이든 다 할 수 있을 것이고, 주사위 노름도 얼마든지 할 수 있을 거야."

지금 이야기한 것처럼 두 악당은 친구를 죽이기로 합의했습니다.

한편 시내로 간 친구는 번쩍이는 새 금화의 근사한 모습을 한시도 머릿속에서 지울 수가 없었습니다. 그는 혼자서 이렇게 생각했습니다. '아, 그 모든 보물을 나 혼자 가질 수 있다면 얼마나 좋을까!' 마침내 우리 모두의 적인 악마는 청년의 마음속으로 들어가 두 친구를 살해할 독약을 사도록 마음먹게 하였습니다. 악마는 이 작자의 행실이 평소에도 형편없던 것을 알았고, 그래서 그를 파멸시키기로 한 것입니다.

이 청년은 조금도 양심의 가책을 느끼지 않은 채 두 친구를 죽이기로 마음먹었습니다. 그는 전혀 망설이지 않고 시내로 들어가서는 약방으로 달려가 쥐를 죽일 독약을 달라고 약방 주인에게 말했습니다. 그러면서 족제비 한 마리가 자기 집 마당을 드나들면서 암탉들을 잡아먹을 뿐만 아니라 밤마다 자기를 괴롭힌다면서, 그 못된 놈을 단단히 혼내 주겠다고 덧붙였습니다. 그러자 약방 주인은 이렇게 말했습니다.

"좋소, 약을 하나 드리지. 이 세상 어떤 것이라도 이 독약을 묻힌 밀알 한 톨만 먹으면 즉시 목숨을 잃고 만다오. 이 약은 효력이 너무 강해서 이것을 먹은 사람은 당신이 1마일을 채 걸어가기도 전에 죽고 말 것이오."

못된 청년은 독약 상자를 손에 들고 근처에 있는 거리로 갔습니다. 그리고 그곳에 사는 사람에게 큰 병 세 개만 빌려 달라고 말했습니다. 그는 그 약을 병 두 개에다 나누어 붓고 자기가 마실 병은 그대로 두었습니다. 친구들에게는 독약을 먹이고, 자기는 밤새도록 열심히 그 금화를 집으로 옮겨다 놓을 작정이었습니다. 그는 그 커다란 병 세 개에 술을 가득 채운 다음 친구들이 있는 숲으로 되돌아갔습니다.

그런데 이 이야기를 자세히 할 필요는 없을 것입니다. 간단하게 말하자면, 다른 두 친구는 이 청년이 도착하자마자 칼로 찔러 죽였습니다. 그들의 계획이 마무리되자 한 친구가 말했습니다.

"자, 이제 앉아서 한잔하지. 그 다음에 저 녀석을 묻어 버리자고."

이렇게 말하면서 그는 독약이 든 술병을 들어 한 모금 마신 뒤 그 병을 친구에게 건네주었습니다. 친구도 그 술을 마셨고, 결국은 두 사람 모두 즉사하고 말았습니다. 이렇게 친구들을 독살하려던 자와 그 친구를 살해한 두 살인범은 죽음을 맞이했습니다.

면죄사의 이야기는 여기에서 끝난다.

선장의 이야기

수사, 밑천 없이 남는 장사하다

선장의 이야기

옛날 생드니*라는 곳에 어느 상인이 살고 있었습니다. 그에게는 돈이 많았기 때문에, 사람들은 그를 영리한 인물로 생각했습니다. 그의 아내는 매우 아름다웠고 사교성이 뛰어났으며 파티를 좋아했습니다. 이 돈 많은 상인은 수많은 하인들을 거느리고 대저택에 살았습니다. 여러분은 그 집에 얼마나 많은 사람들이 드나들었는지 알면 아마 깜짝 놀랄 것입니다. 그중에는 그가 친절했기 때문에 찾아오는 사람도 많았지만, 그의 아내가 미녀였기 때문에 찾아오는 사람도 적지 않았습니다. 그러나 이런 이야기는 그만두고 본론으로 들어가겠습니다.

그 집에는 각양각색의 사람이 찾아왔는데, 그중에는 서른 살쯤 되어 보이는 수사도 있었습니다. 그는 잘생겼으며 뻔뻔스런 사람이었습니

선장
엘즈미어 필사본에 나타난 선장.

● **생드니** 프랑스 북부 도시.

다. 그는 아주 자주 그 집을 찾아왔습니다. 이 멋진 수사는 착한 주인남자와 처음 만났을 때부터 친하게 지냈고, 마침내는 가장 친한 친구처럼 지내게 되었습니다.

상인과 수사는 같은 마을에서 태어났습니다. 그래서 수사는 상인을 사촌형이라고 주장했고, 상인도 그런 것을 전혀 부정하지 않았습니다. 사실 그는 마음속으로 그런 대접을 받는다는 사실을 자랑스러워했습니다. 그래서 그들은 영원히 형제가 되기로 약속했으며, 목숨이 붙어 있는 한 형제의 의를 지키기로 맹세했습니다.

이 수사의 이름은 존이었습니다. 그는 상인 집에 머무를 때면 돈을 물 쓰듯이 했습니다. 또 인자하게 보이고 사람들의 기분을 북돋기 위해 무진 애를 썼습니다. 그래서 그는 집 안에서 가장 비천한 하인이라 할지라도 항상 잊지 않고 팁을 주었습니다. 그리고 그 집을 방문할 때에는 주인을 비롯하여 모든 하인들에게 지위에 맞는 적당한 선물을 주었습니다. 그래서 하인들은 마치 새들이 떠오르는 태양을 반기듯이 기쁜 마음으로 이 수사를 맞이했습니다.

그러던 어느 날 상인은 물건을 사기 위해 브뤼헤˚로 갈 채비를 했습니다. 그리고 파리에 있는 존 수사에게 전갈을 보내, 자기가 브뤼헤로 떠나기 전에 생드니에서 며칠간 쉬라고 말했습니다.

내가 말하는 이 훌륭한 수사는 상급자들의 신임을 한 몸에 받았고, 또한 수도원 내에서 대단한 영향력을 과시하였습니다. 그래서 자기가 나가고 싶을 때면 먼 곳에 있는 농장과 곡창을 둘러보아야 한다면서 수도원장의 외출 허가를 받았습니다. 그날도 존은 그렇게 외출 허가를 받고 생드니에 도착했습니다. 사랑스럽고 멋진 존 수사보다 더 큰 환영을 받을 손님이 어디 있겠습니까? 평소처럼 그는 달콤한 포도주 한 통과 사냥에서 잡은 고기를 가져왔습니다. 상인과 수사는 이틀 동안 실컷 먹고 마시며 놀았습니다.

●브뤼헤 벨기에 북부 도시.

돈 세는 데 집중한 상인

생드니의 상인은 회계실 문을 꼭 잠그고 혼자 들어가 아무의 방해도 받지 않은 상태로 손익을 계산했다. 틴 마세이스의 1514년 작 〈고리대금업자와 그의 부인〉.

사흘째 되던 날, 상인은 해가 뜨자 자리에서 일어나 일하기 위해 회계실로 올라갔습니다. 그해 장사가 어땠는지, 지출을 계산하고, 이익이 났는지 손실이 났는지 꼼꼼히 따져 보기 위해서였습니다. 그는 계산대 위에 장부와 돈주머니를 펼쳐 놓았습니다. 그리고 그곳이 보물로 가득 찬 곳인 양, 방문을 꼭꼭 잠그고 자기가 그곳에 있는 동안 방해하지 말라고 지시했습니다. 그렇게 아침 아홉 시 종소리가 울릴 때까지 그곳에 틀어박혀 있었습니다.

존 수사 역시 동이 트자 자리에서 일어나 정원을 이리저리 거닐면서 경건하게 기도를 드렸습니다. 그 사이 착한 여주인은 그가 눈치 채지 못하게 살그머니 정원으로 들어와서 여느 때처럼 인사를 했습니다. 그녀는 자기가 돌보는 어린아이를 데리고 있었습니다.

"존 수사님, 웬일로 이렇게 일찍 일어나셨어요? 무슨 일이라도 있으세요?"

그러자 수사가 대답했습니다.

"저는 다섯 시간만 자면 충분합니다. 물론 피로에 지친 노인이나, 사냥개들에게 초주검이 되도록 쫓긴 토끼처럼 웅크리고 자는 결혼한 남자들은 사정이 틀리지만 말이에요. 그런데 왜 그렇게 얼굴이 창백하지요? 틀림없이 그 친구가 간밤에 열심히 '일'을 한 모양이군요. 잠시 휴식을 취하는 편이 좋겠어요."

이렇게 말하고서 수사는 명랑하게 웃어 대면서, 자기가 생각한 것을 떠올리고는 지레 얼굴이 빨개졌습니다. 그러나 아리따운 상인의 아내는 아니라는 표정을 지으며 고개를 흔들었습니다.

"하느님도 다 아시는 걸요. 수사님, 절대로 그런 일은 없었어요. 나에게 몸과 영혼을 주신 하느님을 걸고 맹세해요. 온 프랑스를 다 뒤져 보아도 그 문제에 있어서 나처럼 즐기지 못하는 여자는 없을 거예요. 사실 이런 문제는 아무에게도 말할 수 없어요. 정말이지 너무나 내 자신이 불쌍해서 이 나라를 떠나든지 자살을 하려고 생각한 적이 한두 번이 아니에요."

수사는 여자를 뚫어지게 바라보며 대답했습니다.

"하느님께서 부인에게 자살을 충동질하는 고통과 두려움을 없애 주시기를 빕니다. 그런데 도대체 무슨 문제 때문에 그런 생각을 하는지 말해 보십시오. 문제를 해결할 수 있게 조언을 하거나 도와줄 방법이 있을지도 모르니까 말입니다. 나는 절대로 그런 것을 입 밖에 내지 않겠습니다. 내가 살아 있는 동안 싫든 좋든 간에 절대로 부인의 비밀을 발설하지 않겠습니다."

그러자 그녀도 이렇게 덧붙였습니다.

"나도 마찬가지예요. 하느님과 이 기도서를 두고 맹세하겠어요. 내 몸이 갈기갈기 찢어지는 한이 있더라도, 수사님이 하는 말은 입 밖에 내지 않겠어요. 지옥에 갈 것이 두렵거나 우리가 사촌 관계이기 때문에 이런 말을 하는 것이 아니에요. 단지 수사님을 믿고 사랑하기 때문에 그런 거예요."

이런 맹세를 한 후, 그들은 키스를 하고 서로 마음을 활짝 열어 놓기 시작했습니다.

먼저 상인의 아내가 말했습니다.

"수사님, 만일 충분한 시간만 있었다면 내가 어떻게 고통 받았는지 모두 이야기를 했을 거예요. 수사님이 비록 남편의 사촌이지만, 내가 결혼한 후 받은 고통을 모두 이야기하고 싶어요."

그러자 수사가 말했습니다.

"아니에요. 사촌은 무슨 사촌입니까. 성 마르틴과 하느님을 두고 말하지만, 절대로 사촌이 아닙니다. 만일 그렇다면, 나무에 걸려 있는 저 잎사귀도 내 사촌이 될 겁니다. 내가 부인의 남편을 사촌이라고 부르는 것은 단지 부인을 볼 수 있는 기회를 많이 갖고 싶었기 때문이지요. 나는 이 세상의 어떤 여자보다 부인을 사랑합니다. 내 수사직을 걸고 맹세합니다! 자, 무슨 일이 있는지 말해 보십시오. 남편이 내려오면 부인은 집 안으로 들어가야 하니까 말입니다."

이 말을 듣자 상인의 아내는 말하기 시작했습니다.

"사랑하는 수사님! 이런 말을 하고 싶지는 않아요. 그렇지만 말해야 할 것 같아요. 더는 참을 수가 없거든요. 이 세상이 생긴 이래, 내 남편처럼 형편없는 사람은 없을 거예요. 다른 남자에게 우리의 사생활에 관해 말한다는 것은 아내로서 옳지 않은 일이에요. 아내가 남편의 위신을 떨어뜨리지 말아야 한다는 것도 잘 알고 있어요. 그렇지만 수사님에게 하나만 말하겠어요. 내가 아무리 좋게 바라보려고 해도, 그는 남편으로서 파리만큼도 가치가 없어요. 하지만 내 억장을 뒤엎는 것은 바로 그가 구두쇠라는 사실이에요. 수사님도 잘 알겠지만, 나를 위시한 여자들이 본능적으로 바라는 것은 남편이 용감하고 똑똑하며, 돈이 많고, 돈을 잘 쓰며, 아내 말을 잘 듣고 열정적으로 밤일을 하는 것이죠. 나는 다음 주 일요일이 되기 전에 내가 입을 옷 값 백 프랑을 치러야 해요. 그건 바로 남편의 위신을 세워 주기 위해서였어요. 그 돈을 치르지 않으면 난 톡톡히 망신을 당하고 말 거예요. 그렇다고 내가 상스런 짓을 해서 돈을 마련하느니, 차라리 목숨을 끊고 말겠어요. 또 우리 남편이 이런 사실을 알게 되는 날에도 나는 끝장이에요. 그래서 수사님에게 부탁하는데, 백 프랑만 빌려 주세요. 그렇게 하지 않으면 난 죽을지도 몰라요. 그렇게만 해 주면 절대로 은혜를 잊지 않을게요. 정확하게 돈을 돌려드리겠어요. 그리고 당신이 원하는 것이라면 무슨 일이든 하겠어요."

상인의 아내가 하는 말을 듣고, 착하고 예의바른 존 수사는 이렇게 말했습니다.

"사랑하는 나의 여인이여, 정말이지 당신을 동정합니다. 당신 남편이 플랑드르의 브뤼헤로 떠나면 이런 근심에서 벗어날 수 있도록 도와드릴 것을 약속합니다. 부인에게 백 프랑을 갖다 드리겠어요."

그러면서 수사는 여자의 허리를 붙잡고 꼭 껴안은 다음, 여러 차례 키스를 하고서 말했습니다.

백 프랑을 빌려 드리지요
수사는 상인의 부인에게 잠자리를 대가로 옷 살 돈 백 프랑을 빌려 주기로 약속한다. 토머스 스토서드 그림.

"자, 아무 소리도 내지 말고 이곳을 떠나십시오. 그리고 옷매무새를 고친 다음, 함께 아침을 먹읍시다. 벌써 아침 아홉 시가 된 것 같습니다. 어서 안으로 들어가세요. 반드시 약속을 지키겠습니다."

"절대로 약속을 어기면 안 돼요."

상인의 아내는 종달새처럼 기쁜 표정을 지으며 집 안에 들어가 요리사들에게 곧 식사를 할 수 있게 준비하라고 보챘습니다. 그리고 회계실로 올라가서 문을 자신 있게 쾅쾅 두드렸습니다.

그러자 상인이 물었습니다.

"누구지?"

"나예요. 아침 식사는 언제 하실 거예요? 장부와 서류를 갖고 얼마나 더 계산하고 있을 거예요? 하느님이 당신에게 주신 것만으로도 충분하지 않나요? 돈주머니는 잠시 놔두고, 아래로 내려오세요. 존 수사님을 아침 내내 배곯게 하시고 미안하지도 않아요?"

아내의 성화를 듣자, 남편이 말했습니다.

"여보, 당신은 장사를 한다는 게 얼마나 복잡한지 모르는구려. 평생 일하면서 계속해서 이익을 남기는 상인은 열두 명 중에서 겨우 두 사

회계
상인은 시간 가는 줄 모르고 장부를 정리했다. 사진은 13세기 동전. 출처: www.cngcoins.com.

람 정도밖에 없단 말이오. 우리는 즐겁고 명랑한 표정을 짓고, 체면을 차리려고 애를 쓰며, 온 힘을 다해 우리의 인생을 살려고 하지만, 속으로는 죽을 때까지 우리 주머니 속의 비밀을 지켜야 하오. 우리가 휴가를 가거나 순례를 떠나는 것은 바로 채권자들의 성화에서 벗어나기 위한 것이란 말이오. 장사는 항상 운과 상황에 좌우되기 때문에 우리는 이 묘한 세상이 어떻게 돌아가는지 한시도 눈을 뗄 수가 없소. 내일 새벽에 나는 브뤼헤로 떠날 것이오. 하지만 되도록 일찍 돌아오도록 노력하겠소. 내가 없는 동안 누구한테나 친절하고 예의바르게 대해 주시오. 우리 물건들을 잘 살펴보고, 집 안이 잘 돌아가도록 신경 써 주시오."

이렇게 말한 후 상인은 회계실 문을 닫고 바로 내려왔습니다. 간단하게 미사를 올리고 그들은 즉시 식당 안으로 들어가서 자리에 앉았습니다. 상인은 수사에게 아주 맛있는 음식만 대접했습니다.

식사가 끝나자 존 수사는 자못 진지한 표정을 지으면서, 상인을 한쪽으로 데려가 비밀리에 대화를 나누었습니다.

"형님, 내일 브뤼헤로 떠나시죠? 조심해서 말을 타고, 밥을 먹을 때에도 너무 욕심 내지 마세요. 특히 더위가 기승을 부릴 때에는 식사를 절제해야 합니다. 형제끼리 서로 격식을 차릴 것은 없으니, 잘 다녀오시라는 말만 하겠습니다. 제가 형님을 위해 할 수 있는 일이 생기면, 최선을 다해 도와드리겠어요. 그러니 걱정하지 마세요. 그런데 형님이 떠나시기 전에 부탁드릴 것이 한 가지 있어요. 이 주일만 백 프랑을 빌려주실 수 있나요? 우리 농장에 가축을 몇 마리 사야 하는데……. 빌린 돈은 정한 날짜에 틀림없이 갚겠어요. 약속 시간에서 15분도 기다리게 하지 않겠어요. 그러나 한 가지 부탁드릴 것은, 이 일을 비밀로 해 달라는 것이에요. 지금 생각으로는 오늘 밤에 사려고 하거든요. 자, 친애하는 사촌 형님, 잘 갔다 오세요. 형님의 환대와 친절에 감사드립니다."

그러자 마음씨 착한 상인은 부드럽게 말했습니다.

"사랑하는 사촌 동생 존 수사! 그런 것은 큰 부탁이 아니네. 내 돈은 언제나 자네 돈과 다름없네. 아니 돈뿐만 아니라 내 물건도 마찬가지야. 원하는 대로 가져도 좋네. 그러나 우리 상인들이 지키는 원칙이 하나 있는데, 아마 그런 건 내가 말하지 않아도 알 걸세. 그건 평판이 좋을 때는 쉽게 외상을 얻을 수 있지만, 돈이 없을 때에는 거지와 다름없다는 것이네. 여유가 생기면 갚도록 하게. 내가 힘닿는 데까지 자네를 도울 수 있다는 사실이 기쁠 뿐이네."

상인은 백 프랑을 찾으러 갔습니다. 그리고 아무도 모르게 그 돈을 존 수사에게 건네주었습니다. 이런 사실을 아는 사람은 아무도 없었습니다. 한참동안 그들은 술을 마시고 이야기를 나누며 마음 편히 산책을 했습니다. 그런 다음 존 수사는 말을 타고 수도원으로 떠났습니다.

다음 날 아침이 되자 상인은 플랑드르를 향해 떠났습니다. 그의 도제徒弟가 훌륭하게 길을 안내했기 때문에, 아무 일없이 브뤼헤에 도착할 수 있었습니다. 상인은 밀린 돈을 결제하고 다시 외상으로 물건을 사는 등 부지런히 일했습니다. 그는 주사위 노름도 하지 않았고 춤도 추지 않았습니다. 간단하게 말하자면, 상인답게 처신한 것입니다.

상인이 떠난 그 주의 일요일, 존 수사는 머리와 수염을 단정하게 깎고서 생드니로 찾아왔습니다. 다시 돌아온 수사를 보자, 모든 집 안 식구들, 심지어는 어린아이들까지도 좋아했습니다. 이제 핵심만 이야기하겠습니다. 아리따운 상인의 아내는 존 수사와 협정을 맺었습니다. 그것은 백 프랑을 빌려 주면 그날 밤은 존의 품에 안겨 온 밤을 보내겠다는 것이었습니다. 이 약속은 철저하게 이행되었습니다. 두 사람은 즐겁게 놀았고, 어느덧 새벽이 되어 존 수사는 하인들에게 작별을 고하고 다시 수도원으로 떠났습니다. 그들 중 그 누구도 존 수사를 의심하는 사람이 없었습니다.

브뤼헤에서 일이 끝나자 상인은 생드니로 돌아왔습니다. 그는 무사히 돌아온 것을 축하하기 위해 잔치를 벌이면서 아내와 즐거운 시간을 보냈습니다. 그리고 아내에게 물건 값을 너무 많이 치러서 돈을 빌려야 한다고 말했습니다. 2만 크라운을 단기간 내에 갚아야 했던 것입니다. 그는 모자란 돈을 친구들에게 빌려서 갚기 위해 파리로 떠났습니다. 파리에 도착하자 그는 먼저 존 수사를 찾아갔습니다. 그에게 커다란 애정을 느끼고 있었기 때문입니다. 그는 빌린 돈을 받으러 간 것이 아니라, 친한 친구들이 만날 때 으레 그러하듯이, 그의 안부를 묻고 장사 이야기를 들려주기 위해서 찾아간 것이었습니다. 존 수사는 정중하고도 기쁘게 상인을 맞이하여 극진히 대접했습니다. 한편 상인은 물건을 구입하면서 얼마나 큰 이익을 보았는지 이야기했습니다. 그러면서 돈만 빌리면 아무 걱정 없이 편하게 여생을 살 수 있을 것이라는 이야기도 덧붙였습니다.

　　이 말을 듣자 존 수사가 대답했습니다.

　　"아무 일 없이 집으로 돌아갈 수 있었다니 정말 다행이네요. 만일 내가 돈이 많다면, 2만 크라운을 빌려 드릴 수 있을 텐데. 형님은 지난번에 내게 친절하게 돈을 빌려 주셨잖아요. 어떻게 감사를 드려야 할지 모르겠어요. 그리고 참, 제가 빌린 돈은 형수님에게 되돌려 주었어요. 형님 집 금고에 넣어 두었지요. 형수님이 잘 기억하실 거예요. 형님, 죄송합니다만, 형님과 더 있을 수가 없네요. 우리 수도원장님이 파리를 떠나셔야 하는데, 그분을 모시고 가야 하거든요. 그럼, 다시 만날 때까지 안녕히 계세요."

　　슬기롭고 똑똑한 상인은 돈을 빌려서 파리에 있던 롬바르디아 사람들에게 돈을 지불했고, 그들은 채무 증서를 되돌려 주었습니다. 그는 귀뚜라미처럼 기분이 좋아서 집으로 돌아갔습니다. 여행에서 쓴 비용을 모두 제하고도 천 프랑 이상을 벌었기 때문입니다.

그가 여행에서 돌아올 때면 항상 그랬던 것처럼, 아내는 그를 문간에서 기다리고 있었습니다. 그날 밤 두 사람은 성공적인 여행을 축하하면서 온 밤을 보냈습니다. 그가 돈도 많이 벌었고 빚도 다 갚았기 때문입니다. 아침이 되자 상인은 다시 아내를 얼싸안고 입을 맞추었습니다. 다시금 정열이 불타오른 것입니다. 그러자 아내가 소리쳤습니다.

"이제 그만 해요. 그만하면 충분히 했잖아요. 도대체 언제까지 할 거예요?"

그러나 아내는 다시 음란한 표정을 지으며 남편에게 돌아가서 재미있게 놀아 주었습니다. 마침내 상인은 아내에게 이렇게 말했습니다.

"여보, 사실은 당신에게 화낼 일이 하나 있소. 왜 그런지 아시오? 그건 당신이 나와 사촌 사이를 멀게 만들었기 때문이오. 내가 돈을 빌린다는 이야기를 하자, 그는 퍽 섭섭한 표정을 지었소. 적어도 나는 그가 그런 표정을 지었다고 생각했소. 그러나 하느님을 두고 맹세하는데, 난 절대로 돈을 갚으라고 요구할 생각이 없었소. 여보, 다시는 그러지 마요. 만일 내가 없는 사이에 빌려 간 돈을 갚은 사람이 있다면, 지금 말해 주시오. 그렇지 않으면 당신의 부주의로 말미암아 이미 갚은 돈을 다시 갚으라고 할 경우가 생길지도 모르니 말이오."

그러나 상인의 아내는 놀라거나 당황한 표정을 짓기는커녕 눈 하나 까딱하지 않고 대담하게 대답했습니다.

"거짓말쟁이 존 수사 이야기는 꺼내지도 마세요. 그런 건 중요한 게 아니에요. 존 수사가 돈을 가져온 것은 나도 알아요. 저는 그게 당신이 이곳에서 베풀어 준 호의에 보답하기 위해 가져온 것인 줄 알았어요.

결국 남편의 돈인 것을
상인의 아내는 옷을 사기 위해 남편의 돈을 수사에게 빌린 꼴이었다. 뾰족한 신발 끝, 과장된 모자 등이 특징인 중세의 옷을 나타낸 그림.

선장의 이야기

사촌의 정을 나누기 위해 나에게 주는 것인지 알았지 뭐예요. 그래서 즐거운 마음으로 옷을 사는 데 모두 써 버렸어요. 그런데 지금 내가 거짓말을 했다는 오해를 사고 있으니……. 좌우간 난 빠른 시일 내에 그 돈을 갚겠어요. 아니 날마다 조금씩 갚겠어요. 그렇지만 난 당신의 아내잖아요! 사실대로 말하자면, 난 그 돈을 마구 낭비한 것이 아니라, 모두 옷을 사는 데 썼어요. 오직 당신의 체면을 지키기 위해서 그 돈을 썼단 말이에요. 여보, 화내지 말아요. 웃으면서 행복하게 지내야죠. 여기 나의 아름다운 육체를 담보로 맡기지요. 그 돈은 모두 잠자리에서 갚겠어요. 여보, 그러니 날 용서해 주세요. 자, 이리로 돌아누워서 웃어 보세요!"

상인은 어찌할 방법이 없다는 것을 알았습니다. 이미 지나간 일을 가지고 야단을 쳐 봤자 소용없다는 것을 깨닫고는 이렇게 말했습니다.

"여보, 이번만은 용서해 주겠소. 그렇지만 다음부터는 돈을 함부로 쓰지 말아요. 내 돈을 아껴서 써 달란 말이오. 이건 나의 명령이오!"

이렇게 내 이야기는 끝이 납니다. 하느님, 우리가 사는 동안 편안하고 즐겁게 살 수 있도록 도와주소서!

선장의 이야기는 여기에서 끝난다.

수녀원장의 이야기

목이 잘렸어도 성모님을 찬양합니다

사회자와 수녀원장의 대화

사회자는 이렇게 말했다.

"정말로 근사한 이야기였소. 선장, 무사히 항해를 하며 오래오래 사시오. 하느님, 그 못된 수사에게 엄청난 액운을 내려 주소서! 여러분, 이런 속임수에 조심하셔야 합니다. 이 수사는 상인을 속였소. 또 상인의 아내 역시 남편을 속였단 말이오! 그러니 수사를 절대로 집 안에 들여서는 안 됩니다. 자, 이런 이야기는 그만 하고, 다음 이야기는 누가 할 것인지 봅시다."

이렇게 말하고 그는 다시 처녀 같은 태도로 수녀원장에게 말했다.

"수녀원장님. 다음에는 원장님께서 이야기를 해 주시는 것으로 하겠습니다. 동의하십니까?"

그러자 수녀원장이 대답했다.
"물론이죠. 기꺼이 그렇게 하겠어요."

수녀원장
엘즈미어 필사본에 나타난 수녀원장.

수녀원장의 서문

오, 우리의 주님! 당신의 이름이 이 세상에 널리 퍼졌으니 얼마나 놀랍습니까! 지체 높은 사람들만 당신의 이름을 찬양하는 것이 아니라, 어린아이들의 입에서도 당신을 찬양하는 소리가 들려옵니다. 아이들은 젖을 빨면서도 당신을 찬미합니다. 저는 당신과 영원한 동정녀이시며 흰 백합꽃이신 성모 마리아를 찬양하면서, 최선을 다해 이야기를 하나 하려고 합니다.

성모 마리아님! 당신의 자비와 훌륭함, 덕성, 겸손하심을 말로 다할 수는 없습니다. 성모님, 종종 저희 인간들이 당신에게 도와 달라고 기도도 하기 전에, 당신은 무한한 자비와 기도로 저희에게 빛을 주시어, 복되신 당신의 아드님께 저희를 인도해 주십니다.

복되신 여왕이시여, 저의 말하는 능력은 보잘것없습니다. 그런데 어떻게 제가 당신의 커다란 가치를 세상에 널리 펼칠 수가 있겠습니까? 저는 그 짐을 감히 짊어질 수가 없습니다. 저는 말 한 마디를 하기 위해 온 힘을 다해야 하는 한 살배기 아이와 같습니다. 그러니 저를 불쌍히 여겨 주소서! 그리고 당신을 기리는 이야기를 하는 동안 저를 인도해 주소서!

수녀원장의 이야기

옛날 소아시아에 그리스도 교인들이 사는 커다란 도시가 있었어요. 그곳에는 그 도시의 영주가 다스리는 유대인 거리가 있었는데, 유대인들은 거기서 혐오스럽기 짝이 없는 고리대금업을 하고 있었어요. 그 거리의 맨 끝에는 그리스도 교인들이 다니는 학교가 하나 있었는데, 해마다 그리스도 교인으로 태어난 많은 아이들이 그곳에서 공부를 했어요. 거기에서는 아이들에게 읽고 노래하는 것을 가르쳤어요.

이 아이들 중에는 홀어머니 밑에서 자란 일곱 살짜리 아이가 있었는데, 그 아이는 성가 대원이었어요. 그 소년은 학교 가는 길이나 거리에서 성모상을 보면 항상 무릎을 꿇고 기도를 하면서 '성모송'을 불렀습니다. 아이 어머니는 어린 아들에게 성모를 항상 존경하도록 가르쳤으며, 아들은 그것을 잊지 않은 것이에요.

이 어린아이가 학교에 앉아 기도서를 공부하고 있을 때였어요. 그는 다른 아이들이 성가를 연습하면서 '구세주의 어머니'를 부르는 것을 들었어요. 아이는 용기를 내서 그곳으로 다가갔어요. 그는 가사와 선율을 귀담아듣고는 첫 소절을 외웠답니다. 나이가 어렸기 때문에 라틴어로 된 그 구절이 무엇을 의미하는지는 알 수 없었어요. 그래서 어느 날 학교 선배에게 그 노래 가사가 무슨 뜻이며, 왜 부르는지를 설명해 달라고 부탁했어요. 선배는 이렇게 대답해 주었어요.

"내가 아는 것만 말해 줄게. 이 노래는 은총이 가득하신 성모님을 기리기 위해 만들어졌고, 우리가 죽을 때에 도와 달라고 간청하기 위한 거야. 이게 네게 말해 줄 수 있는 전부야. 난 노래를 배우긴 하지만 뜻이 뭔지는 잘 모르거든."

그러자 순진한 아이가 물었어요.

"그러니까 이 노래는 예수 그리스도의 어머니를 기리기 위한 거예

헤롯
유대의 왕 헤롯은 새로운 왕이 태어났다는 소리에 베들레헴과 그 근방의 두 살 아래 사내아이들을 모두 죽이라고 명령했다. 그림은 15세기 《성녀 마리아 기도서》에 나타난 〈이집트로의 도피〉.

요? 그럼 온 힘을 다해 크리스마스 전까지 이 노래를 배울 거예요. 기도를 모른다고 야단을 맞고 공부 시간마다 세 번씩 매를 맞더라도 성모님의 영광을 찬양하기 위해 이 노래를 배울 거예요."

그래서 소년의 선배는 매일 집으로 돌아가는 길에 아무도 모르게 이 노래를 가르쳐 주었어요. 마침내 소년은 노래를 완전히 외우게 되었고, 악보에 맞추어 가사 하나하나를 정확하고 자신 있게 불렀어요. 매일 소년은 두 번씩 이 노래를 불렀어요. 그러니까 학교에 갈 때와 학교에서 돌아올 때마다 부른 거예요. 아이의 머릿속에는 온통 그리스도의 어머니 생각으로 가득 차 있었어요.

그런데 우리의 적인 사탄의 뱀이 유대인들의 마음속에 따리를 틀었어요. 그래서 화가 잔뜩 치밀어 이렇게 외쳤답니다.

"오, 유대인들이여! 어린아이가 마음대로 이 거리를 돌아다니면서, 너희의 믿음에 거슬리는 노래로 너희를 업신여기는데도 가만히 있느냐?"

이후 유대인들은 아이를 죽이려는 계획을 짜기 시작했어요. 이 계획을 이루기 위해 골목길에 숨어 살던 살인자를 고용했어요. 아이가 유대인 거리를 지날 때 이 비열한 유대인은 아이를 붙잡아서 목을 자른 다음 구덩이에 던져 버렸어요. 그곳은 유대인들이 대변을 보던 변소 구덩이였지요. 새로 태어난 저주받은 헤롯의 무리들은 이렇게 끔찍한 일을 저질렀던 것이에요. 하지만 이런 죄는 조만간 들통 나게 마련이지요. 게다가 이런 죄는 하느님의 영광을 더욱 기리게 만들었을 뿐이에요.

아이의 어머니는 밤새 아들을 기다렸지만, 아이는 돌아오지 않았어요. 동이 트자 두려운 마음으로 학교를 비롯하여 온 동네를 뒤지며 아이를 찾았어요. 그리고 사람들이 그 아이를 마지막으로 목격한 곳이 유대인 거리라는 사실을 알게 되었어요. 그러자 그녀는 유대인들 속에서 아이를 찾아보기로 마음먹었어요. 눈물을 흘리며 그녀는 유대인 거리에 사는 유대인들을 일일이 찾아다니면서 자기 아들이 그곳을 지나갔느냐고 물었지만, 그들은 모두 보지 못했다고 대답했어요. 그러다 아이가 버려진 구덩이 근처에 오게 되었어요. 그러자 그리스도께서 자비를 베푸셔서 그 여자에게 큰 소리로 아이를 부르게 하셨어요.

어머니가 부르는 소리를 듣자, 순교자들 중에서 가장 찬란히 빛나는 루비이며 순결의 에메랄드인 아이는 목이 잘린 채 커다란 목소리로 '구세주의 어머니'를 부르기 시작했어요. 그 노랫소리는 온 유대인 거리에 울려 퍼졌답니다.

그곳을 지나던 그리스도 교인들은 몰려들어 그 소리를 듣고 놀라 급히 영주를 불러오게 했어요. 영주는 즉시 달려와서는 천국의 왕이신 그리스도와 그분의 어머니이시며 인류의 영광이신 성모 마리아를 찬양한 후, 유대인들을 포박하라고 지시했어요. 그리스도 교인들은 애처롭게 울면서 계속해서 노래를 부르는 아이를 구덩이에서 꺼내, 장엄한 행렬을 벌이며 근처에 있는 수도원으로 옮겼답니다. 아이의 어머니는 기운을 잃고 관 위로 쓰러지고 말았어요. 사람들은 어머니를 관에서 떼어놓으려고 했지만 모두 허사였어요.

영주는 이 범죄에 관련된 모든 유대인들을 고문한 다음, 사람들 앞에서 창피를 당하면서 죽게 만들었어요. 그는 이런 가증스런 범죄를 도저히 용서할 수가 없었던 것이에요. 그래서 야생마를 시켜 능지처참한 후 법에 따라 그들의 시체를 유대인 거리 입구에 걸어 놓았답니다.

이런 일이 일어나는 동안 아무 죄도 없는 아이는 수도원 성당의 제단 앞에 안치되어 있었어요. 미사를 치른 후 수도원장과 사제들은 장례식을 거행했어요. 그런데 성수를 뿌리는 순간 이 아이가 다시 '구세주의 어머니'를 부르기 시작했어요. 그러자 성인聖人인 그 수도원장은 어린아이에게 질문을 했어요.

성모를 경배합니다
유대인 거리의 어린아이는 죽어서도 성모를 존경했다. 사진은 미켈란젤로의 1498~1499년 작 피에타상(십자가에서 내린 그리스도의 시체를 무릎 위에 놓고 애도하는 마리아).

"삼위일체이신 하느님에게 간청하오니 저 아이가 말을 하도록 도와주소서. 사랑스런 아이야, 말해 보아라. 너의 목은 완전히 두 동강이 났는데 어떻게 노래를 부를 수 있니?"

그러자 아이가 대답했어요.

"저는 목뼈까지 잘려 나갔어요. 자연의 법칙에 의하면 이미 죽었어야 할 몸이지요. 예수 그리스도님은 자신의 영광이 오래오래 기억되고 지속되길 원하셨어요. 그래서 성모 마리아님을 기리기 위해 저는 아직도 힘차고 맑은 목소리로 '구세주의 어머니'를 부른답니다. 저는 은총의 샘이신 그리스도의 어머니를 사랑했어요. 그런 이유로 제가 죽어야만 했을 때, 성모님은 제게 다가오셔서 제가 죽더라도 이 성가를 불러 달라고 부탁하셨어요. 방금 여러분이 들은 것처럼 말이에요. 제가 노래를 부르는 동안 그분은 제 혀 위에 진주 한 알을 놓아 주셨어요. 저는 은총이 가득하신 동정녀 마리아님을 위해 노래를 부르고 있으며, 그 진주알이 제 혀에서 없어질 때까지 노래를 불러야 해요. 성모님은 제게 이렇게 말씀하셨어요. '사랑하는 나의 아이야, 진주알이 네 혀에서 없어질 때 너를 찾으러 오겠다. 무서워 마라. 난 너를 절대로 버리지 않을 것이다.'"

이 말을 듣자 성인인 수도원장은 아이의 혀에서 진주알을 꺼냈어요. 그랬더니 그의 영혼이 미소를 지으며 하늘로 올라갔어요. 이런 기적을 보자 수도원장은 눈물을 펑펑 흘리며 바닥에 엎드려 꼼짝도 하지 않았답니다. 또한 다른 사제들도 바닥에 엎드려 울면서 그리스도의 어머니를 찬양했어요. 그렇게 한참이 지난 뒤 그들은 자리에서 일어나 관 속에서 순교자인 아이를 꺼내 작고 연약한 몸을 깨끗한 대리석 무덤 안에 안치했어요. 하느님, 우리도 그와 함께 있도록 특권을 내려 주소서!
 인자하신 하느님, 성모 마리아를 위해 저희에게 충만한 은총을 내려 주소서! 아멘.

 수녀원장의 이야기는 여기에서 끝난다.

수녀원 신부의 이야기

꿈에서 본 것을 우습게 여기지 마

수녀원 신부
엘즈미어 필사본에 나타난 수녀원 신부.

수녀원 신부의 이야기

　나이 든 어느 가난한 과부가 오막살이집에서 살고 있었습니다. 그 집은 골짜기에 있는 숲 옆에 있었습니다. 그녀는 남편이 세상을 떠난 이후 아주 검소한 생활을 하며 힘들게 살고 있었습니다. 가진 재산도 별로 없었고 수입도 변변치 않았기 때문입니다. 그래서 두 딸과 함께 하느님께서 주신 것만 가지고 근근이 살아가고 있었습니다. 재산이라고는 커다란 암퇘지 세 마리와 암소 세 마리, 그리고 '몰'이라고 불리는 양이 한 마리 있을 뿐이었습니다. 거실과 침실은 그을어서 거무죽죽했고, 그곳에서 먹는 음식 또한 보잘것없었습니다.
　그녀는 매운 소스가 필요 없었습니다. 왜냐하면 맛있는 음식을 먹지 않았기 때문입니다. 그녀가 먹는 음식은 사는 집과 유사했습니다.

그래서 너무 많이 먹어서 병이 나는 일은 없었습니다. 검소한 식사와 운동과 편안한 마음이 그녀의 약이었습니다. 통풍痛風* 때문에 춤을 못 추는 일도 없었고, 별안간 졸도해서 머리를 상하는 일도 없었습니다. 또한 백포도주나 적포도주를 마시는 일도 없었습니다. 식탁에 있는 음식은 대부분 검고 하얀 음식이었습니다. 그러니까 우유와 검은 빵은 한 번도 빠지는 일이 없었고, 구운 베이컨과 계란이 한두 개 가끔씩 나올 뿐이었습니다. 그것은 그녀가 우유를 짜는 여인이기 때문이었습니다.

마당은 막대기로 울타리가 쳐져 있었고, 그 주위에는 마른 도랑이 흘렀습니다. 그리고 그녀는 그 마당에서 샹테클레르라 불리는 수탉을 한 마리 길렀습니다. 샹테클레르처럼 멋있게 우는 닭은 그 나라에 없었습니다. 그 닭의 목소리는 미사 때 울리는 성당의 오르간 소리보다 더 부드러웠습니다. 그리고 시계나 수도원의 종보다 더 정확한 시간에 울었습니다. 그 수탉은 그 지방의 주야 평분선이 어떻게 돌아가는지 본능적으로 잘 알고 있었습니다. 그 선이 15도가 되는 정확한 시간에 비할 데 없이 훌륭한 소리로 울어 댔던 것입니다. 수탉의 볏은 산호보다 더 붉었고 성벽보다 더 늠름했습니다. 검은 부리는 흑옥처럼 반짝였으며, 다리와 발가락은 푸른빛을 띠었고, 발톱은 백합보다 희었고, 깃털은 번쩍이는 금과 같았습니다.

이 멋진 수탉은 암탉 일곱 마리를 거느리면서 재미를 보고 있었습니다. 이 암탉들은 샹테클레르의 종이자 애인이었으며, 모두 샹테클레르와 비슷한 색을 띠고 있었습니다. 목 빛깔이 가장 아름다운 암탉의 이름은 페르텔로트 마님이었습니다. 이 마님은 예의바르고 재치 있으며, 우아하고 공손했습니다. 아주 아름다웠기에 샹테클레르는 그녀에게 매료되었고, 그녀가 태어난 지 일주일이 되던 날부터 그녀와 결혼

샹테클레르
샹테클레르의 볏은 산호보다 더 붉고 깃털은 금빛보다 번쩍였다.

● **통풍** 팔다리 관절에 심한 염증이 되풀이되어 생기는 유전성 대사 이상 질환. 열이 나고 피부가 붉어지며 염증이 생긴 관절에 통증이 있다.

이런 무서운 동물은 처음 봐
꿈에서 여우를 처음 본 샹테클레르는 주황색 몸통에 귀 끝과 꼬리 끝이 검으며 눈빛이 날카롭다고 묘사한다.

하기로 굳게 마음먹었습니다.

샹테클레르는 페르텔로트의 사랑을 받으며 행복한 나날을 보내고 있었습니다. 동이 틀 무렵에 '내 사랑은 떠났네'라는 달콤한 합창 소리를 듣는 것은 여간 즐거운 일이 아니었습니다. 전해 오는 이야기에 따르면, 당시에는 새들과 짐승들도 노래하고 말할 줄 알았다고 합니다.

그런데 어느 날 이른 아침이었습니다. 샹테클레르는 아내들과 함께 부엌의 횃대 위에 앉아 있었습니다. 그는 아름다운 페르텔로트 옆에 앉아서 간밤에 악몽에 시달린 사람처럼 신음 소리를 내기 시작했습니다. 페르텔로트는 이 소리를 듣자 깜짝 놀라 이렇게 말했습니다.

"여보, 무슨 일이에요? 왜 신음하세요? 당신처럼 잠을 잘 주무시는 분이 이런 신음 소리를 내다니, 무슨 일이 있는 거죠?"

그러자 샹테클레르는 이렇게 대답했습니다.

"괜찮으니 걱정 마오. 방금 꿈을 꾸었는데, 어찌나 커다란 위험에 빠졌던지 아직도 가슴이 이렇게 두근거리고 있소. 아, 하느님, 제 꿈을 길몽으로 바꿔 주시고, 제 몸을 더러운 감옥에서 빼내 주소서! 내 꿈은 이렇소. 내가 우리 집 마당을 이리저리 거닐고 있는데 개와 흡사한 짐승 하나를 보았소. 그런데 그 짐승이 나를 덮쳐서 내 목숨을 빼앗으려고 했소. 그 짐승의 색깔은 주황색이었지만 꼬리 끝과 양쪽 귀 끝은 검은색이었소. 주둥이는 작았고, 눈빛은 날카로웠소. 그런 모습 때문에 나는 아직도 무서워 죽을 것 같으니 내가 신음 소리를 내는 것도 무리는 아니지."

이 말을 듣자 페르텔로트가 말했습니다.

"저리 비켜요! 창피하지도 않아요, 이 겁쟁이 양반아! 하늘에 계신 하느님을 두고 맹세하는데, 이제 우리의 사랑은 끝났어요. 지금 이 자리에서 말하지만, 나는 겁쟁이를 사랑할 수 없어요. 여자들이 뭐라고 말하건 간에, 여자들은 모두 자기 남편들이 용감하고 똑똑하며 너그럽고 믿음직하기를 원해요. 우리는 구두쇠거나 멍청이거나, 혹은 무기 앞에만 서면 벌벌 떠는 겁쟁이거나 허풍선이인 남편은 바라지 않아요. 그런데 어떻게 당신은 사랑하는 여자 앞에서 뻔뻔스럽게 무섭다는 말을 할 수 있어요? 수염은 그렇게 멋지게 달고서 왜 남자답지 못한 거죠? 꿈이 그렇게 무섭다는 거예요? 하느님도 아시다시피 꿈은 아무런 의미도 없는 거예요. 꿈은 과식의 결과이며, 가끔씩은 위에 체액이 너무 많거나 몸 안에 여러 체액이 너무 많이 뒤섞일 때 일어나는 것이에요. 미안한 소리지만, 당신이 방금 전에 꾼 꿈은 피에 붉은 담즙이 너무 많아서 생긴 거예요. 그럴 경우 화살이나 붉은 불꽃, 붉은 색의 성난 짐승, 크고 작은 여러 종류의 싸움이나 개들이 꿈속에 나타나는 것이에요. 그리고 검은 우울증 체액이 생기면, 많은 사람들이 잠자는 도중에 악몽을 꾸며 소리를 지르고, 무서운 곰이나 검은 황소가 덮치거나 검은 악마의 손에 끌려간다는 느낌을 받는 것이죠. 나는 당신에게 잠을 자는 동안 사람을 괴롭히는 다른 체액들에 관해서도 말해 줄 수 있지만, 되도록 이런 이야기를 빨리 끝내고 싶기에 한 마디만 하고 그만두겠어요. 현자로 유명했던 카토는 언젠가 이렇게 말했어요. '꿈을 믿지 마라.'"

카토
고대 로마의 정치가이자 장군(BC 234~BC 149).

페르텔로트는 잠시 쉬더니 계속해서 이렇게 말했습니다.

"이제 이 서까래에서 내려가면 설사약을 잡수세요. 내 영혼과 목숨을 걸고 말하는데, 내가 드릴 수 있는 최고의 충고는 바로 이런 체액들을 깨끗이 씻어 버리라는 것이에요. 이건 거짓말이 아니에요. 이 동네에는 약사가 없으니 내가 당신의 건강을 되찾을 수 있는 약초를 가르쳐 드리겠어요. 당신은 우리 집 마당에서 그 약초를 찾을 수 있을 거예요. 그 약초에는 당신의 머리에서 발끝까지 씻어 낼 수 있는 힘이 있어요. 그렇지만 이것만은 잊지 마세요. 당신은 성마른 기질이니 정오의 태양 아래에서는 몸에 너무 뜨거운 체액이 가득 차지 않게 하세요. 만일 그런 상태라면, 당신은 당장에 학질(말라리아)에 걸리거나 열병으로 죽고 말 거예요. 그럴 경우에는 이틀 동안 구더기로 만든 연한 음식을 먹은 다음 설사약을 드세요. 자, 그럼 설사약으로 사용할 수 있는 약초가 무엇인지 가르쳐 드리죠. 이것들은 등대풀, 수레국화, 현호소, 크리스마스로즈인데 모두 우리 마을에서 구할 수 있어요. 또한 풍조목이나 갈매 산딸기 혹은 담쟁이처럼, 아름다운 우리 마당에서 손쉽게 구할 수 있는 것도 있지요. 지금 당장 약초가 자라나는 곳으로 가서 잎사귀를 뜯어 먹으세요. 자, 기운 내세요! 악몽 따위에 겁먹지 말아요! 나는 이만 말하겠어요.”

이 말을 듣자 수탉이 말했습니다.

“부인, 소중한 정보를 주어서 고맙소. 그렇지만 지혜롭다고 유명한 카토에 관해서 한 마디만 하겠소. 그는 우리가 꿈 따위를 걱정할 필요가 없다고 썼지만, 카토보다 훨씬 권위 있는 사람들이 쓴 옛날 책을 읽어 보면, 카토의 의견과 반대되는 것이 많다오. 그들은 꿈이란 우리가 이 세상을 살아가는 동안 느낄 기쁨과 고통을 미리 가르쳐 주는 전조前兆라고 말하고 있소. 이 문제에 대해서는 왈가왈부하지 맙시다. 경험으로 증명을 해 보일 테니 말이오.

아주 위대한 작가 하나는 다음과 같은 이야기를 들려준다오. 어느 날, 친구 둘이서 경건한 마음으로 순례를 떠나 어느 도시에 들르게 되었는데, 그곳에는 사람이 너무 많아서 남아 있는 숙소가 거의 없었소. 함께 하룻밤을 머무를 수 있는 오두막집조차 찾을 수가 없어서 그들은 하는 수 없이 서로 헤어져 각자 여관을 찾아가 밤을 지새울 만한 자리를 구하기로 했소. 한 사람은 여관 마당에 있는 외양간에 잠자리를 구했고, 다른 사람은 행운이 있었는지, 아주 좋은 숙소에 들게 되었소. 그런데 동이 트기 한참 전에 좋은 숙소에 든 친구가 꿈을 꾸게 되었소. 침대에 누워 잠을 자는데, 자기 친구가 이렇게 외치는 소리를 들은 거요.

'아, 나는 내가 머물고 있는 이 외양간에서 오늘 밤에 죽을지도 몰라. 날 도와줘, 그러지 않으면 난 죽고 말 거야. 어서 빨리 이리 와 줘!'

꿈을 꾼 친구는 공포에 사로잡혀 자리에서 벌떡 일어났소. 하지만 잠이 완전히 깨자, 침대에서 한두 번 뒤척이고는 자기 꿈이 말도 안 되는 것이라고 생각하면서 꿈에 주의를 기울이지 않았소. 그런데 다시 한 번 그 꿈을 꾸게 되었고, 세 번째 꿈에는 친구가 다가와 이렇게 말했소.

'이제 난 죽었어. 피에 젖은 이 상처를 봐! 아침 일찍 일어나 이 도시의 서쪽 문으로 와. 그러면 거름을 가득 실은 수레가 있을 거야. 그 안에 아무도 모르게 내 시체가 숨겨져 있을 거야. 내 말을 믿고 그 수레를 멈추게 해. 그 이유를 알고 싶다면 말해 주지. 사실 난 금을 가지고 있었기 때문에 살해당한 거야.'

그런 다음 창백한 얼굴과 가련한 표정으로 자기가 어떻게 죽었는지 자세히 말해 주었소. 정말이지 그 친구는 자기의 꿈이 절대적으로 확실하다는 것을 확인할 수 있었소. 다음 날 아침, 해가 뜨자마자 그 친구는 자기 친구가 머물던 여관으로 향했고 외양간에 도착해서 그 친구를 큰 소리로 부르기 시작했소. 그러자 여관 주인은 이렇게 말했소.

'당신 친구는 이미 떠났소. 동이 트자마자 이 도시를 떠나더군.'

간밤에 꾼 꿈을 떠올리자, 그는 갑자기 무언가 이상하다는 생각이 들어 지체 없이 서쪽 문을 향해 달려갔소. 그곳에는 죽은 친구가 설명한 대로 거름을 가득 실은 수레가 밭에 거름을 주러 가고 있었소. 그는 살인자에 대해 심판과 복수를 해 달라며 마구 소리치기 시작했소.

'내 친구가 어젯밤에 죽었소. 그는 지금 저 수레 안에 뻣뻣한 시체가 되어 누워 있소. 어서 이 도시의 치안을 담당하는 관리를 불러오시오!

도와주시오, 날 좀 도와주시오! 내 친구가 저 안에 누워 있단 말이오!'

이 이야기는 더 길게 하지 않겠소. 이 소리를 듣고 사람들이 달려와 수레에 실린 거름을 바닥으로 내던지자 거름 한가운데에 살해된 지 얼마 안 되는 시체가 있었소.

우리의 주님은 공정하시고 진실한 분이시라 모든 죄를 드러내 보이시오. 어떤 범죄도 하느님의 눈을 속일 수는 없소. 우리는 매일 이런 것을 보고 있지 않소? 살인이란 정말 흉악하고 가증스런 것이라, 하느님의 심판을 받아야 하는 것이오. 하느님은 그토록 커다란 범죄가 영영 감추어지는 것을 허락하지 않으시지. 그런 범죄는 기껏해야 이삼 년 정도 감출 수 있을 뿐이오. '살인죄는 언제고 드러난다.'는 것이 바로 내 생각이오.

도시의 관헌들은 수레 주인과 여관 주인을 체포하여 고문을 했소. 형틀에 올려놓고 죄를 고백할 때까지 주리를 틀었고 결국 그들은 교수형을 당하고 말았소.

이 이야기로 보건대, 꿈은 존중해야 한다는 사실을 알 수 있소. 또 그 책의 다음 장章에는 다음과 같은 이야기가 적혀 있소. 이것은 먼 나라로 바다를 건너가려던 두 사람의 이야기요. 하지만 역풍이 불어 두 사람은 항구 근처의 도시에서 기다릴 수 밖에 없게 되었소. 그런데 어느 날 저녁, 갑자기 두 사람이 원하는 쪽으로 바람이 불기 시작했소. 그래서 두 사람은 다음 날 아침 출항하기로 마음먹고 기쁨에 넘쳐 잠자리에 들었는데 한 사람에게 아주 이상한 일이 일어났소. 꿈을 꾸었는데, 꿈속에서 어떤 사람이 그의 침대 머리맡으로 다가와 그에게 떠나지 말고 기다리라고 명령을 하면서 이렇게 말했소. '내일 출항하면 너는 물에 빠져 죽는다. 내가 할 말은 이것뿐이다.'

그 남자는 잠에서 깨어나 자기가 꾼 꿈을 옆에서 자고 있던 친구에게 말해 주었지만 친구는 그 꿈을 비웃으면서 말했소.

'나는 그 어떤 꿈에도 놀라지 않을 것이고, 그런 꿈 때문에 내 계획을 포기하지도 않을 거야. 그건 단지 우리를 속이려는 행위일 뿐이야. 사람들은 항상 올빼미나 원숭이 혹은 아무런 의미도 없는 온갖 것들을 꿈꿔. 그러니까 과거에도 없었고, 앞으로도 없을 모든 것들을 꿈꾼단 말이야. 그런데 자네는 여기에 머무르면서 시간을 낭비하고, 우리에게 유용한 조수를 이용하려고 하지 않는 것 같아. 그렇다면 좋네. 하느님만이 내가 무슨 생각을 하는지 아실 걸세. 어쨌든 자네의 행운을 빌겠네.'

이렇게 말하면서 그는 출항했소. 그런데 바닷길의 반도 채 못 가서 배 밑바닥이 사고로 빠져 버렸고, 함께 출발한 다른 배들이 보는 앞에서 그 배에 탄 사람들과 배가 모두 가라앉고 말았소.

사랑하는 페르텔로트, 이런 옛날이야기에서 우리가 배워야 할 점은 꿈을 함부로 생각해서는 안 된다는 것이오. 우리가 두려워하고 경계해야 할 꿈이 많으니 말이오. 페르텔로트, 난 당신에게 진실만을 이야기하고 있소. 스키피오가 아프리카에서 꾸었던 꿈을 기록한 마크로비우스●도 꿈이란 진실이며, 미래의 위험을 경고하는 것이라고 말했소. 그리고 구약성서를 한 번 읽어 보시오. 다니엘이 꿈을 쓸모없는 것이라고 생각했소?● 요셉의 이야기도 읽어 보시오. 그러면 항상은 아니지만 종종 꿈이 미래의 사건을 예고한다는 것을 알게 될 것이오. 이집트의 왕인 파라오와 그의 지배인과 요리사를 생각해 보시오. 그들이 꾼 꿈은 현실에 그대로 나타났소.●

여러 왕국의 역사를 연구하는 사람은 누구든지 꿈에 관한 갖가지 놀라운 이야기를 읽을 수 있을 것이오. 리디아의 왕 크로이소스에 관해서는 어떻게 생각하오? 그는 나무 위에 올라가 있는 꿈을 꾸었는데, 그것은 바로 교수형을 당하리라는 예고였소. 또한 헥토르의 아내 안드로마케의 경우도 마찬가지요. 헥토르가 죽기 전날 밤, 안드로마케는

● 마크로비우스 400년경 활약한 로마의 문헌학자, 철학자. 키케로가 쓴 《스키피오의 꿈》에 대한 주석서를 저술했다.

● 바빌론의 포로로 잡혀간 다니엘은 느부갓네살 왕의 꿈을 해몽해 준 일로 명예로운 지위에 오른다(다니엘서 2장).

● 요셉은 자신이 왕이 되는 꿈을 꾼 이야기를 하여 형제들의 미움을 샀고, 그 이후 꿈 해몽을 계기로 인생의 주요한 변화를 맞게 된다. 이집트의 술 담당 관리와 요리사는 요셉이 감옥에 있을 때 만났는데, 그들의 꿈을 해석하여 복직 여부를 알아맞혔고 그 능력으로 바로(파라오) 왕의 꿈을 해석할 기회를 얻었다. 바로 왕은 수척한 암소 일곱 마리가 살진 암소 일곱 마리를 잡아먹는 꿈, 마른 이삭 일곱 개가 실한 이삭 일곱 개를 삼키는 꿈을 꾸었는데, 그것은 요셉이 해석한 대로 7년간의 풍년과 7년간의 흉년을 의미한 것이라 자연재해를 대비할 수 있었다(창세기 37, 40, 41장).

헥토르와 안드로마케
남편이 전쟁터에서 죽는 꿈을 꾼 안드로마케의 만류에도 불구하고 전쟁에 나간 헥토르는 아킬레스의 손에 죽는다. 그림은 헥토르의 죽음을 슬퍼하는 안드로마케를 그린 자크 뤼 다비드의 1783년 작.

남편이 다음 날 전쟁터에 나가면 죽을 것이라는 꿈을 꾸었고 이런 사실을 남편에게 알려 주었지만 아무 소용이 없었소. 헥토르는 아내의 말을 듣지 않고 전쟁터로 나갔고, 결국 아킬레스의 손에 죽고 말았소. 이 이야기는 지금 하기에는 너무 길고, 벌써 날이 다 샜으니 그만 해야겠소. 그렇지만 이것만은 분명히 말해 두겠소. 내가 꾼 꿈은 분명히 어려움을 당할 거라는 사실을 암시하는 거요. 그리고 난 절대로 설사약 같은 것은 먹지 않겠다는 사실을 덧붙여 두겠소. 그런 약은 모두 독약이라는 사실을 난 잘 알고 있소. 그런 약은 악마나 먹으라고 하시오!

이제 이런 이야기는 그만 하고 좀 더 재미있는 이야기를 합시다. 퍼텔로트 부인, 한 가지만은 자신 있게 말하는데, 그것은 하느님께서 나에게 항상 자비를 베푸셨다는 것이오. 당신의 매력적인 얼굴을 보고 당신 눈 주위를 둘러싸고 있는 자줏빛 원(圓)을 볼 때마다 나의 모든 두려움은 깨끗이 사라지는구려.

복음서에서는 '여자는 남자의 완전한 기쁨이고 행복이다.'라고 말하고 있소. 당신에게 말했듯이, 밤에 내 옆에서 당신의 보드라운 옆구리를 느낄 때면 내 마음은 기쁨으로 가득 차고, 너무나 즐거운 나머지 꿈이니 환영이니 하는 것을 모두 잊어버리게 되오. 지금 나는 당신을 가지고 싶지만, 이 횃대가 너무 좁아서 당신 위로 올라가 일을 치를 수 없는 것이 유감이오!"

이렇게 말하면서 수탉은 아래로 내려왔습니다. 날이 벌써 환하게 밝았기 때문에 다른 암탉들도 그의 뒤를 따라 내려왔습니다. 수탉은 꼬꼬댁 하고 울면서 암탉들을 불렀습니다. 마당에서 옥수수 알을 발견했기 때문입니다. 그는 왕자처럼 위풍당당하고 아무것도 겁내지 않았습니다. 그는 아침 아홉 시가 되기 전에 페르텔로트를 스무 번 이상이나 날개로 껴안고서 그때마다 사랑을 했습니다. 마치 무서운 사자와 같았습니다. 그는 발바닥에 흙 묻히는 것을 싫어하는 듯이 날개를 펴고 이리저리 거닐었습니다. 그러다 옥수수 알을 발견하면 꼬꼬댁 하고 소리를 질렀고, 그러면 그의 아내들은 급히 달려왔습니다. 그렇지만 궁궐에서 왕자처럼 밥을 먹는 샹테클레르의 이야기는 잠시 멈추고 그에게 일어난 모험담을 들려드리겠습니다.

이 세계가 시작되고 하느님이 인간을 만드신 3월도 완전히 지나고, 3월 첫째날부터 또 32일이 지났을 때였습니다. 샹테클레르는 옆에 일곱 명의 아내를 거느리고 우쭐대며 걷다가 눈을 들어 태양을 바라보았습니다. 직감적으로 아침 아홉 시라는 것을 알 수 있었던 그는 즐겁게 꼬꼬댁거리면서 말했습니다.

"벌써 아홉 시가 되었소. 내 마음의 여왕인 페르텔로트여, 행복하게 지저귀는 새들의 노래를 들어 보시오! 얼마나 즐겁게 노래하는지 모르겠소. 꽃들이 얼마나 아름답게 피어나는지 바라보시오!"

그러나 잠시 후 그는 커다란 위험에 처하게 되었습니다. 행복 다음에 슬픔이 온다는 것쯤은 여러분도 아실 겁니다. 속세의 기쁨은 순간적인 것입니다. 우아하게 시를 쓸 줄 아는 수사학자가 있다면, 이런 사실이 틀림없는 진리임을 기록해 두어도 무방할 것입니다. 그럼 본론으로 들어가겠습니다.

시논
트로이의 목마 작전에 결정적 역할을 한 인물이다. 그리스 군이 거대한 목마에 용사들을 숨긴 후 혼자 남은 시논이 트로이 왕 앞에서 거짓말을 함으로써, 목마가 트로이 성내로 들어가게 된다. 그 사건으로 말미암아 트로이가 함락된다. 그림은 19세기 판화.

그날 저녁, 3년 동안 숲 속에서 살던 숯덩이처럼 검고 음흉한 여우 한 마리가 하느님의 분부에 따라 울타리를 뛰어넘어, 샹테클레르가 우쭐대며 아내들을 거느리고 돌아다니던 마당으로 들어왔습니다. 여우는 점심때가 지날 때까지 배추밭 속에 숨어서 샹테클레르를 잡아먹기에 적당한 시간이 오기만을 기다렸습니다. 모든 살인자들이 적당한 순간에 죽일 사람을 기다리듯이 말입니다.

여우는 남의 보금자리에 숨어서 기다리는 배신자와 같았습니다. 그는 제2의 유다였으며, 또 다른 가늘롱●이었습니다. 신의라고는 하나도 없는 위선자였으며, 트로이를 눈물로 적신 그리스의 배신자 시논이었습니다. 샹테클레르가 횃대에서 날아 내려와 그 마당으로 간 날은 정말로 비운의 날이었습니다. 그는 그날 위험에 처할 것이라고 꿈속에서 경고를 받았습니다.

그렇지만 몇몇 신학자들의 말에 의하면, 하느님이 예정하신 일은 반드시 일어나고야 맙니다. 박식한 학자라면 누구든지 이 문제에 관해 여러 학파 사이에 많은 이견이 있다는 것을 부인하지 않을 것이며, 학자들 수만 명이 이것에 관해 의견을 개진했다고 이야기해 줄 겁니다. 또 신의 예지가 우리에게 특정한 행동을 반드시 하게 만드는 것인지, 아니면 우리라는 존재가 할 것과 하지 않을 것을 자유롭게 결정할 수 있는 능력이 있는 것인지 나는 모릅니다. 물론 이런 경우도 하느님께서 우리가 행동을 실행에 옮기기 전에 미리 예견하고 계신다고 생각하는 것이 옳을 것입니다. 그리고 하느님의 예지가 '조건적 필요성'을 제외한 모든 것에 적용되는지 나는 자세히 모릅니다. 나는 이런 문제에 관해서는 전혀 알지 못하고 관심도 없습니다.

●**가늘롱** 《롤랑의 노래》를 비롯한 중세 무용담에서 배반자의 전형으로 등장하는 인물이다. 단테의 《신곡》에서 배신자들을 벌하는 코키토스에도 이름이 등장한다.

나는 단지 아내의 충고를 무시하여 불행을 당한 수탉의 이야기를 하려는 것입니다. 이미 여러분에게 말했듯이 악몽을 꾼 그날 아침 수탉은 마당으로 갔습니다. 여자들의 충고는 흔히 파멸을 가져옵니다. 최초의 여자인 이브의 충고는 행복하고 안락하게 살던 아담을 낙원에서 추방시키는 결과를 가져왔습니다. 그렇지만 나는 여자들의 충고를 비난하면서 그녀들의 기분을 상하게 만들고 싶지는 않으니 그냥 넘어가겠습니다. 난 사실 농담으로 말한 것이거든요. 이 주제를 다룬 작가들의 글을 읽어 보면 여자에 관해 무엇이라고 말하는지 잘 알 수 있을 겁니다. 난 단지 여자들은 천사라고 생각하는 수탉의 말만 옮기겠습니다. 나 자신도 여자들에게서 어떤 악이 비롯되는지 상상할 수 없는 몸이니까요.

인간의 타락
뱀의 유혹을 못 이기고 사과를 먹은 아담과 이브는 낙원에서 쫓겨난다. 그림은 루카스 크라나흐의 〈인간의 타락〉.

페르텔로트는 모래밭에서 먼지로 목욕을 하며 행복한 표정을 짓고 있었습니다. 나머지 암탉들도 모래밭 근처에서 햇볕을 쪼이고 있었습니다. 한편 샹테클레르는 바다 속의 인어보다도 더 명랑한 목소리로 노래를 부르고 있었습니다. 그런데 그때 배추밭 위를 날아다니던 나비를 보았고, 동시에 그 안에 숨어 있는 여우를 보았습니다. 그러자 그는 목구멍에서 차마 노랫소리가 나오지 않았습니다. 그리고 공포에 질린 사람처럼 두려워하면서 '꼬꼬댁, 꼬꼬댁' 하고 마구 울어 대기 시작했습니다. 전에 한 번도 본 적이 없어도, 동물은 일단 천적을 보면 본능적으로 마구 도망치려는 욕망을 느끼게 된다는 사실을 여러분 모두 알 거라고 생각합니다. 만일 엉큼한 여우가 즉시 이렇게 말하지 않았다면 샹테클레르는 도망치고 말았을 겁니다.

보에티우스
카톨릭 순교 성인(470?~524). 1385년 《철학의 위안》 필사본에서 보에티우스가 학생들을 가르치는 그림.

"안녕하세요? 수탉님, 어디 가세요? 난 당신의 친구인데, 왜 나를 두려워하는 거죠? 만일 내가 당신에게 해를 끼친다면, 난 괴물보다도 못한 놈일 거예요. 난 당신을 잡아먹을 기회를 노리는 것이 아니라, 사실은 당신의 노랫소리를 들으러 온 거예요. 정말이지 당신은 천사처럼 아름다운 목소리를 지녔어요. 보에티우스나 그 어떤 가수 못지않게 노래 속에 감정이 들어가 있어요. 당신의 착한 아버지와 어머니는 종종 우리 집으로 찾아와 나를 기쁘게 해 주었지요. 난 당신도 우리 집에 모실 영광을 누렸으면 좋겠어요. 노래 이야기가 나왔으니 말인데, 아침마다 당신 아버지처럼 근사하게 노래할 수 있는 사람은 당신 빼놓고는 일찍이 보지 못했어요. 정말이지 당신 아버지의 노랫소리는 가슴에서 우러나왔어요. 그분은 고음을 내기 위해 굉장히 노력하셨고, 그럴 때마다 두 눈을 감는 것 같았어요. 또 발끝으로 서서 길고 가느다란 목을 빼서 힘차게 노래를 불렀지요. 아주 똑똑한 수탉이라 이 동네에서는 노래나 지혜에 있어서 그분보다 뛰어난 이가 없었어요. 그럼 수탉님, 나에게 자비를 베풀어서 노래를 불러 주세요. 그럼 내가 당신이 아버지와 견줄 수 있는지 판단해 줄게요."

샹테클레르는 여우의 칭찬을 듣자 그가 배신할 것이라고는 생각도 못하고 날개를 펄럭이기 시작했습니다. 귀부인들이여, 당신들의 궁궐 안에는 진실을 말해 주는 사람들보다 거짓말만 늘어놓는 아첨쟁이들이 더 많다는 사실을 아셔야 합니다. 아부에 관해 이야기하는 《전도서》를 읽어 보시고 그들의 계략에 넘어가지 않도록 조심하십시오.

샹테클레르는 발가락으로 발돋움을 하고 목을 쭉 빼고서 눈을 지그시 감았습니다. 그리고 있는 힘을 다해 노래를 하기 시작했습니다. 그러자 순식간에 여우 러셀 경은 펄쩍 뛰어 수탉의 목을 덥석 물고서 등에다 둘러메고 숲으로 뛰어갔습니다. 여우를 뒤쫓아 올 수 있는 사람은 아무도 없었습니다.

정말 피할 수 없는 운명이었습니다. 샹테클레르가 횃대에서 내려온 것은 유감스런 일이었습니다. 그의 아내가 꿈을 무시한 것 역시 유감스런 일이었습니다. 분명한 것은, 이 모든 불행이 금요일에 일어났다는 것입니다. 쾌락의 여신인 베누스여! 샹테클레르는 당신을 모셨고, 있는 힘을 다해 당신을 섬겼습니다. 그것은 자손을 번식하기 위해서가 아니라 쾌락을 위해서였습니다. 그런데 어찌하여 당신의 제일祭日에 죽게 하십니까?

샹테클레르가 여우에게 잡혀가는 것을 보고 황급히 도망치던 암탉들은 울음을 터뜨렸는데, 가장 큰 소리로 통곡한 것은 페르텔로트였습니다. 그녀는 카르타고의 왕 하스드루발이 죽었을 때 그의 아내가 울었던 것보다 더 크게 울었습니다. 로마 인들이 카르타고를 불 지르자, 하스드루발의 아내는 슬픔과 분노를 이기지 못해 스스로 불길에 몸을 던져 죽고 말았습니다. 네로가 로마를 불태우라고 지시하고 죄 없는 원로원 의원들을 죽이라고 명령했을 때 원로원 의원의 아내들이 대성통곡을 했던 것처럼, 슬픔에 잠긴 암탉들은 소리 지르며 울부짖었습니다. 그럼 이제 내 이야기로 돌아가겠습니다.

불쌍한 과부는 암탉들이 울부짖는 소리를 듣자 두 딸과 함께 급히 집에서 달려 나왔습니다. 그리고 수탉을 등에 메고 숲 속으로 도망치는 여우를 보았습니다.

"도와줘요! 도와줘요! 저 도둑놈을 잡아요! 저 여우를 잡으란 말이에요!"

그들 모녀는 이렇게 소리 지르며 여우의 뒤를 쫓았습니다. 그리고 그 뒤에는 수많은 마을 사람들이 몽둥이를 들고 따라왔습니다.

모두가 달려왔습니다. 개들이 짖는 소리와 남자와 여자들이 지르는 소리에 놀란 암소며 송아지며 심지어 돼지들까지 숨이 찰 때까지 여우를 뒤쫓으면서, 지옥의 악마들처럼 소리를 질렀습니다. 거위들은 너무 놀란 나머지 날개를 펴고 나무 위로 올라갔으며, 심지어 벌들조차 벌통에서 뛰쳐나와 윙윙거리며 날았습니다. 그들은 놋쇠나 나무, 뿔, 뼈로 만든 갖가지 나팔을 불어 댔으며, 하늘이 무너질 정도로 고함과 비명을 질러 댔습니다.

여러분, 이제 운명의 여신이 어떻게 갑자기 생각을 바꾸어 잘난 척

하스드루발
카르타고의 맹장 한니발의 동생으로 2차 포에니 전쟁에서 전사했다. 포에니 전쟁은 기원전 3세기에서 2세기에 걸쳐 로마와 페니키아의 식민지 카르타고가 지중해 패권을 둘러싸고 벌인 3차례에 걸친 대규모 전쟁으로, 3차 전쟁에서 로마가 카르타고를 포위하고 함락시킴으로써 종결되었다.

네로
로마의 5대 황제(37~68). 초기에는 선정을 베풀었으나, 차츰 측근의 유능한 인재를 살해하고 기독교도를 학살하는 등 공포정치를 하였다.

수녀원 신부의 이야기

하는 여우의 자만심을 꺾어 버렸는지 들어 보십시오. 여우의 등에 업혀 가던 수탉 샹테클레르는 엄청난 두려움을 느끼면서도 여우에게 이렇게 말을 걸었습니다.

"여우님, 내가 당신이라면 당신을 쫓아오는 사람들에게 이렇게 소리치겠습니다. '이 바보들아, 집으로 달려가! 전염병에나 걸려 죽을 놈들아! 이제 나는 숲에 거의 다 왔으니, 너희가 무슨 짓을 해도 수탉은 내 차지야. 지금 당장 먹어 치워 버릴 거야!'"

그러자 여우가 대답했습니다.

"그래, 나도 그렇게 말해야지."

그런데 입을 열고 이렇게 말하자마자, 수탉은 기회를 놓치지 않고 여우의 입에서 빠져나와 나무 꼭대기로 날아가 버렸습니다. 여우는 수탉이 도망갔다는 사실을 알고 소리쳤습니다.

"아, 샹테클레르, 내가 잘못했어. 마당에서 갑자기 너를 물어 놀라게 한 것은 내 잘못이야. 그렇지만 너에게 해를 끼칠 생각은 없었어. 이리 내려와, 그럼 내가 하려고 한 것이 무엇인지 말해 줄게. 하느님에게 맹세컨대, 진심으로 말해 줄게."

그러자 수탉이 대답했습니다.

"싫어요. 하느님, 우리 둘에게 저주를 내려 주소서! 제가 다시 여우에게 속아 넘어간다면, 제게 더 많은 저주를 내려 주소서! 이제 당신이 아무리 달콤한 말을 해도 나는 절대로 눈을 감지 않을 거예요. 눈을 바짝 뜨고 정신 차려야 할 때 두 눈을 감는 자는 벌을 받아도 마땅해요."

다시 여우가 말했습니다.

"그렇지 않아. 하느님은, 말을 해서는 안 될 때 자제 하지 못하고 지껄이는 자에게 불행을 내려 주시는 거야."

이런 일은 조심성이 없는 사람이나 감언이설을 믿는 사람에게 생깁니다. 여러분, 이 이야기를 수탉이나 암탉에 관한 재미있는 이야기로만 생각하지 말고, 교훈이 무엇인지 생각해 보십시오. 성 바울로는 글로 쓰여진 것은 모두 우리를 가르치기 위한 것이라고 말씀하셨습니다. 그러니 알맹이는 먹되 껍데기는 버리십시오.

하느님 아버지, 당신의 뜻이 주님이 말씀하신 대로 이루어지게 하시고, 저희를 착한 사람으로 만들어 주시고, 저희를 천국으로 인도해 주소서.

여기에서 수녀원 신부의 이야기는 끝난다.

두 번째 수녀의 이야기

믿음이 너희를 강건하게 할지어다

두 번째 수녀
엘즈미어 필사본에 나타난 두 번째 수녀.

두 번째 수녀의 서문

우리 모두는 악의 하인이자 온상이고 쾌락의 문지기인 '게으름'을 피해야 합니다. 우리는 근면으로 게으름과 맞서 싸우고, 악마가 게으름을 통해 우리를 점령하지 못하게 해야 합니다. 악마는 수천 가지의 교묘한 속임수로 우리를 유혹하기 위해 기회를 노리고 있습니다. 그래서 게으른 사람을 보면 자기의 그물로 사로잡아 버립니다. 그러나 악마가 자신의 옷깃을 덥석 쥘 때까지 게으른 사람은 자기가 적에게 잡혀 있다는 사실을 알지 못합니다.

 게으름과 싸우기 위해서는 열심히 일해야 합니다. 우리 중에는 현세의 삶에만 관심 있는 사람이 많습니다. 이런 삶에서조차 게으름은 아무런 이익이나 미덕도 제공하지 않습니다. 나태는 게으른 사람을 끈으로 묶어 놓고, 단지 먹고 자고 남들이 만든 것을 먹어 치우게 할 뿐입니다. 모든 재앙의 원인인 이런 게으름을 떨쳐 버리기 위해, 나는 '황금 전설'의 주인공인 어느 성녀의 영광스런 삶과 수난을 정확하게 옮기려고 노력했습니다. 그녀의 화관花冠은 순결의 상징인 백합과 순교殉敎의 상징인 장미로 만들어졌습니다. 그녀는 동정녀이며 순교자인 성녀 체칠리아입니다.

우선 저는 성녀 체칠리아의 이름을 그녀의 이야기와 관련지어 어원적으로 설명하려고 합니다. 라틴어로 체칠리아는 '하늘의 백합'coeli lilia이고, 이것은 순결한 동정녀를 상징합니다. 아마 '백합'이라고 부른 것은 티 없이 하얀 정절과 푸른 양심과 향기롭고 달콤한 그녀의 명성 때문일 것입니다. 또한 체칠리아는 '눈먼 사람들의 길'caecis via이라는 뜻인데, 이것은 그녀의 가르침이 세상의 본보기가 되었기 때문입니다. 그리고 제가 읽은 바에 의하면, 체칠리아라는 이름은 '하늘'coelum과 레아Leah의 합성어입니다. 비유적으로 말하자면, 하늘은 하느님의 성스런 기도이며, 레아는 쉬지 않고 일하는 그녀의 근면함을 뜻합니다.

그리고 체칠리아는 '눈이 멀지 않음'caecitate carens을 의미하는데, 이것은 그녀가 지닌 지혜의 빛과 찬란한 미덕 때문입니다. 또 찬란하게 빛나는 이 동정녀의 이름은 하늘coelum과 레오스Leos에서 유래하기도 합니다. 그녀는 선행과 의로운 행동의 본보기이므로 '인류의 하늘'이라고 불립니다. 레오스는 곧 사람을 뜻합니다. 하늘에서 태양, 달과 별들을 볼 수 있는 것처럼, 정신적 차원에서 우리는 이 고귀한 동정녀의 관대한 믿음과 빛나는 지혜, 갖가지 선행을 볼 수 있습니다.

학자들은 하늘은 둥글고 뜨거우며 빠르게 움직인다고 적고 있습니다. 이와 마찬가지로 희고 아름다운 체칠리아는 선행을 베푸는 데 언제나 부지런하고 빠르게 움직였습니다. 또한 인내에 있어서 둥글고 완벽하며, 자비와 정숙의 빛나는 불꽃으로 항상 뜨겁게 타고 있습니다.

이제 그녀의 이름에 대한 설명을 마치겠습니다.

두 번째 수녀의 이야기

그녀의 전기에 의하면, 아름다운 성처녀 체칠리아는 로마 귀족의 집안에서 태어나, 요람에 있을 때부터 그리스도의 믿음을 배웠으며, 머리에서는 그리스도의 복음이 떠난 적이 한 번도 없었습니다. 그 책을 읽어 보면, 그녀는 한시도 쉬지 않고 그리스도를 사랑하고 경외했으며 자기의 순결을 지켜 달라고 하느님께 기도했습니다. 그러나 이 처녀는 발레리아누스라는 청년과 결혼을 하게 되었습니다.

결혼식 날이 되자 체칠리아는 겸허하고 경건한 마음으로 모직 옷을 입고, 그 위에 아주 잘 어울리는 황금빛 겉옷을 걸쳤습니다. 성당에서 오르간 연주가 흐르자 그녀는 마음속으로 하느님에게 이렇게 노래했습니다.

'오, 주님! 저의 영혼과 육체가 죽지 않도록 저를 티 없이 맑게 지켜 주소서.'

결혼식 전에 그녀는 이틀이나 사흘에 한 번씩 나무 십자가에서 돌아가신 주님의 사랑을 기리기 위해 끝없이 기도하면서 금식을 했습니다. 이제 밤이 되었습니다. 관례대로 남편과 잠자리에 들어야 할 시간이었습니다. 체칠리아는 남편에게 은밀하게 말했습니다.

"사랑하는 당신, 나는 한 가지 비밀을 가지고 있어요. 아마 당신도 듣고 싶어할 거예요. 당신이 아무에게도 말하지 않겠다고 약속하시면 그 비밀을 말하겠어요."

발레리아누스가 어떤 상황에서도 절대로 약속을 어기지 않겠다고 맹세하자 체칠리아가 말했습니다.

"나에게는 천사가 있어요. 그 천사는 나를 무척이나 사랑하기에, 내가 눈을 뜨고 있건 잠을 자건 항상 내 몸을 지켜 주고 있답니다. 당신이 나를 건드리거나, 나를 육체적으로 사랑하는 것을 천사가 알면, 그 자리에서 당신을 죽이고 말 거예요. 그러면 당신은 한창 나이에 죽게 되는 거예요. 그러나 순수한 사랑으로 나를 보호해 주면, 당신의 순수성에 감동하여 천사는 나를 사랑하듯이 당신도 사랑할 것이고, 당신에게 자기의 기쁨과 광채를 보여 줄 거예요."

하느님의 뜻에 따라 열정을 억제한 발레리아누스는 이렇게 대답했습니다.

"내가 당신 말을 믿게 하려면, 먼저 그 천사를 보여 주고 그를 자세히 살펴볼 수 있게 해 주시오. 만일 정말 천사라면 당신의 청을 들어주겠소. 그러나 당신이 다른 남자를 사랑하기 때문에 내게 거짓말을 한 것이라면 이 칼로 당신들 두 사람을 죽여 버리겠소."

그러자 체칠리아는 즉시 이렇게 대답했습니다.

"당신이 원하신다면 천사를 보여 드리겠어요. 하지만 조건이 있어요. 그것은 당신이 그리스도를 믿고 세례를 받아야 한다는 것이에요. 이곳을 나가 3마일 정도 떨어진 아피아 거리로 가세요. 그리고 내가 가르쳐 주는 대로 그곳에 사는 가난한 사람들에게 말을 하세요. 체칠리아가 보내서 왔고, 말할 수 없는 여러 이유가 있으니 착한 노인 우르바누스에게 데려다 달라고요. 성 우르바누스를 만나면 내가 말한 대로 말씀하세요. 그리고 세례를 받고 모든 죄에서 깨끗해지면, 그곳을 떠나기 전에 천사를 보실 수 있을 거예요."

천사가 저를 지켜 줍니다
체칠리아는 발레리아누스에게 천사의 가호를 받기 위해서는 세례를 받아야 한다고 말한다. 사진은 루브르 박물관에 있는 천사 조각상.

두 번째 수녀의 이야기

체칠리아의 말대로 발레리아누스는 아피아 거리로 가서 성인들의 무덤 사이에 숨어 있던 성인 우르바누스를 만났습니다. 발레리아누스는 주저하지 않고 그에게 체칠리아의 말을 전했습니다. 그러자 우르바누스는 기쁨에 가득 차서 두 손을 하늘로 올렸고, 뺨 위로 눈물을 흘리면서 말했습니다.

"전능하신 그리스도님! 순결한 생각의 씨를 뿌리는 분이시며, 우리 모두의 목자이시여! 당신이 체칠리아에게 뿌리신 순결의 씨앗이 맺은 열매를 거두어들이소서. 근면하고 죄 없는 벌처럼, 당신의 딸 체칠리아는 영원히 당신을 섬기고 있습니다. 그녀는 사자처럼 잔인한 남편을 맞았지만, 이제는 순한 양을 보내듯이 그를 당신에게 보냈습니다."

이 노인이 말하는 동안, 화사하게 빛나는 흰옷을 입고 금박 글씨가 쓰인 책을 손에 든 다른 노인이 나타났습니다. 그는 발레리아누스의 앞에 꼼짝하지 않고 서 있었습니다. 그를 보자 발레리아누스는 너무 놀라 바닥에 쓰러지고 말았습니다. 그 노인은 죽은 사람처럼 누워 있던 발레리아누스를 안아 올리고서 책을 읽기 시작했습니다.

"한 분의 하느님과 한 분의 주님, 그리고 단 하나의 믿음만 있으며, 너에게는 단 하나의 그리스도 왕국과 전능하시고 최고이신 단 한 분의 아버님만이 있는 것이다."

이 모든 말이 황금 글씨로 쓰여져 있었습니다. 이것을 읽고 나자 노인은 큰 소리로 말했습니다.

"너는 이 말을 믿느냐? 그러면 그렇다고 대답하라."

발레리아누스가 대답했습니다.

"이 모든 것을 믿습니다. 하늘 아래 어떠한 것도 그것보다 확실한 것은 없습니다."

그러자 노인은 공중으로 사라졌습니다. 발레리아누스는 그가 어디로 갔는지 알 수가 없었습니다. 교황 우르바누스는 그 자리에서 그에게 세례를 주었습니다.

발레리아누스는 집으로 돌아왔고, 체칠리아가 천사와 함께 자신의 방에 서 있는 모습을 보았습니다. 천사는 손에 화관을 두 개 들고 있었습니다. 하나는 장미로 만든 것이었고, 다른 하나는 백합으로 만든 것이었습니다. 천사는 장미 화관은 체칠리아에게 주고, 백합 화관은 그녀의 남편 발레리아누스에게 주었습니다. 천사는 이렇게 말했습니다.

"죽을 때까지 순결한 몸과 티 없는 마음으로 이 화관을 간직하라. 나는 이것들을 천국에서 가져왔다. 너희에게 자신 있게 말하는데, 이 꽃들은 절대로 시들지 않을 것이며, 달콤한 향기를 잃는 법도 없을 것이며, 너희가 순결한 마음을 지니고 악을 증오하는 동안에는 절대로 남의 눈에 띄지 않을 것이다. 발레리아누스, 그대는 아내의 좋은 충고를 빨리 받아들였으니, 그대가 원하는 것을 부탁하라. 그러면 소원이 이루어질 것이다."

그러자 발레리아누스가 말했습니다.

"저는 그 누구보다도 사랑하는 동생이 하나 있습니다. 당신에게 청컨대, 제가 이곳에서 알게 된 진리를 그 아이도 알 수 있도록 은총을 베풀어 주소서."

천사가 대답했습니다.

"너의 소원은 하느님의 마음을 흡족하게 해 드렸다. 그러니 두 사람은 모두 순교의 종려가지를 들고 하느님의 복된 잔치에 참석할 수 있을 것이다."

천사가 이렇게 말하는데, 발레리아누스의 동생인 티부르티우스가 도착했습니다. 그는 장미와 백합에서 풍겨 나오는 냄새를 맡더니, 마음

천사에게 화관을 받다
발레리아누스는 성인 우르바누스를 만난 후, 그리스도교를 믿게 되었고, 천사에게 영원히 시들지 않는 화관을 받았다. 토머스 스토서드 그림.

종려나무
부활절 직전 일요일 그리스도가 예루살렘에 입성할 때 많은 군중들이 종려나무 가지를 꺾어 들고 환영했다고 한다. 기독교에서는 부활주일 바로 전 주일을 종려주일이라고 기념한다.

속으로 너무 놀라 이렇게 말했습니다.

"지금 이 계절에 이 방에서 풍기는 장미와 백합의 그윽한 향내는 어디에서 온 것이죠? 꽃을 손에 쥐고 있다고 하더라도, 향기가 이처럼 진할 수는 없을 거예요. 지금 제 마음으로 맡은 이 달콤한 향내는 저를 완전히 다른 사람으로 만들어 버렸어요."

그러자 발레리아누스가 말했습니다.

"우리는 화사하게 빛나는 화관을 두 개 갖고 있어. 하나는 눈처럼 하얗고, 다른 하나는 장미처럼 붉어. 그렇지만 너는 볼 수가 없단다. 네가 지금 그 향내를 맡을 수 있는 것은 내가 그렇게 해 달라고 기도를 했기 때문이거든. 티부르티우스, 네가 서둘러 믿음을 갖고 이 진리를 알게 되면, 너도 곧 이 화관들을 볼 수 있을 거야."

티부르티우스가 대답했습니다.

"지금 형님이 나한테 말하고 있는 게 맞아요? 아니면 내가 지금 꿈속에서 듣고 있는 거예요?"

"티부르티우스, 틀림없는 것은 지금까지 우리 두 사람이 꿈을 꾸어 왔다는 것이란다. 하지만 이제 우리는 처음으로 진리 안에 있게 된 것이야."

"어떻게 그것을 알죠? 그리고 그게 무엇이죠?"

"이제 설명해 줄게. 사실 하느님의 천사가 나타나, 네가 우상을 버리고 모든 죄에서 깨끗해진다면 너도 그 화관을 볼 수 있을 것이라고 가르쳐 주셨어. 그러나 만일 그렇게 하지 않는다면 절대로 볼 수 없을 거야."

하느님을 사랑한 훌륭한 학자 성 암브로시우스는 자신이 쓴 서문에서 이 두 화관의 기적에 대해 엄숙한 어조로 이렇게 말했습니다. '순교의 성지聖枝를 받기 위해서 하느님의 은총을 가득 받으신 체칠리아는 속세를 버렸고, 심지어는 신혼의 침대까지도 포기했습니다. 그녀는 티부르티우스와 발레리아누스의 대화를 직접 들은 증인이었습니다. 인자하신 하느님께서는 천사를 통해 그들에게 그윽한 향기를 풍기는 화관을 두 개 보내 주셨습니다. 하느님의 종이었던 체칠리아는 두 남자를 영원한 영광의 나라로 인도했습니다. 세상 사람들은 영혼의 사랑에 순결하게 몸을 바친 사람이 진정으로 무슨 보상을 받는지 알게 되었습니다.'

발레리아누스의 말이 끝나자, 체칠리아는 티부르티우스에게 모든 우상은 헛된 것이라는 사실을 분명하게 보여 주었습니다. 체칠리아는 우상이 말 없는 벙어리일 뿐만 아니라 듣지 못하는 귀머거리니 우상을 버리라고 말했습니다. 그러자 티부르티우스가 말했습니다.

"그 말씀을 믿지 않는 사람은 들판에 사는 짐승과 다름없습니다."

이 말을 듣자 체칠리아는 티부르티우스의 가슴에 키스를 해 주었으며, 그가 참된 진리를 보게 되었다는 생각에 이루 말할 수 없는 기쁨을 느꼈습니다. 하느님의 축복받은 종인 아름다운 체칠리아는 이렇게 말했습니다.

"오늘부터 도련님은 저의 형제예요. 하느님께서 사랑을 베푸시어 당신 형을 제 남편으로 만들어 주셨듯이, 당신도 우상을 버리겠다니 지금부터 제 형제로 받아들이겠어요. 형과 함께 지금 당장 가셔서 세례를 받으세요. 또 형이 말씀하신 천사의 얼굴을 볼 수 있도록 몸을 깨끗이 하세요."

그러자 티부르티우스가 말했습니다.

"형님, 제가 어디로 가야 하는지, 그리고 누구를 만나야 하는지 말씀해 주세요."

"누구를 만나야 하느냐고? 아무것도 두려워 말고 나를 따라오너라. 내가 너를 교황 우르바누스에게 안내해 주겠다."

"누구라고요? 이건 기적 같은 일이네요. 수없이 사형을 선고받았지만 지하의 이곳저곳에 숨어 사는 우르바누스를 말하시는 거예요? 오늘은 여기에 있다가 내일은 저기에 나타나면서, 지상의 사람들에게는 머리도 한번 내밀지 않는 그 사람을 말하시는 건가요? 그가 들키거나 잡히는 날에는 우리 모두가 그와 함께 있었다는 이유만으로 화형을 당해야 해요. 저 하늘에 숨어 계신 하느님을 찾다가, 우리는 화형장에서 불타 죽을지도 몰라요."

이 말을 들은 체칠리아는 단호하게 말했습니다.

"사랑하는 도련님. 사람들이 목숨을 잃을지도 모른다고 두려워하는 것은 당연한 거예요. 그러나 이 세상 말고도 다른 세상이 있으니 걱정하지 마세요. 다른 세상에서는 절대로 목숨을 잃지 않을 테니까요. 하느님의 은총으로 그의 아드님께서 그런 세상이 있음을 알려 주셨어요. 그분은 만물을 창조하신 아버지의 아들이세요. 그리고 모든 피조물에게 분별력과 지혜를 주신 하느님에게서 나온 성령이시죠. 하느님의 아들이 이 세상에 계셨을 때 그분은 여러 가지 말씀과 기적을 통해 우리 인간이 살 수 있는 다른 세상이 있음을 보여 주셨어요."

그러자 티부르티우스가 대답했습니다.

"형수님, 방금 전에 하느님은 한 분이시며, 그분이 진정한 주님이라고 말씀하지 않으셨나요? 그런데 어째서 지금은 세 분에 관해 말씀하십니까?"

체칠리아가 말했습니다.

"설명해 드릴게요. 한 사람이 세 가지 능력, 즉 기억과 상상과 이성의 힘을 가지고 있는 것과 마찬가지로, 유일하신 하느님 속에는 세 분이 있는 것이에요."

그녀는 하느님이 이 세상에 오신 것과 그리스도의 고통, 그분이 받으신 수난에 관해 이야기했습니다. 즉, 죽을죄를 지은 인류를 구원하기 위해서 하느님의 아들이 이 세상에 오셔서 어떻게 살았는지를 설교했습니다. 그러자 티부르티우스는 형 발레리아누스와 함께 교황 우르바누스를 만나러 갔고, 교황은 하느님의 은총을 내리면서 기쁜 마음으로 티부르티우스에게 세례를 주었습니다. 그런 다음 필요한 것을 가르친 후 그를 하느님의 기사로 만들어 주었습니다. 이 의식이 끝나자 티부르티우스는 하느님의 은총을 입어서, 매일 이 속세에서 하느님의 천사를 보았습니다. 그리고 그가 하느님께 부탁한 것은 무슨 일이든지 즉시 이루어졌습니다.

예수님이 그들에게 천사를 통해 보여 주신 수많은 기적을 차례로 설명하기란 아주 힘듭니다. 그러나 마침내 로마의 관리들은 발레리아누스와 티부르티우스를 찾아서, 알마키우스 총독 앞으로 데려갔습니다. 총독은 그들의 목적과 의도를 알 때까지 심문했습니다. 그러고 나서 그들을 유피테르 상으로 데려가 말했습니다.

"나는 이렇게 선고한다. 유피테르 신에게 제물을 바치지 않는 자는 교수형에 처한다."

총독의 보좌관이던 막시무스라는 관리가 지금 제가 말하는 순교자들을 인도받았습니다. 순교자들을 가엾게 생각한 막시무스는 그 성인들을 형장으로 끌고 가면서 울음을 터뜨렸습니다. 그리고 그는 성인들의 가르침을 듣자, 사형집행인들의 허락을 받아 그들을 즉시 자기 집으로 데려갔습니다. 밤이 되기 전에 성인들은 설교를 통해 막시무스와 그의 가족뿐만 아니라 사형집행인들까지도 그릇된 신앙에서 해방시켜 주었고, 그들이 모두 유일하신 하느님을 믿도록 만들었습니다.

밤이 되자 체칠리아가 신부들과 함께 와서 그들 모두에게 세례를 주었습니다. 그리고 날이 밝자 그들에게 엄숙한 표정으로 말했습니다.

"사랑하는 그리스도의 병사들이여, 어둠의 산물을 모두 던져 버리고 빛의 갑옷으로 새로이 무장하십시오. 당신들은 진리를 위해 큰 싸움을 하셨습니다. 이제 싸움은 끝이 났고 여러분은 믿음을 지켰습니다.

유피테르 상에 제물을 바치라
총독은 발레리아누스와 티부르티우스에게 유피테르 상을 받들 것을 지시한다. 사진은 유피테르 상.

이제 떠나십시오. 그리고 여러분이 섬긴 정의로운 심판관들이 여러분에게 주는 시들지 않는 관을 받으십시오."

이런 말을 듣고 얼마 지나지 않아, 그들은 제물을 바치도록 유피테르 신전에 끌려갔지만 제물을 바치는 것뿐만 아니라 향불도 피우지 못하겠다고 단호히 거부했습니다. 그리고 겸허한 마음과 굳은 믿음으로 그 자리에 꿇어앉았습니다.

우상을 섬길 수는 없다
발레리아누스와 티부르티우스는 유피테르 신전으로 끌려갔지만 우상을 섬기기를 거부하고 참수당한다. 사진은 헤르쿨레스 신전.

그들은 그곳에서 참수를 당했습니다. 그러나 그들의 영혼은 은총을 베푸시는 하느님에게 올라갔습니다. 이를 모두 지켜본 막시무스가 슬피 울면서, 그들의 영혼이 환하게 빛나는 빛의 천사들과 함께 하늘로 올라갔다고 이야기를 하자, 이 말을 들은 많은 사람들이 그리스도를 믿게 되었습니다. 이런 이유로 알마키우스는 납이 달린 채찍으로 심하게 막시무스를 때렸고, 결국 그도 세상을 떠나고 말았습니다.

체칠리아는 막시무스의 시체를 거두어 아무도 모르게 발레리아누스와 티부르티우스의 옆에 묻어 주고 그 묘지에 비석을 세워 주었습니다. 이런 사실을 알게 되자, 알마키우스는 즉시 관리들에게 체칠리아를 데려오라고 명령하면서, 자기가 보는 앞에서 공개적으로 유피테르에게 제물을 바치고 향불을 피우라고 지시했습니다. 이미 체칠리아의 현명한 가르침으로 그리스도를 믿게 된 관리들은 슬피 울면서 그녀가 가르친 것을 그대로 믿는다고 수없이 소리쳤습니다.

"성자이시며 성부이신 그리스도는 진리이신 하느님이십니다. 우리는 이런 것을 굳게 믿습니다. 죽는 한이 있더라도 이런 사실을 믿습니다."

이런 사실을 알게 된 알마키우스는 체칠리아를 보고 싶으니 그녀를 데려오라고 지시했습니다. 그가 던진 첫 번째 질문은 이러했습니다.

"너는 어떤 여자냐?"

"저는 귀족의 딸입니다."

"내가 묻는 것은 너의 종교와 믿음이 무엇이냐는 것이다. 이런 문제에 대답하기가 괴롭다는 사실은 나도 알고 있다."

그러자 체칠리아가 대답했습니다.

"참으로 어리석은 질문부터 시작하셨습니다. 당신은 하나의 질문으로 두 개의 대답을 듣고자 하신 겁니다. 바보 같은 질문입니다."

무례한 대답을 듣자, 알마키우스는 다시 물었습니다.

"너는 무엇을 믿고 그토록 불손하게 대답하느냐?"

"무엇을 믿느냐고요? 저는 양심과 진실한 제 신앙을 믿습니다."

"너는 나의 힘이 전혀 무섭지 않으냐?"

"당신의 힘은 전혀 두려울 것이 없습니다. 인간은 언젠가는 죽어야 하므로 인간의 권력이란 공기로 가득 찬 풍선에 불과합니다. 풍선은 바늘로 찌르기만 해도 공기가 빠져 버립니다. 인간의 부푼 자만심도 이와 같습니다."

"너는 시작부터 잘못하였고, 아직도 그것을 고집하고 있다. 고귀하고 힘 있는 우리의 왕들이, 믿음을 버리지 않는 한 모든 그리스도 교인에게 형벌을 내리도록 지시하신 것도 모르느냐?"

"당신이 섬기는 왕들은 실수를 저질렀고, 귀족들도 마찬가지입니다. 우리는 사실 아무 죄도 없는데, 바보 같은 법 때문에 죄인이 되고 있습니다. 우리가 아무런 죄도 없다는 사실은 당신도 잘 알고 계십니다. 단지 우리가 그리스도를 섬기고 그리스도 교인이라는 이름을 달고 다닌다는 이유로, 우리를 증오하면서 우리에게 죄를 뒤집어씌우는 것입니다. 그러나 우리는 그리스도 교인이라는 이름이 얼마나 위대한지 잘 알고, 따라서 그 이름을 버릴 수는 없습니다."

그러자 알마키우스가 말했습니다.

"이제 너는 두 가지 중 하나를 선택하라. 제물을 바치겠느냐, 아니면 그리스도교를 버리겠느냐? 그러면 넌 풀려날 것이다."

이 말을 듣고, 축복받은 동정녀 체칠리아는 웃음을 터뜨리면서 말했습니다.

"당신은 바보임에 틀림없군요. 나보고 결백을 버리고 죄인이 되라는 말씀입니까? 총독을 보십시오! 지금 공개석상에서 바보짓을 하고 있습니다. 마음이 어찌할 바를 모른 채 미친 사람처럼 눈을 부릅뜨고 있습니다."

"뭐라고! 너는 내 힘이 어느 정도인지 모르느냐? 전능하신 우리의 왕들이 나에게 사람을 죽이고 살리는 권한을 부여했다는 것을 모르느냐? 어떻게 감히 그런 건방진 말을 하느냐?"

"저는 건방지게 말하는 것이 아니라 자신 있게 말하는 것입니다. 우리 그리스도 교인들은 오만이란 죄악을 죽도록 증오합니다. 당신이 진실을 듣기를 두려워하지 않는다면, 제가 공개적으로 설득력 있게 당신이 가공할 만한 거짓말을 했다는 사실을 보여 드리겠습니다. 당신은 선왕들이 사람을 죽이거나 살릴 수 있는 권한을 부여했다고 말했습니다. 그러나 당신은 죽일 권한만 가지고 있지, 다른 권한이나 권력은 없습니다. 그러니까 선왕들이 당신을 사형시키는 부하로 임명했다고 말할 수는 있어도 그 이상의 것을 주장한다면, 그것은 거짓말입니다. 왜냐하면 당신의 권력은 보잘것없기 때문입니다."

그러자 알마키우스가 소리쳤습니다.

"이제 저 거만한 소리를 더는 못 들어 주겠다. 이곳을 떠나기 전에, 우리의 신들에게 제물을 드리거라. 네가 나에게 욕을 하는 것은 상관없다. 그런 것들은 철학자들처럼 참을 수 있으니. 그러나 우리의 신을 모욕하는 오만불손한 행위는 참지 않을 것이다."

이 말을 들은 체칠리아는 이렇게 대답했습니다.

"어리석으시군요. 당신은 입을 연 순간부터 자신이 한 말로 자신이 어리석다는 것을 확인시켜 주었고, 모든 면에서 무지한 관리이며 무능한 판관이라는 것만을 보여 주었습니다. 당신은 눈뜬 장님과 다름없습니다. 삼척동자도 돌임을 아는데, 당신은 그런 것을 보고 신이라고 부르고 있습니다. 내가 시키는 대로 해 보십시오. 손을 돌 위에 올려놓고 시험해 보시면 그것이 돌임을 알게 될 것입니다. 사람들이 당신의 바보스런 행동을 비웃고 조롱하는데 창피하지도 않으십니까? 전능하신 하느님께서 저 위 하늘에 계신다는 것은 모든 사람이 다 알고 있습니다. 이런 우상들은 아무 쓸모가 없으며, 사람들에게도 전혀 소용이 없다는 것을 쉽게 알 수 있을 것입니다. 결론적으로 우상은 아무런 가치도 없는 것입니다."

그녀가 이렇게 말하자 알마키우스는 화를 벌컥 내며 체칠리아를 집으로 데려가라고 명령하고는 이렇게 말했습니다.

"이 계집의 집에 있는 욕조에 불을 지펴, 이 계집을 익혀 죽여라."

그가 명령한 대로 형은 집행되었습니다. 체칠리아를 욕조에 넣고 목욕탕 문을 잠그고는 아궁이에 밤낮으로 불을 지폈습니다. 그렇게 그녀는 성스런 밤과 그 다음 날을 보냈습니다. 그런데 욕조에 불을 지펴 뜨거운 물속에 있었는데도 그녀는 아무렇지 않았습니다. 아무런 고통도 느끼지 않았고, 심지어는 땀 한 방울도 흘리지 않았습니다.

그러나 그녀는 바로 그 욕조에서 세상을 떠날 운명이었습니다. 무자비한 알마키우스가 부하를 체칠리아의 집으로 보내 그녀를 그곳에서 죽여 버리라는 명령을 시달한 것입니다. 이 사형집행인은 그녀의 목을 칼로 세 번 내리쳤지만, 목을 완전히 자를 수는 없었습니다. 당시는 가볍든 심하든 세 번 이상 목을 쳐서 사람에게 고통을 주지 못하게 하는 법이 있었습니다. 그래서 사형집행인은 더는 칼을 내리치지 못한 채,

체칠리아의 죽음
체칠리아는 우상 숭배를 거부하여 죽음에 이른다. 귀도 레니의 1606년 작 〈성 체칠리아〉.

목에 상처를 입어 피를 흘리며 반쯤 죽어 있는 체칠리아를 그대로 놔두고 도망쳐 버렸습니다.

그녀 주위에 있던 그리스도 교인들은 흐르는 피를 조심스럽게 침대 시트로 감쌌습니다. 그녀는 이런 고통 속에서 사흘을 살았습니다. 그러면서도 자기가 개종시킨 사람들에게 설교를 하며 그리스도교의 신앙을 가르쳤습니다. 그리고 자기의 재산을 교황 우르바누스에게 전해 달라고 말했습니다. 교황 우르바누스와 보좌 사제들이 집에 도착하자, 그녀는 유언을 남겼습니다.

"저는 하늘에 계신 왕에게 사흘만 더 살게 해 달라고 부탁했습니다. 제가 떠나기 전에 여러분에게 이 영혼들을 보살펴 달라고 부탁하고, 이 집을 성당으로 만들어 영원히 보존해 달라고 일러 두고 싶었기 때문이에요."

성 우르바누스와 보좌 사제들은 아무도 모르게 그녀의 시체를 실어 낸 후, 밤이 되자 다른 성인들과 함께 예의를 갖추어 묻어 주었습니다. 그 집은 이제 성녀 체칠리아 성당이라고 불립니다. 성 우르바누스가 그 성당을 축성築城했고, 그곳에서는 오늘날까지 예수 그리스도와 성녀 체칠리아를 기리고 있습니다.

여기에서 두 번째 수녀의 이야기는 끝난다.

참사회원 종자의 이야기

연금술사는 어떻게 귀금속을 만들어 내는가?

성당 참사회원 종자의 서문

●중백의 성직자가 성사를 집행할 때 입는 무릎까지 내려오는 흰옷.

성녀 체칠리아의 이야기가 끝났지만, 우리는 말을 타고 채 5마일도 가지 못했다. 그때 보튼 언더 블린에서 어떤 사람이 우리 일행에 합류했다. 그는 검은 옷을 입고 그 밑에 중백의中白衣●를 입고 있었다. 그 사람은 마지막 3마일 정도를 힘껏 박차를 가해 달려온 것 같았다. 회색 얼룩무늬의 늙은 말이 완전히 땀에 젖어 있었고 그의 종자가 타고 온 말도 땀에 흠뻑 젖어 거의 걷지도 못할 지경이었기 때문이다. 말의 가슴은 끈끈한 땀으로 뒤덮여 있었고, 종자 역시 땀으로 범벅이 되어 있었다.

그는 우리에게 다가오면서 이렇게 말했다.

"즐겁게 여행하는 여러분에게 하느님의 은총이 있기를 빕니다. 저는 유쾌한 분들과 동행하려고 이렇게 따라온 거랍니다."

그러자 그의 종자도 아주 예의바르게 말했다.

"여러분, 저는 여러분이 오늘 아침 말을 타고 여관을 떠나시는 것을 보고 제 주인님께 그런 사실을 알렸습니다. 여러분이 아주 화기애애해 보여서 제 주인님께서는 여러분과 함께 말을 타고 가시려고 한 것입니다. 대화하는 것을 아주 좋아하시거든요."

참사회원 종자
엘즈미어 필사본에 나타난 참사회원 종자. 참사회원은 대성당에 속한 고위 성직자로, 주교 선출에 참여하고, 주교를 보좌하여 주교구의 행정 및 대성당의 관리를 맡았다.

이 말을 들은 우리 사회자가 말했다.

"잘했네. 자네 주인 양반은 재주도 많고 재미있는 분일 것 같군. 재미있는 이야기를 한두 개 들려주어 우리를 즐겁게 해 주면 고맙겠네."

"누구보고 이야기를 하라는 거죠? 제 주인님인가요? 그런 것 같군요. 제 주인님은 필요 이상으로 신나는 놀이를 많이 아시죠. 아마 여러분은 이분이 이런 일에 얼마나 재주가 많은지 알면 놀라실 겁니다. 제 주인님은 여기 계시는 누구도 하기 힘든 큰일들을 많이 맡으셨습니다. 물론 주인님이 어떻게 그런 일을 하는지 가르쳐 주신다면, 상황은 달라지지만 말입니다. 여러분과 함께 말을 타고 가는 모습이 평범한 사람 같지만, 사귀어 둘 필요가 있는 분이라는 것을 아시게 될 겁니다. 제가 가진 돈을 몽땅 걸고 장담하는데, 이중에는 아마 저분을 사귈 수만 있다면 큰돈을 지불하겠다는 사람도 많이 있을 겁니다. 그럼 한 가지만 가르쳐 드리죠. 저분은 정말로 유명한 분이랍니다."

다시 사회자가 말했다.

"좋소. 그럼 저분은 성직자이신가? 아니라면 누군지 말해 보게나."

종자가 대답했다.

"아닙니다. 하지만 성직자보다 더 위대한 분이시죠. 간단하게 제 주인님의 직업에 관해 말씀드리겠습니다. 저분은 남이 모르는 재주가 많으십니다. 너무 많아서 그런 재주를 모두 배우실 수는 없을 겁니다. 저는 저분의 일을 조금 도와드리고 있습니다. 주인님은 우리가 캔터베리까지 말을 타고 가는 이 땅을 모두 뒤집어 놓고, 그 길을 온통 금이나 은으로 포장할 수도 있답니다."

종자가 이렇게 말하자, 우리 사회자가 소리쳤다.

"정말인가? 그렇게 재치 있고 사람들의 존경을 한 몸에 받는데, 옷차림새에 신경을 쓰지 않는다니 정말 놀랍군. 명사의 옷으로 보기에는 힘든 겉옷을 입고 다니니 말이야. 더럽고 다 해져서 넝마 같아. 자네 주인이 더 나은 옷을 사 입을 경제적 능력이 있는데도 형편없는 옷을 입는 이유는 무엇이라고 생각하는가? 물론 이건 자네 말이 맞다는 가정 하에서 하는 말일세. 자, 어서 설명해 보게나."

이런 물음에 종자가 대답했다.

"왜 저한테 그런 걸 물으시죠? 저분은 평생 저렇게 다니실 겁니다. 하지만 부탁이니 제가 이런 말을 했다고는 말하지 마세요. 여러분만 알고 계셔야 합니다. 저분은 지나치게 똑똑합니다. 흔히 잔치도 너무 과하면 좋지 않다고 하지요. 그런 이유로 저는 그를 바보나 천치라고 생각한답니다. 너무 재주가 좋은 사람은 그 능력을 잘못 쓰는 경우가 종종 있지요. 우리 주인님도 마찬가지랍니다. 하느님이 해결해 주시지 않는다면, 정말 골칫덩어리가 될 겁니다. 이것 이외에는 할 말이 없습니다."

그러자 사회자가 덧붙였다.

"그런 건 자네가 신경 쓸 일이 아니네. 그렇지만 자네는 주인의 재주가 무엇인지 잘 알고 있으니, 그가 뭐 하는 사람이고 무슨 방면에 재주가 좋은지 말해 보게. 그리고 자네는 어디에서 사는가?"

"교외에서 살고 있어요. 도둑놈과 강도들이 모여 사는 길모퉁이나 막다른 골목길에서 숨어 살지요. 그런 사람들은 자신의 모습을 드러내길 두려워하기 때문에 계속해서 숨어 지내는 것이죠. 사실 우리도 바로 그런 이유로 숨어 산답니다."

"다른 걸 물어봐도 되겠나? 자네 얼굴은 왜 그리 창백한지 말해 주게."

연금술사
연금술사들은 거짓을 말해 사람들의 돈을 뜯어냈다. 19세기 화가 얀 마테이코가 그린 연금술사 그림.

"저는 불행했습니다. 그래서 지금 이곳에 있는 것입니다. 저는 하루 종일 불을 불어 댔는데, 그래서 제 얼굴색이 달라졌다고 생각합니다. 저는 거울을 보고 모양을 내며 시간을 보내는 것이 아니라, 죽도록 일을 하면서 쇠를 금으로 바꾸는 일을 배우고 있습니다. 불을 하염없이 바라보고 있노라면 현기증이 납니다. 그렇게 애를 썼지만 원하는 것을 얻지도 못했고, 목표를 이룬 적도 없습니다. 우리는 많은 사람들을 속여서 금을 빌렸습니다. 어떤 때는 1, 2파운드●를 빌릴 때도 있고, 아니면 10파운드나 12파운드, 심지어는 그보다 훨씬 많은 금을 빌리기도 했습니다. 그리고 빌린 금을 두 배로 만들 수 있다고 믿게 만들었지요. 모두 새빨간 거짓말이었습니다. 물론 우리는 그렇게 될 수 있다는 희망을 가지고 그런 목표를 이루기 위해 끊임없이 노력합니다. 하지만 연금술은 우리의 지식보다 너무나 앞서 있습니다. 우리는 그 흐름을 쫓아갈 수가 없습니다. 따라붙으려고 애를 쓰면 금세 도망쳐 버리고 맙니다. 결국 우리는 거지 신세가 되고 말 겁니다."

　종자가 이야기를 하는 동안 성당 참사회원은 슬그머니 다가와서 그가 하는 소리를 모두 들었다. 그 참사회원은 항상 사람들의 말에 의심을 품는 위인이었다. 카토에 의하면, 잘못을 저지른 사람은 세상 모든

●**파운드** 1파운드는 약 454그램.

사람이 자기에 관해 말한다고 믿는다. 바로 이런 이유로 참사회원은 자기 종자가 하는 말을 하나도 빠짐없이 엿듣기 위해 다가온 것이다. 그리고는 종자에게 소리를 지르며 이렇게 말했다.

"입 다물어! 한 마디도 더 하지 말거라. 입을 다물지 않으면 후회하게 만들어 주겠다. 넌 지금 이 사람들 앞에서 내 욕을 하고, 그것도 모자라 해서는 안 될 말을 떠들고 있다."

그러자 사회자가 말했다.

"상관없으니 계속 말해 보게. 자네 주인의 협박 따위는 신경 쓰지 말게."

"물론 신경 쓰지 않아요!"

종자는 이렇게 대답했다. 참사회원은 자기 종자가 말을 듣지 않을 뿐만 아니라 자기의 모든 비밀을 털어놓을 자세를 취하자, 분하고 속상하고 창피해서 도망치고 말았다. 그러자 종자가 다시 말을 했다.

"그럼 이제 재미있는 이야기를 들려드리겠습니다. 우리 주인이 없으니 제가 아는 비밀을 모두 말씀드리겠습니다. 여러분에게 약속하는데, 지금부터 저는 저 사람과 다시는 어울리지 않을 겁니다. 제게 천만 금을 준다고 해도 말입니다. 저 사람이 고통과 치욕을 받으며 죽게 하소서! 저를 처음 이런 장난으로 끌어들인 자가 바로 저 사람이었습니다. 여러분이 어떻게 생각하실지 모르겠지만, 저는 장난이 아니었다고 자신 있게 말씀드릴 수 있습니다. 연금술과 관련된 모든 것을 여러분에게 말할 재주가 있다면 좋겠지만, 제게 그럴 능력은 없습니다. 어쨌거나 이제 연금술에 대해 말씀드리겠습니다. 주인이 가 버렸으니 제 입을 다물게 할 수 있는 것은 아무것도 없습니다. 그러니 제가 아는 모든 것을 말하겠습니다."

참사회원 종자의 이야기

1

저는 참사회원과 칠 년을 함께 살았지만, 그에게 학문에 대해서는 거의 배운 것이 없습니다. 저는 연금술을 배우기 위해 가진 것을 모두 잃어버렸습니다. 이런 사람은 저 하나가 아닙니다. 저도 한때는 좋은 옷을 입고, 멋진 장신구를 몸에 달고, 즐겁고 재미있게 살았습니다. 그러나 이제는 모자 대신 낡은 양말을 머리 위에 올려놓아야 할 처지가 되었습니다. 제 혈색은 싱싱하고 불그스레했지만, 지금은 시들어서 납빛을 띠고 있습니다. 여러분도 연금술에 빠져 보십시오. 그럼 얼마나 쓰라린 후회를 하게 되는지 아실 겁니다. 제 눈은 아직도 남을 속였다는 죄책감에 눈물을 흘립니다. 연금술을 배우면 이런 눈물만 흘리게 됩니다.

이 믿을 수 없는 학문 때문에 저는 지금의 알거지 신세가 되었습니다. 또한 빌린 금 때문에 빚더미에 올라앉았습니다. 제가 목숨을 부지하는 동안 아무리 열심히 일해도 갚지 못할 정도입니다. 그러니 세상 사람들이 저를 본보기로 삼았으면 하는 생각입니다. 연금술에 발을 들여 오랫동안 그 일을 하면 누구든지 제 신세가 됩니다. 연금술로 얻을 수 있는 것은 머리가 돌아 버리는 것과 빈털터리가 되는 것뿐입니다. 연금술에 미쳐서 제정신을 잃고 자기의 모든 재산을 날려 버린 사람들은 남들을 부추겨서 그들의 재산까지도 탕진하게 하고 맙니다. 이런 철면피 인간들은 불행한 동지가 생기는 것을 즐거워하며 위안으로 삼습니다. 그렇지만 이런 이야기는 그만두고, 연금술 이야기를 들려드리겠습니다.

우리는 아주 이상하고 전문적인 용어를 사용하기 때문에 난해한 학문을 직접 실행에 옮기는 작업장에 들어가면, 매우 현명하고 똑똑한

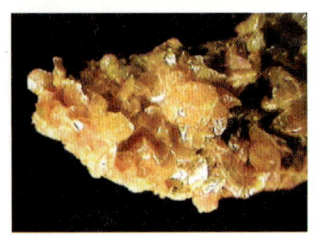

웅황
천연으로 나는 비소 화합물. 등황색 또는 누런색을 띠며 염료 또는 화약에 쓰인다.

반암
얼룩무늬 구조를 가지는 화성암. 사진은 반암으로 만들어진 성수반.

● **온스** 보통 1파운드의 16분의 1로 약 28그램에 해당하고, 금·은·약제용은 1파운드의 12분의 1로 약 31그램에 해당한다.

사람들처럼 보입니다. 저는 숨이 찰 때까지 불을 불어 댑니다. 연금술에 사용하는 재료를 어떻게 배합하는지 모두 설명해 드릴 필요는 없을 겁니다. 예컨대 은 5온스●나 6온스를 비롯하여, 웅황雄黃이니 불에 구운 뼈, 혹은 가는 가루로 만든 비소유화물砒素硫化物과 같은 재료에 대해 말한들 무슨 소용이 있겠습니까? 또한 토기 냄비 속에 소금과 후추를 먼저 넣고, 앞에서 말한 재료들과 그 밖의 갖가지 것들을 넣은 다음, 유리판으로 잘 덮어야 한다든가 따위의 세세한 과정을 설명한들 무슨 소용이 있겠습니까?

우리는 모든 재주를 부려 보았지만 한 번도 긍정적인 결과를 얻지 못했습니다. 아무것도 소용이 없었습니다. 비소유화물이나 승화된 수은, 반암斑岩 반죽에 잘 갈아 놓은 연산화물鉛酸化物 등을 각각 일정한 양을 넣고 시험해 보았지만 모두 소용이 없었습니다. 거기서 발생한 기체나 냄비 바닥에 들러붙은 고체도 우리가 하던 일에는 아무 소용이 없었습니다. 엄청난 노력을 하고 엄청난 시간을 소비했지만 하나도 쓸모가 없었습니다. 이렇게 우리의 돈은 날아가 버렸습니다.

연금술에 관해서는 수많은 것들이 있지만, 체계적으로 배우지 못한 저는 순서대로 설명드릴 수가 없습니다. 그러니 머릿속에 떠오르는 대로 말씀드리겠습니다. 우선 네 개의 영혼과 일곱 개의 육체에 관해 순서대로 말하겠습니다. 이건 제 스승이 말한 것입니다.

첫 번째 영혼은 수은이며, 두 번째 영혼은 웅황이고, 세 번째 영혼은 염화암모늄이며, 네 번째 영혼은 유황입니다.

이제 일곱 개의 육체에 관해 말씀드리겠습니다. 그것은 태양에 해당하는 금과, 달에 상응하는 은, 화성에 해당하는 철, 수성에 상응하는 수은, 토성에 해당하는 납, 목성에 상응하는 주석, 금성에 해당하는 구리입니다.

이런 저주받을 학문에 빠지는 사람은 아무리 돈이 많아도 부족하게 되어 있습니다. 연금술에 투자한 돈이 잃어버린 돈과 마찬가지라는 점에는 의심의 여지가 없습니다. 혹시 여러분 중에서 이런 바보 같은 짓을 하고 싶은 사람 있습니까? 그러면 연금술을 공부하십시오. 돈이 있다면 연금술사가 될 수 있습니다. 그런데 그게 배우기 쉬울 것이라고 생각하십니까? 아닙니다. 절대로 그렇지 않습니다. 여러분이 사제건, 탁발수사건, 신부건, 성당 참사회원이건, 혹은 잘난 그 누구건 간에, 밤낮으로 앉아서 이상하고 음침한 이 학문을 아무리 공부해도 헛일에 불과합니다. 하느님은 이것이 헛일이라고 하기에는 심한 결과를 초래한다는 사실을 알고 계십니다.

연금술 작업장
연금술 작업장에서 참사회원 종자는 숨이 찰 때까지 불을 불었다.

그러니 교양 없는 사람에게 연금술을 가르친다는 것은 두말할 나위도 없습니다. 이런 건 불가능한 일이니 말할 필요도 없습니다. 그러나 여러분이 공부를 한 사람이건 아니건 간에 그 결과는 똑같습니다. 제 영혼의 구세주를 걸고 맹세하는데, 여러분이 연금술 공부를 끝냈다 하더라도 여러분은 항상 다시 처음으로 와 있을 겁니다. 결국 아무런 결론에도 도달하지 못한다는 이야기입니다.

아, 한 가지 중요한 것을 잊었습니다. 우리 연금술사들은 항상 엘릭시르elixir라고 불리는 '현자賢者의 돌'●을 찾으려고 안간힘을 씁니다. 그것만 얻었더라도, 우리의 인생은 탄탄대로였을 겁니다.

그렇지만 하늘에 계신 하느님을 두고 맹세컨대, 우리가 온갖 재주를 부려도 일을 끝내고 보면 엘릭시르는 나타나 주지 않았습니다. 우리는 '현자의 돌'만 손에 넣으면 인생이 완전히 바뀔 것이라는 생각으로 가진 돈을 모두 써 버렸습니다. 희망이란 가장 쓰라린 순간에도 영혼에 활력소가 되는 것입니다. 이런 희망이 없었다면 아마 우리는 미치고 말았을 겁니다. 그렇지만 이런 희망은 괴롭고 힘든 결과만을 초래합니

●**현자의 돌** 연금술이 찾는 궁극의 물질로, 이것을 이용해 하찮은 금속을 귀한 금속으로 변환할 수 있다.

다. 저는 여러분에게 이 사실만은 분명히 말해 둡니다.

　연금술은 끝이 없는 연구입니다. 언젠가는 반드시 성공하리라 믿기에, 많은 사람들은 자기 재산을 모두 날려 버리지만 이 학문에서는 아무것도 얻지 못합니다. 연금술이란 치명적인 마법과 같습니다. 밤에 덮을 홑이불 한 채밖에 없거나, 낮에 어깨를 가릴 낡은 겉옷 한 벌밖에 없을지라도, 연금술에 미치면 그것들마저 팔아 버립니다. 사람들은 완전히 빈털터리가 될 때까지 단념하지 않습니다.

　또 그들이 어디를 가든지, 사람들은 그들 몸에서 나는 유황 냄새로 그들이 연금술사라는 것을 쉽게 알아챌 수 있습니다. 마치 염소처럼 악취를 내뿜거든요. 이 악취는 얼마나 지독하고 강렬한지 1마일 밖에서도 냄새가 납니다. 그러니 악취와 다 해진 옷차림새로 연금술사들을 쉽게 알아볼 수 있는 것입니다. 연금술사에게 다가가 왜 누추한 옷차림새로 다니느냐고 물으면, 당신들의 귀에다 대고, 자기들의 신분이 발각되면 연금술사라는 이유로 죽음을 당할 것이기 때문이라고 속삭일 것입니다. 이렇게 그들은 순진한 사람들을 속인답니다.

　자, 이런 이야기는 그만 하고 제 이야기를 시작하겠습니다.

　토기 냄비를 불 위에 얹기 전에, 제 주인은 일정한 양의 금속을 불에 데웁니다. 이제 그 주인이 가고 없으니 마음대로 말하겠습니다. 그는 자기가 이 분야의 전문가라고 말합니다. 그리고 실제로 그가 그런 명성을 누리고 있다는 사실은 저도 잘 압니다. 그러나 그는 항상 실수를 합니다. 어떻게 실수하느냐고요? 흔히 냄비가 뜨거운 불을 견디지 못해 터져 버리는 거죠. 그러면 모든 것이 끝장이고요.

　연금술에서 쓰는 금속은 가연성이 강해서 심하게 튀는 성질이 있습니다. 우리 집 벽이 돌과 석회로 되어 있지 않았다면 아마 견디지 못했을 겁니다. 어떤 것들은 벽을 뚫고 나가기도 하고, 어떤 것들은 땅 속에 박혀 버립니다. 이런 식으로 우리는 쇠붙이 몇 파운드를 잃어버렸습니다. 어떤 것은 바닥으로 흩어졌고, 어떤 것들은 천장으로 튀어 올랐기 때문입니다.

악마가 우리 눈앞에 나타난 적은 한 번도 없지만, 저는 그놈이 분명히 우리와 함께 있으면서 장난을 치고 있다고 생각했습니다. 악마가 주인이며 왕인 지옥에서도 제가 느꼈던 분노와 원한보다 더한 것을 찾아보기는 쉽지 않을 것입니다. 냄비가 터져 산산조각이 되어 공중으로 날아가면 우리는 분노가 치밀어 서로를 탓하기 시작합니다.

한 사람이 화로가 잘못 만들어져서 그렇게 되었다고 말하면, 다른 사람은 불을 잘못 붙여서 그렇다고 핑계를 댑니다. 그럼 저는 깜짝 놀랍니다. 불붙이는 일은 제 담당이거든요. 그러면 세 번째 사람은 재료가 적당한 비율로 섞이지 않아서 그랬다면서 자기 말이 맞다고 우깁니다. 하지만 네 번째 사람은 이렇게 말합니다.

"입 닥치고 내 말을 들어 봐! 불 피우는 데 밤나무를 쓰지 않아서 그런 거야. 그게 사고의 원인이야. 내 말이 틀리면, 날 미친 놈 취급해도 좋아!"

저는 개인적으로 무슨 일 때문에 그랬는지는 알 수 없었습니다. 단지 제가 격렬한 논쟁의 한가운데 있다는 것만 알 뿐이었습니다. 그러면 주인은 이렇게 말합니다.

"이제 다 끝난 일이야. 다음에는 이런 일이 일어나지 않도록 하지. 내가 보기에는 틀림없이 토기 냄비에 금이 가 있었어. 하지만 어쨌든지 어서 바닥이나 쓸고 다시 기운을 내게. 기운을 내란 말이야!"

그러면 우리는 찌꺼기를 쓸어서 한데 모으고, 바닥에 천을 펼친 다음 쓰레기를 바구니에 담아서 여러 번 체로 칩니다. 그러면 누군가가 이렇게 말합니다.

"맙소사! 전부는 아닐지라도 아직도 재료가 약간 남아 있어. 이번에는 실패했지만, 다음에는 잘될 거야. 투자를 해야 돈을 버는 법이지. 말

연금술의 실패
연금술사들은 서로 다른 사람의 잘못을 탓했지만, 중요한 것은 연금술은 매번 실패로 돌아갔다는 사실이다.

이야 바른말이지, 장사하는 사람이라고 항상 돈벌이를 잘하는 것은 아니거든. 가끔씩 물건이 바다 속에 빠지기도 하지만 다음번에는 안전하게 육지에 도달하는 법이지."

그럼 우리 주인은 이렇게 말합니다.

"조용히 해! 다음에는 우리 배가 집에 도착할 수 있는 다른 방법을 찾아보겠어. 다음에도 결과가 좋지 않으면 날 탓해도 좋아. 이번에는 무언가 잘못된 점이 있었어. 이것만은 확실해."

그러자 다른 사람이 불이 너무 뜨거워서 그랬다고 말합니다. 그러나 불이 너무 뜨거웠건 아니건 간에, 저는 매번 우리가 실패하고 말았다고 자신 있게 말할 수 있습니다. 우리는 한 번도 목표를 달성하지 못하고 미친 듯이 헛소리만 떠들어 댔습니다. 우리가 한자리에 모이면, 모두 솔로몬과 같은 현자입니다. 그러나 여러분에게 말했듯이, 반짝인다고 모두 금은 아니며, 맛있게 보이는 사과라고 모두 맛있는 것은 아닙니다. 이건 우리의 경우에도 해당됩니다. 시험을 해 보면, 가장 많이 아는 것 같은 사람이 가장 멍청하고, 가장 정직해 보이는 사람이 도둑이 됩니다. 이 말은 제가 이야기를 끝마치면 분명하게 확인하실 수 있을 것입니다.

2

우리 가운데에는 성당의 정규 참사회원이 한 사람 있었습니다. 그는 니네베, 로마, 알렉산드리아, 트로이에다가 다른 도시 세 군데까지 모두 함께 악에 물들게 할 수 있는 인물이었습니다. 천 년을 산다고 해도 그의 모든 속임수와 농간을 기록할 만한 사람은 어디에서도 찾을 수 없을 것입니다. 온 세상을 둘러보아도 남을 속이는 데 있어서 그를 따를 사람은 없었습니다. 말을 할 때면 복잡한 전문용어를 제멋대로 사용하고 이야기도 아주 교묘하게 잘 꾸며 댔습니다. 그래서 참사회원처럼 지옥에서 나온 악마가 아니면 모두들 2분도 채 안 되어 그의 속임수에 빠지고 말았습니다.

지금까지 속인 사람들 숫자만 해도 수백 명이 되고 앞으로 그가 살아 있는 한 계속해서 수많은 사람들을 속일 것입니다. 그렇지만 그의 진짜 성품을 알지도 못한 채, 그와 친해지기 위해 머나먼 길을 여행하는 사람들도 있습니다. 지금부터 그의 성품이 얼마나 악독한지 이야기를 해 드릴 테니 끝까지 참고 들어 주시기 바랍니다.

이곳에도 존경하는 참사회원님들이 계실 겁니다. 제 이야기가 여러분의 단체를 언급하고 있지만, 이것이 여러분의 모임을 비방하려는 것은 아닙니다. 모든 종교단체에는 악한 사람이 한두 명은 항상 있는 법입니다. 어리석은 한두 사람 때문에 단체 모두가 욕을 얻어먹어서는 안 됩니다. 저는 여러분을 욕할 생각은 추호도 없으며, 단지 잘못된 것만을 비판하려는 것입니다. 이 이야기는 특정 단체에 하는 것이 아니라, 그보다 더 광범위하게 적용될 수 있는 것입니다. 여러분도 잘 알다시피, 예수의 열두 제자 중에서 배신자는 오직 유다뿐이었습니다. 나머지 사람들은 아무런 죄도 없습니다. 그런데 왜 그 제자들이 욕을 얻어먹어야 합니까? 저는 여러분의 경우에도 똑같은 현상이 벌어진다고 말하고 싶습니다. 여러분 중에 유다가 있다면, 그를 내쫓으십시오. 만일 그 유다 때문에 불행을 당하거나 망신을 당할지 몰라 두려워하고 있다면, 제 충고를 따르십시오. 그리고 제발 제 이야기를 듣고 기분 나빠하지 마십시오. 그럼 이런 경우에 관해 언급하는 제 이야기를 주의 깊게 들어 주십시오.

최후의 만찬
참사회원 종자는 유다 하나 때문에 예수의 열두 제자가 모두 욕을 얻어먹을 필요는 없다고 말한다. 최후의 만찬을 나타낸 그림.

오랫동안 런던에 살면서 소성당을 이끌어 가던 신부가 있었습니다. 그는 명랑하게 살면서, 자기가 사는 집의 여주인을 극진히 대했습니다. 그래서 여주인은 하숙비를 한 푼도 받지 않았고, 옷도 거저 빨아 주었으며, 아무리 좋은 옷이라도 돈을 받지 않고 주었습니다. 그는 쓰고 남을 정도로 돈이 많았습니다. 그러나 이것은 그리 중요한 것이 아닙니다.

이제 이 신부를 파멸로 이끈 참사회원에 대한 이야기를 하겠습니다. 어느 날, 못된 참사회원이 그 신부가 사는 방으로 찾아와서 돈을 빌려 달라고 부탁했습니다. 그러면서 한 푼도 빼놓지 않고 모두 돌려주겠다고 약속했습니다. 참사회원은 이렇게 말했습니다.

"사흘간 1마르크만 빌려 주십시오. 그러면 사흘째 되는 날 정확하게 갚겠습니다. 제가 약속을 지키지 않으면, 저를 교수형에 처해도 좋습니다."

신부가 그 자리에서 1마르크를 빌려 주자 참사회원은 거듭 고맙다고 말하면서 떠났습니다. 사흘째 되던 날 그가 돈을 가져와 갚자 신부는 기뻐하며 이렇게 말했습니다.

"무슨 일이 있더라도 제 날짜에 돈을 되돌려 주는 정직한 사람이라면, 금화 한두 냥, 아니 석 냥 이상이라도 빌려 줄 용의가 있습니다. 그런 사람의 청은 절대로 거절하지 않을 작정이지요."

그러자 참사회원이 말했습니다.

"뭐라고요! 그럼 저를 정직한 사람으로 생각하지 않으셨다는 말입니까? 이거야말로 평생 처음 들어 보는 말입니다. 저는 죽어서 무덤에 들어갈 때까지도 약속은 반드시 지킬 겁니다. 사도신경을 믿듯이 제 말을 믿어 주십시오. 저에게 금화나 은화를 빌려 주고 못 받은 사람은 아무도 없습니다. 저는 남을 속이려는 마음을 눈곱만치도 품어 본 적이 없습니다. 신부님이 저를 인자하게 대해 주시면서 친절을 베푸셨으니, 그 호의에 대한 보답으로 저만 아는 비밀을 한 가지 말씀드리겠습니다. 신부님이 원하기만 하신다면, 제가 얼마나 연금술에 정통한지 직접 보여 드리겠습니다. 자, 잘 보세요. 제가 이곳을 나가기 전에 신부님의 눈으로 직접 기적을 보실 수 있을 겁니다."

이 말을 들은 신부가 말했습니다.

"정말입니까? 정말로 기적을 만들 수 있나요? 한번 해 보십시오. 어서 해 보십시오."

"원하신다면 보여 드리겠습니다. 그러지 않으면 하느님께서 노하실 테니까요."

도둑놈 같은 참사회원이 스스로 봉사하겠다니 얼마나 기가 막힌 일입니까! '스스로 하겠다고 나서는 봉사는 뭔가 냄새를 풍긴다.'는 옛날 현인들의 말은 하나도 틀리지 않습니다. 이 참사회원의 경우에 이 말이 얼마나 틀림없는지 알게 될 것입니다. 이 참사회원은 모든 사기의 아버지였으며, 그리스도 교인들을 파멸로 이끌 때 가장 큰 기쁨과 행복을 느끼는 사람이었습니다. 악마 같은 그의 마음속은 온통 사악한 계획으로 가득 차 있었습니다.

신부는 자기가 어떤 사람을 상대하고 있는지 전혀 알지 못했으며, 어떤 불행이 자기를 기다리고 있는지 의심도 하지 않았습니다. 정말 순진한 신부였습니다. 그는 욕심 때문에 눈이 어두워질 찰나에 있었습니다. 신부는 이 여우 같은 인간이 자기를 속이려고 한다는 사실을 전혀 눈치 채지 못했을 뿐 아니라 그의 계략에 말려들면 빠져나올 수 없다는 사실도 몰랐습니다. 이 가련한 신부가 파멸에 이르기 전에, 제 능력이 닿는 대로, 신부가 얼마나 어리석었고 그 참사회원이 얼마나 이중적인 인간이었는지 말하겠습니다.

여러분은 이 참사회원이 제 주인이라고 생각하십니까? 하늘에 계신 성모 마리아를 두고 맹세하는데, 이 참사회원은 제 주인이 아닙니다. 그는 또 다른 참사회원으로 제 주인보다 백 배는 더 교활한 사람이며,

신부에게 사기를 치다
신부는 참사회원의 연금술이 사기라는 사실을 눈치 채지 못한다. 16세기 영국 필사본에 나타난 그림.

수차에 걸쳐 수많은 사람을 속였습니다. 그의 속임수를 생각할 때면 제가 정신이 없어질 정도입니다. 이 자의 사기술을 말할 때마다 제 뺨은 부끄러워서 붉어집니다. 어느 정도나마 달아오르는 것 같다는 말입니다. 여러분도 아시다시피 갖가지 쇠붙이에서 나오는 열기 때문에 제 얼굴에서는 붉은 혈색이 사라진 지 오래이기 때문에 이렇게 말하는 것입니다.

그럼 이 참사회원이 얼마나 못된지 지켜보십시오.

참사회원이 신부에게 말했습니다.

"신부님, 지금 당장 수은이 필요하니까 하인을 보내 가져오도록 하십시오. 1~2온스 정도 필요해요. 수은이 도착하면, 신부님이 지금껏 보지 못한 멋진 것을 보여 드리겠습니다."

"당신 말대로 하지요."

신부는 이렇게 대답한 후 하인을 보내 수은을 가져오라고 시켰습니다. 하인은 신부의 말대로 즉시 밖으로 나가 수은 3온스를 가지고 와서 참사회원에게 건네주었습니다. 참사회원은 조심스럽게 받고서, 하인에게 즉시 작업을 시작할 수 있도록 숯을 조금 가져오라고 말했습니다. 숯은 지체 없이 준비되었습니다. 그러자 참사회원은 가슴에서 도가니 하나를 꺼내 신부에게 보여 주었습니다.

"이 기구가 보이십니까? 신부님이 손으로 이걸 잡고 수은 1온스를 넣으십시오. 그럼 연금술이 시작됩니다. 제가 이런 지식을 가르쳐 준 사람은 거의 없습니다. 이 실험을 잘 지켜보십시오. 속임수 없이 눈앞에서 이 수은을 순은으로 바꾸어 놓겠습니다. 그 은은 당신 지갑이나 제 지갑, 다른 사람의 지갑에 있는 은과 똑같은 것입니다. 만일 그렇지 않으면 저를 사기꾼이라고 불러도 좋습니다. 다시는 정직한 사람들 사이에 얼굴을 내밀지 못하게 하셔도 좋습니다. 여기 아주 비싼 값을 치르고 구입한 가루가 있습니다. 이 가루가 바로 마술의 주인공이자 신부님에게 보여 드릴 제 힘의 근원입니다. 이제 하인을 이 방에서 내보내고 우리가 은밀한 작업을 하는 동안 문을 닫으십시오. 그래야만 연금술 작업을 하는 우리를 아무도 엿보지 못할 테니까요."

신부는 참사회원이 시키는 대로 했습니다. 하인이 밖으로 나가자 신부는 즉시 문을 닫았습니다. 두 사람은 재빠르게 일을 시작했습니다. 못된 참사회원의 요구에 따라 신부는 도가니를 불 위에 올려놓고 열심히 불을 불었습니다. 그동안 참사회원은 신부를 속이기 위해 가루를 도가니 속에 넣었습니다. 나는 그 가루가 무엇인지 잘 모릅니다. 그게 석회 가루인지 유리 가루인지 알 수 없지만, 저주받을 만한 가치도 없는 것이었습니다.

그런 다음 그는 신부에게 도가니에 숯을 빨리 쌓으라고 지시했습니다. 참사회원은 이렇게 말했습니다.

"신부님을 존경한다는 표시로, 지금 제가 해야 하는 모든 것을 신부님 손으로 직접 할 수 있게 해 드리겠습니다."

"정말 고맙습니다."

신부는 아주 기뻐하면서 이렇게 대답하고 참사회원이 시킨 대로 숯을 쌓아 올렸습니다.

신부가 이런 일을 하는 동안, 못된 참사회원은 밤나무로 만든 숯을 하나 집어서 그 안에 조심스럽게 구멍을 파고 그 안에 은줄밥●을 1온스 넣고 은줄밥이 나오지 못하도록 밀랍으로 봉했습니다. 하지만 여기서 알아 두어야 할 것이 있습니다. 이 속임수는 그 자리에서 만든 것이 아니라, 이미 오래전부터 다른 물건과 함께 그가 준비해 가지고 다니

● **줄밥** 줄질(줄로 쇠붙이를 깎거나 쓰는 일)을 할 때 쓸리어 떨어지는 부스러기.

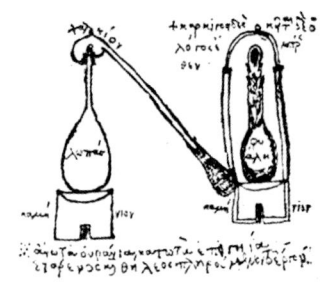
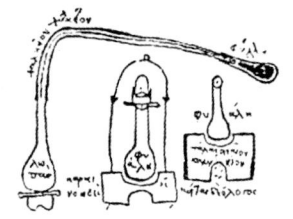

연금술 기구
참사회원은 연금술이 성공했다고 눈속임을 하여 신부에게 사기를 친다. 그림은 그리스 필사본에 나타난 연금술에 사용된 기구.

던 것입니다. 다른 것들이 무엇인지는 나중에 설명해 드리겠습니다. 참사회원은 신부를 속이기 위해 미리 계획을 짠 것입니다. 그리고 사제와 헤어지기 전에 자신의 목표를 관철시키고 말았습니다. 이 참사회원의 이야기를 할 때면 제 정신은 혼미해집니다. 제가 방법만 안다면, 그가 한 모든 거짓말에 대한 죗값을 치르게 할 것입니다. 그러나 그자는 오늘은 동에 번쩍, 내일은 서에 번쩍 나타나는 식으로 한 군데 오래 머무르는 성격이 아닙니다.

여러분, 이제 잘 들어 보십시오. 참사회원은 제가 말한 숯을 집어서 자기 손 안에 감추었습니다. 그동안에도 신부는 숯을 쌓고 있었습니다. 그때 참사회원이 이렇게 말했습니다.

"신부님, 지금 거꾸로 하고 계십니다. 숯을 잘못 쌓고 계세요. 하지만 걱정 마세요. 제가 곧 고쳐 드리겠습니다. 정말 불쌍하군요. 너무 더우신 것 같아요. 땀이 비 오듯이 떨어지네요. 이 수건으로 땀을 닦으세요."

신부가 수건으로 얼굴을 닦는 동안, 빌어먹을 참사회원은 손에 쥐고 있던 숯을 도가니 한가운데에 올려놓았습니다. 그리고 숯이 활활 타오를 때까지 힘껏 불을 불었습니다.

"마실 것 없습니까? 저를 믿으십시오. 이제 잠시 후면 모든 게 끝나게 됩니다. 자리에 앉아서 목이나 축입시다."

밤나무 숯이 타자 은줄밥이 구멍에서 나와 도가니 안으로 떨어졌습니다. 이건 당연한 일이었습니다. 숯에 파 놓은 구멍이 바로 도가니 위쪽에 있었으니까요. 그러나 순진한 신부는 이런 것을 알 리가 없었습니다. 그는 참사회원이 자기를 속일 것이라고는 생각도 못했습니다. 왜냐하면 숯은 모두 똑같고 인위적으로 조작할 수 없다고 생각했기 때문입니다.

마침내 적당한 순간이 오자 연금술사가 말했습니다.

"신부님, 이제 일어나서 제 옆에 서 계세요. 신부님은 주형 같은 것이 없을 테니, 나가서 석고 덩어리 하나만 가져오세요. 그러면 제가 그것을 잘라 주형과 비슷하게 만들겠어요. 그런 다음 물이 가득 든 그릇이나 냄비를 가져오세요. 그럼 우리 작업이 얼마나 성공적으로 끝났는지 보시게 될 겁니다. 신부님이 밖에 계시는 동안 저를 의심할지도 모르니까, 저도 신부님과 함께 나갔다 돌아오겠습니다."

간단하게 이야기를 하겠습니다. 두 사람은 함께 밖으로 나갔다 함께 돌아왔습니다. 하지만 이런 자세한 이야기로 시간을 낭비할 필요는 없을 것 같습니다. 참사회원은 석고를 들어서 주형 모양으로 만들었습니다. 이제 그것이 어떻게 생겼는지 설명해 드릴 테니 잘 들어 주십시오.

교수형에 처해 마땅할 참사회원은 자기 옷소매에서 은판을 한 장 꺼냈습니다. 그것은 1온스 정도밖에 나가지 않았습니다. 이제 그의 저주받을 속임수가 어떤 것인지 잘 지켜보십시오.

그는 주형을 은판과 똑같이 잘랐습니다. 아주 교묘하게 잘랐기 때문에 신부는 전혀 그런 사실을 눈치 채지 못했습니다. 그리고 다시 은판을 소매에 숨겼습니다. 참사회원은 불에서 도가니를 들어내고서, 만족스럽다는 표정으로 그 안에 담긴 것을 주형 속에 부었습니다. 그런 다음 적당한 시간이 흐르자 그것을 물이 가득 담긴 냄비에 넣으면서 신부에게 말했습니다.

"이제 이 안에 무엇이 있나 봅시다. 손을 넣고 찾아보십시오. 그럼 은이 있을 겁니다. 그것 외에는 있을 수가 없습니다. 은 조각도 은입니다, 그렇지 않습니까?"

신부는 손을 넣고 순은으로 된 판을 하나 건져 냈습니다. 그것이 정말로 은이라는 것을 알게 되자 신부의 얼굴에는 기쁨이 넘쳤습니다. 신부는 이렇게 말했습니다.

"아, 축복받으신 하느님과 성모 마리아님! 모든 성인의 은총이 당신에게 내리길 빌겠습니다. 제발 이 멋진 기술과 지식을 가르쳐 주십시오. 그럼 평생 동안 스승으로 모시지요. 만일 내가 이 말을 지키지 않으면 저주를 받아도 좋습니다."

그러자 참사회원이 대답했습니다.

"아무래도 상관없습니다. 신부님이 잘 눈여겨보시고 전문가가 될 수 있도록 다시 한번 실험을 해 드리겠습니다. 그러면 필요한 경우에 제가 없어도 이 오묘한 지식을 사용하실 수 있을 겁니다. 제가 수은으로 지금의 은을 만들었듯이, 수은 1온스를 집으시고 똑같이 되풀이하십시오."

신부는 작업을 시작해서 못된 참사회원이 시키는 대로 최선을 다했습니다. 그는 마음속으로 원하는 것을 얻을 수 있다는 희망으로 열심히 숯에 불을 피우고 불어 댔습니다. 그러는 동안 참사회원은 다시 한번 신부를 속일 준비를 했습니다. 그는 장님처럼 지팡이를 가지고 다녔는데 지팡이 끝에는 밤나무 숯 속에 넣었던 것과 똑같은 은줄밥이 1온스 들어 있었습니다. 참사회원은 줄밥이 새어 나오지 못하도록 밀랍으로 단단히 봉했습니다.

신부가 부지런히 일하는 동안 참사회원은 지팡이를 들고 가까이 다가와서 이전처럼 가루를 뿌렸습니다. 그는 도가니 위에 있던 숯을 지팡이로 휘저었습니다. 그것 역시 속임수였습니다. 그러자 밀랍이 녹았고, 그 안에 있던 은줄밥이 도가니 안으로 떨어진 것입니다. 이건 바보가 아니라면 모두 알 수 있는 일입니다.

여러분, 이보다 완벽하게 속일 수는 없었습니다. 아무것도 의심하지 않은 신부는 자기가 다시 속은 줄도 모르고 얼굴에 기쁜 표정을 감추지 못했습니다. 그가 얼마나 좋아하고 행복해했는지 이루 표현할 수가 없을 정도였습니다. 신부는 다시 한번 참사회원에게 진심으로 감사를 드렸습니다. 그러자 참사회원이 말했습니다.

"저는 가난한 몸이지만, 신부님도 보았듯이 한두 가지 분야는 아주 잘 알고 있습니다. 하지만 아직 보여 드릴 것이 더 있습니다. 혹시 구리가 있습니까?"

신부가 말했습니다.

"아마 있을 겁니다."

"없다면 지체 없이 사 오십시오. 자, 시간 낭비하지 말고 어서 서두르십시오."

신부는 급히 달려 나가서 구리를 가지고 돌아왔습니다.

참사회원은 구리를 손으로 받아 들고 무게를 재더니 1온스를 떼어 도가니에 넣고 즉시 불 위에 올려놓았습니다. 그리고 전처럼 신부에게 불을 불라고 시켰고, 신부는 그 일을 하기 위해 몸을 구부려야 했습니다. 참사회원은 또 가루도 뿌렸습니다. 그렇지만 이런 것은 모두 속임수에 지나지 않았습니다. 이 신부는 참사회원에게 완전히 조롱당한 희생자였습니다. 그런 다음 녹은 구리를 주형 안에 부었고, 마침내 물이 담긴 냄비 안에 집어넣었습니다. 그러고 나서 손을 넣고 더듬거렸습니다. 이미 말했듯이 그는 옷소매 안에 은판 하나를 숨겨 두고 있었습니다. 그는 은판을 냄비 안에 떨어뜨렸습니다. 그렇지만 신부는 참사회원의 속임수를 전혀 눈치 채지 못했습니다. 참사회원은 물을 휘젓더니 노련하고 잽싸게 손가락으로 구리판을 집어 감추었습니다. 사제는 여전히 아무것도 몰랐습니다.

그 다음에 참사회원은 신부의 어깨에 손을 올려놓고 비아냥거리듯이 말했습니다.

"신부님, 그렇게 서 있지만 마시고 조금 전에 제가 신부님을 도와드렸듯이, 허리를 구부리셔서 저를 도와주십시오. 손을 도가니 안으로 집어넣으세요. 그러면 무엇이 있는지 알게 될 겁니다."

신부는 즉시 물속에서 은판을 꺼냈습니다. 그러자 참사회원이 말했습니다.

"우리가 방금 전에 만든 은판 세 개를 금세공사에게 가져가서서 정말 은인지 확인해 보십시오. 맹세컨대, 그건 순은純銀입니다. 그렇지 않다면 제 참사회원 자격을 박탈하셔도 좋습니다. 그렇지만 곧 그것이 순은이라는 사실을 아시게 될 겁니다."

그들은 은판을 금세공사에게 가져갔고, 세공사는 불과 망치를 가지고 시험해 보았습니다. 아무도 그것이 진짜 은임을 부정할 수는 없었습니다. 이런 사실을 확인하자 얼빠진 신부는 누구보다도 기뻐했습니다. 날이 밝는 것을 보며 노래하는 새도 그보다 더 즐거울 수는 없었고, 여름철에 노래 부르는 꾀꼬리도 신부보다 더 기분 좋게 노래하지는 못했을 겁니다. 또 남녀의 사랑에 관해 말하면서 춤을 추고자 하는 귀부인이나, 무훈을 세워 귀부인의 사랑을 정복하려고 안달하는 기사도, 엉터리 연금술을 배우고 싶어하는 이 신부보다 더 초조하지는 않았을 겁니다. 신부는 참사회원에게 말했습니다.

"우리 모두를 위해 돌아가신 주님의 사랑을 걸고 말합니다. 만일 내가 당신에게 그런 기술을 전수받고자 한다면, 얼마를 주면 되겠습니까?"

그러자 참사회원이 대답했습니다.

"동정녀 마리아님을 두고 말하는데, 그건 굉장히 비쌉니다. 저와 신부님을 제외하곤 이 방법을 아는 사람이 영국에서 아무도 없습니다."

"상관없습니다. 자, 얼마인지 말해 보십시오. 부탁이니, 어서 말해 주십시오"

"정말로 비쌉니다. 딱 잘라서 말씀드리겠는데, 신부님이 원하신다면 40파운드를 내십시오. 방금 전에 저를 다정하게 맞이해 주지 않으셨다면 아마 더 내셔야 했을 겁니다."

신부는 즉시 금화로 40파운드를 가져와서, 은 만드는 방법을 가르처 주는 대가로 참사회원에게 건네주었습니다. 그러나 그가 한 짓은 모두 사기였고 속임수였습니다.

돈을 받자 참사회원이 말했습니다.

"신부님, 저는 제 재주를 만천하에 자랑하고 싶은 생각이 없습니다. 저는 이런 재주를 숨기고 싶습니다. 그러니 신부님께서 저를 생각하신다면 이런 사실을 비밀로 간직해 주십시오. 사람들이 제 능력을 알게 되면, 제 연금술을 시기한 나머지 저를 죽일 수도 있습니다."

그러자 신부가 말했습니다.

"그럴 리가 있겠습니까! 하지만 걱정 마십시오. 내가 미쳐서 내 재산을 모두 팔아 버리지 않는 한 절대로 그런 문제는 없을 겁니다."

"신부님, 깊은 배려에 감사드립니다. 그럼 안녕히 계십시오."

참사회원은 이렇게 말한 후 신부의 숙소를 떠났습니다.

그날 이후 두 번 다시 그 참사회원을 볼 수 없었답니다. 시간적인 여유가 생기자 신부는 참사회원이 가르쳐 준 방법을 시도해 보았습니다. 하지만 놀랍게도 아무런 소용이 없었습니다. 신부는 불쌍하게도 이렇게 속아 넘어간 것이었습니다.

이런 식으로 참사회원은 사람들을 속여 결국 빈털터리로 만든 것입니다.

여러분, 지위고하를 막론하고 사람들은 금을 가지려고 서로 싸웁니다. 그래서 이제는 금이 거의 남아 있지 않습니다. 값싼 쇠붙이를 금으로 만든다는 연금술에 속는 사람이 아주 많다는 것이 바로 금이 귀하다는 것을 보여 주는 증거입니다. 연금술사들은 애매한 용어로 자기들의 학문을 설명하기 때문에 아무도 그것을 이해할 수 없습니다. 요즘 사람들이 많이 배웠다고는 하지만, 연금술을 이해할 수 있는 사람은 없습니다. 그러니 연금술사들이 앵무새처럼 떠들어 대고 모든 정성을 다해 그들의 용어를 열심히 다듬는다고 해도, 절대로 그들의 목표를

연금술 기호

신부는 참사회원에게 돈을 받고 사사한 연금술을 시도해 보지만, 아무 소용없는 일이었다. 17세기 책자에서 발견된 연금술에 사용된 기호.

이룰 수 없다는 사실을 마음에 새기십시오. 우리가 가진 재산을 무無로 변환시키는 방법을 배우기란 너무나도 쉬운 일이라는 것을 명심하십시오.

불에 손가락을 덴 사람은 불에서 멀어져야 한다는 것을 배웁니다. 그러니 만일 여러분이 연금술에 빠져 있다면, 제 충고를 따르십시오. 전 재산을 잃어버리기 전에 하루빨리 손을 떼십시오. 늦었다고 포기하는 것보다 늦더라도 하는 것이 낫습니다. 여러분은 절대로 현자의 돌을 찾을 수 없습니다. 연금술사들은, 위험을 전혀 생각하지 않고 마구 앞으로만 나아가는 눈먼 말[馬]처럼 무모한 사람들입니다. 그런 말은 길 가로 비켜나야 하는 상황에서 길 한복판으로 달리다가 바위에 부딪혀 위험에 처하게 됩니다. 연금술사들도 이와 똑같습니다. 앞을 제대로 바라볼 수 없다면, 적어도 정신이나마 혼미해지지 않도록 노력해야 합니다. 그러나 눈을 똑바로 뜬다고 해도 연금술로는 아무것도 얻지 못할 것입니다. 그자들은 남에게 돈을 빌리거나 훔친 모든 것을 탕진할 뿐입니다. 연금술에 발을 들여놓은 사람들이여, 불이 너무 빨리 타지 않도록 당신들의 열기를 잠재우십시오. 그러니까 이 말은 연금술에서 손을 떼라는 말입니다. 만일 그렇게 하지 않으면 당신들의 재산은 이내 사라지고 말 것입니다. 이 문제에 대해 진정한 연금술사들이 한 말을 소개하겠습니다.

빌라노바의 아놀드●는 《철학의 장미밭》이란 책에서 이렇게 말합니다. '형제의 도움이 없다면 절대로 수은을 변형하거나 응축할 수 없다.' 그러나 처음으로 이런 것을 분명하게 경고한 사람은 연금술의 아버지라고 일컬어지는 헤르메스 트리메기스투스입니다. 그는 이렇게 말했습니다. '용은 그의 형제가 함께 죽지 않는 한 절대로 죽지 않는다.' 여기에서 용은 수은을 가리키고, 형제는 유황을 뜻합니다. 수은은 금을 상징하는 태양에서 유래되고, 유황은 은을 상징하는 달에서 나오

●빌라노바의 아놀드 프랑스 연금술사.

는 것입니다. 그는 이렇게 덧붙입니다. '따라서 그들의 지침을 눈여겨 보라. 연금술사들이 사용하는 용어와 그들이 추구하는 목표를 이해하지 못하는 사람은 절대로 이 학문에 손을 대지 마라. 만일 손댄다면 그는 바보임이 분명하다. 이 학문과 기술은, 사실 신비 중에서도 가장 신비로운 것이기 때문이다.'

언젠가 플라톤의 제자가 스승에게 질문을 했는데, 그 대화는 그의 제자의 책 《화학 도표》에 기록되어 있습니다.

"스승님, '현자의 돌'의 이름이 무엇인지 말해 주십시오."

그러자 플라톤이 대답했습니다.

"그건 사람들이 티타늄●이라고 부르는 것이다."

"그게 무엇입니까?"

"그건 마그네시아●와 같은 것이다."

"그렇습니까? 그런데 마그네시아는 무엇입니까?"

"그건 네 개의 원소로 구성된 액체이다."

"스승님, 그 액체의 원리가 무엇인지부터 가르쳐 주십시오."

"그건 안 된다. 모든 연금술사는 절대로 그것을 아무에게도 밝히지 않기로 또한 책으로 쓰지도 않기로 맹세했다. 너무도 사랑스럽고 소중한 그리스도께서 그것이 밝혀지길 원치 않으신다. 단지 하느님께서 인간에게 영감을 주고자 할 때에만 밝힐 수 있을 뿐이다. 그것 이외에는 모두 금하신다. 그것은 그분이 그렇게 원하시기 때문이다. 내가 할 말은 이것뿐이다."

제 이야기는 이렇게 끝납니다. 하늘에 계신 하느님께서는 연금술사들이 어떻게 현자의 돌을 발견할 수 있는지 설명하기를 바라지 않으십니다. 그래서 제가 보기에 가장 좋은 방법은 아예 그걸 찾을 생각을 하지 않는 것입니다. 하느님의 적이 되고, 하느님의 뜻을 거스르는 사람은 절대로 성공할 수 없습니다. 죽을 때까지 연금술을 배운다고 하더

● **티타늄** 은백색의 단단한 금속 원소. 가열하면 강한 빛을 내면서 타며, 거의 모든 비금속 원소와 화합함.

● **마그네시아** 산화마그네슘. 마그네슘을 공기 중에서 연소시키든가 탄산염·수산화물을 가열하여 만드는 백색 분말.

라도 절대로 그 돌을 발견할 수는 없을 것입니다.

    이제 제 이야기는 끝났습니다. 하느님께서 착한 사람들에게 고통을 치료할 수 있는 방법을 내려 주시길 빌 뿐입니다.

    성당 참사회원 종자의 이야기는 여기에서 끝난다.

식료품 조달인의 이야기

까마귀는 왜 검은색이 되었을까?

식료품 조달인의 서문

식료품 조달인
엘즈미어 필사본에 나타난 식료품 조달인.

여러분은 밥 업 앤드 다운이라는 조그만 마을이 어디에 있는지 아는가? 그곳은 캔터베리로 가는 길목에 있는 블린 숲에서 굽어보이는 곳에 있다. 바로 그곳에 다다랐을 때 우리 사회자는 비아냥대기 시작했다.

"여러분, 도빈이 진흙에 빠졌소. 그를 꺼내줄 사람 없소? 공짜건 돈을 받건 상관없으니, 누가 뒤에 처진 저 친구를 깨워 줄 사람 없소? 도둑놈이 습격해서 꽁꽁 묶어 놓아도 모를 것 같군. 코 고는 모습 좀 보시오! 저러다간 곧 말에서 떨어질 것 같소! 그런데 저 친구가 빌어먹을 런던의 요리사란 말이오? 이제 벌을 주어 잠에서 깨어나게 해야겠소. 여러분은 그 벌이 무엇인지 잘 알고 있을 거요. 정말 재미없고 시시한 이야기라도 좋으니, 이야기를 하도록 시켜야겠소. 요리사 양반, 잠 깨시오! 도대체 무슨 일이 있었기에 아침 내내 잠을 자는 것이오? 어젯밤 내내 벼룩을 잡다가 밤을 샜소? 아니면 밤새 술을 마셨소? 그것도 아니면 계집애 위에 올라타고 고개를 들지 못할 정도로 땀을 뻘뻘 흘리며 온 밤을 지낸 거요?"

완전히 핼쑥해지고 창백한 얼굴로 요리사는 대답했다.

"너무 졸려서 죽겠소. 나도 왜 그런지 모르겠소. 치프사이드에서 가장 좋은 술을 먹으니 차라리 한잠 자고 싶은 심정이오."

이때 식료품 조달인이 나서서 말했다.

"요리사를 도와줄 겸, 내가 대신 이야기를 하겠습니다. 물론 말을 타고 가는 여러분이 내 의견에 반대를 하지 않고, 사회자 양반이 동의해 준다면 말입니다. 요리사 양반, 정말이지 당신 얼굴은 너무나 창백하고, 눈은 초점을 잃고 방황하고 있으며, 입은 역겨운 냄새를 풍기고 있소. 이건 당신 건강이 정상이 아니라는 신호요. 난 당신에 대해 좋게 말할 생각은 전혀 없소. 여러분, 이 주정뱅이가 얼마나 크게 하품을 하는지 보십시오. 마치 이 자리에서 우리를 모두 삼켜 먹을 것처럼 입을 벌리지 않습니까?

요리사 양반, 제발 입 좀 열지 마시오. 지옥의 악마가 그 안에 발이라도 집어넣었으면 좋겠소. 당신의 끔찍한 입 냄새 때문에 우리 모두가 죽을 것 같소. 이 더러운 돼지 같은 양반아, 제발 창피한 줄 아시오. 여러분, 이 멋있는 친구를 보십시오. 당신은 나와 마상시합이라도 한 번 벌여 볼 생각이시오? 아니면 모래주머니 피하기로 시합을 하고 싶으신가? 당신은 시합할 준비가 완벽하게 되어 있는 것 같구려. 당신은 부지런히 술을 마셨는데, 보통 그렇게 마신다는 것은 시합 준비가 끝났다는 소리가 아니오?"

이런 말을 듣자 요리사는 화가 머리끝까지 치밀어 말도 제대로 안 나올 지경이라 식료품 조달인을 향해 머리를 마구 흔들어 댔다. 그러자 그의 말은 요리사를 땅으로 내팽개쳤고, 그는 사람들이 들어 올려 줄 때까지 그 자리에 쓰러져 있었다. 술 취한 요리사의 말 타는 솜씨란 말할 필요도 없었다. 국자를 들고 있어야 마땅한데 본분에 맞지 않게 술에 취해 말을 타고 있으니, 정말이지 그의 모습은 보기에도 가련했다. 우리는 갖은 고생을 다하고 여러 번 엎치락뒤치락한 끝에 간신히 그를 말안장에 다시 앉힐 수 있었다. 창백한 얼굴의 가련한 도깨비를 다룬다는 것은 쉽지 않았다.

그때 사회자가 조달인을 보며 말했다.

"이 사람은 지금 술에 취해 완전히 녹초가 되어 있어서 이야기도 제대로 못할 것 같소. 이자가 마신 것이 포도주인지, 신선한 맥주인지 아니면 오래된 맥주인지는 알 도리가 없지만 감기에 걸린 듯이 코맹맹이 소리를 내고 있었소. 그러니 이자가 말에서 떨어지지 않고, 그 말이 진흙탕에 빠지지 않은 것만 해도 대단한 일이 아니겠소. 만일 다시 말에서 떨어진다면, 저 무겁고 술 취한 뼈다귀를 들어 올리는 게 보통 일이 아닐 것 같소. 조달인 양반, 그러니 당신이 이야기를 시작하시오. 저 요리사는 그냥 내버려 둡시다. 하지만 당신이 저 친구를 보고 술에 취했다고 공개적으로 망신을 준 것은 어리석은 일이었다고 생각하오. 다음에 저 친구가 함정을 파서 당신에게 복수를 할지도 모르니 말이오. 그러니까 당신의 거래 장부를 보고 한두 가지 트집을 잡을 수 있다는 말이오. 그리고 만일 그게 사실로 판명이 나면 당신에게 하나도 이로울 것이 없을 것이오."

그러자 조달인은 동의하면서 이렇게 말했다.

"그렇게 된다면 큰일이지요. 그런 식으로 요리사가 나를 골탕 먹이기는 쉬운 일입니다. 난 그와 싸우느니 그가 탄 말 값을 내주는 편이 나을 거라고 생각한답니다. 그러니 최선을 다해 그의 노여움을 사지 않도록 노력하겠습니다. 사실 조금 전에 말한 것은 모두 농으로 한 것이

요리사
엘즈미어 필사본에 나타난 요리사.

지요. 그런데 어떻게 노여움을 사지 않는지 아십니까? 여기 호리병박에 포도주가 가득 있습니다. 아주 맛있는 술이지요. 이제 잠시 후에 아주 보기 드문 장난을 쳐 보겠습니다. 요리사가 이 술을 조금 마시게 만들겠습니다. 틀림없이 싫다고는 하지 않을 겁니다. 내 목숨을 걸고 장담할 수 있어요."

정말로 요리사는 호리병박에 든 포도주를 선뜻 받아 단숨에 마셔 버렸다. 마신 양도 생각 이상이었다. 그는 이미 마실 대로 마신 상태였는데, 그렇게 많이 마실 필요가 있었을까? 요리사는 호리병박으로 나팔을 불고 나서 조달인에게 돌려주었다. 그는 포도주를 마시자 행복한 표정을 지으면서, 조달인에게 거듭해서 고맙다고 말했다.

그러자 우리 사회자는 웃음을 터뜨리면서 말했다.

"우리가 어디를 가든지 맛있는 술을 가지고 다녀야 한다는 것을 분명히 알겠소. 술은 불평과 원한을 사랑과 조화로 바꾸고, 분노를 잠재우니 말이오. 그건 그렇고, 이제 이 문제에 대해서는 말하지 않겠소. 자, 조달인 양반, 어서 이야기를 시작하시오."

그러자 조달인이 말했다.

"좋습니다. 그럼, 내 이야기를 들어 보십시오."

식료품 조달인의 이야기

옛날 책을 읽어 보면, 태양신 포이보스가 이 지상에 살았을 때, 그는 이 세상에서 가장 혈기왕성할 뿐만 아니라 가장 활을 잘 쏘는 청년 기사였습니다. 어느 날 그는 거대한 뱀 피톤이 햇볕을 쬐며 잠을 자는 틈을 이용해 그 뱀을 죽였습니다. 포이보스가 활로 훌륭한 업적을 얼마나 많이 세웠는지 여러분은 역사책을 읽으면 알 수 있을 것입니다. 그는 악기란 악기는 모두 연주할 줄 알았고, 노래를 부를 때면 그 깨끗한 목소리 자체가 음악이었습니다. 아름다운 노랫소리로 테베의 성을 쌓았다는 암피온 왕도 포이보스의 노래 실력에 비하면 아무것도 아니었습니다. 또한 그는 지상에서 가장 잘생긴 미남이었습니다.

그런데 그의 특징을 일일이 묘사할 필요가 있겠습니까? 단지 행동과 외모에서 포이보스보다 더 근사한 사람은 없었다고 말하면 될 것입니다. 또 그는 고귀한 혈통을 이어받았고, 모든 사람의 존경을 받는 영예를 누렸으며, 모든 면에서 완벽할 정도로 뛰어났습니다. 너그러운 마음씨를 지녔으며 청년 기사들의 전형이던 포이보스는 항상 손에 활을 들고 다녔습니다. 피톤을 죽였다는 승리의 상징으로서뿐만 아니라, 운동 삼아 활을 들고 다닌 것입니다. 적어도 역사책에는 그렇게 적혀 있습니다.

암피온
그리스 신화에 나오는 제우스와 안티오페의 아들. 테베의 성벽을 쌓을 때 쌍둥이 형제 제토스는 돌을 등에 짊어지고 날랐지만, 암피온은 리라를 연주하자 그 신묘한 음율에 돌이 저절로 움직여 성벽이 완성되었다고 한다.

그런데 포이보스는 집 안의 새장에 까마귀 한 마리를 길렀습니다. 그리고 앵무새를 가르치듯이, 오래전부터 까마귀를 교육시키며 말하는 법을 가르쳤습니다. 이 까마귀는 눈처럼 하얀 백조와 같았고, 누구의 말이든지 그대로 흉내 낼 수 있었습니다. 또 이 까마귀처럼 명랑하게 노래를 잘하는 새는 없었습니다. 나이팅게일의 노래 실력도 이 까마귀에 비하면 십만 분의 일도 되지 못했습니다.

포이보스에게는 자기 목숨보다 더 사랑하는 아내가 있었습니다. 그는 밤낮으로 아내를 즐겁게 해 주고 받들었지만 한 가지 문제가 있었습니다. 사실대로 말하자면, 그는 질투가 심해서 한시도 아내에 대한 감시의 눈초리를 게을리 하지 않았던 것입니다. 이런 경우에 항상 그렇듯이, 남편은 다른 남자가 자기 아내를 갖고 노는 장면을 보면 분노를 금치 못합니다. 그런데 감시를 한다고 무슨 소용이 있습니까? 그런

포이보스
포이보스는 활을 기가 막히게 쏘는 청년 기사였다. 사진은 루브르 박물관에 있는 포이보스의 동상.

것은 결국 헛일이 되고 맙니다. 말과 행동에서 순수하고 착한 아내를 절대로 감시해서는 안 됩니다. 그런 것은 창녀 같은 아내를 감시하는 것처럼 쓸데없는 일입니다. 나는 아내를 감시하며 시간을 낭비하는 것이야말로 어리석은 짓이라고 생각합니다.

그렇지만 이런 이야기는 그만두고 내 이야기로 돌아가겠습니다. 뛰어난 포이보스는 아내를 행복하게 해 주기 위해 모든 노력을 다했습니다. 그는 자기가 상냥하고 남성다운 태도를 지녔다고 생각하면서, 그 누구도 자기에게서 아내의 사랑을 빼앗을 수는 없을 것이라고 확신했습니다. 그렇지만 그 누구도 손에 넣을 수 없는 것이 한 가지 있습니다. 그것은 바로 자연이 이 세상의 모든 동식물 속에 심어 놓은 본능을 변화시킬 수는 없다는 사실입니다.

가령 새를 잡아 새장에 넣어 보십시오. 그리고 최선을 다해 청결하게 유지하고, 정성을 다해 기르면서 가장 맛있는 먹이와 물을 주어 보십시오. 황금으로 만든 새장에서 아무리 행복하게 해 준다 하더라도, 새는 새장에 갇혀 있는 것보다는 춥고 거친 숲으로 날아가 벌레나 그와 유사한 것들을 잡아먹으면서 살기를 원할 것입니다. 새는 언제나 자유를 갈망하게 마련입니다.

이번에는 고양이를 예로 들어 보겠습니다. 우유와 연한 고기를 먹이고 비단처럼 부드러운 잠자리에서 재워 보십시오. 아무리 그렇게 해도 고양이는 벽을 따라 지나가는 쥐를 보면, 우유와 고기를 비롯하여 집안의 모든 호화로운 삶을 버리고 쥐를 잡으러 달려갑니다. 쥐를 잡아먹으려는 욕구는 그토록 강한 것입니다. 여러분도 알다시피, 본능은 모든 것을 이기고, 욕망이 생기면 이성이 사라지는 법입니다. 암늑대도 천한 본성을 지니고 있기는 마찬가지입니다. 그래서 발정기가 되면 가장 사납고 평판이 나쁜 숫놈을 선택합니다.

그러나 이런 모든 예는 남자들이 부정不貞하다는 것을 보여 주는 것이지, 절대로 여자들이 그렇다는 것은 아닙니다. 사실 남자들은 아내가 아무리 예쁘고 상냥하고 충실하더라도, 아내보다 못한 여자들과 즐기려는 음탕한 욕망을 가지고 있습니다. 우리의 빌어먹을 육체는 새로운 것을 너무나 탐냅니다. 그래서 아무리 덕스러운 것이라고 해도 그것을 오랫동안 즐기지는 못합니다.

알렉산드로스 대왕
마케도니아의 왕(BC 336~BC 323). 그리스, 페르시아, 인도에 이르는 대제국을 건설하여, 헬레니즘 문화를 이룩하였다.

포이보스는 훌륭한 점이 많았지만, 자기보다 나은 남자는 아무도 없으며, 따라서 그 누구도 자신에게서 아내의 사랑을 빼앗을 수 없으리라는 그의 생각은 실수였습니다. 그녀가 다른 남자를 끌어들였던 것입니다. 그는 포이보스와 비교도 안 되는 형편없는 남자였으니 더욱 기가 막힐 노릇이었습니다. 하지만 이런 일은 종종 일어나고, 결국 많은 슬픔과 문제를 안겨 줍니다. 포이보스가 집을 비우자마자 그의 아내는 사람을 보내 기둥서방을 찾았습니다. 기둥서방이라고 했나요? 이 말은 너무 천한 것 같습니다. 용서해 주시기 바랍니다.

똑똑한 플라톤의 책을 읽어 보면 알 수 있듯이, 말과 행동은 반드시 일치해야 합니다. 더 적절하게 설명하자면 말과 행동은 함께 이루어져야 한다는 것입니다. 그러니 내가 천한 말을 했다는 것은 천한 사람이라는 것을 뜻합니다. 육체가 부정한 고관대작의 귀부인과 천한 여자는 똑같이 천한 행동을 한다는 의미에서 아무런 차이도 없습니다. 그렇지만 귀부인은 신분이 높다는 이유로 '애인'이라 불립니다. 반면에 천한 여자는 가난하다는 이유로 '정부情婦'라고 불립니다. 그러나 귀부인과 하는 수작이나 갈보와 하는 짓이나, 눕혀 놓고 하기는 매한가지입니다.

이와 유사한 이치로, 약탈을 일삼는 폭군과 좀도둑 사이에도 전혀 차이가 없다고 말할 수 있습니다. 어떤 사람이 이 차이를 알렉산드로스 대왕에게 이렇게 설명했습니다. 폭군은 군대를 거느리고 있으므로 사람들을 대량으로 학살할 수 있으며, 가옥에 불을 질러 모든 것을 불태워 버리라고 명령할 수 있는 최고의 권력을 갖고 있습니다. 그래서 사람들은 폭군을 '장군'이라고 부릅니다. 반면에 좀도둑은 그를 따르는 사람들이 거의 없고 큰 해를 끼칠 수 없으며, 온 나라를 폐허로 만들 힘이 없습니다. 그래서 그를 '좀도둑' 혹은 '날치기'라고 부르는 것입니다. 나는 책을 통해 배운 것이 없는 사람이라 수많은 학자들의 말을 인용할 능력은 없습니다. 그러니 하려던 이야기나 계속하겠습니다.

포이보스의 아내는 자기 애인을 불러왔고, 두 사람은 즉시 덧없는 육체의 욕망을 채우기 시작했습니다. 새장에 있던 흰 까마귀는 그들이 사랑을 나누는 장면을 모두 지켜보았지만 아무 말도 하지 않았습니다. 하지만 주인이 집으로 돌아오자 까마귀는 이렇게 노래했습니다.

"바보! 바보!"

그러자 포이보스가 말했습니다.

"도대체 무슨 노래를 하는 거야? 이게 무슨 노래야? 너는 항상 멋지게 노래를 불렀고, 네 명랑한 노랫소리를 들으면 내 마음도 즐거워졌어. 그런데 지금 그건 무슨 노래지? 말해 봐."

까마귀가 대답했습니다.

"내 노래는 하나도 틀린 게 없어요. 당신은 멋있고 용감하며, 예의 바르고 노래도 잘하며, 악기도 훌륭하게 연주하고 빈틈없이 아내를 감시했지만, 당신과 비교할 수도 없는 형편없는 남자가 당신 아내와 붙어서 놀았어요. 그가 당신의 아내와 당신 침대에서 수작하는 것을 이 두 눈으로 똑똑히 보았어요."

내가 더 말할 필요는 없을 것 같습니다. 까마귀는 전혀 으스대지 않은 채 부인할 수 없는 증거를 보여 주면서, 그의 아내가 음탕한 욕망을 참지 못해 결국 포이보스에게 치욕과 불명예를 안겨 주었다는 이야기를 들려주었습니다. 그리고 그런 부정한 행위를 자기 눈으로 분명히 보았다고 여러 차례에 걸쳐 말했습니다. 이 말을 듣자마자 포이보스는 아내에게 발길을 돌렸습니다. 그의 마음은 찢어질 것만 같았습니다. 결국 그는 분노를 참지 못해 아내를 활로 쏘아 죽여 버렸습니다. 이렇게 그의 아내는 생을 마감했습니다.

이제 무슨 말을 덧붙일까요? 포이보스는 슬픔을 견디지 못해 악기를 모두 부숴 버렸습니다. 하프, 류트, 기타와 같은 현악기를 모두 부수고 자기의 활과 화살을 꺾어 버린 다음, 새에게 말했습니다.

"배신자! 전갈처럼 흉악한 네 혀 때문에 나는 파멸하고 말았어. 아, 사랑하는 아내여! 당신은 내 기쁨의 보석이었고, 정숙하고 변함없이 충실했소. 그런데 이제 당신의 얼굴은 핏기를 잃었고 당신은 죽어서 누워 있소. 당신은 아무 죄도 없었소. 정말이오! 경솔한 이 손이 당신에게 끔찍한 일을 저질렀소. 아, 이 혼란스런 머리와 무분별한 분노 때문에 아무런 생각도 못한 채 죄 없는 당신을 죽이고 말았소. 나는 불신과 의심으로 가득 차 있었소. 이제 당신의 지혜는 어디로 갔소? 당신의 기지는 어디에 있소? 사람들이여, 성급하게 행동하지 마라! 확실한 증거 없이는 아무것도 믿지 마라! 손을 들기 전에 무슨 일을 하고 있는지 먼저 생각하라! 시기와 분노를 터뜨리기 전에 맑은 정신으로 차분히 생각하라! 무분별한 분노 때문에 죽어서 먼지가 된 사람이 수천 명에 이르지 않는가! 아, 난 이 슬픔을 못 이겨 죽어 버릴 것만 같구나."

이렇게 넋두리를 마치고 그는 까마귀에게 말했습니다.

"이 배신자! 이 도둑놈! 네 거짓말에 대한 응분의 보답을 해 주겠다. 너는 지금까지 나이팅게일처럼 노래했지만 이제는 거짓말만 일삼는 도둑이 되었으니 노래를 부르지 못할 것이며, 흰 털도 갖지 못할 것이고, 목숨이 붙어 있는 동안 한 마디도 못하게 될 것이다. 이것이 내가 배신자에게 내리는 벌이다. 너와 너의 자손들은 영원히 까만색이 될 것이고, 절대로 부드러운 노래를 부르지 못할 것이다. 그리고 네 잘못으로 내 아내가 죽었다는 신호로, 폭풍과 폭우가 내리기 전에 까악거리고 울게 될 것이다."

　포이보스는 즉시 까마귀를 덮쳐 흰 털을 모두 뽑아 버렸습니다. 그러자 흰 까마귀는 까만색이 되었고, 말하고 노래하는 능력을 상실했습니다. 그리고 그는 악마가 가져갈 수 있도록 까마귀를 문 앞에 내놓았습니다. 이런 이유로 오늘날 모든 까마귀는 까만 것입니다.

　여러분, 여러분에게 부탁하는데, 이 비유를 잘 새겨들으시고 내가 말하는 것을 귀담아들으십시오. 여러분의 목숨이 붙어 있는 동안은 그 누구에게도 외간 남자가 그의 아내에게 사랑의 기쁨을 주었다는 이야기를 하지 마십시오. 만일 그렇게 하면, 그 사람은 당신을 죽도록 증오할 것입니다.

　공부를 많이 한 학자들의 이야기를 들어 보면, 위대한 솔로몬 왕은 우리에게 혀를 조심하라고 가르쳤습니다. 그러나 앞서 말한 바와 같이, 나는 책에서 교훈을 배운 사람은 아닙니다. 단지 귀동냥으로 알 뿐입니다. 우리 어머니는 저에게 이렇게 가르치셨습니다.

　"얘야, 까마귀의 교훈을 기억해라. 항상 입을 조심하고 친구들을 잃지 않도록 해라. 악마가 나타나면 우리는 십자가로 우리 자신을 보호할 수 있단다. 그런데 사악한 입은 그런 악마보다 더 나쁜 거란다. 무한하게 착하신 하느님은 우리의 혀에 입술과 이로 벽을 쌓아 주셨어. 그것은 사람들이 말을 하기 전에 생각을 하라는 뜻이었지. 많이 배운 사람들에 의하면, 말을 너무 많이 해서 죽은 사람이 아주 많단다. 일반적으로 말을 조금하거나 신중해서 해를 입은 사람은 없단다. 얘야, 그러니 너도 하느님에게 기도를 하거나 하느님과 말할 때를 제외하곤 항상 입을 다물거라.

　너도 배우고 싶어하니 말해 주겠다. 가장 훌륭한 미덕은 입을 다스리고 항상 말을 조심하는 거란다. 이것이 어린애들이 배워야 하는 거란다. 한두 마디면 되는 곳에서 무분별하게 수다를 떨기 때문에 큰 재

까마귀
까마귀가 까맣게 된 것은 포이보스에게 흰 털을 다 뽑혔기 때문이다. 그림은 아서의 〈까마귀 두 마리〉.

난이 닥치는 거란다. 경솔한 말이 어떤 결과를 가져오는지 아니? 칼이 팔을 두 동강 내는 것처럼, 혀를 잘못 놀리면 우정이 두 쪽으로 갈라지는 거야. 하느님은 수다스런 사람을 싫어하셔. 현명하기로 유명한 솔로몬의 〈잠언〉이나 다윗의 〈시편〉 혹은 세네카를 읽어 보렴. 애야, 고개만 끄덕여도 충분할 때에는, 절대로 말을 하지 마라. 수다쟁이가 위험한 소리를 할 때에는 귀머거리인 것처럼 행동해라.

플랑드르 사람들은 '말을 적게 할수록 일은 빨리 해결된다.'고 말한단다. 이 말을 귀담아들어야 할 것이다. 네가 나쁜 말을 하지 않았다면 배신을 두려워할 필요가 없단다. 말은 일단 내뱉으면 주워 담을 수 없는 거란다. 일단 내뱉은 말은 좋으나 싫으나 다시 불러들일 수 없고, 네가 아무리 후회를 하더라도 입에서 나온 말은 계속해서 굴러가는 거야. 후회할 말을 한 사람은 그 말을 들은 사람의 손 안에 있는 것과 똑같단다. 그러니 항상 말을 조심하거라. 거짓말이든 참말이든, 네가 험담이나 소문의 출처가 되지 않게 해라. 네가 어디에 있든지, 가난한 사람들과 함께 있든지 아니면 권력자들과 함께 있든지, 항상 입을 조심하고 까마귀의 예를 잊지 말거라."

여기에서 식료품 조달인의 이야기는 끝난다.

고별사

주님께서 항상 함께하시길 기도합니다

이제 참회에 관한 설교를 읽거나 듣는 사람들이 이 안에 마음에 드는 것이 있다면 모든 지혜와 선행의 근원이신 우리의 주님 예수 그리스도에게 감사를 드리기 바랍니다.* 그러나 마음에 들지 않는 것이 있다면 저에게 의지가 없어서가 아니라 제 능력이 부족한 탓으로 돌려 주십시오. 사실 저는 최선을 다해 이 이야기를 들려드리고 싶었습니다. 성서에도 이런 말씀이 있습니다. '적혀진 것은 모두 우리를 가르치기 위한 것이다.' 제 목표도 이런 것이었습니다.

그러므로 저는 하느님의 사랑으로 겸허하게 여러분에게 부탁합니다. 그리스도께서 저에게 자비를 베푸시고 저의 모든 죄를 용서해 주시도록 저를 위하여 기도해 주십시오. 특히 인간의 허영을 다룬 저의 번역물과 글을 쓴 것에 대해 뉘우치고자 합니다. 그중에는 《트로일로스와 크리세이드》, 《명예의 전당》, 《선녀열전》, 《공작부인의 책》, 《새들

● 고별사 바로 앞에는 본당신부가 참회에 관한 설교를 하였고, 초서는 그 본당신부의 이야기에 대해 언급하고 있는 것이다.

의 의회》를 비롯하여 《캔터베리 이야기》에 수록된 죄를 짓는 이야기와 《사자의 책》, 미처 생각하지 못한 수많은 책이 있습니다. 또한 음탕한 노래와 시도 있습니다. 무한하게 자비로우신 예수 그리스도여, 이런 저의 죄를 용서해 주십시오.

반면에 보에티우스의 《철학의 위안》이나 성인들의 전설에 관한 책, 도덕과 신앙심을 고취시키기 위한 번역서들에 대해서 저는 우리의 주님이신 그리스도와 복되신 성모님과 천국에 계신 모든 성인들에게 감사를 드리며, 제가 죽는 날까지 제 죄를 뉘우치고 제 영혼을 구할 수 있는 길을 연구하도록 은총을 베풀어 주실 것을 간청합니다. 또한 왕중의 왕이시며, 모든 사제들 중에서 최고의 사제이시고, 자신의 가슴에서 귀한 피를 흘려 우리를 구원해 주시는 주님의 은총을 통해서 이 세상에 살고 있는 저에게 진정한 참회와 고백과 사면의 은총을 내려 주시길 빕니다. 저는 최후의 심판 날에 구원을 받을 사람 중의 하나가 되길 바랍니다. 주님께서는 성부와 성령과 함께 천주로서 영원히 살아 계시며 다스리시나이다. 아멘.

1561년판 표지
1561년 영국에서 간행된 제프리 초서의 작품집 표지다.

제프리 초서 연표

1343년경	런던에서 포도주 상인인 존 초서의 아들로 태어남.
1357년(약 15세)	에드워드 3세의 둘째 아들인 라이오넬 왕자의 아내인 얼스터의 백작부인 엘리자베스의 집에 시동(侍童)이 됨.
1359년(약 17세)	9월에 에드워드 3세가 프랑스를 침공. 초서는 라이오넬 왕자의 시종으로 전쟁에 참가함.
1360년(약 18세)	랭스 전쟁에서 프랑스군의 포로로 잡히지만 그해 3월 16파운드의 몸값을 지불하고 석방됨.
1366년경(약 24세)	필리파 로에트와 결혼.
1366년(약 24세)	안전통행증을 발부받아 스페인으로 여행. 초서 아버지가 사망하고 어머니는 재혼함.
1367년(약 25세)	에드워드 3세의 수습기사로 들어감. 초서의 아들 토머스가 태어남.
1368년(약 26세)	국왕의 명으로 프랑스로 여행.
1368~1369년(약 26~27세)	랭카스터의 공작 부인에 관한 《공작 부인의 책》을 쓰기 시작.
1369년(약 27세)	프랑스 북부의 피카르디로 여행.
1370년(약 28세)	국왕의 명으로 프랑스로 여행. 프랑스에서 다시 군인으로 복무함.
1372년(약 30세)	초서의 아내 필리파가 곤트의 존(랭카스터 공작)의 부인 밑에서 일함. 외교

	임무를 띠고 이탈리아로 여행함. 무역용 영국 항을 개설하기 위해 제노바로 여행하고, 차관 협상을 위해 플로렌스로 감.
1373년(약 31세)	런던으로 돌아옴.
1374년(약 32세)	런던항의 세관 감독원으로 임명됨.
1376~1377년(약 34~35세)	리처드 2세와 프랑스 공주 마리의 결혼을 위해 수차에 걸쳐 프랑스와 플랑드르로 여행.
1378년(약 36세)	외교 사절로 이탈리아의 밀라노로 여행.
1378~1381년(약 36~39세)	《명예의 전당》 집필. 후에 〈기사의 이야기〉로 각색될 《팔라몬과 아르시테》를 씀.
1380년(약 38세)	세실리 숑페인을 강간한 사건으로 기소되지만 무죄로 판명됨. 세실리 숑페인은 강간과 납치와 관련된 모든 행위로부터 초서를 면죄한다는 서류에 서명함. 초서의 둘째 아들 루이스가 태어남. 《새들의 의회》를 집필함.
1381년(약 39세)	초서의 어머니 아그네스 콥튼 사망.
1381~1386년(약 39~44세)	《트로일로스와 크리세이드》를 집필.
1382년(약 40세)	세관 감독권이 갱신됨.

1385년(약 43세)	세관 종신 위원으로 임명됨.
1386년(약 44세)	켄트 대의원으로 선출됨. 《선녀열전》 집필.
1387년(약 45세)	초서의 아내 필리파 사망.
1387~1392년(약 45~50세)	《캔터베리 이야기》 집필 시작.
1389년(약 47세)	웨스트민스터 감독관으로 임명됨.
1391년(약 49세)	감독관 사임. 소머셋의 북부 피서톤의 국왕 삼림을 책임지는 부임정관으로 임명됨.
1391~1392년(약 49~50세)	아들 루이스를 위해 《천체관측의 보고서》 집필.
1395년(약 53세)	초서의 아들 토머스가 모드 버거시와 결혼함.
1396~1400년(약 54~58세)	〈수녀원 신부의 이야기〉와 〈참사회원 종자의 이야기〉를 포함한 《캔터베리 이야기》 막바지 작업.
1400년(약 58세)	《돈지갑에 대한 초서의 불평》 집필. 10월 25일에 사망함. 유해는 웨스트민스터 사원에 묻힘.

옮긴이의 말

미국의 유명한 비평가이자 예일대학 영문학 교수인 해럴드 블룸은 《서구의 정전》이란 책에서 고대에서 현대에 이르는 서양의 정전을 이루고 있는 스물여섯 명의 작가를 연구한다. 그는 서구의 정전의 중심은 셰익스피어라고 주저하지 않고 말한다. 그러면서 셰익스피어를 제외하면 초서가 영어권 작가 중에서 가장 으뜸간다고 지적한다. 이 말은 단지 기존의 평가를 반복한 것일 수도 있다. 그러나 21세기를 사는 우리에게는 새로운 의미를 지닐 수 있다.

오늘날 우리는 '순간적인 대작'들의 맹공 속에서 살고 있다. 그래서 그다지 칭찬을 받을 만하지 않은데 지나친 칭찬을 받고 있는 것은 아닐까 의심하게 되는 경우가 종종 있다. 그러면서 발간된 지 채 10년도 안 되어 우리의 뇌리에서 사라질 작품들을 보고 '대작'이라고 열광하는 것은 아닌지 생각한다. 그렇다면 과연 세계 문학사에서 사라지지 않는 작품이란 무엇인가? 초서의 《캔터베리 이야기》는 바로 이런 의문에 해답을 주는 대표작이다.

《캔터베리 이야기》는 셰익스피어 문학의 출발점을 이룬다고 알려져 있다. 그는 셰익스피어에게 현실을 어떻게 보여 주며, 다양한 부류의 사람들을 어떻게 다루어야 하는지 가르쳐 준 작가다. 쇠퇴하고 멸망하는 그리스도교 국가의 혼란한 모습을 그리기 위해서 초서가 사용한 방법은 아이러니였다. 그리고 그 아이러니는 바로 셰익스피어의 문학에 활력을 주었던 것이다.

《캔터베리 이야기》에는 모두 24개의 이야기가 수록되어 있다. 그러나 이 책에는 〈요리사의 이야기〉와 〈수습기사의 이야기〉, 초서의 〈기사 토파즈의 이야기〉가 생략되어 있다. 또한 초서의 〈기사 멜리베우스의 이야기〉와 이 책의 마지막 부분인 〈본당 신부의 이야기〉도 빠져 있다. 앞의 세 이야기는 미완성이거나 도중에 재미가 없다는 이유로 중단된 것들이다. 그리고 뒤의 두 이야기는 '이야기'라기보다는 교훈적인 인용문으로 가득하거나 설교적 성격을 띠고 있다. 이 다섯 개의 이야기는 전체적인 구성과 맞지 않는다는 이유로 흔히 빠져 있다. 여기에 수록되지 않은 이야기의 내용은 다음과 같다.

〈요리사의 이야기〉는 여관 주인이자 사회자의 농담에 대한 응수로 어느 도제徒弟의 이야기를 다루는 것으로 시작하지만, 두세 페이지만 전개된 후 미완성으로 끝난다. 그리고 〈수습기사의 이야기〉는 타타르 지방의 어느 기사 이야기다. 이 기사는 칭기즈칸에게 세상 어느 곳이든 하루에 갔다가 돌아올 수 있는 말을 선사한다. 그리고 카나세 공주에게는 남자의 부정을 알아낼 수 있는 거울과 날짐승들의 언어를 알아들을 수 있는 반지를 준다. 카나세는 이 반지를 이용해 슬픔에 빠진 암매를 도와주는데, 여기서 이야기는 갑자기 끝나 버린다.

또한 초서의 〈기사 토파즈의 이야기〉는 운문으로 서술되는데, 시작한 지 얼마 되지 않아 사회자의 제지를 받는다. 플랑드르 출신의 토파즈는 많은 처녀들의 사랑을 한 몸에 받는 근사한 기사다. 그는 꼬마 요정의 여왕을 꿈꾼 후, 그녀만을 사랑하기로 마음먹는다. 토파즈는 요정 나라의 여왕을 찾아 요정의 나라로 가고, 그곳에서 '코끼리'라는 힘센 거인을 만난다. 그가 토파즈에게 빨리 돌아가지 않으면 철퇴로 죽이겠다고 하자, 토파즈는 다음 날 무장을 하고 싸우겠다고 말한다. 이후 무장을 하는 장면이 소개되고, 전쟁과 기사도의 이야기 그리고 귀부인을 향한 열렬한 사랑에 관해 말한다. 그러자 여관 주인인 사회자는 상투적인 이야기는 도저히 들을 수 없다면서 이야기를 중단시킨다.

그러자 초서는 산문으로 다시 〈기사 멜리베우스의 이야기〉를 시작한다. 이 이야기는 수많은 교훈으로 가득하다. 멜리베우스는 돈 많고 권세 있는 젊은이며, 아내 프루던스와 소피라는 이름의 딸 하나를 두고 있다. 그런데 어느 날 세 명의 적에 의해 아내와 딸이 목숨을 잃을 정도로 다치자 멜리베우스는 크게 분노한다. 이때 프루던스는 믿을 만한 친구들과 친척들을 불러 그들의 충고를 듣고 그 충고에 따르라고 권한다. 멜리베우스는 아내의 의견에 따른다. 그런데 대다수가 쇠도 뜨거울 때 두드려야 하듯이 공격을 받으면 즉시 원수를 갚아야 한다고 촉구한다. 하지만 프루던스는 남편에게 다시 신중하게 생각하라고 권유하면서, 남의 충고를 어떻게 받아들여야 하며 어떻게 이용하는 것인지 그리고 권력을 적절하게 사용하는 방법은 무엇인지에 관해 말한다. 특히 전쟁보다 평화를 추구할 것을 권한다. 멜리베우스는 자신의 명예나 체면을 걱정하지만, 결국 아내의 충고를 따른다. 프루던스는 적들을 불러 용서해 주라고 말한다. 멜리베우스는 아내의 말대로 하면서, 훌륭한 아내를 내려 주신 모든 미덕과 자비의 원천인 하느님에게 감사드린다.

마지막으로 〈본당 신부의 이야기〉는 참회에 관한 설교다. 이것은 '고결하고 교훈적인 이야기로 끝맺음'을 원하는 순례자 일행의 소망이기도 하다. 여기서 신부는 참회와 7대 죄악(교만, 질투, 분노, 나태, 탐욕, 탐식, 간음)과 그에 대한 구제책에 관해 설교한다. 그는 "가난한 마음으로 살면 복된 나라를 얻을 수 있으며, 겸손하게 살면 하느님의 영광을 얻을 것이고, 굶주리고 목마르게 산 사람은 천국의 완전한 기쁨을 누릴 것이며, 열심히 일한 사람은 평안을 얻을 것이고, 죄를 뉘우치고 죽은 사람은 새 생명을 얻을 것입니다."라는 말로 설교를 마친다.

끝으로 《캔터베리 이야기》는 원래 운문으로 쓰여 있음을 밝힌다. 그러나 여기서 옮긴이는 독자들이 쉽게 내용을 파악할 수 있도록 산문의 형태로 충실하게 옮기는 편을 택했다. 즉 되도록 원문의 의미를 분명하게 드러내고 그 내용을 충실하게 반영할 수 있는 산문체로 번역했음을 밝힌다.

2007년 3월
송병선